W0032545

ullstein

Das Buch

Der Hunsrück, 1581: Eine rätselhafte Mordserie versetzt die Bewohner des Rheinlandes in Angst und Schrecken. Immer wieder verschwinden Wanderer in der Gegend um den Fraßberg bei Bernkastel an der Mosel auf unerklärliche Weise und tauchen nie mehr auf. Die Bevölkerung ist sich sicher: Es kann sich nur um das Werk des Teufels handeln.

Allen Geschehnissen zum Trotz nimmt der Gelehrte Martin Molitor auf seiner Reise nach Trier die Route über den Hunsrück. Als er nicht zurückkehrt, bricht seine Schwester Sibylle gegen die Widerstände ihrer Familie auf, um die Wahrheit über das Verschwinden ihres Bruders zu ergründen. Nur ein einziger Mensch hilft ihr: der Schriftenhändler Sebastian Wildgruber. Gemeinsam mit Sebastian beginnt Sibylle, das grausame Rätsel um den Teufel vom Hunsrück zu entwirren und kommt so dem berüchtigtsten Serienmörder jener Zeit auf die Spur.

Die Autorin

Ursula Neeb hat Geschichte studiert. Aus der eigentlich geplanten Doktorarbeit entstand später ihr erster Roman »Die Siechenmagd«. Sie arbeitete beim Deutschen Filmmuseum und bei der *FAZ*. Heute lebt sie als Autorin mit ihren beiden Hunden in Seelenberg im Taunus. Die Geschichte des deutschen Serienmörders Christman Gniperdoliga, dem mehrere Hundert Opfer zugeschrieben werden, inspirierte sie dazu, den Historienroman »Der Teufel vom Hunsrück« zu schreiben.

Von Ursula Neeb sind außerdem in unserem Hause erschienen:

Das Geheimnis der Totenmagd
Die Hurenkönigin
Die Hurenkönigin und der Venusorden
Die Rache der Hurenkönigin

Ursula Neeb

Der Teufel vom Hunsrück

Roman

Ullstein

Besuchen Sie uns im Internet:
www.ullstein-taschenbuch.de

Originalausgabe im Ullstein Taschenbuch
1. Auflage Januar 2016
© Ullstein Buchverlage GmbH, Berlin 2016
Umschlaggestaltung: ZERO Werbeagentur, München
Titelabbildung: © Getty Images / DEA / G. Dagli Orti.
(Stillleben im Vordergrund);
© FinePic®, München (rote Hintergrundstruktur)
Satz: Pinkuin Satz und Datentechnik, Berlin
Gesetzt aus der Garamond
Druck und Bindearbeiten: CPI books GmbH, Leck
Printed in Germany
ISBN 978-3-548-28750-8

»Den Teufel spürt das Völkchen nie,
auch wenn er sie beim Kragen hätte.«
(Johann Wolfgang von Goethe,
Faust. Der Tragödie erster Teil, *Tübingen 1808)*

Für Mocho, in Liebe.

Prolog

Die Strahlen der hochstehenden Mittagssonne tauchten den Berghang in goldenes Licht. Die junge Frau, die das steilste Stück bereits hinter sich gelassen und fast schon den breiten Wiesengürtel erreicht hatte, der bis hinunter zum Höhenweg führte, hielt inne und sog tief den intensiven Blütenduft ein. Es war Ende Mai, das Gras stand in Saft und Kraft, und alles strotzte vor Leben. Für einen flüchtigen Moment ließ die Frau mit den verhärmten Gesichtszügen ihre Blicke über die blühenden Wiesenkräuter schweifen, um die sich Bienen und Schmetterlinge tummelten, und hinauf zu den Blütenkronen der Obstbäume, wo sie sich in der endlosen Weite des azurblauen Himmels verloren. Sie hatte ganz vergessen, wie schön das Leben sein konnte! Es mochte eine Ewigkeit her sein, seit sie zum letzten Mal den Frühling erlebt hatte. Genau sieben Jahre, wurde es ihr bewusst, und ihr Gesicht verdüsterte sich, als habe sich eine dunkle Wolke vor die Sonne geschoben. Wie gehetzt hastete die Frau mit der fragilen Statur weiter, als wäre der Leibhaftige hinter ihr her – und irgendwie war er das ja auch, zumindest in ihren Gedanken. Denn eines war ihr unterwegs klargeworden: Bei jedem einzelnen Schritt, der sie hinausführte aus der Hölle, war ihr Peiniger stets bei ihr. Er saß ihr im Nacken wie ein Alb, beherrschte ihre Gedanken und hielt ihr Herz mit eisernem Griff umklammert. Es war der reinste Hohn, dass sie ihm hatte schwören müssen, nicht zu flüchten und alles genau so zu tun, wie er es befahl, denn der Mut zum Aufbegehren war ihr längst abhandengekommen. Er hatte ihr die Seele geraubt und nur noch eine leere Hülle zurückgelassen.

Vor Jahren hatte er ihr einmal einen Spiegel geschenkt, und was sie darin erblickt hatte, hatte sie kaum wiedererkannt. Ihre Haare, die früher geglänzt hatten wie Gold und bis zu den Hüften reichten, waren grau und strähnig geworden, die einst so strahlenden Augen leer und erloschen, die vollen Lippen zu einem schmalen Strich verkniffen, ihr ehemals so liebreizendes Gesicht war bleich und hohlwangig und gemahnte sie an ein Gespenst. Und das war sie auch – ein Gespenst in einer grausigen Schattenwelt, das die Gewänder von Toten trug.

Als sie unversehens die junge Frau und ihren Begleiter auf der Wiese erblickte, schreckte sie zusammen wie vom Schlag getroffen. Sie war so menschenscheu geworden in ihrer Einöde. Die beiden jungen Leute, die sie aus großen Augen anschauten, schienen aus einer Welt zu kommen, der sie schon lange nicht mehr angehörte.

»Kann ich Euch vielleicht helfen?«, richtete die junge Frau das Wort an sie und lächelte ihr freundlich zu. Für wenige Sekunden wurde ihr ganz warm ums Herz, und sie hätte der arglosen Fremden am liebsten entgegengeschrien, sie solle auf der Hut sein. Doch die übermächtige Angst, die ihr Gemüt verdüsterte, ließ sie schweigen. Das ansprechende Gesicht der Frau erinnerte sie an ihre geliebte Schwester, und ein unbändiger Schmerz schnürte ihr die Kehle zu. Die Bilder aus jener fernen, längst vergangenen Zeit, in der sie noch voller Zuversicht ins Leben geblickt hatte, waren im Laufe der Jahre immer blasser geworden.

Jäh wandte sie sich ab und flüchtete, die eindringlichen Rufe des Paares nicht beachtend, in wilder Hast den Berg hinauf. Obgleich sie das Beten schon lange verlernt hatte, sandte sie inständige Bitten zum Himmel, die beiden möchten ihr bloß nicht folgen. Die Schritte dicht hinter ihr verrieten jedoch, dass sie es taten. Sie hatte das Gefühl, keine Luft mehr zu bekommen, und geriet ins Straucheln. Mit letzter Kraft stützte sie sich auf dem steinigen Geröll ab und kam mühsam wieder auf die Beine. In ihrer Faust hielt sie noch einen Stein. Sie zitterte am ganzen Körper, als sie ihn hastig in die Innentasche ihres Mieders schob und weiterrannte. Sie vernahm keuchende Atemzüge kaum einen Steinwurf von ihr entfernt, die ihr unaufhaltsam und beharrlich folgten – in den sicheren Tod.

1. TEIL – Das böse Handwerk

(Der Satan zu Beelzebub): »Besser ist's, der Hölle Herr zu sein als des Himmels Sklave.«
(John Milton, Das verlorene Paradies, *I.262, London 1674)*

1

In der Umgebung von Kerpen, 29. Oktober 1566

An jenem regnerischen Herbstabend wollte sich Christman gerade auf sein Zimmer zurückziehen, um vor dem Schlafen noch ein wenig seine Studien zu betreiben, als der Vater ihn an der Treppe zurückhielt.

»Du musst noch die drei Feldhasen zur ›Mühlenschenke‹ bringen«, sagte der stattliche Mann im grünen Försterrock barsch.

Der Sechzehnjährige verzog ärgerlich das Gesicht. »Hat das nicht Zeit bis morgen?«, murrte er. »Ich bin doch schon in aller Herrgottsfrühe auf die Jagd gegangen und bin müde.«

»Dann hättest du sie früher hinbringen müssen. Der Wirt rechnet zum Wochenende damit, und jetzt haben wir schon Freitagabend. Die müssen ja auch noch abgezogen und ausgeweidet werden, oder willst du das machen?« Der Förster musterte seinen Sohn missmutig. »Wenn wir sie die Nacht über hier liegen lassen, können wir sie morgen früh an die Hunde verfüttern.«

Der hochgewachsene junge Mann mit den kurzgeschorenen hellen Haaren seufzte resigniert. »Na gut, ich geh ja schon!«, grummelte er und nahm seinen Lodenumhang vom Kleiderhaken.

»Von den zehn Groschen, die dir der Wirt zu geben hat, kannst du meinethalben drei Kreuzer behalten«, rief ihm der Vater hinterher.

Drei Kreuzer dafür, dass ich bei diesem Sauwetter den Laufburschen für dich mache! Da gibst du ja am Sonntag bei der Kollekte mehr in den Almosenbeutel, du Geizhals, fluchte Christman im Stillen und schlug erbittert die Tür hinter sich zu. Wie so oft sehnte er sich danach, alles zurückzulassen und endlich ein Leben zu führen, das seiner wahren Bestimmung entsprach.

Als ihn draußen die Nacht umfing und ein feiner Nieselregen sein Gesicht benetzte, stieß er zwischen den Zähnen hervor: »Lass diesen Tag nicht mehr fern sein!«

Der junge Förstersohn eilte zum Stall, sattelte den Rappen und befestigte die Feldhasen am Sattel. Dann entzündete er an der Hoflaterne eine Teerfackel, denn es war Neumond und stockfinstere Nacht, stieg auf sein Pferd und ritt durch das Hoftor in den angrenzenden Wald hinein. Kaum hatte er das Forsthaus hinter sich gelassen, gab er dem Rappen die Sporen und stürmte in wildem Galopp den Waldweg entlang. Je schneller er ritt, desto mehr verflüchtigte sich sein Unmut, und bald genoss er es, durch den dunklen Wald zu reiten. Er liebte die Finsternis und fühlte sich in ihr geborgen. Sie war zweifellos sein Element. Wie gerne hätte er auf die Fackel verzichtet und wäre durch die Dunkelheit geschnellt wie eine Eule in lautlosem Flug. Schon als Knaben hatten ihn in der Natur jene geheimnisvollen Geschöpfe fasziniert, die es durch geschickte Tarnung verstanden, sich unsichtbar zu machen. Obgleich er sich früh in sich selbst zurückgezogen hatte und zum Einzelgänger und Sonderling geworden war, lag ihm doch nie daran, sich von der Masse abzuheben. Im Gegenteil, ihn beherrschte eher der Wunsch, in ihr zu verschwinden. Daher widerstrebte es ihm auch, durch das Licht aufzufallen. Zwar kannte er den Wald gut genug, um sich blind orientieren zu können, nicht aber die Flussauen, in denen sich die »Mühlenschenke« befand, was die Fackel leider unabdingbar machte.

Im Nu hatte Christman den Tannenwald durchquert und näherte sich dem Erfttal mit seinen Obstwiesen und Viehweiden, das sich zwischen Kerpen und der kleinen Ortschaft Blatzheim erstreckte. Feine Nebelschwaden hingen über dem Gras, und ein Stück weit entfernt konnte Christman die Lichter des Wirtshauses ausmachen. Der Regen war stärker geworden, und er freute sich schon auf seine warme Stube im Forsthaus. Er würde nur rasch die Hasen abgeben und sich gleich wieder auf den Heimweg machen.

Als er wenig später die Schenke erreicht hatte und sein Pferd festmachte, vernahm er aus der Gaststube laute Stimmen. Ungesellig und menschenscheu, wie er war, widerstrebte es ihm zutiefst, sich unter die Leute zu mischen. Am liebsten hätte er die Hasen einfach vor die Tür gelegt und sich still und heimlich davongeschlichen, aber das konnte er natürlich nicht machen. Mit fahriger Hand wischte er sich den Schweiß und den Regen von der Stirn, packte die Hasen an den Schnüren und trat mit zusammengepressten Lippen in den Schankraum. Bei dem schlechten Wetter hatten sich gerade einmal eine Handvoll Gäste in die »Mühlenschenke« verirrt, die dem unauffälligen jungen Mann im Lodenumhang glücklicherweise kaum Beachtung schenkten. Lediglich der Wirt kam grüßend hinter dem Schanktresen hervor und nahm sogleich das Wildbret in Empfang.

»Setz dich an den Ofen, Junge, und wärm dich erst mal auf«, bot er Christman an und hieß seine Frau, dem Sohn des Försters ein Bier zu bringen. Christman blickte sich verdrossen um. Die Einladung behagte ihm wenig, doch er mochte den Wirt nicht vor den Kopf stoßen, und so nahm er das Angebot an und ließ sich an einem freien Tisch am Rande der Gaststube nieder. Als ihm die Wirtin das Bier brachte und ihm freundlich zuzwinkerte, bedankte er sich einsilbig. Er machte sich nicht viel aus Weibsbildern und konnte es auch nicht nachvollziehen, dass die meisten Männer sich so nach ihnen verzehrten. In ihm schwelte ein ganz anderes Feuer. Er nahm einen Schluck und ließ seine Blicke verstohlen über die Schankgäste schweifen. An einem großen Tisch am Kachelofen saßen vier Männer und unterhielten sich angeregt. Ihren Stimmen nach waren sie bereits ziemlich angetrunken. Einer von ihnen, ein feister, stiernackiger Bursche mit gerötetem Gesicht, führte das Wort. Christman kannte ihn vom Sehen. Es war ein Pferdehändler aus dem Nachbarort Blatzheim. Seine großspurige Art missfiel Christman, und er vermied es daher, ihn direkt anzuschauen, damit der Kerl nicht noch das Wort an ihn richtete. Stattdessen lenkte er seine Aufmerksamkeit auf den Fremden am Nachbartisch, dem ebenso wenig der Sinn nach Ansprache zu stehen schien wie ihm, und taxierte ihn unauffällig. Der Mann hatte pechschwarzes, schulterlanges Haar und einen schwarzen Oberlippenbart. In seiner zerschlissenen Uniformjacke sah er wild und verwegen aus. Das markante, wettergegerbte Gesicht mit den slawischen Zügen war von Narben und Schrammen übersät, was sein abenteuerliches Aussehen noch verstärkte. Die schräg geschnittenen Augen über den hohen Wangenknochen muteten fremdländisch an. Er war womöglich von tatarischer Herkunft. Christman, der seinen Mitmenschen überwiegend gleichgültig, nicht selten auch feindselig gesonnen war, fand den Fremden interessant. Den Mann umgab eine Unnahbarkeit, die selbst das Großmaul vom benachbarten Stammtisch nicht zu durchbrechen wagte, er trank in kleinen Schlucken seinen Branntwein und bedeutete der Wirtin mit herrischer Geste, ihm noch einmal nachzufüllen, ohne sich auf irgendeine Weise zu bedanken. Er nahm von seiner Umwelt nicht die geringste Notiz und schien ganz in seine Gedanken versunken.

Das laute Stimmengewirr vom Stammtisch ging Christman zunehmend auf die Nerven, und er trank hastig sein Bier aus, um endlich wieder gehen zu können. Der Pferdehändler prahlte mit seinen guten Geschäften mit den einfältigen Bauerntölpeln, denen er für ein paar alte Schindmähren das Geld aus der Tasche gezogen habe, und orderte beim Wirt eine Lokalrunde. Als ihm die Wirtin gleich darauf ein Bier auf den Tisch stellte und der Pferdehändler gönnerhaft allen zuprostete, hätte Christman den Bierkrug am liebsten gar nicht angerührt. Um jedoch nicht den Unmut des Spenders auf sich zu ziehen, prostete er verhalten zurück. Aus den Augenwinkeln beobachtete er, dass sein Tischnachbar es ihm gleichtat.

»Wollt ihr zwei euch nicht zu uns setzen, an unserem Tisch ist doch noch Platz genug, da muss keiner alleine

saufen!«, tönte mit einem Mal die Stimme des Pferdehändlers durch den Schankraum, und Christman schreckte unwillkürlich zusammen.

»Sehr freundlich von Euch, aber ich muss mich gleich
auf den Weg machen!«, erwiderte sein Tischnachbar mit
fremdländischem Tonfall und verlangte auch sogleich
beim Wirt die Rechnung.

Als sich darauf die Blicke des Pferdehändlers und seiner
Trinkkumpane auf Christman richteten, erklärte dieser
hastig, dass auch er in Bälde aufbrechen müsse.

»Wo müsst Ihr denn hin?«, fragte der Pferdehändler
den Mann im Uniformrock.

»Nach Kerpen«, entgegnete dieser kurz angebunden
und zählte dem Wirt die Münzen auf den Tisch.

»Das ist aber schade, ich muss in die andere Richtung,
nach Blatzheim«, meinte der Pferdehändler bedauernd.
»In diesen schlimmen Zeiten ist es nämlich besser, nicht
alleine unterwegs zu sein!«, verkündete er mit unheilvoller Miene.

»Das ist wohl wahr!«, stimmte ihm der Wirt, der immer
noch mit der Kerze am Tisch des Fremden stand, um ihm
das Wechselgeld herauszugeben, mit finsterem Blick zu.
Als der Mann im Soldatenrock unbeeindruckt blieb und
auch nicht nachfragte, was genau gemeint sei, schlug der
Pferdehändler fassungslos die Hände zusammen.

»Sagt bloß, Ihr wisst gar nichts von den schrecklichen
Morden, die uns hier im Rheinland seit einiger Zeit heim-
suchen!«, rief der Mann aus Blatzheim entrüstet, der vor
Mitteilungsdrang und Sensationsgier förmlich zu platzen
schien.

Auch wenn der Fremde nur mäßig interessiert mit den

Achseln zuckte, ließ es sich der Pferdehändler nun freilich nicht nehmen, die Hintergründe haarklein vor ihm auszubreiten.

»In der Gegend um Dellbrück wurden in den letzten Wochen insgesamt acht Männer mit durchgeschnittener Kehle aufgefunden!«, deklamierte der Pferdehändler im pathetischen Tonfall eines Moritatensängers. »Und damit nicht genug, gehörten in jüngster Zeit auch zwei schwangere Frauen zu den Opfern. Mit aufgeschnittenen Leibern lagen sie in ihrem eigenen Blute, ihrer Leibesfrucht beraubt!« Er hielt kurz inne und wischte sich eine Träne aus den Augenwinkeln, ehe er mit Grabesstimme fortfuhr: »Der böse Feind hat die abscheulichen Morde begangen! In der Nähe der Leichen hat man einen schwarzen Ziegenbock gesehen!«

Der korpulente Mann bekreuzigte sich. Der Wirt und die anderen Schankgäste taten es ihm gleich. Auf ihren Gesichtern spiegelten sich Angst und Entsetzen. Auch Christman, der schon von den Gräueltaten gehört hatte, schlug hastig ein Kreuz, obgleich ihm der Sermon des Pferdehändlers auf die Nerven ging. Aber er mochte nicht aus der Reihe tanzen. Aus den Augenwinkeln sah er, wie der Mann mit dem Narbengesicht ebenfalls mit der Hand ein Kreuz andeutete, was Christman jedoch seltsam anmutete. Nicht nur, weil er die linke Hand verwendete, sondern auch, weil er den kleinen Finger und den Zeigefinger merkwürdig abspreizte. Christman wusste, was es mit diesem Zeichen auf sich hatte, und ihm sträubten sich die Nackenhaare. Als der Mann im Soldatenrock gleich darauf die Münzen vom Tisch klaubte, fiel Christman auf, dass er offensichtlich Linkshänder war und der Ring- und Mittelfinger der linken Hand steif und verkrümmt abstanden, was natürlich die eigenartige Handhaltung beim Bekreuzigen erklärte. Dennoch war Christmans Interesse an seinem Tischnachbarn längst entflammt, und er fühlte sich auf seltsame Weise zu ihm hingezogen. Als der Schwarzhaarige schließlich aufstand und grüßend die Hand hob, konnte Christman im Kerzenschein auf den Pulsadern des Mannes einen eintätowierten schwarzen Federkiel ausmachen, um den ein schwarzer Kreis gezogen war. Die Erkenntnis traf ihn wie ein Blitz, und ihm stockte der Atem. Der Fremde nahm seinen fadenscheinigen Umhang vom Kleiderhaken, stülpte sich eine speckige Soldatenmütze auf den Kopf und wandte sich noch einmal zu dem Pferdehändler um.

»Gott zum Gruße!«, verabschiedete er sich mit dem eigentümlichen rollenden »R« und deutete eine Verbeugung an. »Und gebt fein acht, dass Euch auf Eurem Nachhauseweg der böse Feind nicht holt!«, sagte er mit spöttischem Grinsen und eilte zur Tür hinaus.

»Was für ein unverschämter Tropf!«, entrüstete sich der Pferdehändler und ließ seinem Unmut freien Lauf.

Christman, dessen Mund trotz des reichlich genossenen Biers staubtrocken geworden war, hörte ihm gar nicht mehr zu. Wie ein Schlafwandler erhob er sich vom Stuhl und ging zum Tresen.

»Könnt … könnt Ihr mir bitte … das Geld für die Hasen geben?«, stotterte er und blickte durch den Wirt hindurch wie durch einen Geist.

»Ist dir nicht wohl, Junge, du siehst so blass aus?«, fragte ihn der Wirt besorgt.

»Doch, doch …«, beeilte sich Christman zu erwidern,

nahm die zehn Groschen entgegen und verabschiedete sich von den Wirtsleuten mit einem ungelenken Gruß.

Als er aus der Schenke trat, umfingen ihn nur Regen und Dunkelheit. Von dem Fremden war weit und breit nichts zu sehen. Christman lauschte angespannt in die Nacht. Seine Nasenlöcher vibrierten, wie bei einem Jagdhund, der Witterung aufnahm. Er hörte Pferdegetrappel, das sich in linker Richtung entfernte. Seltsam – hatte der Mann nicht gesagt, dass er nach Kerpen wolle? Das lag aber auf der anderen Seite, der linke Trampelpfad führte nach Blatzheim. Verwundert kniff Christman die Augen zusammen und spähte über den finsteren Feldweg entlang den Flussauen, von wo die Geräusche zu ihm drangen.

Tatsächlich konnte er in der Ferne das tänzelnde Licht einer Fackel ausmachen. Ohne nachzudenken, schwang sich Christman aufs Pferd und galoppierte los. Der Drang, dem Fremden zu folgen, war stärker als jedes Abwägen. Er hätte nicht genau sagen können, warum er es tat oder was er sich davon versprach. Ganz entgegen seiner sonst so kühl kalkulierenden, vorausschauenden Art war Christman in diesem Augenblick ein blind Getriebener. Unversehens fiel ihm die wundersame Geschichte des Rattenfängers von Hameln ein, der mit seinem betörenden Flötenspiel die Kinder aus der Stadt lockte, woraufhin sie auf Nimmerwiedersehen verschwanden, und er musste grinsen. Ihn schreckte diese Vorstellung nicht, nein, sie faszinierte ihn vielmehr.

Während er dem Fremden folgte, achtete der erfahrene Jäger und Fährtenleser darauf, unauffällig zu bleiben. Er wollte nicht entdeckt werden, sondern selbst bestimmen, wann und wie er sich ihm zu erkennen geben würde. Zunächst würde er sich an ihn heranpirschen und ihn eine Weile ausspähen, wie er es auf der Jagd zu tun pflegte. Peinlich darauf bedacht, den angemessenen Abstand zu dem Mann mit dem Narbengesicht zu wahren, ließ er den Rappen in einen gemäßigten Trab fallen. Nachdem er so eine ganze Weile geritten war, ohne die Silhouette des Reiters auch nur einen Moment lang aus den Augen zu lassen, machte der Fremde jäh halt. Rasch brachte Christman sein Pferd hinter einem Busch zum Stehen und beobachtete mit angehaltenem Atem, was der Mann tat. Der Fremde stieg vom Pferd und band das Tier am Rand des Feldwegs an einen Ast. Dann leuchtete er mit der Fackel nach oben in die Baumkrone. *Was hat er nur vor*, dachte Christman verwundert, der sich zunächst keinen Reim auf das merkwürdige Gebaren des Mannes machen konnte. Als der Fremde gar die Fackel löschte und mit einem Schlag undurchdringliche Dunkelheit herrschte, so dass Christman nichts mehr sehen konnte, war er vollends irritiert. Verstört fragte er sich, ob der andere seinen Verfolger womöglich bemerkt hatte und ihm nun seinerseits auflauerte, um ihn zu stellen. Unwillkürlich ging er in Habtachtstellung, denn der Mann im Soldatenrock war mit Sicherheit kampferprobt und wehrhaft. Sein narbenüberzogenes, verwegenes Gesicht, das Christman zuvor in der Schenke gemustert hatte, wirkte gefährlich.

Lautlos ließ sich Christman vom Sattel gleiten, umfasste den Schaft seines Jagdmessers und kauerte sich ins regennasse Gras. Sein Körper war gespannt wie eine Bogensehne. Als der Angriff jedoch ausblieb, beruhigte er sich allmählich wieder. Der Mann konnte ihn unmöglich wahrgenommen haben, so verhalten, wie er ihm gefolgt war. Er würde reglos hier ausharren und abwarten. Als Jäger hatte er gelernt, sich in Geduld zu üben.

Plötzlich hörte er aus der Richtung, wo der Mann sein Pferd angebunden hatte, das Knacken von Zweigen. Es kam jedoch nicht aus dem Unterholz, sondern aus der Baumkrone. Christman hielt den Atem an. Auch er war bei der Verfolgung eines Wildes zuweilen schon auf einen Baum geklettert, um besseren Überblick zu haben. Aber bei Neumond und so schlechten Sichtverhältnissen ging doch niemand auf die Jagd. Nur Räuber und Wegelagerer machten sich die Finsternis zunutze. Mit einem Mal ahnte Christman, was der Mann vorhatte, und das Herz schlug ihm bis zum Hals. Der betrunkene Pferdehändler, der sich vorhin in der Schenke damit gebrüstet hatte, was er heute für ein gutes Geschäft gemacht habe und der überdies noch lautstark verkündet hatte, dass er nach Blatzheim müsse …! Warum war er nicht gleich darauf gekommen? Der Mann mit dem Narbengesicht musste ein Räuber sein, der seine Opfer in Schenken ausspähte, um ihnen dann im Schutz der Dunkelheit aufzulauern und sie auszurauben.

Christman hatte Mühe, seinen hektischen Atem im Zaum zu halten. Um ihn herrschte absolute Stille, von dem Mann war nichts mehr zu hören. Lediglich der durchdringende Schrei eines Käuzchens hallte von Zeit zu Zeit durch die Nacht, und Christman erschauerte, was nicht alleine an der nasskalten Witterung lag. Nach und nach legte sich jedoch seine Aufregung, er verschmolz mit seiner Umgebung, verlor jegliches Zeitgefühl und gab sich ganz seinen Gedanken hin. Im Nachhinein war ihm,

als habe ihn ein ungeheurer Sog erfasst und hierherver-
schlagen, so stark und mächtig, dass er ihm überallhin gefolgt wäre – und hätte er ihn direkt in die Hölle geführt.
Lautes Pferdegetrappel riss Christman aus seiner Ver-
senkung. Er hätte nicht sagen können, wie viel Zeit inzwischen vergangen war. Der Reiter mit der Fackel in der
Hand galoppierte unaufhaltsam auf ihn zu. Als er an ihm
vorbeipreschte, gewahrte er das feiste Gesicht des Pferdehändlers, und beim Gedanken, was diesem gleich widerfahren würde, empfand er eine gewisse Häme. Da hörte er
auch schon ein Knacken der Äste, dem ein dumpfer Auf-
prall folgte, und einen lauten, verzweifelten Schrei. Dann
trat Stille ein. Christman reckte den Oberkörper und sah
den korpulenten Pferdehändler rücklings auf dem Boden
liegen. Im Licht der Fackel, die dem Reiter beim Sturz
entglitten war, gewahrte er seine weit klaffende Kehle, aus
der wie aus einem rot sprudelnden Quell in einer pulsie-
renden Fontäne das Blut strömte. Der Geruch des Blutes
war so intensiv, dass ihn Christman selbst in seinem Ver-
steck noch wahrnahm. Der Mann im Soldatenrock stand
über sein Opfer gebeugt und hielt den blutigen Dolch
in der Linken. Er murmelte etwas, das Christman nicht
verstehen konnte. Es klang bösartig. Christman war vom
Anblick des Todes und dem Blutgeruch derart erregt, dass
sich ihm ein kehliges Stöhnen entrang. Blitzartig drehte
sich der Mörder um und stürzte auch schon mit gezücktem Messer auf Christman zu. Dieser fiel vor ihm auf die
Knie und reckte beschwörend die Arme hoch.

»Bitte, Meister, lasst Gnade walten!«, flehte er unterwürfig. »Ich bin Euer ergebener Diener und Bewunderer!
Auch ich habe einen Pakt mit dem Satan geschlossen …!«

Mit bebenden Händen riss er sein Wams auf, entblößte seine unbehaarte Brust und wies auf den eintätowierten schwarzen Federkiel auf der linken Seite. »Ich bin Euch gefolgt, weil ich Euch angehören möchte! Bitte nehmt mich als Euren Schüler auf!«

Der Fremde verzog den Mund zu einem höhnischen Grinsen. In seinen Raubtieraugen flackerte ungezügelte Mordlust.

»Der Teufel ist mein Mitkonsort, einen anderen brauch ich nicht!«, knurrte er und hielt Christman das Messer an die Kehle. »Außerdem, was sollte ich dir denn schon beibringen, du Grünschnabel? Das Töten ist das Einzige, auf das ich mich verstehe!«

»Und genau das möchte ich von Euch lernen!«, bat Christman stammelnd, und obgleich ihm vor Furcht die Glieder schlotterten, blickte er den Mann mit den blutverschmierten Händen offen an.

»Schneid hast du ja schon, dass du mir mit so einem Ansinnen kommst und dir nicht vor Angst in die Hose scheißt«, spie ihm der Mörder ins Gesicht, wobei er den Druck der Dolchspitze verstärkte. Christman spürte einen stechenden Schmerz und nahm wahr, dass ihm das Blut den Hals herunterlief. Der Fremde grinste ihn tückisch an.

»Dann tötet mich doch, das ist mir einerlei!«, schrie Christman außer sich. »Ich fürchte weder Tod noch Teufel und bin von der gleichen Art wie Ihr!«

Der Mann spuckte verächtlich auf den Boden. »Was weißt du denn schon von meiner Art, du Rotzlöffel! Aber einen wie dich zu töten macht fürwahr keinen Spaß. Du winselst ja noch nicht mal um dein Leben.« Der Mann im Soldatenrock richtete zwar noch weiterhin das Messer auf Christmans Hals, die wilde Grausamkeit in seinem Blick war jedoch einer gewissen Ernüchterung gewichen. Er schien zu überlegen.

»Und was zahlst du mir, wenn ich dich zum Gesellen nehme?«, fragte er nach einer Weile und musterte Christman lauernd.

»Ich kann Euch kein Lehrgeld zahlen, wenn Ihr das meint«, erwiderte der Junge. »Aber ich kann Euch etwas beibringen, das ohnegleichen ist!«

»Was kann denn das schon sein?«, blaffte der Mörder abfällig.

»Ich kann Euch lehren, wie man sich unsichtbar macht!«

Der Mann im Soldatenrock zuckte unmerklich zusammen. Für einen flüchtigen Moment spiegelte sich in seinem Blick ein Anflug von Interesse.

»Deine Kunst sehe ich, du Wurm!«, versuchte er seine Neugier mit grobem Spott zu kaschieren. »Du kriechst vor mir im Dreck und stiehlst mir nur meine Zeit!«

»Ihr seht mich, weil der Satan es so gefügt hat. Er wollte, dass wir uns begegnen!«, trumpfte der Förstersohn auf. »Ich bin Euch von der Schenke gefolgt und habe Euch die ganze Zeit beobachtet, und Ihr habt mich nicht bemerkt, obwohl ich nur einen Steinwurf von Euch entfernt war!«

Der Mörder verzog ärgerlich das Gesicht. »Das ist der Dunkelheit geschuldet«, schnappte er.

»Nicht alleine!«, widersprach Christman unbeirrt. »Schon als Knabe habe ich mich darin geübt, und durch die Jagd und die Schwarze Kunst habe ich meine Fähigkeit noch beträchtlich verfeinert ...«

»Dass du einen grünen Jägerrock trägst, das sehe ich«, bemerkte der Mörder. »Aber kannst du auch schießen?«

Über Christmans unscheinbare Züge glitt ein stolzes Lächeln. »Obwohl ich erst sechzehn bin, gelte ich als der beste Armbrustschütze weit und breit. Das kann ich Euch bei Gelegenheit gerne unter Beweis stellen. Meinen ersten Rehbock habe ich schon mit zehn Jahren erlegt.«

»Dann verstehst du dich ja schon aufs Töten«, sagte der Mann mit dem Narbengesicht. »Was soll ich dir denn dann noch beibringen?«

Christman schüttelte entschieden den Kopf. »Ich weiß, wie man Tiere tötet, aber im Töten von Menschen fehlt mir jegliche Erfahrung.«

»Da ist kein großer Unterschied«, erwiderte der Mörder trocken, »lass dir das von einem alten Kriegsmann gesagt sein.«

»Aber das Töten von Tieren reicht mir nicht mehr!«, brach es mit jäher Heftigkeit aus Christman heraus. »Ich sehne mich unsagbar danach, Menschen zu töten! Schon seit Jahren beherrscht mich dieser Gedanke, und ich bin wie besessen davon!« In die Augen des jungen Mannes war ein kalter Glanz getreten.

Mit einem rauen Auflachen ließ der Mörder langsam das Messer sinken. »Mir scheint, wir haben doch etwas gemeinsam, Grünschnabel«, knurrte er und tätschelte derb Christmans Wange. »Dann lass uns unseren Pakt mit Blut besiegeln!«, schlug er vor und wischte den blutigen Dolch sorgsam am nassen Gras ab. Ehe Christman sichs versah, packte er ihn am Handgelenk und ritzte ihm die Haut über den Pulsadern auf. Dann fügte er sich an der gleichen Stelle einen Schnitt zu und presste ihrer beider Handgelenke zusammen.

»Schwör mir beim Fürsten der Finsternis absoluten Gehorsam und dass du mich niemals verraten wirst!«, stieß er zwischen den Zähnen hervor.

»Das schwöre ich bei Satan!«, erwiderte Christman feierlich und hob die Hand zum Schwur.

»Dann werde ich aus dir einen Menschenjäger machen und dich das böse Handwerk lehren!«, raunte der Mörder Christman zu, drückte ihn an sich und gab ihm den Bruderkuss.

2

Frankfurt am Main, 29. April 1581

Sibylle Molitor saß am offenen Fenster ihres Zimmers und blickte nachdenklich auf die verliebten Paare und ausgelassenen jungen Leute, die frohgemut scherzend durch die Braubachgasse zogen. Nach den Schrecken der Pest, die erst wenige Jahre zurücklag und Tausende von Menschen das Leben gekostet hatte, genossen sie den Frühling in vollen Zügen – die »sterbenden Läufe« mit ihrem unsäglichen Leid würden noch früh genug zurückkehren. *Wie recht sie haben*, dachte die Patriziertochter versonnen und mühte sich, gleichermaßen guten Mutes zu sein und nicht länger ihren trübsinnigen Gedanken nachzuhängen. Entschlossen klappte sie das Buch auf, das in ihrem Schoß lag, um sich ihrem größten Vergnügen zu widmen: eine gelehrte Abhandlung ihres Bruders zu lesen – an der sie, wie immer, nicht ganz unbeteiligt gewesen war. Während Sibylle zärtlich über die aufgeschlagene Buchseite strich, glitt ein stolzes Lächeln über ihr feingeschnittenes Gesicht mit der hohen, vergeistigten Stirn. *Mein schlaues Schwesterlein*, pflegte Martin zu sagen, wenn sie ihn nach stundenlangem Debattieren schließlich doch davon überzeugt hatte, in einem bestimmten

Kapitel Änderungen vorzunehmen oder Begriffe noch genauer zu erläutern. Denn seit ihrer frühen Jugend war Sibylle ihrem älteren Bruder Martin, der bereits mit zweiundzwanzig Jahren einen Doktorhut in Philosophie erworben hatte, beim Verfassen seiner Schriften behilflich. Inzwischen war sie zu seiner rechten Hand geworden, und es erfüllte sie mit Stolz und Freude, den geliebten Bruder bei seiner Arbeit zu unterstützen. Auch wenn sie deswegen in den Frankfurter Patrizierkreisen längst ihren Ruf als Blaustrumpf hatte – obschon ihr ansprechendes Äußeres diesem Klischee keineswegs entsprach. Böse Zungen behaupteten gar, sie sei auf dem besten Wege, eine alte Jungfer zu werden, und die zahlreichen Aspiranten, denen sie ungerührt die kalte Schulter zeigte, munkelten hinter vorgehaltener Hand sogar Schlimmeres. Von sonderbarer Geschwisterliebe war die Rede, und dass es schwere Sünde sei, wenn Bruder und Schwester sich so nahestünden. Zumal auch Martin das heiratsfähige Alter längst überschritten hatte, was indessen, im Gegensatz zu Sibylle, mit einer gewissen Nachsicht betrachtet wurde.

»Er ist halt mit der Wissenschaft verheiratet!«, pflegte ihr Vater achselzuckend zu erwidern, wenn er von Geschäftskollegen und Vätern heiratsfähiger Töchter wieder einmal darauf angesprochen wurde. Wenngleich er es mit gutartigem Spott kaschierte und Martin deswegen nie einen offenen Vorwurf machte, so wusste Sibylle doch nur zu gut, wie sehr es den Patriarchen eines alten Handelsgeschlechtes schmerzte, dass sein einziger Sohn es vorzog, sich in den schönen Künsten zu verlustieren, anstatt als rechtschaffener Kaufmann das Familienvermögen zu mehren.

Als Sibylle feststellen musste, dass sie den Satz über die Seele bei Platon nun schon zum dritten Mal gelesen hatte, ohne ihn wirklich zu erfassen, weil sie mit ihren Gedanken ganz woanders war, klappte sie verdrossen das Buch zu und trat ans Fenster, um angespannt über die Gasse zu spähen. Es wollte ihr einfach nicht mehr gelingen sich abzulenken. Sie war ganz krank vor Sorge um Martin, der vor vierzehn Tagen nach Trier aufgebrochen war, um an der Philosophischen Fakultät einen Vortrag zu halten. Inzwischen war er bereits vier Tage überfällig, und es fehlte noch immer jede Nachricht von ihm. Eigentlich hatte sie ihn ja begleiten wollen, aber sie mochte den Vater nicht alleine lassen, der über den Tod der Mutter und der beiden älteren Töchter, die vor zwei Jahren an der Pest gestorben waren, nicht hinwegkam. Hatte er es anfangs noch damit abgetan, dass Martin in Trier womöglich der Frau seines Lebens begegnet sei – auch wenn das an einem Jesuitenkolleg eher unwahrscheinlich war –, so war der bejahrte Kaufmann mittlerweile doch gleichfalls höchst besorgt. Vor drei Tagen hatte er einen reitenden Boten nach Trier entsandt, dessen Rückkehr sehnlichst erwartet wurde.

Es fing schon an zu dämmern, woraufhin Sibylle das Fenster schloss und ihr Zimmer verließ, um dem Vater unten in der Wohnstube ein wenig Gesellschaft zu leisten. Sie war auf der Treppe, als die lauten Schläge des Türklopfers sie vor Schreck zusammenfahren ließen. Hals über Kopf stürmte sie die Treppe hinunter und wäre in der Halle fast mit der Hausmagd zusammengeprallt, die herbeigeeilt war, um die Tür zu öffnen. Doch die Tochter des Hauses kam ihr zuvor und riss mit bebenden Händen

den Türflügel auf. Draußen stand der Bote und neigte höflich den Kopf vor der Patriziertochter. Auf seiner Stirn glitzerten Schweißperlen, und er war von dem schnellen Ritt noch ganz außer Atem.

»Kommt doch herein und setzt Euch erst mal hin«, hörte Sibylle die Stimme ihres Vaters aus dem Hintergrund. Der junge Mann nahm das Angebot dankbar an und trat in die Halle, wo der Hausherr ihm einen Stuhl anbot und die Magd hieß, dem Mann einen Becher Wasser und eine kleine Stärkung zu bringen. Während sich die Dienerin entfernte, standen Sibylle und ihr Vater beklommen im Eingangsbereich und warteten darauf, dass sich die Atemzüge des Boten ein wenig beruhigten. Sibylle trat von einem Bein aufs andere und platzte schier vor Anspannung. Die ernste Miene des Reiters verhieß jedoch nichts Gutes – was sich gleich darauf bestätigte.

»Ich ... ich muss Euch leider mitteilen«, stieß der Bote atemlos hervor, »dass Euer Sohn in der Philosophischen Fakultät in Trier gar nicht eingetroffen ist! Die Jesuiten waren darüber ziemlich befremdet und ließen mich wissen, dass sie den Vortrag des jungen Herrn Doktor kurzfristig absagen mussten. Sie bedauerten das sehr, und ich soll Euch von Ihnen bestellen, sie würden den jungen Herrn Doktor in ihre Gebete einschließen und ließen Euch bitten, ihnen doch Bescheid zu geben, wenn sich ... die Angelegenheit aufgeklärt hat ...«

Sibylle war kreidebleich geworden und stöhnte entsetzt auf.

»Ach Gott, ach Gott, hoffentlich ist dem Jungen nichts passiert!«, rief der alte Herr und geriet leicht ins Wanken. Obgleich Sibylle von der Hiobsbotschaft selber so erschüttert war, dass der Boden unter ihren Füßen nachzugeben schien, stützte sie den Vater fürsorglich und führte ihn zu einem Stuhl.

»Wir wollen doch nicht gleich das Schlimmste annehmen«, suchte sie ihn zu beruhigen, während sie ihm mit zittrigen Fingern einen Becher Wasser einschenkte. Sie spürte selbst einen Kloß im Hals, und bange Ahnungen spukten ihr wie entfesselte Dämonen im Kopf herum.

»Oh Gott, lass es bitte nicht wahr sein!«, murmelte sie mit brüchiger Stimme und konnte mit einem Mal ihre Tränen nicht länger zurückhalten. Nun war es der Vater, der sie tröstete.

»Das wird sich bestimmt bald alles aufklären«, krächzte er kurzatmig und wischte sich den Schweiß von der Stirn. »Vielleicht ist er unterwegs krank geworden oder hat sich sonst irgendetwas getan, das kann auf einer Reise immer mal vorkommen. Kuriert sich wahrscheinlich irgendwo aus und wenn es ihm bessergeht, wird er schon zurückkommen.«

Sibylle schüttelte energisch den Kopf. »Niemals!«, erwiderte sie nachdrücklich. »So gewissenhaft und zuverlässig, wie Martin ist, hätte er doch in einem solchen Fall sofort die Fakultät benachrichtigt und auch uns eine Nachricht zukommen lassen, damit wir Bescheid wissen und uns keine Sorgen machen.« Sie musterte den Boten nachdenklich. »Ist er denn sonst vielleicht irgendwo gesehen worden? In einer Fremdenherberge oder einem Gasthaus, das auf der Strecke lag …?«

»Ich hatte keine Gelegenheit, mich eingehender nach seinem Verbleib zu erkundigen«, erklärte der Bote bedauernd. »Ich bin die ganzen Tage in scharfem Galopp durchgeritten, um Euch so schnell wie möglich zu unterrichten. Anders kann man auch eine solche Strecke nicht in drei Tagen bewältigen«, fügte er mit leichtem Vorwurf hinzu.

»Das ist wohl wahr«, entgegnete die Patriziertochter verständnisvoll und bedankte sich bei dem Herold für die rasche Übermittlung.

Auch der Vater dankte dem jungen Mann, der sich inzwischen etwas erholt hatte, und entlohnte ihn großzügig. Nachdem der Bote gegangen war, erhob sich der alte Herr ächzend aus seinem Stuhl.

»Auf den Schrecken brauch ich jetzt einen Schnaps, und dann überlegen wir weiter, was wir tun können«, sagte er.

Bedrückt folgte Sibylle ihrem Vater in die weitläufige, behaglich eingerichtete Wohnstube und ließ sich von ihm auch einen Schluck Branntwein einschenken. Sie hatte zwar Martins wegen schon seit Tagen ein ungutes Gefühl gehabt, aber die verhängnisvollen Neuigkeiten verstörten sie zutiefst. Die schreckliche Ungewissheit, was ihm unterwegs zugestoßen sein mochte, raubte ihr fast den Verstand. Sie leerte den Branntweinbecher mit einem Zug und lief unruhig im Zimmer umher wie ein Raubtier im Käfig.

»Jetzt setz dich gefälligst hin, du machst einen ja ganz verrückt!«, fuhr Karl Molitor seine Tochter an. Die Adern an seinen Schläfen waren angeschwollen, und das faltige Gesicht war aschfahl geworden. Er sah alt und hinfällig aus. *Wenn dem Martin was passiert ist … das verkraftet er nicht*, dachte Sibylle bestürzt. *Und ich auch nicht!* Sie presste sich die Hand vor den Mund, um nicht laut aufzuschreien, und es kostete sie unglaubliche Kraft, nicht in haltloses Weinen auszubrechen. Das würde den Vater nur noch mehr aufregen, zudem galt es, einen kühlen Kopf zu bewahren, um planvoll und bedacht vorzugehen – auch wenn ihr das in ihrer jetzigen Verfassung äußerst schwerfiel. Sibylle holte tief Luft, ließ sich folgsam auf einem Stuhl nieder und lächelte den Vater tapfer an.

»Das wird sich bestimmt bald alles aufklären, Vater«, sagte sie und tätschelte aufmunternd seine Schulter. Der alte Herr ergriff ihre Hand und drückte sie bekümmert. Ihm war deutlich anzumerken, was er dachte, auch wenn er sich hütete es auszusprechen. Als Kaufmann war er oft genug unterwegs gewesen, um zu wissen, wie gefährlich das Reisen war. Räuber und Wegelagerer warteten nur darauf, einen unbedarften Reisenden zu überfallen und auszurauben. Daher war er auf seinen ausgedehnten Handelsreisen stets im Verband mit anderen Kaufleuten geritten, der überdies von einer bewaffneten Eskorte begleitet wurde. Er hatte auch seinem Sohn immer geraten, nicht ohne Begleitschutz zu reisen. Doch Martin hatte seine Ermahnungen damit abgetan, dass es bei ihm doch nichts zu holen gebe außer Schriftstücken und Büchern. Der eigenwillige Freigeist hatte alle Warnungen in den Wind geschlagen – *und jetzt haben wir das Malheur*, grübelte der Familienvorstand erbittert.

»Ich werde gleich morgen einen Suchtrupp nach ihm ausschicken«, erklärte er bestimmt. »Der alte Gottfried mag mit ihnen reiten, damit sie ihre Arbeit auch ordentlich machen.«

Noch während er sprach, war Sibylle eine Idee gekommen, und ihre grauen Augen leuchteten auf. »Da habe ich einen besseren Vorschlag!«, brach es aus ihr heraus, und sie blickte den Vater eindringlich an. Karl Molitor, der wusste, wie kapriziös seine jüngste Tochter sein konnte, runzelte in banger Erwartung die Stirn.

»Ich werde mitkommen!«, verkündete Sibylle mit wilder Entschlossenheit. »Dann kannst du dir auch sicher sein, dass gründlich nach Martin gesucht wird. Jeden Grashalm werde ich umdrehen, bis ich ihn gefunden habe!«

In Sibylles Worten lagen eine solche Inbrunst und Leidenschaft, dass dem alten Herrn unwillkürlich die Tränen in die Augen stiegen.

»Das kommt ja überhaupt nicht in Frage!«, rief er empört und wischte sich mit zittriger Hand über die Augenwinkel. »Soll ich das einzige Kind, das mir geblieben ist, auch noch verlieren?«, brachte er heraus, ehe ihm die Stimme versagte und er schluchzend sein Gesicht in den Händen barg.

Sibylle blinzelte bewegt und legte tröstend die Arme um ihn. »Du musst dir um mich keine Sorgen machen, Vater«, raunte sie beschwörend. »Ich nehme mir eine bewaffnete Garde mit, dann wird mir schon nichts passieren. Bitte, erlaube es mir! Du willst doch auch wissen, was mit Martin passiert ist …«

Der bejahrte Patrizier entwand sich brüsk ihrer Umarmung. Er wollte sich auf keinen Fall von Sibylle um den Finger wickeln lassen, wie so oft. Seinem Nesthäkchen konnte er nur schwer etwas versagen.

»Natürlich will ich das!«, erwiderte er barsch. »Deswegen schicke ich ja auch morgen früh den Suchtrupp los – und wir zwei bleiben hier und halten solange die Stellung.« Er streichelte Sibylle begütigend über die Wange. Als er die Enttäuschung in ihrem Gesicht gewahrte, murmelte er versöhnlich: »Du kannst doch einen alten Zausel wie mich nicht alleine lassen, dann habe ich ja überhaupt niemanden mehr!«

Sibylle stieß vernehmlich die Luft aus. Bei dem Gedanken daran blutete ihr das Herz. Was ganz im Sinne ihres Vaters war, denn der gewiefte alte Kaufmann wusste sehr wohl, dass er seiner widerspenstigen Tochter den Wind aus den Segeln nehmen konnte, indem er ihr ein schlechtes Gewissen machte. Doch so schnell mochte Sibylle nicht klein beigeben.

»Ach Papa, ich bin doch nicht lange weg! Höchstens ein bis zwei Wochen. Und dann komme ich wieder zurück und habe Martin im Schlepptau! Die kurze Zeit kannst du doch mal alleine bleiben. Du gehst tagsüber in dein Kontor, und abends lässt du dich von Traudel versorgen oder triffst dich mit der Kaufmannsgilde in eurer Trinkstube im Hause Limpurg …«, sprudelte es aus ihr heraus.

»Du brauchst gar nicht weiter zu versuchen, mich zu überreden!«, schnitt ihr der Vater das Wort ab. »Du bleibst zu Hause, und damit Schluss!«, erklärte er nachdrücklich und schlug vor, noch einen Schlummertrunk zu sich zu nehmen und dann ins Bett zu gehen.

Die junge Frau war schon drauf und dran, auf den Schlummertrunk zu verzichten und sich grollend auf ihr Zimmer zurückzuziehen, doch sie besann sich schließlich eines Besseren.

»Ist recht, Vater«, seufzte sie ergeben.

Während der alte Herr die Dienerin beauftragte, ihnen eine heiße Schokolade zu bereiten, umspielte ein listiges Lächeln Sibylles Lippen. Sie war entschlossener denn je, die Reise anzutreten, und musste den alten Starrkopf unbedingt davon überzeugen, dass er sie ziehen ließ. Die Vorstellung, untätig zu Hause zu sitzen, während Martin vielleicht irgendwo in arge Bedrängnis geraten war, trieb sie schon jetzt an den Rand des Wahnsinns. Einzig indem sie nach ihm suchte, konnte sie etwas für ihn tun, und das mochte sie keinem anderen überlassen. Niemand kannte die Schrullen und Gewohnheiten ihres Bruders besser als sie, nur sie konnte sich ganz in ihn hineinversetzen. Sie würde ihn finden, und wenn er im entlegensten Winkel der Welt war. Genau das musste sie ihrem Vater verständlich machen – was gewiss kein leichtes Unterfangen werden würde. Es bedurfte einer Engelsgeduld, gepaart mit erheblichem Fingerspitzengefühl, die beide nicht gerade zu ihren Stärken zählten.

3

In der Umgebung von Kerpen, 29. 10. 1566

»Genug geschwallt, jetzt wird gearbeitet!«, raunzte der Mann mit dem Narbengesicht herrisch und wies mit der Hand, in der er noch immer den Dolch hielt, auf den toten Pferdehändler, der ein Stück weit entfernt auf dem Trampelpfad lag. »Filz den Dreckskerl nach allem, was irgendwie von Wert ist. Ich setz mich solange hier hin und guck zu, ob du das auch richtig machst!«

Der Raubmörder ließ sich unweit des Toten auf einem Baumstumpf nieder und verschränkte die Arme.

Christman beugte sich über den Pferdehändler, hob das Wams an und schnitt mit der scharfen Klinge seines Jagdmessers die prall gefüllte lederne Geldkatze ab, die um den dicken Leib geschnallt war. Dann durchsuchte er die Manteltaschen, in denen sich eine Handvoll Kupfermünzen befand, fuhr in die obere Innentasche und zog eine versilberte Taschenflasche hervor, die er schüttelte und neben die Geldkatze auf den Boden legte.

»Da ist sogar noch was drin«, bemerkte er und setzte seine Suche fort. Doch außer den Seitentaschen des wollenen Wamses, die mit Hafer- und Getreidekörnern gefüllt waren, fanden sich keine weiteren Behältnisse.

Christman hielt kurz inne, dann öffnete er die Gürtel-
schnalle aus Messing und zog dem Pferdehändler den
Ledergürtel ab, an dem ein Schlüsselbund und ein kleiner
Lederbeutel befestigt waren. Er schnürte den Beutel auf
und blickte hinein.

»Da ist ein Rosenkranz drin«, rief er seinem Lehrmeister über die Schulter zu.

»Und – taugt er was?«, fragte der Mann im Soldatenrock.

»Billiger Tand, die Perlen und das Kreuz sind nur aus
Holz«, erwiderte Christman abfällig.

»Dann wirf ihn ins Gebüsch«, befahl ihm der Raubmörder.

Der Förstersohn schleuderte den Rosenkranz in hohem
Bogen ins Unterholz. Dann packte er sein Messer und
trennte die drei silbernen Knöpfe vom Wams des Toten ab.

»Die Mantelknöpfe sind aus Hirschhorn, wollt Ihr sie
haben?«, fragte er seinen Lehrmeister.

»Immer her damit!«, krähte dieser.

»Das war's auch schon. Was ist mit der Kleidung und
den Schuhen? Soll ich sie ihm ausziehen?«

»Sehe ich vielleicht aus wie ein Lumpenkrämer?«,
knurrte der Mann im Soldatenrock grimmig. »Ich hab
nur Verwendung für Pelze und teures Tuch. Auf die ver-
schwitzten Klamotten von dem Fettwanst kann ich verzichten, und auf dem seine Stinkstiefel erst recht! Die
kannst du dir nehmen, wenn du willst ...« Er gab ein
höhnisches Wiehern von sich.

Christman ging darauf mit keiner Silbe ein. »Was soll
ich damit machen?«, fragte er sachlich und wies auf das
Diebesgut.

»Pack die Sore in meine Satteltaschen, und dann werfen wir den Kerl ins Gebüsch«, befahl ihm sein Lehrmeister.

»Sore – das hört sich irgendwie fremdländisch an. Ist das ein Wort aus Eurer Sprache?«, erkundigte sich der Förstersohn interessiert.

Der Mörder lachte kehlig. »Da sieht man mal wieder, was du für ein Grünschnabel bist!«, prustete er verächtlich. »Aber was kann man von einer Grünratt schon anderes erwarten! Dass so einer die Gaunersprache nicht kennt, braucht einen nicht zu wundern«, murmelte er kopfschüttelnd. »›Sore‹ heißt nichts anderes als Diebesgut, und einen wie dich nennt man unter Fahrenden und Gaunern halt ›Grünratt‹, das sind die Waldaufseher und Förster, die unsereinem das Leben schwermachen. So, und jetzt mach hin, damit wir endlich von hier fortkommen!«

Christman nahm den rauen Tonfall seines Lehrmeisters widerspruchslos hin. Ihm war klar, dass er von dem wilden, grausamen Gesellen keine Flötentöne zu erwarten hatte – und im Grunde genommen mochte er seine schroffe, zynische Art sogar. Gehorsam packte er die Sachen zusammen. Als sie wenig später die Leiche des Pferdehändlers an Armen und Beinen griffen und ins Gebüsch warfen, gerieten sie gehörig ins Schwitzen.

»Ganz schön schwer, der Fettsack!«, fluchte der Mann mit dem Narbengesicht zwischen den Zähnen und wischte sich den Schweiß von der Stirn. »Wo hast du den Schnaps hin?«, fragte er atemlos.

»In Eure Satteltaschen getan, wie Ihr es befohlen habt«, antwortete Christman und eilte zum Pferd seines Lehrmeisters. Kurz darauf hielt er dem Mann die Taschenflasche hin, der sie ihm grob aus der Hand riss und gierig daraus trank. Dann reichte er die Flasche seinem Gehilfen, der gleichfalls einen tiefen Zug nahm.

»Wie ist dein Name, Grünschnabel, damit ich weiß, wie ich dich in Zukunft ansprechen kann?«, fragte ihn der Mann mit dem Narbengesicht nun etwas umgänglicher.

»Ich heiße Christman Gniperdoliga«, erwiderte der junge Mann und neigte höflich den Kopf.

»Was ist denn das für ein Name!«, mokierte sich sein Lehrmeister. »Dein Vorname gefällt mir nicht, und dein Nachname ist der reinste Zungenbrecher! Ich werde dir einen neuen Namen geben, der besser zu dir passt.«

Der Mann im Soldatenrock musterte seinen Gehilfen nachdenklich. »Du hast kalte Fischaugen, Jüngelchen, und wenn man dich rau anpackt, zuckst du nicht mal mit der Wimper. Du lässt dich nicht so leicht aus der Reserve locken, und dein Mienenspiel verrät nicht, was du gerade denkst. Du bist ein eiskalter Hund, das imponiert mir und ist in unserem Gewerbe von Vorteil.« Sein schmallippiger Mund verzog sich zu einem breiten Grinsen. »Aber als du dir vorhin den Toten betrachtet und seine blutige, durchgeschnittene Kehle gesehen hast, konntest du den Blick kaum abwenden von seinem Blut, so trunken und betört warst du. Du hast Freude am Töten, und in deinem Innern schlummert eine Bestie, an der nichts Menschliches ist.« Er tätschelte Christmans Schulter. »Ich werde sie zum Leben erwecken, so wahr ich Peter Nirsch heiße! Mir fällt nur kein passender Name für dich ein. Du hast keine auffälligen Merkmale, und deine Visage ist so nichtssagend …« Der Mann mit dem Narbengesicht nahm noch einen Schluck aus der Flasche und musterte Christman unwillig.

Der junge Mann lächelte. Ihm schmeichelte die Bemerkung seines Lehrmeisters. »Genau das ist vielleicht mein Merkmal – dass ich so unauffällig und nichtssagend bin. Ich bin wie eine Groppe, die sich ihrer Umgebung so gut anpassen kann, dass sie unsichtbar wird. Auf steinigem Untergrund kann man sie kaum noch erkennen«, murmelte Christman versonnen.

»Nie gehört! Was soll das denn sein, eine Groppe?«, raunzte Peter Nirsch.

»Eine Groppe ist ein hiesiger Süßwasserfisch. In der Erft gibt es viele Groppen«, erklärte Christman und deutete in Richtung Fluss.

Der Mann mit dem Narbengesicht lachte auf. »Na, das passt ja, wo du so ein Fischblut bist!«, feixte er. »Meinethalben, dann nennen wir dich halt … Groperunge aus Kerpen!«

Der Förstersohn verbeugte sich ehrfürchtig. »Es wird mir eine Ehre sein, diesen Namen zu tragen, Meister!«

»Schluss mit dem ewigen ›Meister‹!«, fuhr ihn der Mann mit dem Narbengesicht an. »Du redest mich gefälligst mit Herr Kapitän an, wie sich das für den Burschen eines Hauptmanns geziemt.« Peter Nirsch strich stolz über seine speckige Uniformjacke. »Wie du siehst, bin ich ein alter Kriegsmann – und als Landsknecht habe ich das böse Handwerk von der Pike auf gelernt!«

Peter Nirsch verstaute die Flasche in seiner Rocktasche, ergriff die Fackel, die im Boden steckte, und stieg auf sein Pferd. »Wir reiten jetzt zu meinem Unterschlupf«, ließ er seinen Gehilfen wissen und wartete, bis

Groperunge ebenfalls im Sattel saß und zu ihm aufgeschlossen hatte.

»Wo befindet sich denn Euer Unterschlupf?«, fragte der Förstersohn neugierig.

»Stell nicht so viele Fragen«, knurrte Peter Nirsch, gab seinem Pferd die Sporen und schlug den Weg in Richtung Kerpen ein. Groperunge hielt sich dicht hinter ihm. Es war schon weit nach Mitternacht und stockfinster. Sie ritten an der »Mühlenschenke« vorbei, die längst geschlossen hatte. Die Fenster waren alle dunkel und die Wirtsleute zu Bett gegangen. Groperunge blickte kurz zum Waldrand mit seinen dunklen Tannenwipfeln, von wo er in den Abendstunden gekommen war. Beim Gedanken an sein Elternhaus empfand er keinerlei Wehmut, im Gegenteil, ihn überkam ein mächtiges Hochgefühl, dass er endlich seinem Meister begegnet war. *Ich danke dir, Satan, dass du mein Flehen erhört hast*, dachte er mit Inbrunst, und wie schon so oft in dieser wundersamen Nacht fühlte er eine tiefe Verbundenheit mit seinem Lehrmeister – wie er sie noch nie zuvor für einen Menschen empfunden hatte.

»Ich danke Euch, Herr Kapitän, dass Ihr mich aufgenommen habt!«, brach es auf einmal, ganz entgegen seiner verschlossenen Art, aus ihm heraus.

Peter Nirsch wandte sich ruckartig zu ihm um und bleckte höhnisch die Zähne. »Freu dich nicht zu früh, Bürschchen, ich werde dich nämlich ordentlich striezen, darauf kannst du einen lassen!«

Nachdem sie das schlafende Kerpen in weitem Bogen umritten hatten und ihnen in den Flussauen keine Menschenseele begegnet war, schlug Peter Nirsch plötzlich den Weg zur Erft ein. Als sie sich dem Flussufer näherten, gewahrte Groperunge im Fackelschein die Umrisse einer Hütte, die von dichtem Weidengeflecht umrankt war. Peter Nirsch stieg vom Sattel, führte sein Pferd unter das Weidendach, wo er es anband, und bedeutete seinem Gehilfen, es ihm gleichzutun. Als sie wenig später in die windschiefe Hütte traten, fiel Groperunge auf, dass sie sauber gefegt und aufgeräumt war. Ein paar alte Fischernetze, die auf den groben Holzdielen ordentlich übereinandergelegt waren, dienten offensichtlich als Schlafplatz. Neben einer kleinen Feuerstelle mit Rauchfang waren zerkleinerte Äste und Zweige gestapelt. Nachdem Nirsch noch einige Talgkerzen entzündet hatte, wirkte der bescheidene Raum fast heimelig.

Der Kapitän zog seinen regennassen Uniformrock aus, legte sich eine Wolldecke um die Schultern und befahl seinem Gehilfen, ein Feuer zu entfachen. Ohne Murren machte sich Groperunge ans Werk, bald knisterten die Flammen und verbreiteten eine behagliche Wärme. Erst jetzt streifte der hagere junge Mann seinen klammen Umhang ab und ließ sich zögerlich neben der Feuerstelle nieder. Sein Lehrmeister war damit beschäftigt, die Münzen aus der Geldkatze des Pferdehändlers zu zählen. Groperunge beobachtete ihn verstohlen. Er sah, wie Peter Nirsch beim Zählen die Lippen bewegte und seine Miene immer zufriedener wurde.

»Hat sich gelohnt, mit dem Fettsack – wusst ich's doch!«, knarzte er launig und griff nach der Schnapspulle, die neben ihm auf dem Boden stand. Im Lichtschein fiel Groperunge auf, dass dem Mann mit dem Narbengesicht ein kleiner Lederbeutel aus dem Halsausschnitt seines Wamses gerutscht war. Als Peter Nirsch den Blick seines

45

Gehilfen bemerkte, schob er ihn hastig wieder unters Wams.

»Glotz nicht so blöd!«, schnaubte er unwillig. »Das geht dich nichts an!«

Obgleich Groperunges Neugier nun erst richtig angestachelt war, sparte er sich jegliche Nachfragen.

»Eine schöne Unterkunft habt Ihr Euch ausgesucht, Herr Kapitän«, bemerkte er anerkennend. »Auf den ersten Blick sieht man die Hütte gar nicht, wegen dem dichten Weidengeflecht ringsherum.«

Peter Nirsch warf ihm einen durchdringenden Blick zu. »Da hab ich auch lange suchen müssen, bis ich diese Bruchbude hier gefunden habe. Das ist das Erste, was ich mach, wenn ich irgendwo ein Ding drehen will: mich nach einem geeigneten Unterschlupf umzuschauen. Denn wenn du keine gute Kawure hast, wo du dich verstecken kannst und in Sicherheit bist, dann lass lieber die Finger von der Sache. Merk dir das, Bürschchen, das ist in unserem Gewerbe von größter Wichtigkeit!« Sein vernarbtes Gesicht war unversehens ernst geworden. »Erst recht, wenn du ein einsamer Wolf bist wie ich, der sich nicht mit anderen Gaunern zusammentut. Denn unter denen, die sich mit krummen Touren durchschlagen – und da sind Mordbrenner und Halsabschneider darunter, die auch mal einen kaltmachen –, gibt es einen festen Zusammenhalt. Sie haben nicht nur ihre eigene Sprache, das Rotwelsch, sondern sie verständigen sich auch durch bestimmte Zeichen, die sie auf Gebetsstöcken, Wegweisern und Scheunen in der Umgebung von Ortschaften hinterlassen, damit ihre Kumpane wissen, wo sie eine gute Platte finden. Genau so warnen sie auch, wenn von irgendwoher Gefahr droht. Sei es vor bissigen Hunden, die ein bestimmtes Gehöft bewachen, oder vor besonders scharfen Dackeln und Grünratten – Dackel, so nennt man unter gemeinen Verbrechern die Polizisten, mein Jungchen!«, stieß er mit kehligem Lachen hervor, als er Groperunges fragenden Gesichtsausdruck gewahrte. »Nicht dass ich diese Mahnungen nicht zu schätzen wüsste«, fuhr er fort. »Keiner, der auf krummen Touren reist, kann sich erlauben, sie einfach in den Wind zu schießen, denn du kannst gar nicht vorsichtig genug sein, wenn du nicht am Galgen baumeln willst.« Er musterte seinen Gehilfen eindringlich. »Trau keiner Seele – das ist seit jeher meine Losung! Und ich wär nicht so lange im Geschäft, wenn ich damit nicht richtigliegen würde. Deswegen gibt es bei mir auch keine Kumpanei und Verbrüderung. Auch nicht mit anderen Mordbuben. Das ist der Grund, warum ich mir meine Platten selber suche und mich nicht auf die Empfehlungen anderer Gauner verlasse. Mir steht halt nicht der Sinn nach Gesellschaft. Das habe ich dir aber gleich gesagt.«

Peter Nirsch nahm noch einen Schluck aus der Pulle, ehe er sie unwillig an seinen Gehilfen weiterreichte. »Und jetzt hab ich dich am Hals. Du säufst mir meinen Schnaps weg, frisst mein Brot und willst alles von mir wissen.« Er seufzte resigniert.

Groperunge vermied es, von der Flasche zu trinken, und schob sie mit unterwürfiger Geste seinem Meister hin. Er wirkte bedrückt und traute sich kaum, etwas zu sagen.

»Ihr braucht nicht für mich zu sorgen, Herr Kapitän. Ich kann mir mein Brot selber verdienen«, stieß er schließlich hervor und senkte betreten den Blick. »Es soll nicht Euer Schaden sein, dass Ihr mich aufgenommen habt. Ich kann jagen und Fische fangen und Euch in all Eurem Tagwerk unterstützen. Sagt mir, was ich zu tun habe, und ich werde es machen. Ich habe Euch absoluten Gehorsam geschworen – und damit ist es mir auch sehr ernst …«

»Hör auf rumzuschwallen«, unterbrach ihn der Kapitän gereizt und musterte Groperunge tückisch. »Verrate mir lieber, wie ein Milchbart wie du, der keinen Schimmer von der rauen Wirklichkeit hat, zum Teufelsanbeter geworden ist?«, fragte er höhnisch. »Denn deine braven Förstereltern haben dir doch so was bestimmt nicht beigebracht.«

Groperunge schluckte. »Ich habe nur einen Vater, meine Mutter kenne ich gar nicht, sie ist bei meiner Geburt gestorben«, erläuterte er betreten. »Ich wurde von einer Amme großgezogen, die war kalt und spröde wie ein Eiszapfen und hatte nur das Geld im Sinn, das ihr meine Betreuung einbrachte. Sie war rappeldürr und trug immer schwarz, weil sie ihren Mann und ihr Kind gleich auf einmal verloren hatte – die starben wohl an irgendeiner Seuche, Genaueres weiß ich nicht. Sie versorgte mich zwar mit allem, was ich brauchte, aber sonst hielt sie mich total kurz, was Zuneigung und menschliche Wärme anbetraf – und irgendwann vermisste ich es auch nicht mehr und gewöhnte mich an die Eisheilige, wie sie in Kerpen von den Einheimischen genannt wurde. Da ihr verstorbener Ehemann Apotheker war und sie ihm die Bücher führte, konnte sie Lesen und Schreiben und war überhaupt recht gebildet und gelehrt. So gab sie mir, als ich größer war, Privatunterricht, weil das Forsthaus ja sehr abgelegen ist und es bis zur Schule in der Stadt ein weiter Weg war.« Um Groperunges schmallippigen Mund spielte ein hintergründiges Lächeln. »Und heute weiß ich, dass meine Kinderfrau nicht nur kalt, sondern auch abgrundtief böse war – und dass sie es war, die mir die Pforte zur Hölle geöffnet hat. Denn als ich acht Jahre alt war, muss es zu einem Vorfall gekommen sein, den mein Vater jedoch peinlichst vor mir zurückhielt. Jedenfalls kam es zwischen der Eisheiligen und ihm zu einem schlimmen Zerwürfnis, worauf er sie Knall auf Fall vor die Tür setzte. Sie hat sich zwar von mir nicht verabschiedet, was man ja in Anbetracht ihrer Gefühlskälte auch nicht erwarten konnte, aber sie hat mir ein Abschiedsgeschenk hinterlassen, für das ich ihr ewig dankbar sein werde. Eine kostbare, in feines Ziegenleder gebundene Satansbibel. Ich fand den alten Folianten in meinem Schreibpult zwischen den Unterrichtsbüchern – und seither folgte ich dem Zug nach der Tiefe mit all meinem Herzblut und fand in der Lehre Satans meine wahre Bestimmung. Ganz im Verborgenen ergab ich mich der Faszination des Bösen, die schon immer in mir war und malte mir aus, Menschen zu töten. Die Vorstellung, Gewalt auf meine Opfer auszuüben und sie grenzenlos zu beherrschen, erregte mich und der Teufelsglaube der ›verkehrten Welt‹, in der das Böse zum Guten stilisiert wird, und umgekehrt, bestärkte mich noch in meiner natürlichen Veranlagung ...«

»Genug jetzt!«, schnitt ihm der Kapitän das Wort ab. »Verschone mich mit deinen Teufelsschwärmereien, wenn der Fürst der Finsternis leibhaftig vor dir stünde, würdest du dir doch vor Angst ins Hemd seichen, Bürschchen!«, raunzte er hämisch. »Was mich viel mehr interessiert, ist, wie der Satan dir angeblich hilft, dich unsichtbar zu machen.« Er fixierte seinen Gehilfen abschätzig.

»Verzauberst du vielleicht deine Klamotten, damit die Leute dich nicht sehen?«

Groperunge schüttelte nachdrücklich den Kopf. »Nein, anders wird ein Schuh daraus: Ich verhexe die Leute, um sie mir gegenüber blind zu machen. Dieser Zauber wirkt aber nur auf Menschen, Tieren kann man diesbezüglich nichts vormachen.«

Der Kapitän blickte ihn erstaunt an. »Das will ich sehen«, blaffte er, »wie ein Grünschnabel das fertigbringt, was in der Schwarzen Kunst nur den Mächtigsten gelingt, nämlich andere mit der Kraft von Gedanken zu beherrschen.«

»Es wird mir eine Ehre sein, Herr Kapitän, Euch dies bei passender Gelegenheit unter Beweis zu stellen«, erklärte Groperunge unterwürfig.

»Da bin ich mal gespannt. – So, und jetzt halt die Klappe, und lass uns schlafen! Wir müssen morgen früh aufstehen, und ich will noch ein paar Stunden pennen, bevor es hell wird«, knurrte er, leerte die Pulle und richtete sich sein Nachtlager. »Du legst noch ordentlich Holz nach, machst die Lichter aus, und dann haust du dich irgendwo hin, 'ne Decke gibt's keine, denn ich hab nur die eine, und die brauch ich selber. Hättest halt doch die Kutte von dem Fettwanst nehmen sollen, dann hättest du jetzt was zum Zudecken, aber da warst du dir ja zu fein dazu …«

Peter Nirsch rollte sich in die Decke ein und kehrte seinem Gehilfen den Rücken zu. Groperunge machte sich am Feuer zu schaffen und löschte nach und nach die Talglichter. Ehe er sich auf den blanken Holzdielen unweit der Feuerstelle niederließ, hielt er kurz inne und streifte den Rücken seines Meisters mit nachdenklicher Miene. Er räusperte sich beklommen.

»Entschuldigt bitte, Herr Kapitän, aber darf ich Euch für heute noch eine letzte Frage stellen?«, erkundigte er sich unsicher. »Sie brennt mir schon seit Wochen auf der Seele …«

»Verdammt noch mal, was ist denn noch?«, fluchte der Kapitän gereizt.

Groperunge räusperte sich betreten. »Ich möchte Euch nur fragen … was Ihr … mit den kleinen Kindern der schwangeren Frauen gemacht habt?«, stieß er mit bebender Stimme hervor.

Mit einem wütenden Aufschrei fuhr Peter Nirsch jäh von seinem Nachtlager hoch. Erbost warf er die leere Schnapsflasche nach seinem Gehilfen, die diesen nur knapp verfehlte und scheppernd auf den Dielenbrettern zerbarst.

»Das geht dich einen Scheißdreck an, du Tropf!«, fauchte er wutentbrannt. »Bevor ich dir irgendetwas von mir preisgebe, musst du dich erst bewähren! Und mit deinen aufdringlichen Fragen gehst du mir nur auf den Sack, ich bereue es jetzt schon, was ich mir mit dir für eine Laus in den Pelz gesetzt hab!«

Groperunge war wie vom Donner gerührt und wagte es kaum noch zu atmen. Ihm wurde bewusst, dass er einen großen Fehler begangen hatte, seine brennende Neugier, die ihn beherrscht hatte, sobald er von den Morden an den Schwangeren hörte, nicht besser im Zaum zu halten. *Das passiert mir nicht noch mal,* dachte er erbittert, schob

51

mit zitternden Händen die Glasscherben beiseite und bettete sich auf die blanken Holzbretter. Es war nicht alleine seinem harten Nachtlager geschuldet, dass er die ganze Nacht keinen Schlaf fand.

4

Frankfurt am Main, 30. April 1581

Die Räderuhr am Römerrathaus hatte gerade die sechste Morgenstunde geschlagen, als Sibylle Molitor sich die müden Augen rieb und aus dem Bett stieg. Sie hatte ohnehin nicht schlafen können, weil sie unentwegt an ihren Bruder denken musste und an das, was ihr alles bevorstand. Verzagtheit und Hoffnung hatten in ihrem Innern miteinander gerungen, sie hatte jedoch eisern beschlossen, guten Mutes zu sein. *Er lebt, und ich werde ihn finden!*, lautete ihre Beschwörungsformel, mit der sie sämtliche Dämonen zu bannen suchte.

Sibylle ging zum Fenster, zog die Vorhänge auf und öffnete die Fensterflügel, um die frische Morgenluft hereinzulassen. Es war zwar noch stockfinstere Nacht, doch in gut einer Stunde würde es hell werden. Sie musste sich also beeilen. Rasch zündete sie die Kerzen an, goss Wasser in die Waschschüssel und wusch sich gründlich. Dann ging sie zur Kleidertruhe und holte ihr neues Reitkostüm aus dunkelblauem Samt heraus. Mit fliegenden Händen streifte sie ihr Nachtgewand ab und schlüpfte in die Samtrobe, die ihre schlanke Figur betonte. Vor dem Wandspiegel strählte sie sorgfältig ihr schulterlanges kas-

53

tanienbraunes Haar, wand es zu einem Knoten und steckte es hoch. Anschließend stülpte sie eine zylinderförmige Haube aus schiefergrauem Atlas, die mit einem kurzen Spitzenschleier versehen war, darüber und begutachtete sich im Spiegel. Obgleich ihr Gesicht bleich und übernächtigt aussah, verzichtete sie auf jegliche Schminke. Im Gegensatz zu ihren Standesgenossinnen war sie in dieser Hinsicht auf Schlichtheit und Natürlichkeit bedacht. So unterließ sie es auch, ganz entgegen der gängigen Mode, sich die dichten dunklen Augenbrauen und den Haaransatz zu rasieren. Ebenso lehnte sie diverse Puder und Salben ab, um sich den Teint zu bleichen. Ihre Haut war schon blass genug, und die feinen Sommersprossen auf Nase und Wangen störten sie nicht weiter. Sibylle tupfte sich etwas Orangenöl an die Schläfen, schlüpfte in die Reitstiefel aus geschmeidigem Rindsleder und griff nach dem Felleisen neben der Waschkommode, das sie vor dem Zubettgehen gepackt hatte. Es war recht schwer, was indessen weniger an der Kleidung lag als an den Büchern und Schreibutensilien, die ihr unentbehrlich dünkten. Ganz obenauf, sorgsam in ein Tuch geschlagen, lag ein Porträt von Martin. Ein Frankfurter Künstler hatte den Kupferstich von ihm damals nach Martins Doktorprüfung im Auftrag des Vaters angefertigt. Für Sibylle war das geliebte Bildnis als Talisman und für ihre Erkundigungen von größtem Wert. Sie würde es unterwegs den Leuten zeigen, und der eine oder andere würde sich schon an Martin erinnern und ihr nützliche Hinweise geben.

Als Sibylle aus der Tür treten wollte, vernahm sie vom Flur her das Knarren der Dielenbretter. Ihr Vater war also auch schon wach – wahrscheinlich, um ihr vor der Abreise wichtige Instruktionen zu geben. Sie wartete einen Augenblick, bis seine Schritte sich entfernten.

Vor der Wohnstubentür holte sie noch einmal tief Luft, ehe sie die Klinke drückte und mit einem munteren »Guten Morgen!« in das Zimmer rauschte. Der Vater, der gerade dabei war, sich mit dem alten Hausknecht Gottfried zu besprechen, wandte ihr den Kopf zu.

»Dein Reitkostüm kannst du gleich wieder ausziehen!«, stieß er beim Anblick seiner Tochter hervor. »Es wird nicht geritten!«

»Aber Vater!«, rief Sibylle entrüstet. »Das war doch so ausgemacht!«

»Nichts da, du fährst mit der Kutsche. Das ist standesgemäß für eine junge Dame, und sicherer!«, bestimmte der Familienpatriarch streng. »Und Gottfried wird dich begleiten.«

Sibylle verzog ärgerlich das Gesicht. »Ach, wie umständlich!«, murrte sie. »Mit dem Pferd ist man doch viel schneller, dann hätten wir nachher das Marktschiff nehmen können, und im Nu wären wir in Mainz gewesen! Außerdem muss Gottfried ja nicht mitkommen, zwei geharnischte Stangenknechte als Begleitschutz reichen doch vollkommen!«

»Wenn dir das nicht passt, kann ich auch gerne Tante Hedwiga bitten, dich zu begleiten«, konterte der Vater und musste unwillkürlich grinsen, als er den alarmierten Gesichtsausdruck seiner Tochter gewahrte. Diese Drohung wirkte, das wusste er nur zu gut. Seine ältere Schwester Hedwiga, die während ihrer Witwenschaft von nunmehr dreißig Jahren eine griesgrämige Betschwester geworden war, ging mit ihrem ewigen Lamentieren selbst ihm gehörig auf die Nerven.

»Nein, nein, das ist schon in Ordnung, wenn Gottfried mitkommt«, beeilte sich Sibylle zu entgegnen, die in dem knorrigen alten Hausknecht, der ihrem Vater absolut ergeben war, im Vergleich zur moralinsauren Tante das kleinere Übel sah.

»Gut«, meinte der Vater. »Gottfried wird die Kutsche fahren und unterwegs in den Herbergen und Gasthäusern keinen Schritt von deiner Seite weichen. Denn in den Unterkünften herrscht zuweilen ein derber Umgangston, und die Klientel, die dort logiert, ist auch nicht immer die feinste … Gottfried wird mir dafür Sorge tragen, dass du von solchen Leuten nicht behelligt wirst. Ich kann dir nur dringend raten, dich von ihnen fernzuhalten, auch wenn du in all deiner blauäugigen Vertrauensseligkeit vielleicht in Erwägung ziehen solltest, derartige Subjekte nach deinem Bruder zu fragen. Wenn dem so ist, wird Gottfried das für dich übernehmen. Du hältst dich bitte zurück, wie sich das für eine junge Dame von Stand geziemt, versprichst du mir das?«

Der alte Herr musterte Sibylle eindringlich. Aus seinen Augen sprach tiefe Besorgnis, und Sibylle empfand unversehens Mitleid mit ihm. Sie ergriff seine Hand und drückte sie.

»Das verspreche ich dir, Papa!«, gelobte sie ernsthaft. »Du musst dir um mich keine Sorgen machen – und ganz so naiv, wie du denkst, bin ich auch nicht, schließlich lebe ich in einer weltoffenen Großstadt und bin keine lebensferne Landmaus.«

»Überschätze dich nicht, mein Kind. Du hast zwar viele Bücher gelesen und bist klug und gebildet, aber was die raue Wirklichkeit anbetrifft, doch ziemlich unbedarft – so behütet, wie du aufgewachsen bist«, wandte der Vater mit skeptischer Miene ein.

Sibylle dachte an die berühmten *Canterbury Tales* von Chaucer und andere Reiseberichte, die sie gelesen hatte, und musste sich eingestehen, dass ihr Vater nicht ganz unrecht hatte. Sie kannte die Welt tatsächlich nur aus Büchern und war nie viel weiter als hundert Meilen aus ihrer Heimatstadt hinausgelangt. Doch die bildhaften, lebendigen Schilderungen des Unterwegsseins hatten ihr auf mannigfaltige Weise deutlich gemacht, dass das Reisen ein echtes Abenteuer war – und diesem Abenteuer würde sie sich stellen! Sie fühlte mit einem Mal einen unglaublichen Tatendrang und konnte es kaum noch erwarten, endlich aufzubrechen. Die Anordnungen ihres Vaters verrieten ihr jedoch, dass sie sich noch gedulden musste.

»Zuerst setzt du dich an den Tisch und stärkst dich ein wenig. Traudel macht dir eine heiße Suppe und packt euch einen Korb mit Reiseproviant, denn mit knurrendem Magen reist es sich nicht gut.«

Er wandte sich an den Hausknecht, der höflich zur Seite getreten war und schweigend zugehört hatte. »Du machst jetzt die Kutsche fertig und spannst die Pferde an, und nachher, wenn es hell wird, gehst du zum Römerrathaus und forderst beim Bürgermeister zwei geharnischte Stangenknechte als Geleitschutz. Sag dem Schultheiß, dass ich sie aus meiner privaten Schatulle bezahle und dass er mir bitte die besten und zuverlässigsten Leute schicken soll.«

Nachdem der Hausknecht hinausgegangen war, stellte die Magd dampfende Schüsseln mit Brotsuppe und Haferbrei auf den Esstisch und füllte ihren Herrschaften die Teller.

»Bitte nicht so viel!«, sagte Sibylle beim Anblick der Speisen, denn ihr Magen war vor Reisefieber wie zugeschnürt, doch die gute alte Traudel war in dieser Beziehung schwer zu bremsen. Verdrossen rührte Sibylle in ihrem randvollen Teller mit Brei und brachte kaum etwas herunter.

»Iss nur, Sibylle, das wird ein langer Tag heute«, ermahnte sie der Vater, obgleich er selber wenig Appetit zu haben schien. »Also, als Erstes fahrt ihr nach Mainz und sucht Martins Gelehrtenfreund Christoph auf, bei dem er nach dem ersten Tagesritt übernachten wollte. Du kennst ihn ja und weißt, wo er wohnt. Da ihr unangemeldet seid, wäre es unschicklich, seine Gastfreundschaft in Anspruch zu nehmen, ihr werdet euch also in Mainz eine Unterkunft suchen müssen. Am besten geht ihr ins Gasthaus ›Zum Schwan‹, das ist ein anständiges und gepflegtes Hotel am Marktplatz. Gottfried weiß schon Bescheid«, riet der Familienvorstand, der nicht minder aufgeregt war als seine Tochter.

Sibylle, die mit ihren Gedanken ganz woanders war, hörte ihm kaum zu. Ihr fiel plötzlich wieder jener wundersame Traum ein, den sie unlängst gehabt hatte. Es musste über eine Woche her sein, Martin war zwar schon unterwegs, wurde aber noch nicht vermisst. In jener Nacht hatte sie ihn ganz deutlich vor sich gesehen, er war noch ein Knabe und hatte sie angelächelt. Im Traum durchlebte sie wieder ein Ereignis aus ihrer Kindheit. Es war ein milder Herbsttag mit goldenem Sonnenlicht.

Martin und Sibylle spielten im Garten hinter dem Haus. Ausgelassen warfen sie die bunten Blätter in die Luft, die knöchelhoch den Boden bedeckten, wirbelten sie wild durcheinander und bewarfen sich übermütig damit. Sibylle roch den würzigen Duft des Herbstlaubs. Im Traum, wie auch seinerzeit in der Wirklichkeit, erfüllte sie beide eine solche Leichtigkeit und Unbeschwertheit, dass sie das Gefühl hatten, selber zu Blättern zu werden, die der Herbstwind zum Tanzen brachte. Der Traum war so intensiv gewesen und alles hatte so echt gewirkt, als hätte sie es tatsächlich gerade erlebt und nicht schon vor rund fünfzehn Jahren. Im Nachhinein war sich Sibylle sicher, dass dieses Erlebnis aus ihrer Kindheit der glücklichste Moment ihres Lebens war – und Martin schien dieses Gefühl im Traum mit ihr geteilt zu haben. Sein hübsches Knabengesicht strahlte vor Glück und berührte sie so tief, dass sie beim Aufwachen vor Ergriffenheit weinen musste. *Ein Gruß aus der Ferne von Martin*, hatte sie gedacht. *Ihm MUSS es gut gehen …*

»Wenn du irgendetwas von Martin in Erfahrung bringst oder ihn gefunden hast, dann lass mir sofort durch einen fliegenden Kurier eine Nachricht zukommen«, rissen sie die nachdrücklichen Worte des Vaters aus ihren Gedanken.

»Selbstverständlich, Vater, das mache ich«, murmelte Sibylle und blickte zu ihm auf. Auf ihrem Gesicht lag noch ein Lächeln.

Karl Molitor hüstelte bewegt und nestelte ein zusammengefaltetes Seidentuch aus der Tasche seines Hausmantels, welches er seiner Tochter mit bebenden Händen überreichte.

»Es ist ein kleines Goldkettchen mit einem Amulett des heiligen Christophorus. Er ist der Schutzpatron der Reisenden, und deine Mutter – Gott hab sie selig – hat es mir in jungen Jahren einmal geschenkt, damit ich auf meinen langen Reisen immer geschützt bin und gesund und wohlbehalten zu ihr zurückkehre.« Der alte Mann musste unversehens aufschluchzen. »Und das bin ich ja glücklicherweise auch immer … nur sie kommt nicht mehr wieder.«

Sibylle schloss ihn tröstend in die Arme. »Ihr werdet euch wiedersehen, Vater, da bin ich mir ganz sicher. In einer anderen Welt«, erklärte sie liebevoll und musste gegen ihre eigene Schwermut ankämpfen. Obgleich sie sich mit ihrer Mutter häufig gestritten hatte, fehlte sie ihr doch unsagbar. Sie war eine schöne, stattliche Frau mit einem starken Willen gewesen. Das war auch der Grund, warum sie mit ihrer jüngsten Tochter häufig aneinandergeraten war, denn Sibylle hatte ihren Eigensinn geerbt. Sie bot ihr stets die Stirn, wenn ihre Mutter als Dame von Welt die Tochter dazu bewegen wollte, das zu tun, was man von einer Patriziertochter im heiratsfähigen Alter erwartete: stets auf ihr Äußeres bedacht zu sein, immer liebreizend zu lächeln und bei gesellschaftlichen Anlässen eine gute Figur zu machen. »Eine Tochter aus gutem Hause heiratet nie unter ihrem Stand! Nur ein Verehrer, der in der Lage ist, seine Angebetete, ihre Schwestern und ihre Mutter mit kostbaren Geschenken zu überhäufen, verdient Gehör!«, klangen Sibylle die Ermahnungen der Mutter noch im Ohr – die sie auch Jahre nach deren Tod nicht beherzigte. »Ich erwarte andere Gaben, Mama!«, hatte sie trotzig erwidert. »Und ich will nicht so leben wie die meisten Patrizierinnen. Nur über Kleidung, Bälle, die Familie und andere Leute zu sprechen kann mich nicht ausfüllen! Lieber gehe ich ins Kloster, als an der Seite eines reichen, ungeliebten Mannes ein komfortables, aber langweiliges Dasein zu fristen!« Nach ihrem Tod hatte Sibylle oftmals mit sich gehadert, weil sie die Mutter mit ihren Äußerungen derart verletzt hatte. Das, was Leonore Molitor verkörperte, entsprach ihrer tiefsten Überzeugung – und sie hatte die Würde und Autorität einer Königin ausgestrahlt. Doch Sibylle konnte nicht aus ihrer Haut und tat, was sie für richtig hielt. War es das, was sie bei aller Verschiedenheit verband? Unversehens fühlte sie eine tiefe Zuneigung für die Verstorbene und musste schlucken.

»Mutter hat dich sehr geliebt – du warst immer ihr Augapfel«, sagte ihr Vater unvermittelt, als hätte er ihre Gefühle erraten. »Auch wenn sie es nicht so gezeigt hat, sie war immer sehr stolz auf ihre kluge Tochter.«

Karl Molitor erhob sich und legte Sibylle das Medaillon um. »Es soll dich beschützen, mein Kind!«, krächzte er mit belegter Stimme und räusperte sich, ehe er zum pekuniären Teil überging und Sibylle einen Lederbeutel mit dem Reisegeld übergab. Wie immer war er sehr großzügig.

»Das ist doch viel zu viel!«, entrüstete sich Sibylle beim Anblick der schweren Silbermünzen.

»Dir soll es unterwegs an nichts mangeln, und so müsst ihr auch nicht in den billigsten Absteigen einkehren«, erläuterte der Patrizier mit mildem Lächeln.

Währenddessen war Gottfried zurückgekehrt und meldete seinem Herrn, es sei alles bereit, und die geharnischten Reiter müssten auch bald da sein. Er lief rasch hinaus, um das Gepäck und den Proviant zu verstauen und sich seine Armbrust umzuschnallen, denn der Hausknecht war auch auf seine alten Tage noch ein guter Schütze. In jungen Jahren hatte er einem Sachsenhäuser Ritter als Jagdgehilfe gedient. Wenig später klopfte es an die Tür, und die Stadtschergen trafen ein.

Als Vater und Tochter vor den Fremden voneinander Abschied nahmen, waren sie nach außen hin gefasst und vermieden es, ihre Gefühle zu zeigen. Der Vater blieb vor der Tür stehen und blickte der davonfahrenden Kutsche mit versteinerter Miene hinterher. Sibylle winkte ihm zu, solange sie ihn sehen konnte. Erst als die Kutsche in die Mainzergasse abbog, ergab sich die junge Frau ihrer Wehmut. Als sie das Mainzertor passierten, umklammerte sie das Medaillon.

»Bitte, heiliger Christophorus, lass mich bei der Rückkehr zusammen mit Martin durch dieses Tor fahren!«, flehte sie inständig.

———•———

Es war später Nachmittag, als die Kutsche die Mainschiffergasse in Mainz erreichte, in der Martins Studienfreund Christoph von Klusenfels wohnte. Schon aus dem Kutschenfenster konnte Sibylle erkennen, dass die Region am Mainkai mit ihren windschiefen Fachwerkhäusern und einfachen Fischerkaten keine vornehme Wohngegend war. Was sie indessen nicht wunderte, denn sie wusste von Martin, dass Christoph einer verarmten Adelsfamilie entstammte und in recht bescheidenen Verhältnissen lebte. Der Spezialist für alte Sprachen war gezwungen, das karge Salär seiner Lehrtätigkeit an der Mainzer Universität durch Privatunterricht für Sprösslinge wohlhabender Bürger aufzubessern. Auch seine fundierten und hochgelehrten Veröffentlichungen verkauften sich schleppend, da sie nur bei einem kleinen, exklusiven Leserkreis Beachtung fanden. Dennoch war der junge Adelige regelrecht besessen von seinen Studien, und Sibylle, die ihm ein paarmal begegnet war, konnte sich noch gut daran erinnern, mit welcher Leidenschaft Martin und er über altgriechische Texte debattiert hatten. Es hatte sie damals ziemlich amüsiert, denn der Freund ihres Bruders mutete ansonsten eher schüchtern und verschroben an und schien überdies eine ausgeprägte Scheu vor dem weiblichen Geschlecht zu hegen. Sie malte sich schon Christophs entgeisterten Gesichtsausdruck aus, wenn sie unangekündigt vor ihm stünde.

Aber was sein muss, muss sein. Denn immerhin ist er ein guter Freund von Martin, den er häufig besucht hat, und vielleicht hat er ja auch eine Ahnung, wo Martin abgeblieben ist. Entschlossen stieg Sibylle aus der Kutsche und bedeutete ihren Begleitern, vor dem Haus auf sie zu warten. Als Gottfried protestierte und anmerkte, er habe ihrem Herrn Vater sein Wort gegeben, dass er sie bei all ihren Unternehmungen begleite, erklärte ihm Sibylle mit fester Stimme, das sei in diesem Fall nicht nötig. Christoph von Klusenfels sei ein enger Freund ihres Bruders, der über tadellose Manieren verfüge. Unwillig befolgte der alte Hausknecht die Anordnung seiner jungen Herrin. Er kannte Sibylle von klein auf und wusste, wie streitbar sie sein konnte. So hatte sie auch am Morgen trotzig darauf beharrt, ihr Reitkostüm und die Stiefel anzubehalten, anstatt sich ein bequemeres Schuhwerk für die lange Kutschenfahrt anzulegen – und sein Herr hatte sie gewähren lassen. Nach Gottfrieds Dafürhalten war der Familienpatriarch ohnehin viel zu gutmütig und ließ sich von seiner kapriziösen Tochter bei jeder Gelegenheit um den Finger wickeln. Deswegen war sie ja auch so verzogen, und kein Verehrer war ihr gut genug. Andere hatten in ihrem Alter schon einen Stall voll Kinder, doch das Fräulein steckte sein Näschen lieber in gelehrte Bücher.

Mit einer gewissen Häme beobachtete Gottfried, wie die junge Frau in ihren schweren Reitstiefeln über das Straßenpflaster zur Haustür stakste und energisch den Türklopfer betätigte. Eine mürrische Matrone öffnete ihr die Tür und ließ sie ein.

»Die Treppe hoch, bis es nicht mehr weitergeht, der Klusenfels wohnt oben in der Mansarde«, erklärte sie der vornehmen jungen Besucherin und blickte neugierig hinter ihr her, als sie die Treppe hinaufstieg.

Oben angelangt, klopfte Sibylle an die wurmstichige Wohnungstür und lauschte angespannt, ob sich dahinter etwas regte, doch alles blieb still. *Ist er am Ende gar nicht zu Hause?* ging es ihr durch den Sinn, und sie klopfte ein zweites Mal.

»Hier ist Sibylle Molitor, die Schwester von Martin!«, rief sie atemlos und vernahm gleich darauf das Knarren der Dielen und herbeieilende Schritte. Der Schlüssel drehte sich im Schloss, und im Türspalt gewahrte sie Christophs Gesicht.

»Was ... was ... verschafft mir denn die Ehre?«, murmelte er verstört und konnte sich offenbar nicht dazu entschließen, die Tür weiter aufzumachen.

»Ich habe etwas mit Euch zu besprechen. Es ist sehr wichtig«, erläuterte Sibylle, in der Hoffnung, der junge Gelehrte möge sie endlich eintreten lassen. Christoph senkte betreten den Blick und forderte die Schwester seines Freundes schließlich unwillig auf, hereinzukommen.

»Ihr dürft Euch nicht so genau umschauen«, bemerkte er zerknirscht. »Es sieht ziemlich unordentlich aus ... ich wusste ja nicht, dass ich Besuch bekomme.«

Der hagere junge Mann strich sich die strähnigen Haare aus der Stirn, band sich den fadenscheinigen Hausmantel zu und führte Sibylle in ein kleines Mansardenzimmer, das bis unter die Decke mit Büchern und Schriftstücken vollgestopft war. Selbst der Tisch und die beiden wackligen Holzstühle waren mit Bücherstapeln bedeckt. Unbeholfen räumte Christoph einen Stuhl frei und bot Sibylle an, Platz zu nehmen. Er blickte sich hastig um und schien zu überlegen, ob er auch den zweiten frei räumen solle, um sich an Sibylles Seite zu setzen, entschied sich jedoch dagegen und ließ sich auf einem durchgesessenen Diwan unter der Dachschräge nieder. Wie das schmuddelige Laken und zusammengeknäulte Bettzeug verrieten, diente ihm dieser als Nachtlager. In dem Zimmer roch es muffig nach altem Schweiß und verdorbenen Speisen. Auf einem kleinen Wandregal mit Küchenutensilien konnte Sibylle einen verschimmelten Brotkanten und ein ranziges Stück Hartkäse ausmachen. Sie vermied es jedoch, sich weiter umzuschauen, da sie das Gefühl hatte, dass Christoph die Behausung überaus peinlich war.

»Ich … ich kann Euch noch nicht mal etwas anbieten, außer einem Schluck Wein … bin heute nicht zum Einkaufen gekommen«, stammelte er verlegen und wippte nervös mit dem Fuß in dem löchrigen Pantoffel. Sibylle empfand unwillkürlich Mitleid mit dem linkischen jungen Mann, entschuldigte sich höflich, dass sie ihn so unangemeldet behelligen müsse, und beschloss, endlich zur Sache zu kommen.

»Vor gut zwei Wochen ist Martin von zu Hause aufgebrochen, um nach Trier zu reisen, wo er an der Philosophischen Fakultät einen Vortrag halten sollte …« Sibylle spürte unversehens einen Kloß im Hals. »Er ist niemals dort eingetroffen«, stieß sie hervor, und ein Beben erfasste sie. Für einen kurzen Moment herrschte in der stickigen Dachkammer angespanntes Schweigen. Der junge Gelehrte schien Sibylles Mitteilung gar nicht begreifen zu können.

»Das kann gar nicht sein, er war doch auf der Durchreise noch bei mir!« Er starrte Sibylle mit bestürztem Blick an. »Das wäre ja schrecklich … wenn ihm etwas passiert wäre!«

»Davon wollen wir erst mal gar nicht ausgehen! Ich meine, vom Allerschlimmsten«, erwiderte Sibylle mit belegter Stimme. »Möglicherweise ist ihm ein dummes Missgeschick widerfahren, das ihn aufgehalten hat. Um das herauszufinden, habe ich mich heute Morgen auf den Weg gemacht. Ich fahre Martins Reiseroute nach und werde nichts unversucht lassen, ihn zu finden«, erklärte ihm die Patriziertochter eindringlich. »Und da ich wusste, dass Martin nach seiner ersten Tagesetappe bei Euch übernachten wollte, bin ich jetzt hier.« Sibylle blickte den

jungen Gelehrten offen an, der unmerklich zusammen-
zuckte und ihrem Blick auswich.

»Ja, ja, Martin war hier«, presste er heraus und wurde
immer zappeliger. »Er hat mir von seinem Vortrag erzählt,
und später hat er mich dann zum Essen eingeladen. Wir
waren beim Schwanenwirt und haben gut getafelt und einen feinen Roten dazu getrunken …« Er lächelte gezwungen und mühte sich vergeblich um einen unbeschwerten
Tonfall, was in Anbetracht seines gehetzten Blickes geradezu grotesk anmutete. Sibylle zog unwirsch die dunklen
Brauen zusammen. Irgendetwas stimmte nicht mit ihm!

»Hat er Euch vielleicht etwas über seine Reisepläne er-
zählt, das ich wissen muss?«, hakte sie nach und ließ den
Gelehrten, der schwer mit sich zu ringen schien, keinen
Moment aus den Augen.

»Nicht dass ich wüsste!«, erwiderte der junge Mann.
»Er wollte am nächsten Morgen in Richtung Rüdesheim
aufbrechen, dann sollte es am Rhein entlang bis nach Koblenz weitergehen, um dort zu übernachten.« Christoph
war auffallend blass geworden und erhob sich hastig, um
sich einen Becher Wasser einzuschenken. »Wollt Ihr auch
einen?«, fragte er bemüht, doch seine Stimme klang eigentümlich schrill. Als er Sibylle das Tongefäß mit dem
Wasser reichte, zitterte seine Hand so stark, dass das Wasser über den Rand schwappte und ihren Ärmel benetzte.
Er war in arger Bedrängnis, daran bestand kein Zweifel.

»Christoph, Ihr haltet doch irgendetwas vor mir zurück!«, rief die Patriziertochter aufgebracht. Sie erhob sich
und ging auf den Philologen zu, der furchtsam vor ihr
zurückwich und fast über einen Bücherstapel gestolpert
wäre. Sibylle musterte ihn eindringlich.

67

»Sagt mir bitte die Wahrheit, Christoph, Ihr helft Martin nicht, wenn Ihr mir etwas Wichtiges verschweigt!«, bat sie. Ihre grauen Augen durchbohrten ihn regelrecht. Christoph konnte diesem unbeugsamen Blick nicht länger standhalten.

»Martin wird mich verfluchen, wenn ich Euch das sage! Und ich weiß auch nicht, inwieweit es überhaupt von Belang ist«, schnappte er gereizt. »Aber ich will mir nicht vorwerfen müssen, dass ich es am notwendigen Entgegenkommen mangeln lasse, indem ich Euch arglistig etwas vorenthalte.« Seine ursprüngliche Unsicherheit wandelte sich zunehmend in Arroganz. »Nun gut, dann setzt Euch am besten wieder hin, denn das, was ich Euch zu sagen habe, wird Euch mit Sicherheit nicht gefallen. Martin hat nicht bei mir übernachtet, wie Ihr es angenommen habt. Er hat eine Geliebte … im Frauenhaus, und bei ihr hat er die Nacht verbracht!«

Sibylle blickte ihn an, als wäre er nicht ganz bei Trost, und brach in schallendes Gelächter aus.

»Das kann doch wohl nicht wahr sein! Ihr wollt mich auf den Arm nehmen!«, rief sie außer sich.

»Mitnichten, meine Liebe, mitnichten!«, erwiderte Christoph mit schiefem Lächeln und entkorkte eine Flasche Wein, die auf dem Regal mit den Küchenutensilien stand. Er schenkte sich seinen Trinkbecher voll, stürzte ihn in einem Zug herunter und seufzte.

»Sie heißt Aglaia und stammt aus dem Land der Reußen. Sie ist schön wie die Sünde, und Martin war ihr total verfallen!«

»Wir müssen … zum Frauenhaus!«, verkündete Sibylle dem Hausknecht und den beiden geharnischten Reitern, die sich unweit der Kaimauer auf einem umgedrehten Fischerboot niedergelassen hatten. Sie musste unversehens grinsen, als sie die entgeisterten Gesichter der Männer sah. Gottfried war aufgesprungen wie von der Tarantel gestochen und eilte auf sie zu.

»Sagt das noch mal!«, forderte er sie auf und mochte seinen Ohren nicht trauen. Sibylle spürte, wie sie errötete und mühte sich um einen sachlichen Ton, als sie es wiederholte.

»Seid Ihr denn noch ganz bei Sinnen?!«, polterte Gottfried los. Er neigte den Kopf zu Sibylles Mund und blähte die Nasenlöcher. »Mir scheint, Ihr habt getrunken«, raunte er mit gesenkter Stimme. »Wir fahren jetzt auf der Stelle ins Gasthaus ›Zum Schwanen‹, wie es Euer Herr Vater befohlen hat. Dort werdet Ihr Euer Nachtmahl einnehmen und Euch anschließend zu Bett begeben!«

Doch wie nicht anders zu erwarten, verhielt sich seine junge Herrin widerspenstig.

»Das können wir später machen«, erklärte sie abwinkend. »Vorher muss ich zum Frauenhaus, um mit einer gewissen Hübscherin zu sprechen – bei der Martin die Nacht verbracht hat.«

Erst jetzt schien der Hausknecht zu begreifen. Er fuhr sich mit der Hand über das wettergegerbte Gesicht, um sein breites Grinsen zu verbergen, und murmelte in seinen Bart:

»Der junge Herr Doktor – na, da schau her!«

Auch die beiden Schergen grienten in sich hinein, während sie zu ihren Pferden gingen, die sie an einem Holzpfosten an der Kaimauer festgemacht hatten.

»Es muss hier ganz in der Nähe sein, direkt an der Stadtmauer«, sagte Sibylle und deutete nach rechts. »Wir fahren vor und treffen uns dort!«

Die Büttel nickten und stiegen auf ihre Pferde. Sibylle schritt, gefolgt von dem Hausknecht, auf die Kutsche zu, die vor Christophs Wohnhaus stand. Bevor Gottfried auf den Kutschbock kletterte, richtete er das Wort an Sibylle.

»Es versteht sich ja *hoffentlich* von selbst, dass Ihr nicht in das Hurenhaus geht?«, fragte er mit aller Strenge.

Sibylle zuckte mit den Achseln. »Darüber habe ich mir noch keine Gedanken gemacht«, erwiderte sie unwirsch.

»Aber ich!«, ereiferte sich der alte Mann. »Und ich werde es auf keinen Fall dulden, dass Ihr einen Fuß in diese Lasterhöhle setzt!«

»Ich muss aber unbedingt mit dieser Hübscherin reden!«, beharrte Sibylle.

»Dann soll sie meinethalben zu uns herunterkommen, und dann sprecht Ihr mit ihr in der Kutsche – in meinem Beisein!«, erklärte Gottfried entschieden.

»Wenn Ihr es unbedingt so wollt, dann bleibt halt dabei«, murrte die junge Frau. »Aber haltet Euch gefälligst zurück«, fügte sie prustend hinzu. »Was das Gespräch anbetrifft, meine ich.«

»Kindskopf!«, fluchte der Hausknecht mit gutmütigem Spott und stieg auf den Kutschbock.

Sibylles Gedanken überschlugen sich. Sie konnte einfach nicht fassen, was ihr Christoph über ihren Bruder erzählt hatte. Ausgerechnet Martin, dieser feinfühlige, vergeistigte Mann, sollte sich mit einem schandbaren Frauenzimmer eingelassen haben? Nächtelange Gespräche hatten sie geführt über den Geist und die Seele, die so unendlich viel höher standen als die triebhafte Lendenlust. Die reine platonische Liebe, die Menschen viel tiefer miteinander verband, als es das Geschlechtliche je vermochte. Sie selbst hatte sie erfahren in der Zuneigung zu ihrem Bruder. Und Martin, dem der erhabene Geist stets das Allerhöchste war, sollte sich so weit herabgelassen haben, ihn mit dem Laster zu besudeln?

Zudem schmerzte es sie unendlich, dass er sich ihr, seiner engsten Verbündeten, nicht anvertraut hatte. *Er war ihr total verfallen*, kam ihr einmal mehr Christophs Bemerkung in den Sinn. Seit fast einer Stunde wartete sie nun schon darauf, dass diese vermaledeite Hübscherin ihr endlich ihre Gunst erweisen würde. »Sie hat noch einen Kunden abzufertigen, dann kommt sie zu Euch herunter«, hatte Gottfried ihr mitgeteilt und sich brummig wieder auf den Kutschbock verzogen. Sibylle hatte es vor Abscheu fast den Magen umgedreht. Es war das erste Mal, dass sie mit einer käuflichen Frau zu tun hatte, und ihr war reichlich mulmig zumute. Sie erinnerte sich an die liederlichen, gelbgewandeten Frauen, die während der Messezeiten scharenweise nach Frankfurt strömten. Sie wirkten so gewöhnlich mit ihren grell geschminkten Gesichtern und sahen verbraucht und verlebt aus. Niemals wäre es ihr in den Sinn gekommen, mit ihnen Umgang zu pflegen, und sie verachtete ihr schandbares Gewerbe.

Es fing schon an zu dämmern, als es plötzlich an die Kutschentür klopfte. Sibylle fuhr zusammen, als hätte sie ein Peitschenhieb getroffen.

»Kommt herein!«, rief sie herrisch und blickte der Eintretenden mit Unbehagen entgegen. Noch während die Hure durch die Tür schlüpfte, kam auch schon der Hausknecht herbeigeeilt und ließ sich wie ein Wachhund auf der Sitzbank an Sibylles Seite nieder – was Sibylle indessen nicht ungelegen kam. Sie vermied es, der Hübscherin die Hand zu reichen, und stellte sich ihr kühl als Sibylle Molitor aus Frankfurt vor.

»Aglaia Federowna«, entgegnete die schlanke, hochgewachsene Frau nicht minder hochmütig und zog die Brauen nach oben. Die Patriziertochter bot ihr an, auf der gegenüberliegenden Sitzbank Platz zu nehmen und musterte sie verstohlen – es verschlug ihr die Sprache, als sie sah, wie schön die junge Hübscherin war. Ihr ebenmäßiges Gesicht mit der makellosen Haut und den schräg stehenden smaragdgrünen Augen war gänzlich ungeschminkt und wirkte frisch und unverbraucht. Mit ihren hochgesteckten rotblonden Haaren, die ein schlichter Goldreif zierte, hätte man sie ohne weiteres für eine Aristokratin halten können, mitnichten für das, was sie war. *Schön wie die Sünde.* Sibylle musste sich widerwillig eingestehen, wie recht Christoph damit hatte. Die Hübscherin verströmte einen betörenden Patschuliduft, und Sibylle ertappte sich dabei, dass sie ihn tief einsog. Aglaia mochte etwa in ihrem Alter sein und begegnete Sibylles Blicken mit Gelassenheit. *Wahrscheinlich ist sie es gewohnt, dass alle sie anstarren*, dachte die Patriziertochter und nannte der Hübscherin den Grund ihres Besuches. Als Aglaia vernahm, dass Martin vermisst wurde, verdüsterte sich ihre Miene. Unumwunden gab sie zu, dass der Gelehrte bei ihr genächtigt habe.

»Ich habe ihn am nächsten Morgen hinausbegleitet und ihm eine gute Reise gewünscht«, sagte sie nachdenklich. »Und er versprach mir, auf der Rückreise wieder vorbeizuschauen. Ich habe mich schon gewundert, wo er bleibt.«

»Wie lange kennt Ihr meinen Bruder denn schon?«, wollte Sibylle wissen.

Die Hübscherin lächelte geziert. »Seit ungefähr vier Jahren«, erwiderte sie. »Als ich ihn kennenlernte, war er noch ein Studiosus.«

»Und … kommt er häufiger zu Euch?«, fragte Sibylle beklommen. Aglaia zögerte mit der Antwort und blickte Sibylle herablassend an.

»Normalerweise spreche ich nicht über meine Freier. Diskretion ist in meinem Geschäft unabdingbar. Aber da Ihr es ja nun schon wisst, kann ich es Euch auch ruhig sagen: Ja, Martin kommt häufig zu mir. So oft es seine Zeit erlaubt«, erklärte sie mit einer gewissen Genugtuung.

Sibylle fühlte sich von ihrem Hochmut zunehmend herausgefordert. *Was erlaubt sich dieses Weibsbild!* Am liebsten hätte sie sie augenblicklich aus der Kutsche geworfen, doch es gab noch so viele Fragen, die ihr auf der Seele brannten.

»Ist er nur zu Euch oder auch zu anderen Huren gegangen?«, brachte sie gequält hervor.

»Ihr seid doch Martins Schwester?«, fragte die Hübscherin mit spöttischem Lächeln. »Man könnte fast meinen, Ihr seid eifersüchtig.«

»Eifersüchtig auf eine Hure? Was bildet Ihr Euch ein!«, schnaubte Sibylle verächtlich und musste mit Unwillen feststellen, dass sie anfing zu zittern.

»Ruhig Blut, meine Liebe, dass ein Mann zu den Huren geht, kommt in den besten Familien vor«, entgegnete Aglaia höhnisch. »Und um auf Eure Frage zurückzukommen, junges Fräulein: Nein, er ist nicht zu anderen Hübscherinnen gegangen. Seit Jahr und Tag bin ich seine Favoritin!«

Sibylle war den Tränen nahe. »Und er … hat er Euch auch … etwas bedeutet?«, stammelte sie.

Über Aglaias ebenmäßige Züge breitete sich ein Hauch von Verbitterung. »Sagen wir es einmal so«, erklärte sie mit zynischem Lächeln. »Er war mir nicht ganz so zuwider wie die meisten meiner Freier …« Als sie Sibylles betroffenen Blick gewahrte, wiegelte sie jedoch ab. »Nein, nein, Kindchen, ganz so ist es auch nicht. Martin sieht gut aus, ist klug und hat tadellose Manieren. Ich habe ihn durchaus gemocht.« Mit einem Mal blickte sie Sibylle offen an. »Und es würde mir sehr leidtun, wenn ihm ein Unglück widerfahren wäre«, erklärte sie ernst.

»Danke!«, murmelte Sibylle bewegt und drückte der Hübscherin die Hand. »Und vielen Dank, dass Ihr Euch die Zeit genommen habt!«

Die Hübscherin erwiderte ihren Händedruck. »Keine Ursache!«, entgegnete sie und neigte höflich den Kopf. Ihre Hochnäsigkeit schien sich plötzlich verflüchtigt zu haben. »Ihr seht Martin sehr ähnlich, und es war mir eine Freude, Euch kennengelernt zu haben. Er hat in den höchsten Tönen von Euch gesprochen, und man konnte spüren, wie viel Ihr ihm bedeutet …«

»Warum hat er mir dann nie etwas von Euch erzählt?«, fragte Sibylle niedergeschlagen.

Aglaia lachte bitter. »Wahrscheinlich, weil er sich geschämt hat. Wer brüstet sich schon gerne damit, dass er eine Geliebte im Frauenhaus hat?«

»Aber er muss Euch doch sehr lieben, so oft, wie er zu Euch gekommen ist, und das schon seit vielen Jahren«, wandte die Patriziertochter ein.

Die Hübscherin nickte versonnen. »Das stimmt wohl«, sagte sie leise. »Und er hätte mich auf der Stelle geheiratet, wenn ich ihm mein Jawort gegeben hätte.«

Sibylle starrte sie fassungslos an. »Und warum habt Ihr das nicht getan? Es wäre doch ein Glück für Euch gewesen.«

Aglaia senkte den Blick. »Für mich schon, aber nicht für ihn«, murmelte sie wie zu sich selbst.

»Wie meint Ihr das?«, fragte Sibylle erregt.

Aglaia blickte sie eindringlich an. In ihren unergründlichen Katzenaugen schimmerten Tränen.

»Ich dachte mir immer, er hat etwas Besseres verdient als eine Hure wie mich, die keinen Mann mehr richtig lieben kann!«

Ihre Worte trafen Sibylle ins Mark. Spontan sprang sie auf und schloss Aglaia in die Arme.

»Mein Bruder hat eine gute Wahl getroffen«, erklärte sie gerührt. »Ihr seid eine Frau von Schönheit und Anstand!«

Aglaia wischte sich flüchtig über die Augenwinkel und dankte ihr aufrichtig. Bevor sie sich zum Gehen wandte, bat sie Sibylle, ihr in jedem Fall Bescheid zu geben, wenn sie etwas über Martin in Erfahrung bringen sollte. Sie werde sich auch jederzeit über ihren Besuch freuen, erklärte sie herzlich und küsste Sibylle zum Abschied auf die Stirn.

5

Straßburg, 11. November 1566 – Martinstag

Das durchdringende Geläut vom nahegelegenen Münster ließ die Schwestern Ricarda und Patrizia Butzinger zusammenfahren. Vor Schreck fiel der fünfzehnjährigen Ricarda die Puderquaste herunter.

»Wir müssen los!«, rief sie ihrer jüngeren Schwester zu. »Sonst kommen wir zu spät zur Abendmesse, und dann macht uns der Vater die Hölle heiß!«

Die mit ihren dreizehn Jahren noch recht kindliche Patrizia nickte, warf einen letzten Blick in den Wandspiegel und folgte der Schwester mit eiligem Getrappel die Treppe hinunter. Mehr als eine Stunde hatten die Mädchen vor dem Spiegel zugebracht, um sich für die Martinsfeier herzurichten, und dabei völlig die Zeit vergessen. Dutzende von Kleidern, Hauben und Schuhen hatten sie anprobiert und sich unerlaubterweise sogar die Gesichter geschminkt, um dem einen oder anderen Verehrer zu gefallen und mit den Altersgenossinnen aus der Nachbarschaft mithalten zu können. Die Eltern waren mit den jüngeren Geschwistern schon vor geraumer Zeit aufgebrochen, um geruhsam durch das abendliche Straßburg zu schlendern und vor dem Gottesdienst noch

Zeit für einen Plausch mit Freunden und Bekannten zu haben. Denn der Abend von Sankt Martin mit seiner feierlichen Vesper im Straßburger Münster, der anschließenden Martinsprozession durch die Altstadt und dem krönenden Martinsfeuer auf dem Münsterplatz war in Straßburg ein Ereignis, das sich kaum einer entgehen lassen mochte. Weder die Begüterten in den steinernen Wohnpalästen am Domplatz noch die Zunfthandwerker in den gediegenen Fachwerkhäusern am Ferkelmarkt – und erst recht nicht die Stadtarmen und Bedürftigen unter den Illbrücken, da der Martinstag von jeher auch ein Fest der Bettler war.

Als die jungen Mädchen aus der Tür traten und den alten Weinmarkt überquerten, wimmelte der Platz nur so von flehenden Gestalten, die sich die allgemeine Spendenfreudigkeit zunutze machten – denn heute wurde Mildtätigkeit großgeschrieben. Nach dem Vorbild des heiligen Martin von Tours, der seinen Mantel mit einem Bettler geteilt hatte, gab ein jeder Stadtbürger, was er geben konnte. Fielen die Gaben der einfachen Leute eher bescheiden aus – hier und da mal ein trockenes Stück Brot und ein paar Kreuzer –, wetteiferten dagegen die Wohlhabenden darin, ihre Barmherzigkeit zur Schau zu stellen. Allerorts sah man Standespersonen mit kunstvoll verzierten Almosentaschen an den Gürteln ihrer Gewänder, die den Heerscharen von Bettlern mit vollen Händen die Münzen vor die Füße warfen, um so ihrer Christenpflicht nachzukommen und dafür Bettlerdank und Bettlersegen zu empfangen.

Auch die brokatenen Almosentaschen von Ricarda und Patrizia waren prall gefüllt. Ein jeder sollte sehen, dass man sich die Mildtätigkeit leisten konnte. Doch im Augenblick fehlte ihnen dafür leider die Zeit – was Ricarda sehr bedauerte. Es bereitete ihr nämlich großes Vergnügen, milde Gaben an die Armen zu verteilen. Irgendwie erinnerte es sie an das Entenfüttern an der Ill. Wie drollig war es doch anzusehen, wenn sich die Wasservögel um die Bissen zankten und laut schnatternd nacheinander hackten – worin ihnen das Bettelpack in nichts nachstand. Nach der Messe würde sich schon noch die Gelegenheit zur Mildtätigkeit ergeben, tröstete sich die hübsche Kaufmannstochter und trippelte hinter ihrer Schwester auf eleganten Stelzenpantoletten über das holprige Kopfsteinpflaster. Ständig überholten sie andere Gottesdienstbesucher, die mit weit ausholenden Schritten dem Münsterplatz zustrebten. Obgleich die Töchter des wohlhabenden Weinhändlers Richard Butzinger ihre festen Plätze in den vorderen Reihen des Kirchenschiffs hatten, mochten sie aus Gründen des Anstands keinesfalls zu spät kommen. Als die jungen Damen durch die Meisengasse staksten, kam Patrizia plötzlich eine Idee.

»Lass uns durchs Schnakenloch gehen, dann können wir abkürzen und kommen direkt am Münsterplatz raus«, schlug sie der Schwester vor. Ricarda war von ihrem Vorschlag jedoch wenig angetan und rümpfte angewidert die Nase.

»Da ist es doch stockfinster und dreckig und stinkt zum Gotterbarmen!«

Patrizia zuckte unwirsch die Achseln. »Dann kommen wir halt zu spät und sind die Blamierten«, schnaubte sie. »Alle werden uns angaffen wie die Hühnerdiebe, und Vater wird kochen vor Wut.«

Ricarda, die sich gewöhnlich von ihrer jüngeren Schwester nichts sagen ließ, musste ihr im Stillen recht geben. Zögerlich ging sie mit der erhobenen Laterne auf die Passage zu, die ihrer Enge wegen im Volksmund »Schnakenloch« genannt wurde. Sie leuchtete hinein und hielt sich sogleich die Nase zu.

»Das stinkt ja wie die Pest!«, näselte sie angewidert und wich zurück.

Patrizia kicherte übermütig und gab ihr einen Schubs. »Komm, du Angsthase – Augen zu und durch! Wir halten uns an den Händen, und ab geht's!«

»Ich bin kein Angsthase!«, begehrte Ricarda auf. »Ich habe nur keine Lust, mir in diesem Drecksloch die Schuhe und den Rocksaum zu besudeln.« Doch da sie vor der Jüngeren auch nicht als Hasenfuß dastehen mochte, hob sie entschlossen den Saum ihres Gewandes und schlüpfte vor der Schwester in den schmalen Durchgang, der ein Nebeneinandergehen unmöglich machte. Der Gestank nach Unrat und Fäkalien verschlug ihr fast den Atem, und sie hatte alle Mühe, auf ihren hohen Stelzenpantoletten nicht ins Straucheln zu geraten und gegen die rauen Häuserwände zu stoßen – oder, ungleich schlimmer, der Länge nach hinzuschlagen. Auf einmal hörte sie ganz in ihrer Nähe ein Rascheln – vermutlich eine Ratte –, und sie musste schwer an sich halten, vor Abscheu nicht laut aufzuschreien.

»Hast du das gehört?«, fragte sie die Schwester, die es gleichermaßen vor den Nagetieren grauste, doch von Patrizia kam keine Antwort. *Hat wahrscheinlich Angst vor der eigenen Courage*, dachte Ricarda mit einer gewissen Häme und stakste mit angehaltenem Atem weiter. Der röhrenartige Durchgang schien kein Ende zu nehmen, und wie aus dem Nichts zeichnete sich plötzlich eine Gestalt in der Dunkelheit ab. Im diffusen Licht ihrer Laterne gewahrte Ricarda die schemenhaften Umrisse eines Mannes, dessen Schritte von den Wänden widerhallten. Kein Zweifel, er kam direkt auf sie zu. Welch eine Zumutung in dieser Enge! Am liebsten hätte sie ihm zugerufen, er möge doch zurückweichen und gefälligst warten, bis sie und ihre Schwester das Nadelöhr passiert hatten – denn schließlich waren sie Damen, und von einem Mann mit Manieren konnte man solch eine Höflichkeit erwarten. Doch eine unsägliche Angst hatte jäh von ihr Besitz ergriffen, und sie brachte keinen Ton heraus. Unwillkürlich entglitt ihr der Stoff des Gewandes, den sie die ganze Zeit über angestrengt hochgehalten hatte. Sie tastete mit der Hand hinter sich nach ihrer Schwester, griff jedoch ins Leere. Noch ehe sie sich umwenden konnte, um nach Patrizia Ausschau zu halten, die wohl zurückgefallen sein musste, sah sie sich Auge in Auge mit dem Bettler, denn um nichts anderes handelte es sich bei dem ausgemergelten Mann in dem zerlumpten Umhang. Obwohl er noch recht jung war, bot er mit seinen eingefallenen Wangen, die von Schwären und Eiterbeulen übersät waren, ein Bild des Jammers. Und damit nicht genug, der Bedauernswerte schielte auch noch entsetzlich, und über seine vom Grind entstellten Gesichtszüge huschte unablässig ein irres Zucken.

»Eine milde Gabe bitte, Jungfer, und ich werde für Euch beten!«, flehte er mit rasselnder Stimme. Ricarda hätte schon ein Herz aus Stein haben müssen, um für diesen armen Teufel kein Mitleid zu empfinden. Mit zitternden Händen öffnete sie ihre Almosentasche und warf dem Bettler eine Handvoll Münzen vor die Füße.

»Gott vergelt's«, bedankte er sich ergriffen und bückte sich, um das Geld aufzuklauben. Im nächsten Augenblick fühlte Ricarda einen unbändigen Schmerz im Unterleib, der sich über ihren ganzen Körper ausbreitete und ihr den Atem raubte. Das Letzte, was sie sah, war der grausame Blick seiner kalten Augen – er schielte nun nicht mehr –, dann schwanden ihr die Sinne.

———

»Steh nicht da und halt Maulaffen feil!«, zischte der Meister Groperunge zu. »Lass uns die Sore zusammenraffen und so schnell wie möglich verschwinden!«

Groperunge stand noch immer wie gebannt vor den aufgeschlitzten Leibern der beiden Mädchen, von denen er den Blick nicht abwenden konnte, schreckte dann aber zusammen und tat wie ihm geheißen. Mit unbändiger Gier hatte er den Todeskampf des Mädchens bis zum letzten Moment in sich aufgesogen, jedes Detail hatte sich unauslöschlich in sein Gedächtnis gebrannt. Als ihre großen Kinderaugen in entsetzter Fassungslosigkeit gebrochen waren und sie der letzte Lebenshauch verlassen hatte, durchströmte ihn ein ungeahntes Lustgefühl, und er spürte, dass er einzig dafür lebte. Die kostbaren Sekunden ihres Sterbens waren sein Lebenselixier.

Während Groperunge der jungen Frau die Perlenohrringe und die goldene Halskette herunterriss, vernebelte ihm der Geruch ihres Blutes die Sinne, und er fühlte unversehens wieder eine mächtige Erregung in sich aufsteigen. Seine Atemzüge beschleunigten sich.

»Sieh zu, dass wir endlich fertig werden, ehe sich noch

jemand hierher verläuft!«, riss ihn das kehlige Flüstern des Kapitäns aus seinem Sinnesrausch. Nirsch näherte sich und trennte den prall gefüllten Almosenbeutel der Toten in einem Schnitt mit dem Dolch, dessen Klinge noch vom Blut ihrer jüngeren Schwester troff, vom Gürtel. Er knuffte seinen Gehilfen in die Seite und raunte ihm zu: »Jetzt krieg dich ein, Fischblut, du kannst es doch jederzeit wieder tun!«

Groperunge entfuhr ein Kichern, und einmal mehr musste er feststellen, dass es schon fast unheimlich war, wie blind ihn sein Meister verstand.

Nachdem sie die Beute unter ihren Bettlerkutten verstaut hatten, marschierten sie gemessenen Schrittes aus dem Menschengetümmel der Innenstadt hinaus zum westlichen Stadtrand hin, wo sich ihre Fremdenherberge befand. In einer leerstehenden Scheune tauschten sie die Bettelgewänder gegen Alltagskleidung und packten sie mitsamt der Beute in die Tornister.

In ihrem Zimmer angekommen, verriegelte Peter Nirsch die Tür und fing sogleich an, den erbeuteten Schmuck und die anderen Preziosen der ermordeten Mädchen in Augenschein zu nehmen.

»Alles vom Feinsten!«, erklärte er mit zufriedenem Grinsen. »Das wird mir bei meinem Hehler in Prag eine ordentliche Stange Geld einbringen.« Er nahm einen tiefen Zug aus einer Branntweinflasche und reichte sie weiter an seinen Gehilfen. »Heute hast du dir einen Schluck verdient, Groperunge aus Kerpen!« Der Kapitän lachte anerkennend. »Ich habe noch keinen staubigen Bruder erlebt, der so elend ausgesehen hat wie du! Mit deinen Schwären im Gesicht und dem irrsinnigen Zucken hast du sogar mir fast leidgetan – und das will was heißen!«, prustete er. »An dir ist ein Komödiant verloren gegangen. Ich glaube fast, du kannst in jedes Kostüm schlüpfen, und ganz egal, ob du den Kaiser oder Bettelmann spielst, man wird es dir abnehmen.«

»Es ist nicht damit getan, eine Rolle zu spielen. Man muss zu einem Bettler werden, um ihn überzeugend zu verkörpern. Da reicht es auch nicht, sich die Visage mit Weizenkleie und Schweineblut zu beschmieren, man muss sich so fühlen wie einer, der die Pocken hat«, entgegnete der junge Mann geschmeichelt. Er goss etwas Wasser in die Waschschüssel und wusch sich die angetrocknete Pampe vom Gesicht.

»Da ist was dran«, stimmte ihm der Kapitän zu, schüttete die Münzen aus den Almosenbeuteln auf eine Decke, die er über den Boden gebreitet hatte, und fing an, sie zu zählen. »Da kommt ganz schön was zusammen«, bemerkte er aufgekratzt und klopfte Groperunge auf die Schulter. »Ich gebe heute Abend einen aus! Aber nicht hier, das ist viel zu heiß. Ich denke, wir sollten uns davonmachen und in Richtung Vogesen reiten!«, schlug er vor und befahl seinem Gesellen, die Tornister zu packen.

Unterwegs auf der Landstraße in Richtung Nancy verfiel der Meister wieder in sein übliches Schweigen, und sie ritten eine gute Stunde, ohne dass zwischen ihnen ein Wort gewechselt wurde. Zum einen lag das an der Schweigsamkeit des Kapitäns, zum anderen diente es der Vorsicht. Denn durch lautes Sprechen und Lachen hätten sie nur unnötig auf sich aufmerksam gemacht.

Von Anfang an war Groperunge aufgefallen, wie vorsichtig sein Meister war. Auf ihren Reisen war Peter

Nirsch die meiste Zeit darauf bedacht, die großen Land- und Handelsstraßen zu meiden und zog es stattdessen vor, den oftmals parallel verlaufenden Schleichpfaden zu folgen, die nur den Fahrenden, Schmugglern und Einheimischen bekannt waren. So war es ihnen gelungen, von einem Land ins andere zu wechseln und sämtliche Schlagbäume zu umgehen. War Nirsch im Kontakt mit anderen Vaganten, die ihnen unterwegs auf den Schmugglerpfaden begegneten, schon recht kurz angebunden und wortkarg, so war er seinem Gehilfen gegenüber von einer Verschwiegenheit, die selbst der stille, in sich gekehrte Groperunge nur schwer ertragen konnte. Wagte er es dennoch einmal, das Wort an den Kapitän zu richten, so fuhr dieser ihn an, er solle nicht so viel plappern, denn man wisse nie, wer zuhöre. Gleichermaßen verblüffte es den Förstersohn, dass selbst der reichlich genossene Branntwein, den sein Meister in Schenken und Wirtshäusern zu sich zu nehmen pflegte, seine Zunge nicht zu lockern schien. Weder wirkte er betrunken, noch verlor er jemals die Kontrolle über sich. Genauso unvermittelt, wie er dem Branntwein zusprach, konnte er auch wieder von ihm lassen und tagelang mit größter Selbstverständlichkeit nur Milch und Wasser trinken, als kennte er es nicht anders. Groperunge, der seinen Lehrmeister nach wie vor im Stillen studierte, erschien dieser gänzlich anders als gewöhnliche Menschen. Als er sich eines Abends getraut hatte, ihm das zu sagen, hatte Nirsch nur trocken aufgelacht und entgegnet, er sei ja auch kein Mensch, sondern ein Ungeheuer. Dem jungen Mann war seine Bemerkung durch Mark und Bein gegangen, und er hegte nicht den leisesten Zweifel, dass sie zutraf. Mit einem Mal erinnerte er sich an den Satz, den Peter Nirsch bei ihrer ersten Begegnung zu ihm gesagt hatte: »In deinem Innern schlummert eine Bestie, an der nichts Menschliches ist. Ich werde sie zum Leben erwecken, so wahr ich Peter Nirsch heiße!« Genau das hatte sich am heutigen Abend vollzogen. *Auch ich bin ein Untier*, dachte Groperunge stolz, *der Drache ist geboren!* Ihn überkam ein unbändiges Gefühl der Allmacht, und seine Brust drohte schier zu bersten.

»Hier biegen wir ab!«, riss ihn der jähe Befehl des Meisters aus seinen Phantasien, und er lenkte sein Pferd nach links auf einen Feldweg. Weit hinten in der hügeligen Landschaft zeichneten sich die Lichter von menschlichen Behausungen ab. Ein Wegweiser wies die Ortschaft als das Vogesendorf Laubenheim aus.

»Dort werden wir uns eine Unterkunft für die Nacht suchen«, erklärte der Kapitän und trieb sein Pferd an.

Wenig später erreichten sie den kleinen Meiler und gewahrten mit Erleichterung, dass hinter den Butzenglasscheiben des einzigen Gasthofes noch Licht brannte. »Zum rastenden Jäger« lautete der Name auf dem Wirtshausschild über der Eingangstür.

»Na, das passt ja!«, mokierte sich Nirsch mit schiefem Grinsen und band sein Pferd an.

Die kleine Gaststube war schon so gut wie leer, lediglich ein junges Paar, das sich mit verliebten Blicken ansah und kaum Notiz von den Neuankömmlingen nahm, saß am Tisch vor der Theke, hinter der ein mürrisch dreinblickender Wirt den beiden Männern mit knappem Gruß zunickte.

»Wir brauchen ein Zimmer und was zwischen die Kiemen!«, raunzte der Kapitän.

»Die Küche hat schon geschlossen«, erwiderte der beleibte Wirt unfreundlich, »ich kann Euch höchstens noch ein paar Schmalzbrote bringen, das ist alles. Meine Frau ist schon zu Bett gegangen – und die meisten Herbergsgäste auch.« Er streifte das Paar, welches in gedämpfter Lautstärke miteinander tuschelte, mit unwirschem Blick. »Also, seid leise im Treppenhaus, wenn Ihr nachher in Eure Kammer geht«, ermahnte sie der Schankwirt, nahm einen Schlüssel vom Schlüsselbrett hinterm Tresen und legte ihn auf die Theke. »Zimmer drei, erster Stock.«

Der Kapitän musterte den stiernackigen Schankwirt mit hintergründigem Lächeln, ehe er dem verdutzten Mann einen Silbertaler vor die Nase hielt, woraufhin sich dessen Miene sogleich aufhellte.

»Ab in die Küche, Alter, uns knurrt der Magen!«, blaffte der Kapitän und klatschte herrisch in die Hände. »Und glaub bloß nicht, dass du uns mit ein paar Butterbroten abspeisen kannst!«

»Ich hab noch einen Wildschweinbraten im Ofen, aber den müsste ich Euch erst warm machen …«, erklärte der Wirt, nun deutlich entgegenkommender.

»Worauf wartest du noch, Alter?«, entgegnete der Kapitän barsch. »Aber vorher bringst du uns einen Krug vom besten Wein, den du im Keller hast, kapiert? Und anschließend kannst du dich um unsere Pferde kümmern …«

Der Wirt verzog ärgerlich das Gesicht, kniff jedoch den Mund zusammen und trollte sich.

Nachdem ihnen der Herbergsbetreiber einen Krug roten Burgunder auf den Tisch gestellt und auch ein paar Schmalzbrote dazu gereicht hatte, damit sie schon einmal ihren ärgsten Hunger stillen konnten, erhob Peter Nirsch den Trinkbecher und prostete Groperunge zu.

»Auf dein erstes Gesellenstück!«, raunte er mit gesenkter Stimme. Obgleich sein Gehilfe außer einem Schluck Branntwein keinen Alkohol zu sich genommen hatte, war er noch immer ganz berauscht von seiner Bluttat. Schweigend biss er in sein Brot und trank von dem Wein, der ihm samtig die Kehle herunterrann. Aus den Augenwinkeln gewahrte er, wie sich das Paar vom Vordertisch erhob und dem Ausgang zuwankte.

»Gute Nacht!«, riefen sie den beiden Männern zu.

»Gute Nacht!«, grüßten diese zurück.

»Und lasst bloß nichts anbrennen!«, stieß der Kapitän zwischen den Zähnen hervor und grinste hämisch. »Und du – hast du es auch schon mal getrieben, Grünschnabel?«, fragte er seinen Gehilfen unvermittelt.

Groperunge senkte verlegen den Blick. »Nicht so richtig …«, murmelte er errötend.

»Du hast ihn nicht hochgekriegt, meinst du?«, gluckste Nirsch.

»Stimmt«, erwiderte der junge Mann verschämt und stierte unbehaglich vor sich hin. Er sprach nicht gerne über seine seltenen, enttäuschenden Erfahrungen mit dem anderen Geschlecht.

Der Kapitän musterte ihn mit breitem Grinsen. »Aber heute Abend in Straßburg war das anders, hab ich recht?«

Groperunge nickte und wurde puterrot.

»Du musst dich nicht genieren, Grünschnabel, mir geht es doch genauso«, erklärte Nirsch ungewohnt mitteilsam und leerte seinen Becher in einem Zug. Anschließend erzählte er, dass er seit nahezu fünf Jahren das böse Handwerk betreibe und inzwischen mehr als zweihundert Menschen ermordet habe. Groperunge blickte ihn ehrfürchtig an.

»Wie ist es Euch all die Jahre gelungen, Herr Kapitän, immer unerkannt zu bleiben?«

»Das hat mehrere Gründe«, flüsterte der Meister und blickte sich argwöhnisch um. Obwohl sich der Wirt noch in der Küche aufhielt und die beiden Männer die einzigen Gäste in der Schankstube waren, sprach er die ganze Zeit über so leise, dass ein Lauscher keine Silbe verstanden hätte. »Zum einen bin ich sehr bedachtsam und plaudere nichts von meinen Taten aus. Noch nicht einmal mein Hehler weiß darüber Bescheid – und weil er ein kluger Mann ist, will er es auch gar nicht wissen!« Nirsch kicherte zynisch. »Deshalb ist er auch noch am Leben. Hinzu kommt, dass ich mich mit niemandem gemein mache – bis vor kurzem jedenfalls – und dass ich nirgendwo länger bleibe. Das Wichtigste aber ist – und das sage ich nur dir, weil du auch ein Satansjünger bist –, dass ich vom Teufel besessen bin und der Fürst der Hölle schützend seine Hand über mich hält.«

»In Kerpen, wo uns das Schicksal zusammenführte, war immer die Rede davon, dass der böse Feind die Mordtaten begangen habe«, warf Groperunge ein. »Angeblich hatten die Leute bei den Mordopfern zuweilen einen schwarzen Ziegenbock oder einen schwarzen Hund gesehen.« Er schaute seinen Meister mit unverhohlener Bewunderung an. »Habt Ihr das mit Eurer Schwarzkunst bewirkt, Herr Kapitän?«

Peter Nirsch lachte verschlagen. »Es kommt mir sehr gelegen, dass die Leute glauben, der Teufel habe die Morde begangen – und manchmal helfe ich diesbezüglich halt ein bisschen nach, wenn du verstehst, was ich meine?« Er verstummte augenblicklich, als der Wirt mit dampfenden Schüsseln aus der Küche trat, die er vor ihnen auf den Tisch stellte.

Es war weit nach Mitternacht, als der Meister und sein Geselle auf ihr Zimmer gingen. Obwohl sie vom reichlich genossenen Wein und dem deftigen Wildbret schon längst die nötige Bettschwere hatten, entkorkte Nirsch die Branntweinflasche und schlug vor, noch einen kleinen Schlummertrunk zu nehmen. Er zeigte sich an diesem Abend ungewohnt leutselig, augenscheinlich war Groperunge durch seinen ersten Mord in seiner Achtung gestiegen.

»Es ist schon seltsam«, murmelte der Kapitän nachdenklich, »von allen Berufen und Gewerben gibt es Bruderschaften und Zünfte. Es gibt sogar eine Bettler- und eine Hurengilde, die ihre eigenen Könige und Königinnen haben. Nur eine ›Mörderinnung‹ ist mir noch nie untergekommen. Das mag daran liegen, dass diejenigen, die das böse Handwerk betreiben, allesamt einsame Wölfe sind, die keinem übern Weg trauen. Außerdem – bring mal die Mordbuben zusammen, am besten noch in einer Trinkstube, wie das bei Zünften so üblich ist, und lass sie einen über den Durst trinken und aneinandergeraten. Wer würde dann noch übrig bleiben?« Der Kapitän kicherte, steckte die Flasche weg und rollte sich ächzend auf seinen Strohsack. »Morgen früh brechen wir in Richtung Colmar auf, und wenn sich unterwegs die Gelegenheit

ergibt, kannst du dir deine eigene Schwarzkunst verdienen!«, raunte er.

Groperunge war plötzlich wieder hellwach. »Was für
eine Schwarzkunst meint Ihr denn, Meister?«, fragte er
erregt.

»Na das, was in dem Beutel ist, den ich um den Hals
trage«, murmelte der Kapitän schläfrig und fing sogleich
an zu schnarchen.

6

Bernkastel-Kues, 20. Mai 1574

Als sich Marie Schimmer um die zweite Nachmittagsstunde an der Moselbrücke von Bernkastel von den Jakobspilgern trennte, überkam sie ein mulmiges Gefühl. Ohne den Schutz der Gruppe, plötzlich ganz auf sich gestellt, fühlte sie sich vor der malerischen Kulisse des von Weinbergen umsäumten Moselstädtchens seltsam verloren und verlassen. Drei Tage war es her, seit sie von ihrer Heimatstadt Boppard am Rhein aufgebrochen war, um ihrem Bräutigam aus Trier entgegenzureisen, der sie am heutigen Abend zur sechsten Stunde am Marktplatz von Bernkastel in Empfang nehmen würde. Als behütete Tochter eines ehrbaren Schreinermeisters war die Sechzehnjährige bislang noch nie ohne Begleitung in einer fremden Stadt gewesen. Es ängstigte sie, dass sie nun geschlagene vier Stunden alleine dort zubringen musste. Schon die Anreise war für Marie das reinste Abenteuer gewesen. Von Boppard aus war sie in Begleitung eines einheimischen Weinhändlers nach Cochem an der Mosel aufgebrochen. In dem benachbarten Enkirch hatte sie sich auf den Jakobsweg begeben, wie ihre Eltern es ihr geraten hatten, und sich bis Bernkastel-Kues einer Gruppe von Jakobspilgern angeschlossen. Die frommen Leute hatten die junge Frau gerne bei sich aufgenommen, besonders die Pilgerinnen hatten sich rührend um Marie gekümmert.

Anfangs hatte es sie noch mit Unbehagen erfüllt, so fern von zu Hause zu sein, und die vielen fremden Menschen hatten sie geängstigt. Doch bald erkannte Marie, dass das Reisen auch seine angenehmen Seiten hatte – es gab so viel Neues zu entdecken, und die Gespräche mit ihren Weggefährten bereiteten ihr zunehmend Vergnügen. Je näher sie Bernkastel kam, desto größer wurde auch die Vorfreude, endlich ihren Bräutigam zu treffen, bis sie es vor Ungeduld kaum noch aushielt. Der achtzehnjährige Georg Bender, der am vergangenen Dreikönigstag um ihre Hand angehalten hatte, war der älteste Sohn eines mit ihrem Vater befreundeten Gildebruders aus Trier und sollte einmal die väterliche Werkstatt übernehmen. Der Hochzeitstermin war für das Erntedankfest anberaumt. Georg wollte seine Braut endlich seinen Schwestern und der großen Verwandtschaft vorstellen, in die sie demnächst einheiraten würde. Beim Gedanken daran war Marie schon ganz aufgeregt und dachte an ihr bestes Sonntagsgewand, das sorgsam gefaltet in ihrem Reisetornister lag, zusammen mit ihrer neuen blütenweißen Haube aus feinem flandrischen Linnen und einem hübschen Mitbringsel für Georgs Familie. Marie wollte doch unbedingt auf Georgs Schwestern, die etwa in ihrem Alter waren, einen guten Eindruck machen. Obgleich die junge Frau von ungewöhnlicher Anmut und Grazie war, wie ihr häufig genug von ihrer Umwelt bestätigt wurde, und ihr Liebster ganz vernarrt in ihre

Schönheit, lag ihr doch jegliche Hoffart fern. Ihre Bescheidenheit und Natürlichkeit machten ihren Liebreiz erst vollkommen.

Während sie den steil ansteigenden Weg zum Stadttor hochlief, auf dem ein reges Kommen und Gehen von Pferdefuhrwerken und Ochsenkarren herrschte, und sich mühte, den entgegenkommenden Passanten auszuweichen, warfen ihr nicht wenige Männer begehrliche Blicke zu. Doch Marie senkte züchtig die Lider und ging unbeirrt weiter. Das fehlte ihr gerade noch, dass eines der fremden Mannsbilder sie ansprach. Schließlich war sie eine ehrbare junge Frau und ging jungfräulich in die Ehe. Auch wenn sie mit ihrem Liebsten im Verborgenen schon leidenschaftliche Küsse getauscht hatte, legte sie doch größten Wert auf Anstand und Tugend.

Als Marie über dem Rundbogen des Stadttors die kunstvoll in Stein gemeißelte Skulptur des heiligen Georgs gewahrte, der mit seinem Schwert einen Drachen durchbohrte, musste sie unversehens lächeln. Ehrfürchtig neigte sie das Haupt vor dem Drachentöter. Sie empfand es als wundersame Fügung, dass sie im Schutze von Georgs Namenspatron der Ankunft ihres Verlobten entgegenfiebern würde. In einem Menschenstrom gelangte Marie durch das Stadttor, doch in der engen Gasse, die zum Stadtkern führte, gab es kein Durchkommen mehr. Mit Unbehagen roch sie die Ausdünstungen der sie dicht an dicht umgebenden Menschen. Es war ein unangenehmes Gemisch aus altem Schweiß und dem säuerlichen Weingeruch, den zahlreiche Leute ausatmeten. Keine Seltenheit in Weinanbauregionen, wie Marie als Rheinländerin wusste. Auch in ihrer Familie wurde zu den Mahlzeiten stets ein Schoppen Rheinwein getrunken, welchen man den Kindern mit Wasser verdünnte.

»Darf ich Euch vielleicht ein geweihtes Marienmedaillon anbieten, meine Dame, das wird Euch vor dem bösen Feind schützen!«, vernahm sie plötzlich eine Stimme aus dem Hintergrund. Sie wandte sich erschrocken um. Vor ihr stand ein Reliquienhändler, der auf einem Bauchladen diverse Reliquien und Heiligenbildchen feilbot. Das meiste davon war billiger Tand.

»Nein danke, ich besitze schon eines«, erwiderte Marie abwehrend und wollte schon weitergehen, soweit das in dem Gedränge möglich war, doch der Händler ließ nicht locker.

»Dann darf ich Euch vielleicht ein Amulett vom heiligen Georg offerieren, dem Schutzpatron von Bernkastel?« Der Devotionalienverkäufer schwenkte anheischig einen kleinen Anhänger in der Hand. Marie hielt inne und warf unwillig einen Blick darauf. Auf dem bunt bemalten Kupfer war die bekannte Darstellung des heiligen Georgs als Drachentöter zu sehen. Marie zog schon in Erwägung, es als kleines Willkommenspräsent für ihren Bräutigam zu erstehen, und erkundigte sich zögerlich nach dem Preis.

»Ganze drei Heller, Gnädigste, das ist weniger, als ein Laib Brot kostet!«, versuchte sie der Händler zu überzeugen, der genau wusste, dass er ihr Interesse geweckt hatte.

Marie schüttelte unsicher den Kopf. »Ich weiß nicht so recht«, murmelte sie unwirsch, da ihr das Feilschen nicht lag. Der Händler indessen war deutlich gewiefter.

»Ich würde es Euch ja gerne schenken, mein schönes

Kind, damit Ihr vor dem Drachen geschützt seid, der bei uns an der Mosel schon seit uralten Zeiten sein Unwesen treibt …« Er rollte sinister mit den Augen. »In den Spinnstuben erzählt man sich, er verspeise am liebsten Jungfrauen!«, verkündete er theatralisch. Marie fuhr entsetzt zusammen und bekreuzigte sich.

»Entschuldigt bitte, meine Dame, ich wollte Euch doch keine Angst einjagen. Wahrscheinlich sind es bloß Schauergeschichten, die sich die törichten Leute an den langen Winterabenden so erzählen. Aber ich sage immer, in all diesen Volksmärchen und Sagen steckt ein Körnchen Wahrheit. Also schützt Euch sicherheitshalber mit diesem Amulett, dann kann Euch nichts passieren!«, skandierte der Devotionalienhändler geschäftstüchtig. Er teilte Marie gönnerhaft mit, dass er es ihr für zwei Heller überlasse, das sei aber auch sein letztes Angebot.

»Bei uns am Rhein gibt es auch Drachen«, erwiderte Marie beklommen und nestelte zwei Kupfermünzen aus ihrem Geldbeutel. Schon seit Kindertagen fürchtete sie sich vor den feuerspeienden Ungeheuern, die in Berghöhlen hausten und Menschen verschlangen – und obgleich sie noch nie einen Drachen zu Gesicht bekommen hatte, reichte schon die Erwähnung, dass sich ihr förmlich die Haare zu Berge stellten.

»Gott schütze Euch, Jungfer – vor Drachen, Tod und Teufel –, und schenke Euch ein langes, gesegnetes Leben«, katzbuckelte der Händler ölig und überreichte Marie das Medaillon mit dem Drachentöter.

»Gott mit Euch«, verabschiedete sich Marie und zog weiter.

Als sie endlich auf dem kreisförmigen, gepflasterten

Marktplatz angekommen war und sich das Gedränge ein wenig lichtete, verspürte Marie einen ungeheuren Durst. Es war zwar erst Ende Mai, doch die Sonne brannte vom tiefblauen, wolkenlosen Himmel herab wie im Hochsommer. Am Rande des Platzes mit seinen zahlreichen Verkaufsständen gewahrte sie einen Brunnen. Eine Frau war gerade dabei, Wasser zu schöpfen. Das musste der Brunnen sein, an dem sie mit Georg verabredet war. Ihr blieben gute drei Stunden bis zu ihrem Treffen, doch sie eilte sogleich dorthin. Obwohl ihr Bräutigam noch gar nicht angekommen war, schien ihr der Ziehbrunnen ein sicherer Ort zu sein, in dessen kühlem Schatten sie sich geborgen fühlte. Verschüchtert grüßte sie die Matrone und bat sie höflich, ihr etwas Wasser in die hohle Hand zu schütten. Nachdem Marie ihren Durst gestillt und sich das erhitzte Gesicht erfrischt hatte, entspann sich zwischen ihnen ein Gespräch. Marie erzählte, dass sie von Boppard am Rhein angereist sei, um heute Abend an genau dieser Stelle ihren Bräutigam aus Trier zu treffen. Sie würden dann den Hunsrückhöhenweg in Richtung Trier entlangreiten und sich vor Einbruch der Dunkelheit unterwegs ein Quartier suchen.

»Möglichst in einem Kloster, denn wir sind ja noch nicht verheiratet«, fügte sie hinzu und senkte verlegen den Blick.

»Da wird sich schon was finden lassen«, erklärte die Matrone wohlwollend. »Entlang des Höhenrückens gibt's Klöster genug, die tugendhaften jungen Leuten bestimmt gerne eine Unterkunft für die Nacht gewähren, denn das ist ja ihre Christenpflicht.«

»Das denke ich auch«, stimmte Marie ihr zu. »Mein

Bräutigam kennt sich in der Gegend gut aus, denn bis Trier ist es ja nur ein Tagesritt.«

Die redselige Frau teilte Marie mit, dass sie als Küchenmagd in der Gaststube »Zur Marktschenke« arbeite, die sich direkt gegenüber befinde, und fragte sie, ob sie sich dort nicht ein wenig stärken wolle.

»Heute am Freitag haben wir gebratenen Zander mit Steckrüben, und zum Nachtisch gibt's die besten Krapfen mit Weinsoße, die du jemals gegessen hast, junges Fräulein!«, schwärmte sie und blickte Marie auffordernd an. Nach dem langen Fußmarsch von Traben-Trarbach knurrte Marie der Magen, und bei der Erwähnung der Speisen lief ihr das Wasser im Mund zusammen. Doch als sie an das knappe Zehrgeld in ihrem Brustbeutel dachte, welches ihr der sparsame Vater mitgegeben hatte, verzog sie verdrossen die Mundwinkel. Sie behauptete, sie wolle sich nicht so den Bauch vollhauen, denn das mache sie bei der Hitze nur müde und sie müsse ja noch ein paar Stunden hier zubringen, bis sie abgeholt werde. Daher genügten ihr ein saurer Hering und ein Stück Brot.

»Den kannst du auch bei uns kriegen, junge Dame – und ein paar Krapfen noch dazu. Die gebe ich dir unter der Hand, dafür brauchst du nichts zu zahlen«, entgegnete die Matrone mit verschmitztem Lächeln und streckte Marie die Hand entgegen. »Ich bin die Grubers Zita aus Zeltingen und schon seit über zwanzig Jahren in der ›Marktschenke‹ in Stellung.«

Die junge Frau drückte erfreut die dargebotene Hand und stellte sich als Marie Schimmer vor. Sie war froh über die nette Bekanntschaft und fühlte sich zu der warmherzigen Frau hingezogen, die sie ein wenig an ihre Mutter erinnerte. Daher stimmte sie dem Anerbieten zu, ergriff hilfsbereit einen der beiden Wassereimer und folgte der Küchenmagd über den Marktplatz zum Gasthof.

Beim Anblick der vollen Schankstube und der vom Wein geröteten Gesichter der Männer, die Marie unverhohlen anstarrten, verließ sie jedoch der Mut, und sie raunte Zita verzagt zu:

»Ich weiß nicht, ob ich hierbleiben soll, vielleicht ist es besser, wenn ich wieder gehe und mich an den Brunnen setze …«

Zita lächelte verständnisvoll. »Keine Angst, Kindchen, ich lass dich doch hier nicht alleine rumsitzen unter all den angesoffenen Kerlen«, erklärte sie beschwichtigend. »Du setzt dich da hinten an den Tisch neben der Küchentür, zu der alten Gretel, der Mutter vom Wirt. Das ist der Familien- und Gesindetisch, die alte Wirtin bessert da immer die Wäsche aus oder hilft beim Apfelschälen. Die freut sich bestimmt, wenn du ihr Gesellschaft leistest und wird gut auf dich achtgeben. Und wenn ich nachher Zeit habe, setze ich mich ein Weilchen zu euch.«

Die Küchenmagd steuerte mit Marie im Gefolge auf den Tisch im hinteren Teil der Schankstube zu, an dem eine alte Frau mit schwarzer Haube saß und nähte. Dort nahm Zita Marie den Wassereimer ab, stellte sie der Alten mit erhobener Stimme vor und ließ nicht unerwähnt, dass Marie mit einem jungen Mann aus Trier verlobt sei. Marie war es peinlich, dass alle in der Gaststube es mithören konnten und schon die Köpfe nach ihnen reckten.

»Die alte Gretel hört nicht mehr so gut und redet manchmal auch ein bisschen wirres Zeug, hat aber Augen wie ein Adler und weiß über alles und jeden aus der

Gegend besser Bescheid als der Herr Pfarrer«, fügte Zita an Marie gewandt mit verschwörerischem Grinsen hinzu, empfahl sich einstweilen und verschwand in der Küche.

»So, so, einen Bräutigam aus Trier hat sie, die Jungfer«, brabbelte die alte Frau, kaum dass Marie an ihrer Seite Platz genommen hatte, und musterte sie neugierig. »Wie heißt er denn, und ist er auch so hübsch wie sie?«

Obgleich die Alte eine arge Klatschbase zu sein schien, war Marie ihre Gesellschaft immer noch lieber, als alleine an einem Tisch zu sitzen und vogelfrei den Blicken der Männer ausgesetzt zu sein. So antwortete sie zuvorkommend, wie es sich alten Leuten gegenüber geziemte:

»Er heißt Georg Bender – und ist fürwahr ein Bild von einem Mann.« Sie lächelte stolz.

Als wenig später der Wirt an den Tisch kam, um Maries Bestellung entgegenzunehmen, ließ ihn seine Mutter sogleich wissen, dass die junge Frau eine Bekannte von Zita und außerdem mit einem Burschen aus Trier verlobt sei.

»Na, und da lässt er sie so ganz alleine in einer fremden Stadt, wo sie doch so eine Schöne ist«, grummelte der Gastwirt stirnrunzelnd und beäugte Marie mit unverblümter Lüsternheit.

»Er kommt mich ja heute Abend abholen«, erwiderte Marie verschüchtert. Sie vermied es, ihn anzuschauen, als sie anschließend einen sauren Hering und einen Schoppen mit Wasser verdünnten Moselwein bei ihm bestellte.

Kaum dass der Wirt, der Marie in seiner ungehobelten, anzüglichen Art ebenso unsympathisch war wie seine Mutter, vom Tisch verschwunden war, ging das Ausquetschen gleich weiter. Die alte Frau erdreistete sich sogar, nach der Höhe ihrer Mitgift zu fragen. Auch wenn Marie um Höflichkeit bemüht war, wurde sie immer einsilbiger. Sie bereute es zunehmend, dem Anerbieten der Küchenmagd gefolgt zu sein, schlang den streng schmeckenden Hering herunter, biss in das knochentrockene Stück Roggenbrot, welches ihr ohne den lauwarmen Wein förmlich im Halse stecken geblieben wäre, und erwog es ernsthaft, ihre Rechnung zu begleichen, um so schnell wie möglich das Weite zu suchen. Nach einer guten Stunde gesellte sich Zita zu ihnen und stellte eine Schale mit Krapfen auf den Tisch, die die alte Frau mit regem Appetit und vernehmlichem Schmatzen verzehrte. Immerhin war ihr dadurch gewissermaßen das Maul gestopft. Marie war der Appetit längst vergangen, aber sie mochte nicht unhöflich sein und ergriff mit spitzen Fingern eines der fetttriefenden Backwerke. Während sie noch dabei war, es tapfer herunterzuwürgen, begann nun auch die Küchenmagd, die junge Frau nach Leibeskräften auszuholen.

Als die Kirchturmuhr schließlich die fünfte Nachmittagsstunde anschlug, gab es für Marie kein Halten mehr. Sie verabschiedete sich von den zwei Frauen mit der Bemerkung, sie wolle sich noch ein wenig die Füße vertreten. Dann bedankte sie sich bei der gekränkten Küchenmagd und der murrenden alten Wirtin, zählte mit zittrigen Fingern die Zeche auf den Tisch und eilte aus der stickigen Wirtsstube hinaus ins Freie.

Obgleich ihr der Tornister schwer auf den Schultern lastete, fühlte sich Marie doch unsagbar erleichtert, den sensationsgierigen alten Weibern endlich entkommen zu sein. Guten Mutes schlenderte sie über den Marktplatz, dessen Verkaufsstände längst abgebaut waren. Um die vereinzelten Passanten machte Marie einen weiten Bogen, denn ihr Bedarf an Ansprache war fürs Erste gedeckt. Die Sonne stand nicht mehr so hoch, und der kesselförmige Platz lag zur Hälfte im Schatten. Nur noch eine Stunde und sie würde Georg wiedersehen. Beim Gedanken daran hätte sie jauchzen können vor Freude. Mit einem Mal sehnte sie sich so nach ihrem Liebsten, dass es ihr ganz schwummrig wurde. Wie glücklich würde sie sein, wenn er sie erst in seine Arme schloss. Sie fühlte schon jetzt seine zärtlichen Küsse. Mit einem seligen Lächeln auf den Lippen bog sie in eine kleine Seitengasse ein, die vom Marktplatz wegführte.

Nach wenigen Schritten blickte sie sich angespannt um. Sie durfte sich in dem Gewirr der engen Gassen keinesfalls verlaufen und sich auch nicht zu weit vom Marktplatz fort bewegen, nicht dass sie sich am Ende verspätete. Also beschloss sie, nach links zu gehen, in der Hoffnung, wieder zum Marktplatz zu gelangen. In der Römergasse, als die die verblichene Aufschrift an einer Hauswand sie auswies, befand sich eine Vielzahl an Kontoren, die Wein und kleine Speisen kredenzten. Die geröteten Gesichter der Gäste an den Tischen in der Gasse und ihr ausgelassenes Gelächter kündeten vom reichlichen Weingenuss. Als die angetrunkenen Männer die liebreizende junge Frau gewahrten, luden sie sie allerorts zum Mittrinken ein oder machten ihr frivole Komplimente. Für Marie war es der reinste Spießrutenlauf, sich an den Tischen vorbeizudrängen. Sie würdigte die grölenden Kerle keines Blickes und schritt hocherhobenen Hauptes an ihnen vorüber, was von den Männern mit ärgerlichen Rufen wie »Eingebildete Schnepfe!« quittiert wurde. In ihrer linken schweißnassen Faust hielt Marie das Medaillon mit dem heiligen Georg umklammert. *Was vor Drachen schützt, hilft auch gegen zudringliche Rüpel*, sagte sie sich grimmig und war froh, als sie am Ende der Gasse den Marktplatz ausmachen konnte.

Beim Blick auf die Rathausuhr erkannte sie, dass sie noch eine halbe Stunde Zeit hatte. Zielstrebig eilte sie zum Brunnen, um dort auf Georg zu warten. Während sie ihren schweren Tornister von den Schultern nahm und sich auf der Brunnenmauer niederließ, schweiften ihre Blicke sehnsüchtig über den Platz. *Vielleicht ist er ja ein bisschen früher dran*, dachte sie hoffnungsvoll. Von Minute zu Minute, die sie der Ankunft ihres Liebsten entgegenfieberte, wuchs ihre Ungeduld. Bald hielt sie es nicht mehr aus, auf dem Brunnenrand zu sitzen. Unruhig ging sie vor dem Brunnen auf und ab und reckte den Kopf in Richtung Stadttor. In jedem Reiter, der die Gasse zum Marktplatz herunterritt, vermeinte sie Georg zu erkennen, und ihr Herz machte jedes Mal einen Sprung. Doch immer wieder musste sie enttäuscht feststellen, dass er es doch nicht war. Es ging bereits auf sechs Uhr zu, und ihre Anspannung steigerte sich ins Unermessliche. Plötzlich sah sie aus den Augenwinkeln eine bucklige Gestalt mit einem Gehstock, die aus der »Marktschenke« trat und auf sie zustrebte. Es war zweifellos die neugierige alte Wirtin – das durfte doch nicht wahr sein! Ungehalten blickte ihr Marie entgegen und hätte der Alten am liebsten zugerufen, dass sie sich fortmachen solle. Die Greisin setzte unbeirrt ihren Weg fort und winkte Marie zu. Diese hob unwillig die Hand und zuckte heftig zusammen, als die Rathausuhr im nächsten Moment die sechste Abendstunde anschlug.

»Pünktlichkeit ist eine Zier – na, wo bleibt denn Euer Bräutigam?«, lispelte die Alte hämisch und setzte sich ächzend auf den Brunnenrand, um, wie sie bekundete, Marie ein wenig Gesellschaft zu leisten. Die junge Frau hatte nicht übel Lust, die alte Klatschbase einfach sitzen zu lassen und ein Stück weit entfernt auf Georg zu warten. Doch er musste ja jede Minute eintreffen, und so lange würde sie es noch aushalten. Die alte Frau war zwar unentwegt am Brabbeln, aber Marie ging nicht darauf ein. Ihre ganze Aufmerksamkeit war auf das Stadttor gerichtet, durch das ihr Liebster jeden Moment treten musste.

Als Georg um Viertel nach sechs noch nicht da war, spürte Marie einen Kloß im Hals, der unaufhörlich anschwoll. Um halb sieben war sie vor wachsender Sorge und Enttäuschung den Tränen nahe, die sie indessen tapfer herunterschluckte, denn sie wollte sich auf keinen Fall die Blöße geben und vor der alten Harpyie zu weinen anfangen, die sie immer wieder mit schadenfrohen Blicken taxierte und boshafte Kommentare von sich gab. Mit einem Mal schlug die Alte gar die Hände zusammen, wandte die Augen himmelwärts und krächzte:

»Heilige Muttergottes, den wird doch nicht der Drache geholt haben!«

Marie entfuhr ein bestürzter Aufschrei, und sie konnte ihre Tränen nicht länger zurückhalten. Als die Alte sie daraufhin mit scheinheiliger Betroffenheit trösten wollte, entwand sie sich ihren klauenartigen Händen, packte ihren Tornister und hastete aufgelöst zum Stadttor. Marie ignorierte die Blicke der Passanten, die die Weinende mitleidig, teils auch sensationsgierig anstarrten. Erst einem alten, etwas bärbeißigen Torwächter, der sie gutmütig fragte, ob er ihr vielleicht behilflich sein könne, vertraute sie sich an. Während sie ihm schilderte, dass sich ihr Bräutigam um eine gute Stunde verspätet habe, zeigte sich eine tiefe Sorgenfalte auf seinem verwitterten Gesicht. Dennoch versuchte er Marie zu beschwichtigen, indem er ihr entgegenhielt, auf Reisen könne immer mal etwas Unerwartetes dazwischenkommen, und ihr Bräutigam sei wahrscheinlich nur aufgehalten worden und werde sicher in Bälde eintreffen. Er bot ihr einen Holzschemel an, der vor dem Eingang des Stadtturms stand, und empfahl der jungen Frau, dort auf ihren Verlobten zu warten. Gehorsam folgte Marie dem Rat des alten Schergen, musste aber bald feststellen, dass sie es vor Anspannung kaum noch ertragen konnte, untätig herumzusitzen. So erkundigte sie sich schließlich zaghaft bei ihrem Helfer, wo sich die Landstraße nach Trier befinde, sie wolle ihrem Bräutigam entgegengehen.

»Es gibt zwei Wege nach Trier«, erklärte der Torwächter mürrisch. »Der eine führt unten an der Mosel entlang und ist auch der längere, weil der Fluss so viele Schleifen macht. Der kürzeste und direkteste Weg ist der Höhenweg, der verläuft über den Hunsrückkamm. Wenn Euer Bräutigam so schnell wie möglich hier sein will, ist er wahrscheinlich da entlanggeritten …«

»Der Hunsrückhöhenweg – davon hat Georg gesprochen!«, unterbrach Marie ihn aufgeregt und bat den Torwächter eindringlich, ihr die Richtung zu zeigen. Mit düsterer Miene versuchte der Wächter, sie von ihrem Vorhaben abzubringen, doch Marie blieb beharrlich.

»Dann geht meinethalben, wenn Ihr nicht auf mich hören wollt!«, knurrte der vierschrötige Mann verdrossen. »Lauft den Weg vom Stadttor runter und haltet Euch links in Richtung der Burg Landshut. Ein Stück hinter der Burg verläuft der Höhenweg, aber ich kann Euch nur dringend raten, nicht weiter als bis zur Burg zu gehen. Die Gegend da oben ist rau und finster, da sind weit und breit nur Wald und steile Felsen, das ist viel zu gefährlich für eine junge Frau alleine!«

Marie versprach dem Mann in die Hand, sich unbedingt an seinen Rat zu halten, bedankte sich bei ihm und schnallte ihren Tornister um.

»Bevor es dunkel wird, kommt Ihr hierher zurück, wenn Ihr Euren Verlobten bis dahin nicht getroffen habt, habt Ihr mich verstanden?«, richtete der Torwächter in aller Strenge das Wort an sie. »Ich schließe das Tor erst bei Einbruch der Dämmerung und helfe Euch dann, eine geeignete Unterkunft für die Nacht zu finden. Also, Gott mit Euch, Jungfer!«

»Gott vergelt's!«, erwiderte die junge Frau und neigte anmutig das Haupt mit dem langen, wallenden Blondhaar, das in der Abendsonne glänzte wie pures Gold.

Der Torwächter blickte ihr mit ernster Miene hinterher und murmelte ein Gebet. Auch wenn er den Ammenmärchen von dem furchterregenden Drachen, der in den unzugänglichen Hunsrückbergen hausen sollte, keinen Glauben schenkte, so war ihm der Gebirgsrücken mit seinen schroffen Felsen und dunklen Tannenwäldern doch unheimlich. Er vermied es geflissentlich, dort vom Weg abzuweichen und die bewaldeten Anhöhen hinaufzuklettern. Zu viele Leute waren schon auf Nimmerwiedersehen verschwunden, einheimische Wilderer und Pilzsammler zwar eher selten, fremde Reisende aber dafür umso mehr.

Als es bald darauf anfing zu dämmern und weder die liebreizende junge Rheinländerin noch ihr Bräutigam aus Trier bei ihm aufgetaucht waren, redete er sich ein, die zwei Liebenden seien einander bestimmt unterwegs begegnet und es habe sich alles zum Guten gefügt. Dennoch zitterten seine Hände, als er das Stadttor verriegelte.

———◆———

Starr und reglos wie ein Fels stand der Mann im schiefergrauen Lodenumhang mit der weiten Kapuze auf dem hohen Berggipfel, von dem er einen gigantischen Ausblick hatte, und spähte in die Ferne. Von seinem Aussichtspunkt konnte er alle Straßen nach Trier, Metz, Saarbrücken, Simmern, Bad Kreuznach und Bacharach am Rhein überblicken. Seine angespannte Haltung und der konzentrierte Ausdruck seiner hellen Augen verrieten jedoch, dass er keineswegs das Panorama genoss, sondern gezielt etwas beobachtete. Von Zeit zu Zeit schnalzte er leise mit der Zunge, als versuche er, ein scheues Tier anzulocken. Obgleich er seine Armbrust auf den Rücken geschnallt und nichts ins Visier genommen hatte, lag er eindeutig auf der Lauer. Seit über einer Stunde wartete er nun schon auf den passenden Moment, der sich bislang leider nicht hatte einstellen mögen. Doch als Jäger hatte er gelernt, sich in Geduld zu fassen. Im Waidmannshandwerk war es stets von größter Wichtigkeit, einen kühlen Kopf zu bewahren und sich keinesfalls aus Gier oder Ungeduld zu einem Wagnis hinreißen zu lassen. Das Objekt seiner Aufmerksamkeit war zu weit entfernt und konnte sich einfach nicht entschließen, in seine Richtung zu laufen. Die wenigen, die noch zu Fuß oder zu Pferde über den Höhensteig zogen, hatten es eilig, vor Einbruch der Dunkelheit eine Bleibe zu finden. Denn kaum jemand, das wusste er aus langjähriger Erfahrung, war so blauäugig oder tollkühn, sich den mannigfaltigen Gefahren der Nacht auszusetzen. Nur wer dringende Geschäfte erledigen musste, ging nachts aus dem Haus, und auch dies nur in Begleitung von bewaffneten Fackelträgern, sofern er sie sich leisten konnte.

Es war nur eine Frage der Zeit, bis auch sie sich hinter die schützenden Mauern der Stadt begeben würde. Für ehrbare Frauen war es verpönt, sich nachts auf öffentlichen Straßen und Plätzen zu zeigen. Nur die offenbaren Frauen taten dies – und wie eine Hure sah sie nun wirklich nicht aus. Im Gegenteil, sie war züchtig gekleidet und senkte jedes Mal sittsam den Blick, wenn jemand an ihr vorüberkam. Auch auf die Entfernung war ihr anzumerken, dass sie, genau wie er, auf jemanden wartete – der sie wohl versetzt haben musste, denn aus ihrer Körperhaltung sprachen Enttäuschung und Mutlosigkeit. Hatte sie sich am Anfang noch aufrecht gehalten und gespannt wie ein Flitzbogen auf ihrem Baumstumpf unweit der Burg gesessen, so ließ sie inzwischen verzagt den Kopf und die Schultern hängen.

Hat dein Schatz dich sitzenlassen, mein armes Lämmchen? Komm doch zu mir, ich werde dir helfen, ihn zu vergessen ... Er suchte sie immer wieder mit der Macht seiner Gedanken zu betören, wie er es bei der Jagd mit einem widerspenstigen Wild zu tun pflegte. Das Ankirren der Beute war ein uralter, magischer Akt. Und tatsächlich erhob sie sich plötzlich, ergriff ihren Tornister, den sie an den Baumstumpf gelehnt hatte, und schnallte ihn auf die Schultern. Dieser große, prall gefüllte Rucksack war es auch, der anfangs sein Interesse geweckt hatte. Ansonsten war bei ihr nicht viel zu holen, sie trug weder teure Kleidung noch kostspieligen Schmuck. Selbstredend, sonst wäre sie wohl kaum alleine unterwegs, denn diese reichen Gänschen reisten ja immer mit geharnischtem Begleitschutz und waren für ihn somit unerreichbar. Nein, sie war eher ein einfaches Mädchen. Aber sie hatte etwas, das ihn faszinierte. Es war ihr schlanker weißer Schwanenhals.

———◆———

Es fängt schon an zu dämmern, ich muss mich beeilen, damit ich noch in die Stadt zurückkomme, ehe das Tor geschlossen wird! Die Erkenntnis riss Marie aus ihrer dumpfen Niedergeschlagenheit. Sie konnte es einfach nicht fassen, dass Georg, ein Ausbund an Treue und Verlässlichkeit, sie stundenlang warten ließ. Es schnürte ihr vor Schmerz die Kehle zu, so alleine und verlassen in der Fremde zu sein. Wenn sie an ihr Heim und ihre geliebten Eltern dachte, hätte sie lauthals weinen können. Doch sie musste sich zusammennehmen und sehen, dass sie für die Nacht ein Dach über dem Kopf fand. Der alte Torwächter hatte ja versprochen, ihr zu helfen. Bevor sie sich zum Gehen wandte, warf sie noch einen letzten Blick auf den Höhenweg. Mit einem Mal kam es ihr so vor, als höre sie verhaltenes Pferdegetrappel. Es war gar nicht weit weg, der Ursprung schien direkt hinter der nächsten Wegbiegung zu liegen. *Georg!*, hallte es ihr durch den Kopf. Sie musste unbedingt dorthin! So schnell es der schwere Tornister

auf ihren Schultern erlaubte, hastete sie den Höhensteig
entlang bis zu der Stelle, wo der Weg eine scharfe Links-
kurve machte. Tatsächlich näherte sich ihr von dort ein
Reiter, doch zu ihrer grenzenlosen Enttäuschung musste
sie feststellen, dass es nur ein Mönch auf einem Maultier
war. Seiner dunkelbraunen Kutte nach war es ein Franzis-
kaner oder Kapuziner. Für Marie war es wie ein Schlag ins
Gesicht, dass auch ihre letzte Hoffnung zunichtegemacht
wurde, und sie war vor Schwermut außerstande, sich zu
rühren.

Groperunge nahm es in Kauf, dass das Maultier deutlich
langsamer war als eines seiner Pferde. Ein Ross hätte einem armen Bettelmönch nicht zu Gesicht gestanden. Er
hatte nun mal die Erfahrung gemacht, dass ein geistli-
ches Gewand durchaus vertrauenerweckend sein konnte,
gerade bei den Weiberleuten. Genau das kam ihm jetzt
gelegen. Über sein schmales, bartloses Gesicht breitete
sich ein frommes Lächeln, als er der jungen Frau am We-
gesrand frohgemut »Gelobt sei Jesus Christus!« entgegen-
rief.

»In Ewigkeit, Amen!«, grüßte die Jungfer mit brüchiger
Stimme zurück und bekreuzigte sich.

Er hatte schon den Dolch unter seinem langen, weiten
Ärmel am Schaft gepackt, um auf die Frau zuzustürzen
und ihr den Hals aufzuschlitzen, doch etwas ließ ihn zögern. Waren es die Tränen, die auf ihrer seidigen Haut glitzerten wie Tautropfen auf einem Rosenblatt, waren es der
arglose Blick ihrer sanften braunen Augen, ihre liebliche
Gestalt oder das rotgoldene Engelshaar, die ihn davon
abhielten, sie zu töten? Er hätte es in jenem Augenblick

nicht zu sagen vermocht und war verstört von solcherlei ungewohnten Anwandlungen. Erst geraume Zeit später fiel es ihm wie Schuppen von den Augen: Das scheinbar Unmögliche war eingetreten – er fand Gefallen an ihr!

»Selig sind, die da Leid tragen, denn sie sollen getröstet werden!«, deklamierte der junge Mönch einen Psalm aus der Bergpredigt und hob die Hand zum Segen. Ähnlich wie bei einem Kind, dem ein schlimmes Ungemach widerfahren und das, je näher es der häuslichen Geborgenheit kommt, in haltloses Weinen verfällt, brachen bei Marie nun alle Dämme, und sie barg schluchzend ihr Gesicht in den Händen. Der Mönch stieg vom Maultier und ging gemessenen Schrittes auf sie zu.

»Wie kann ich Euch nur helfen, Schwester?«, fragte er mitfühlend und schlug ihr im nächsten Moment heftig mit der Handkante in den Nacken, auf die Art, wie ein Bauer seine Hasen zu töten pflegt. Marie schwanden augenblicklich die Sinne, und sie sank leblos zu Boden.

7

Koblenz, 1. Mai 1581

An jenem lauschigen Sonntagabend erreichte die Kutsche die Kurfürstliche Residenz Koblenz und fuhr das malerische Rheinufer entlang, das von schmucken Bürgerhäusern gesäumt wurde, welche sich wie Perlen auf der Schnur um das Juwel des Kurfürstlichen Schlosses reihten. Doch Sibylle war viel zu sehr in Gedanken versunken, um das glanzvolle Panorama zu würdigen. Immer wieder musste sie an ihre Begegnung mit Aglaia denken – und die aufschlussreichen, zweifellos auch schmerzhaften Erkenntnisse, die sie ihr beschert hatte. *Nichts ist so, wie es scheint – schau genauer hin!* Diese Lektion hatte sie am eigenen Leibe erfahren müssen, und sie war gezwungen, sich einzugestehen, wie beschränkt ihr Blick zuweilen war. Voller Verachtung und Hybris hatte sie am Vorabend in ihrer Kutsche vor dem Frauenhaus gesessen und eine gewöhnliche, abgetakelte Hübscherin erwartet. Aglaias atemberaubende Erscheinung, die jeder Adelsdame zur Ehre gereicht hätte, hatte sie dann mehr als verblüfft. Zudem hatte die junge Hübscherin Sibylle noch mit einem Seelenadel beeindruckt, der ohnegleichen war. Anstatt sich Martins Zuneigung für sie zunutze zu machen und sich ihm an den Hals zu werfen – als wohlhabender Patriziersohn stellte er schließlich für nahezu jede Frau eine glänzende Partie dar, für eine Hure aus dem Frauenhaus war er aber schon der reinste Glückstreffer –, hatte Aglaia die Größe besessen, seinen Heiratsantrag abzuschlagen. *Sie hat mehr Liebe und Anstand im Herzen als viele meiner Standesgenossinnen, die vor Liebreiz und Artigkeit nur so strotzen und in der Wahl ihres Bräutigams doch stets von kaltem Kalkül gelenkt werden,* dachte Sibylle erbittert. Sie erinnerte sich daran, dass Martin sich nie etwas aus den affektierten jungen Damen aus gutem Hause gemacht hatte und wie sie beide bei gesellschaftlichen Anlässen hinter vorgehaltener Hand über diese Ausbünde an Charme und Grazie gespottet hatten. *»Tausendschönchen« haben wir sie immer genannt,* ging es Sibylle durch den Sinn, und sie musste unwillkürlich grinsen. *Ohne unsere verstohlenen Lästerungen wären diese Empfänge und Abendgesellschaften ja auch einfach unerträglich gewesen – und sterbenslangweilig noch dazu!* Nein, da hatte Martin mit Aglaia fürwahr einen besseren Geschmack bewiesen. *Nur dass er sie mir all die Jahre vorenthalten hat, dieser Schlawiner – das verzeihe ich ihm nie!* Auch wenn Sibylle um Nachsicht bemüht war, so verletzte es sie doch zutiefst, dass er vor ihr, seiner engsten Vertrauten und Seelenverwandten, wie er stets betonte, ein derart gravierendes Geheimnis hegte. Immerhin war Aglaia die Frau, die er liebte. *Warum nur hat er mich nicht ins Vertrauen gezogen?,* grübelte Sibylle. *Möglicherweise wegen meiner herablassenden Einstellung zu käuflichen Frauen, aus der ich nie einen Hehl gemacht habe. Sie war geprägt von Überheblichkeit und Standesdünkel, auch wenn ich beides immer empört von mir wies, wenn Martin mich dessen bezichtigte.*

Wie recht er doch hatte! Sibylle war sehr wohl bewusst, dass sie nicht selten auf ihre Umwelt einen arroganten Eindruck machte, doch sie beschloss, an sich zu arbeiten, denn Hochmut war zweifellos ein Zeichen von Beschränktheit. Der Blick auf die Menschen von oben herab war gewiss nicht die beste Perspektive. Und zuweilen, das hatte das Leben sie eben erst gelehrt, musste man nur einen anderen Standpunkt einnehmen, um neue Einblicke zu gewinnen. So musste sie also erst in die Fremde ziehen, um einen vertrauten Menschen besser kennenzulernen. *Wer weiß, welche Erkenntnisse mir die Reise noch beschert,* sinnierte die Patriziertochter, als die Kutsche plötzlich stehen blieb und ihr der alte Hausknecht mit der Bemerkung »Wir sind da« die Tür aufhielt.

Sibylle runzelte irritiert die Stirn. »Was soll denn das heißen?«, fragte sie ungehalten. »Wäre es nicht besser, wenn wir uns erst einmal einen Eindruck verschaffen, wo sich die verschiedenen Herbergen und Unterkünfte befinden und diese dann der Reihe nach abklappern, um herauszufinden, ob Martin dort abgestiegen ist?«

Gottfried, der bereits mit einer neuen Protestwelle seiner jungen Herrin gerechnet hatte, räusperte sich betreten und erklärte mit belegter Stimme: »Durchaus, durchaus, gnädiges Fräulein, nur wollt Ihr Euch nicht erst ein wenig frisch machen und vielleicht ein Stündchen hinlegen? In der Zwischenzeit können die geharnischten Reiter und ich uns schon mal ein bisschen umhören ...«

»Wo soll ich mich denn hinlegen und frisch machen, wir haben doch noch gar keine Unterkunft?«, erkundigte sich Sibylle.

Gottfried atmete tief durch und mühte sich um einen ruhigen Tonfall. »Doch, doch, Herrin, wir befinden uns direkt vor der Fremdenherberge ›Zum Deutschen Haus‹, welche Euer Herr Vater mir als die geeignete Unterkunft anempfohlen hat …«

Empört schwang sich Sibylle aus der Kutsche, und ihr Blick fiel auf die feudale Fassade der besagten Herberge, die in ihrer steinernen Pracht einer Ritterburg glich. »In so eine Trutzburg wäre Martin nie eingekehrt, da bin ich mir sicher!«, schnaubte sie. »Und mir sagt sie auch nicht zu, etwas Einfacheres und Bodenständigeres wäre mir lieber.«

»Laut Eurem Herrn Vater ist das aber das vornehmste Hotel am Platz, und das Rheinufer gilt als die beste Gegend von Koblenz, in direkter Nachbarschaft befindet sich sogar das Deutschordenshaus«, leierte Gottfried wie auswendig gelernt herunter.

»Das ist mir doch egal, ich suche meinen Bruder, und bei den Herren vom Deutschen Orden werde ich Martin gewiss nicht finden«, entgegnete Sibylle schnippisch.

»Es tut mir leid, dass Euch die Unterkunft nicht behagt, junge Dame, aber das hat Euer Herr Vater ausdrücklich so bestimmt, und da werdet Ihr Euch wohl oder übel fügen müssen«, erklärte der alte Diener streng und traf Anstalten, das Gepäck auszuladen.

———

Gleich nachdem sich Gottfried mit den beiden Stangenknechten entfernt hatte, um sich in den Herbergen und Unterkünften von Koblenz nach Martin zu erkundigen –

zu diesem Zwecke hatten sie auch den Kupferstich von ihrem Bruder mitgenommen –, machte sich Sibylle ausgehfertig. Sie dachte nicht im Traum daran, sich in das hübsche Himmelbett zu legen, ihren Schönheitsschlaf zu halten und den drei Männern das Feld zu überlassen. Wenn Gottfried glaubte, dass er sie bei der Suche nach Martin außen vor lassen konnte, dann hatte er sich getäuscht. Sie würde auf eigene Faust die Gasthäuser und Herbergen aufsuchen und sich nach ihrem Bruder umhören, auch wenn sie kein Konterfei von Martin bei sich hatte. Und wer weiß, vielleicht wollte es ja der Zufall und sie fand noch eher einen wertvollen Hinweis auf Martins Verbleib als die schwerfälligen Männer, die in ihren Augen ohnehin nicht die Hellsten waren. Was ihnen außerdem fehlte, war das richtige Gespür, das sie als Martins Schwester zweifellos besaß.

Ehe sie ihr behagliches, mit jeglichem Komfort ausgestattetes Fremdenzimmer verließ, tupfte sie sich vor dem Wandspiegel noch etwas Orangenöl auf Hals und Dekolleté – großzügiger als sonst, denn zum Baden fehlte ihr die Zeit. Anschließend steckte sie sich ein paar Münzen in die Taschen ihres perlgrauen Musselin-Capes, streifte die leichten, bequemen Kuhmaulschuhe aus weichem Ziegenleder über die Füße, denn sie würde ein gutes Stück laufen müssen, und verließ das Zimmer. Auf dem langen Flur wäre sie fast mit einem livrierten Diener zusammengestoßen, der irritiert zu ihrer Zimmertür hin blinzelte, auf der in glänzenden Lettern die Zahl zehn prangte. Der Diener hüstelte, ehe er Sibylle katzbuckelnd wissen ließ, dass das Bad für sie gerichtet sei, wie es der grauhaarige Herr mit der Armbrust angeordnet habe. Sie möge sich doch bitte schon einmal ins Erdgeschoss begeben, dort befinde sich die hoteleigene Badestube.

»Das ist sehr freundlich von Euch, aber mir steht momentan nicht der Sinn nach einem Bad«, erwiderte Sibylle entschieden, »vielleicht kann ein anderer Gast die Möglichkeit nutzen, ein warmes Bad zu nehmen.« Sie mühte sich um ein versöhnliches Lächeln, als sie die verstörte Miene des Dieners bemerkte. »Aber vielleicht könnt Ihr mir ja in anderer Weise behilflich sein«, sagte sie spontan. »Ich benötige nämlich einen Plan, da ich mich hier in Koblenz nicht auskenne.«

Der Hoteldiener nickte beflissen und bat Sibylle, ihm in die Empfangshalle zu folgen, an deren Wand sich ein großer, gerahmter Stadtplan von Koblenz befinde. Dort angelangt, zeigte er ihr auf dem Plan die Lage des Hotels und wies auch auf Sehenswürdigkeiten und den Marktplatz mit dem Rathaus hin. Die Patriziertochter bedankte sich höflich und wollte von ihm wissen, in welcher Gegend die meisten Herbergen zu finden seien.

Der Diener runzelte die Stirn und teilte der jungen Dame mit, dass sich mehrere am Marktplatz befänden, aber auch am Rhein und am Moselufer. Genauer könne er es nicht sagen, fügte er etwas pikiert hinzu.

»Ich danke Euch vielmals – und seid doch bitte so freundlich und bestellt meinem Diener, sollte er vor mir zurückkehren, dass ich mich gleichermaßen auf die Suche gemacht habe, in jedem Fall aber bis zum Einbruch der Dunkelheit wieder hier eintreffen werde«, ordnete Sibylle an und strebte energischen Schrittes dem Ausgang zu. Betreten blickte ihr der Diener hinterher und war sich sicher, dass ihre abendliche Exkursion nicht im Sinne ihrer geharnischten Begleiter war. *Der alte Knabe wird Zeter und Mordio schreien, und unsereiner darf wieder als Sündenbock herhalten,* dachte der bejahrte Mann resigniert.

———•———

Als Sibylle den weitläufigen, gepflasterten Marktplatz erreichte, herrschte dort ein reges Getümmel, und beim Näherkommen bemerkte sie, dass sich die Menschentraube um einen Flugblatthändler scharte, der mit dem durchdringenden Läuten einer Handglocke seinen baldigen Vortrag ankündigte. Sibylle, die es liebte, den lebhaften, reichlich theatralischen und mit jeder Menge Spott und Pathos gewürzten Schilderungen der Nachrichtenhändler zu lauschen, hielt ein Weilchen am Rande des Gedränges inne.

»Hört, Ihr Frauen und Mannen, was ich Euch zu berichten hab, von gar grauenhaften Morden, die der böse Feind – Gott steh uns bei – im ganzen Land begangen«, verkündete der hochgewachsene junge Mann mit dem markanten Gesicht und den dunklen, schulterlangen Haaren mit sonorer Stimme und bekreuzigte sich. »Der Teufel geht um‹, gellt der Schreckensschrei vom Frankenland bis nach Böhmen, eine Blutspur reicht von der Donau bis zum Rhein, und ein jeder fürchtet, der Nächste zu sein!«

Der Flugblatthändler legte eine kurze Pause ein und musterte das Publikum mit unheilvoller Miene. Von allen Seiten waren entsetzte Ausrufe zu vernehmen, und die Angst stand den Menschen ins Gesicht geschrieben. Obgleich Sibylle sich von der Schauermär des Moritatensängers nicht Bange machen lassen mochte, entrang sich auch ihr ein Aufstöhnen. Als gebildete Humanistin widerstrebte es ihr zwar, derlei abergläubischen Spukgeschichten allzu viel Aufmerksamkeit zu schenken, doch die brennende Sorge um Martin machte sie zugänglicher dafür, als es ihr lieb war.

Unterdessen skandierte der Flugblatthändler mit düsterer Inbrunst weiter: »In Ochsenfurt schnitt der böse Feind einem schwangeren Weibe den Bauch auf und verschlang das Kindlein mit bestialischer Gier – Gott sei seiner unschuldigen Seele gnädig!« Aus der Menge drangen schrille Aufschreie, hauptsächlich von Frauen. Nicht wenige von ihnen waren schreckensbleich geworden. Der Flugblatthändler wartete, bis sich die allgemeine Aufregung ein wenig gelegt hatte, wischte sich mit großer Geste die nicht vorhandenen Tränen aus den Augenwinkeln und fuhr mit bebender Stimme fort: »Vom Elsass bis zum Rheinland ermordete der Satan über zweihundert Menschen, darunter neun hochschwangere Weiber, denen er die Kinder aus dem Leibe schnitt, in Württemberg mordete er Reiche und Arme, ob Mann oder Frau, zu Ross oder zu Fuß, er kannte kein Erbarmen. Augenzeugen berichteten, bei den Leichen einen schwarzen Ziegenbock, eine schwarze Katze, zuweilen auch einen schwarzen Hund oder Rappen gesehen zu haben. Der Höllenfürst liebt es ja, sich auf unterschiedliche Weise zu verwandeln. Gott gebe, dass die bestialischen Morde, mit denen uns der böse Feind seit vielen Jahren heimsucht, endlich ein Ende finden!«, rief der junge Mann beschwörend und faltete die Hände zum Gebet. Die Menge tat es ihm gleich, und der Redner stimmte einen Bitt-Vers an: »Aus der Hölle finsterem Schoß macht der böse Feind sich los. Schleicht mit leisen Mörderschritten um der Menschenkinder Hütten. Böser Feind, hast keine Macht: Jesus betet, Jesus wacht!« Der Flugblatthändler richtete den Blick himmelwärts wie ein frommer Klosterbruder, um sich gleich darauf auf das Pekuniäre zu besinnen und mit der Sammelbüchse herumzugehen.

Obgleich Sibylle sich einzureden suchte, dass es sich hierbei doch nur um blutrünstige Sensationsgeschichten handelte, mit denen ein gewiefter Scharlatan beim Publikum Kasse machen wollte, stockte ihr dennoch der Atem. Verstohlen beobachtete sie den Nachrichtenhändler und musste zugeben, dass er trotz seines fadenscheinigen Gelehrtentalars, der zweifellos schon bessere Tage gesehen hatte, und des speckigen Samtbaretts auf den schulterlangen Haaren durchaus attraktiv war. Außerdem schien er lustig und gewitzt zu sein, wie das gurrende Lachen der einen oder anderen Frauenperson kündete, mit der er zu scherzen beliebte. *Welch ein Filou*, dachte Sibylle bei sich und musste schmunzeln, als der Nachrichtenhändler wenig später vor ihr stand und ihr die Sammelbüchse hinhielt. Während sie aus ihrer Manteltasche einen Heller nestelte und ihn in die Büchse warf, konnte sie es sich indessen nicht verkneifen, ihn zurechtzuweisen. »Es scheint Euch ja offenbar Vergnügen zu bereiten, die Leute mit Euren Teufelsgeschichten in Angst und Schrecken zu versetzen«, mokierte sie sich.

Der große, schlanke Mann, der etwa in Martins Alter sein musste, grinste sie unverfroren an. »Das gehört zu meinem Geschäft, mein hübsches Fräulein Naseweis«, erwiderte er despektierlich. »Mit Geschichten von Krethi und Plethi kann man keinen hinterm Ofen hervorlocken …«

»Dann muss es schon der Gottseibeiuns sein«, konterte Sibylle mit hochgezogenen Augenbrauen. »Ich habe von den Morden gehört, bei uns in Frankfurt künden es die Flugblatthändler in ähnlich drastischen Bildern, dass seit Jahr und Tag ein Unhold umgeht, der im ganzen Land Menschen mordet. Angeblich mehrere Hundert an der Zahl und von Mal zu Mal – ich will sagen, von Moritat zu Moritat – werden es mehr. Mal ist es ein Werwolf, der die Menschen reißt, mal ist es ein Drache oder ein anderes, gar schreckliches Untier …«, erläuterte die Patriziertochter sarkastisch, die sich über die freche Bemerkung des Nachrichtenhändlers nicht wenig geärgert hatte. »Da die Leute meistenteils auch ausgeraubt wurden, gehe ich jedoch davon aus, dass der Unhold durchaus menschlicher Natur ist. Ein Wegelagerer und Mordbube zum Beispiel, der den Reisenden wegen ein paar Talern oder einer goldenen Kette die Kehle durchschneidet …« Noch während ihrer Ausführungen musste sie an ihren Bruder denken, obgleich dieser nur im schlichten Gelehrtenhabitus und ohne protzigen Schmuck auf Reisen gegangen war, und ihre Miene verdüsterte sich. Auch wenn Sibylle es nicht einmal zu denken wagte, so nagte doch zuweilen die Furcht an ihr, dass auch Martin ein Opfer jenes ominösen Unholds geworden war, dessen man trotz verschärfter Wachsamkeit der Stangenknechte und Polizeibüttel einfach nicht habhaft werden konnte.

»Da bin ich ganz Eurer Meinung«, stimmte ihr der Flugblatthändler zu und war unversehens ernst geworden. »Ich schreibe zwar nur auf, was mir die Menschen unterwegs so erzählen und gebe ihre schaurigen, zweifellos auch törichten und von Aberglauben geprägten Geschichten wieder, die sich um die grausigen Morde ranken. Doch auch ich bin der Ansicht, dass es sich bei jenem vermeintlichen Teufel wohl eher um einen Teufel in Menschengestalt handelt. Was indessen nicht minder schrecklich ist, als an Teufel zu glauben, wie ich finde …«

»In der Tat«, murmelte Sibylle nachdenklich.

»Und was hat Euch von Frankfurt nach Koblenz verschlagen, wenn ich fragen darf?«, riss sie die Frage des Flugblatthändlers aus ihren düsteren Gedanken. Ihm schien daran gelegen, das Thema zu wechseln.

Die junge Frau blickte ihn bedrückt an. »Ich bin auf der Suche nach meinem Bruder Martin, der auf der Reise nach Trier … verschollen gegangen ist«, antwortete sie und konnte nicht verhindern, dass ihre Stimme zitterte.

»Das tut mir leid«, erwiderte der Nachrichtenhändler betreten. Sein freches Mundwerk hielt er nun im Zaum, und er wirkte sogar ein wenig schuldbewusst. »Es war nicht meine Absicht, Euch Angst einzujagen«, murmelte er kleinlaut.

»Ach, wirklich nicht?«, entgegnete Sibylle spitz. »Da drängt sich einem aber ein anderer Eindruck auf …«

Der junge Mann nickte zerknirscht. »Das mag ja sein«, gab er zu, »das erwarten die Leute halt von einem Moritatensänger. Unsere Geschichten können ihnen gar nicht blutrünstig genug sein, sie wollen sich gruseln. Die Zuhörer sind darin nicht viel anders als der Pöbel bei Hinrichtungen, dem förmlich der Geifer aus dem Mund läuft, wenn der Henker den Delinquenten mit der Kneifzange bearbeitet.« Er schüttelte sich angewidert. »Aber das heißt

ja noch lange nicht, dass auch Eurem Bruder so etwas …
Schlimmes widerfahren ist«, erklärte er gepresst und mühte sich um ein aufmunterndes Lächeln. »Mir ist jedenfalls noch nicht zu Ohren gekommen, dass der Mörder auch hier in der Gegend sein Unwesen treibt«, suchte er Sibylle zu beschwichtigen. »Außerdem hätte man Euch doch bestimmt schon verständigt, wenn ihm etwas dergleichen passiert wäre. Wenn Ihr wollt, kann ich Euch ja bei der Suche nach Eurem Bruder ein wenig behilflich sein. Ich bin viel unterwegs und kriege einiges mit.« Er blickte Sibylle offen an.

Die Patriziertochter gewahrte Wärme und Aufrichtigkeit in seinen hellgrünen Augen und spürte, wie sich ihre Ressentiments gegen den kecken Moritatensänger mehr und mehr in Luft auflösten. »Warum nicht«, entgegnete sie schließlich und nahm zu ihrem Verdruss wahr, dass sie errötete.

»Dann wartet doch bitte hier auf mich, ich will nur noch rasch meinen restlichen Obolus einsammeln, dann bin ich wieder bei Euch«, versicherte ihr der junge Mann und verschwand in der Menge, die sich bereits aufzulösen begann. Sibylle war aufgefallen, wie gewandt er sich ausdrücken konnte. Sie mutmaßte, dass er ein verarmter Studiosus war wie viele Flugblatthändler, und während sie auf ihn wartete, fühlte sie mit einem Mal ein Kribbeln im Bauch. Was würde ihr gestrenger Vater dazu sagen, dass sie sich mit einem Fahrenden abgab? Und erst recht ihre standesbewusste Mutter – Gott hab sie selig? Auf einmal war sich Sibylle gar nicht mehr so sicher, dass ihr der Nachrichtenhändler tatsächlich eine Hilfe sein konnte. Sie kannte ihn doch gar nicht und wusste nicht, ob sie ihm überhaupt trauen konnte. *Vielleicht ist er ja nur ein Abenteurer, der unlautere Absichten hat …* Sie erinnerte sich daran, wie er beim Geldeinsammeln mit einigen Frauen aus dem Publikum geschäkert hatte, und zog es plötzlich sogar in Erwägung, einfach wegzugehen. Da berührte der Flugblatthändler sie von hinten sacht an der Schulter und erklärte, er stehe ihr nun zur Verfügung. Sibylle fuhr zusammen, wie von einer Nadel gestochen, und wandte sich verstört zu ihm um. Sie wollte ihm schon sagen, dass sie es sich anders überlegt habe, als er sie entwaffnend anlächelte und ihr freundlich seine Hand hinstreckte.

»Mein Name ist Sebastian Wildgruber aus dem Vogelsberg, und ich freue mich, Eure Bekanntschaft zu machen«, erklärte er mit einer höflichen Verbeugung.

Eher zögerlich reichte ihm Sibylle die Hand, doch sein offener Blick und der herzhafte Händedruck zerstreuten ihre Scheu. »Sibylle Molitor aus Frankfurt am Main«, stellte sie sich ihm vor und spürte einmal mehr, wie ihr das Blut in den Kopf schoss. Der junge Mann machte den Vorschlag, sich auf die schattige Bank unter der Kastanie zu setzen, die sich am Rande des Marktplatzes befand, dann könne sie ihm mehr über ihren Bruder erzählen.

Als sie sich wenig später dort niederließen, war die wohlerzogene Patriziertochter sehr darauf bedacht, den geziemenden Abstand zu ihrem neuen Bekannten einzuhalten. Es war schon gewagt, sich mit einem fremden Mann alleine auf eine Bank zu setzen, da wollte sie keineswegs den Eindruck erwecken, dass er bei ihr gewisse Chancen hätte. In bemüht sachlichem Tonfall berichtete Sibylle von Martins Reise und den wenigen Anhaltspunkten zu seinem Verschwinden, die sie bislang hatten.

Dann informierte sie den Flugblatthändler, dass sie in Erfahrung bringen wollte, ob Martin in Koblenz genächtigt habe – und ließ dabei auch ihren Diener und ihre bewaffneten Begleiter nicht unerwähnt, die bereits deswegen in der Stadt unterwegs seien.

»Das wird bestimmt kein leichtes Unterfangen«, bemerkte der junge Mann, nachdem sie geendet hatte, »in Koblenz gibt es nämlich Dutzende von Gasthäusern.« Er wies mit der Hand auf die Häuserzeile rings um den Marktplatz, und tatsächlich hatten nicht wenige der Gebäude bunte Wimpel oder Schilder über den Eingangstüren, die sie als Herbergen auswiesen. Größtenteils muteten sie solide und gediegen an. »Wenn Ihr wollt, können wir mit diesen schon mal den Anfang machen«, schlug der Flugblatthändler vor, »hier befinden sich nämlich die besseren Unterkünfte, die sich unsereiner nicht leisten kann, und wenn ich mir Euch so anschaue, halte ich es nicht für abwegig, dass Euer Herr Bruder in einem dieser Gasthäuser genächtigt hat«, erläuterte er, und seine Mundwinkel verzogen sich unversehens wieder zu einem spöttischen Grinsen.

»Was soll das heißen, ›wenn ich mir Euch so anschaue‹?«, platzte es aus Sibylle heraus. »Steht es mir etwa auf der Stirn geschrieben, dass ich die gehobene Gastlichkeit bevorzuge?«

»Ihr seht nicht gerade arm aus, mein Fräulein, wenn ich das einmal so sagen darf. Aber das ist nichts, worüber Ihr Euch ärgern solltet, im Gegenteil. Also los, wollen wir aufbrechen?«

»Mein Bruder liebt eher das Schlichte und hasst jede Art von Protzigkeit«, trumpfte Sibylle auf. »Er ist ein

Gelehrter und Freigeist und hat keinen Hang zu gutbürgerlicher Gediegenheit. Aber wir können es ja trotzdem versuchen.« Sie erhob sich von der Bank. »Ich denke, wir sollten uns besser aufteilen, dann geht es schneller«, bemerkte sie kühl. »Nehmt Ihr Euch meinethalben die Gasthäuser auf der linken Seite vor, und ich übernehme die rechte. Später, wenn wir damit durch sind, treffen wir uns wieder hier.«

Sebastian zuckte unmutig mit den Schultern. »Gut, wenn Ihr wollt. Ich nahm zwar an, dass wir zusammen gehen würden, aber wir können es auch so machen, wie Ihr vorgeschlagen habt. Wie heißt noch mal Euer Bruder?«

»Mein Bruder heißt Martin Molitor, genauer gesagt sogar Doktor Martin Molitor. Er ist ein angesehener Gelehrter, groß und schlank und sieht sehr gut aus …«

»Davon bin ich überzeugt«, kommentierte Sebastian. Er wollte sich schon zum Gehen wenden, als Sibylle ihn zurückhielt.

»Und … danke für Eure Hilfe, das ist sehr freundlich von Euch«, sagte sie und lächelte befangen.

Sebastian streifte sie mit einem Blick, aus dem eindeutiges Wohlgefallen sprach. »Das tue ich doch gerne, mein hübsches Fräulein«, erklärte er galant.

»Ich bin nicht Euer hübsches Fräulein!«, erwiderte Sibylle brüsk. Im nächsten Moment vernahm sie Gottfrieds erzürnte Stimme aus dem Hintergrund, und dieser eilte im Gefolge der beiden Stangenknechte auch schon hektisch auf sie zu.

»Hört sofort auf, die Dame zu belästigen!«, rief er erregt und baute sich kampfeslustig vor Sebastian auf – der gar nicht wusste, wie ihm geschah. Auch Sibylle hatte es zunächst die Sprache verschlagen, und sie sah den alten Diener, der ihr einen vernichtenden Blick zuwarf, nur aus großen Augen an. Als Gottfried sie jedoch im nächsten Moment am Handgelenk packte und sie anherrschte: »Ihr kommt jetzt auf der Stelle mit!«, platzte der jungen Frau der Kragen.

»Ich brauche keinen Wachhund, der jeden meiner Schritte beaufsichtigt. Ich bin alt genug, um auf mich selber aufzupassen!«, fauchte sie den knorrigen alten Mann an und entwand sich seinem Griff. »Im Übrigen ist es keineswegs so, wie Ihr denkt. Herr Wildgruber«, sie wies auf den verdutzt dreinblickenden Flugblatthändler, »war so freundlich, mir für die Suche nach Martin seine Hilfe anzubieten. Wir standen gerade im Begriff, uns aufzuteilen, um die Herbergen am Marktplatz abzuklappern ...«

»Das haben wir soeben getan, junge Dame – doch leider ohne Erfolg«, schnitt ihr der Hausknecht das Wort ab und musterte den ärmlich aussehenden Mann in der abgetragenen Kleidung mit ungnädiger Miene. »Daher erübrigen sich derartige Unternehmungen«, äußerte er entschieden und ließ den Flugblatthändler unmissverständlich wissen, dass man auf seine Dienste sehr wohl verzichten könne.

Doch dieser dachte nicht daran, sich von dem aufgeblasenen Domestiken Vorschriften machen zu lassen. »Das soll mir die Jungfer Molitor selber sagen«, erklärte er trotzig und blickte Sibylle herausfordernd an.

Der jungen Patriziertochter war es unangenehm, wie Gottfried sich aufspielte, und es tat ihr fast leid, dass er Sebastian wie einen Hühnerdieb behandelte. Sie mochte es indessen auch nicht völlig zum Eklat kommen lassen, indem sie sich dem alten Diener offen widersetzte. So versuchte sie, einen versöhnlichen Ton anzustimmen, was mitnichten zu ihren Stärken zählte: »Ich danke Euch sehr für Euer Entgegenkommen, Herr Wildgruber, und solltet Ihr noch irgendetwas über den Verbleib meines Bruders herausfinden, wäre ich Euch ausgesprochen dankbar, wenn Ihr es mich wissen ließet. Ich logiere im Hotel ›Zum Deutschen Haus‹ am Rheinufer, Ihr könnt mir dort jederzeit Bescheid geben, wenn es sich um etwas von Bedeutung handelt, auch wenn es später werden sollte«, erklärte sie dem Flugblatthändler hastig, während sie sich unwillig von Gottfried unterhaken und wegführen ließ.

»Das fehlt gerade noch, dass dieser Hallodri zu nachtschlafender Zeit bei uns im Hotel reinplatzt«, zischte der alte Hausknecht erbost und zog Sibylle hinter sich her wie ein widerspenstiges Kind.

Um die elfte Nachtstunde kurvte die Kutsche durch das Gewirr der engen Gassen des ärmlichen Altstadtbezirks, mit seinen windschiefen Fachwerkhäusern und zwielichtig anmutenden Weinschenken, und bog auf einen kleinen, runden Platz ein. »Das muss der Florinsmarkt sein«, sagte Sibylle aufgeregt zu den beiden geharnischten Stadtknechten, die verschlafen und einsilbig mit ihr in der Kutsche saßen. Der Unmut darüber, dass sie vor einer guten halben Stunde von Gottfried aus dem Schlaf gerissen worden waren, um ihn und das junge Fräulein auf einer nächtlichen Exkursion zu begleiten, war ihnen deutlich anzumerken. Aber bei der »verzogenen Göre«, wie sie Sibylle untereinander zu nennen pflegten, musste man ja immer auf Eskapaden eingestellt sein – das hatte sie bereits der gestrige Abend mit dem Besuch des Frauenhauses gelehrt.

Gleich darauf hielt die Kutsche vor einer heruntergekommenen Hausfassade mit kleinen, diffus erleuchteten Fenstern, über denen in ausgebleichten, kaum leserlichen Lettern die Aufschrift »Gasthaus« auszumachen war. Die Kutschentür wurde aufgerissen.

»Wir sind da«, verkündete der junge Flugblatthändler munter. Er hatte vorne bei Gottfried auf dem Kutschbock gesessen, um ihm den Weg zu weisen, und bot nun Sibylle beim Aussteigen ritterlich den Arm an. »Das ist die Gastwirtschaft ›Zur schwarzen Katze‹, in welcher Euer Bruder auf der Durchreise nach Trier genächtigt hat«, erklärte er, nicht ohne Stolz und eine gehörige Portion Genugtuung. Der alte Diener, der gleichfalls vom Kutschbock gestiegen war und seine junge Herrin mit versteinerter Miene erwartete, bedachte ihn mit einem scheelen Blick. Unbeirrt erläuterte der Flugblatthändler an Sibylle gewandt: »Die Wirtin kann sich noch gut an Euren Bruder erinnern. Sie ist eine herzhafte Frau im reifen Alter und bereitet den köstlichsten Bohneneintopf, den ich jemals gegessen habe.«

Trotz Gottfrieds missmutig gemurmelter Bemerkung, man werde sich gleich selber an sie wenden, und daher sei seine Begleitung nicht länger vonnöten, hielt er sich unbeirrt an Sibylles Seite, als sie gleich darauf im Gefolge ihrer Beschützer in die Schankstube trat. Sebastian hob grüßend den Arm in Richtung der rundlichen, rothaarigen Frau hinterm Tresen. Lächelnd eilte sie mit einem

vollen Tablett auf die Neuankömmlinge zu und forderte
sie auf, einstweilen schon einmal Platz zu nehmen, sie
bringe nur rasch die Bestellung weg, dann werde sie sich
um sie kümmern. Gottfrieds Einwand, sie hätten doch
nur ein paar Fragen, überhörte sie geflissentlich und hastete davon. Obgleich Gottfried und die beiden Stangenknechte mit abschätzigen Mienen die Gäste taxierten,
die größtenteils in ausgelassener Stimmung am Zechen
waren, schlug Sibylle vor, sich doch an dem freien Tisch
in der Ecke niederzulassen. »Ich für meinen Teil finde
es hier sehr behaglich, und gegen einen Schoppen Wein
hätte ich auch nichts einzuwenden«, erklärte sie mit un-
erschütterlichem Eigensinn und musste in sich rein grie-
nen, als sie Gottfrieds alarmierten Gesichtsausdruck sah.
»Was gibt es denn dagegen zu sagen?« Sie knuffte den
alten Diener spitzbübisch in die Seite. »Ich bin doch in
bester Gesellschaft.«

Nachdem sie sich niedergelassen hatten, kam auch
bald die Wirtin, stemmte die Arme in die ausladenden
Hüften und erkundigte sich geschäftstüchtig, was sie ihnen bringen dürfe. »Wir hätten gerne eine Auskunft von
Euch. Wie uns … übermittelt wurde, ist bei Euch ein
gewisser Martin Molitor abgestiegen …«, knarzte Gottfried säuerlich und musterte die vollbusige Frau mit den
rotgeschminkten Lippen argwöhnisch.

Die Wirtin gab ein kehliges Lachen von sich und
tätschelte neckisch Gottfrieds faltige Wange. »Eins nach
dem anderen, Alterchen«, unterbrach sie ihn resolut,
»ich setz mich ja gleich zu Euch, und dann können wir
reden – aber das muss doch nicht mit trockener Kehle
sein, oder?«

Der alte Hausknecht musste schlucken, während die anderen am Tisch, Sibylle nicht ausgenommen, sich ein Grinsen nicht verkneifen konnten. Obgleich Sibylle nur über spärliche Kontakte mit Menschen außerhalb ihres Standes verfügte, so drängte sich ihr doch der Eindruck auf, die Herbergswirtin sei eine Frau mit schillernder Vergangenheit. Ihr fehlte nicht nur die angemessene Zurückhaltung, die ehrbare Frauen besaßen, sie war in ihrem Auftreten auch deutlich forscher und direkter als diese.

»Die hat ja ganz schön Haare auf den Zähnen«, murmelte Gottfried, der langsam seine Fassung wiedererlangte.

»... und Holz vor dem Kasten«, feixte einer der geharnischten Reiter anzüglich.

»Sie war früher Marketenderin und ist mit den großen Söldnerheeren durchs ganze Abendland gezogen«, bemerkte der Flugblatthändler grinsend mit Blick auf Sibylle, »da darf man nicht so zimperlich sein.«

»Woher wisst Ihr das denn – seid Ihr etwa mit ihr ... befreundet?«, erkundigte sich die Patriziertochter neugierig.

»Nein, nein, ein Spezi hat mir von ihr erzählt, als ich ihn gefragt habe, ob er in Koblenz eine einfache, aber gute Herberge kenne, wo Euer Bruder abgestiegen sein könnte. Da hat er gesagt, dass er immer in der ›Schwarzen Katze‹ nächtigen würde. Die Herberge gelte unter Fahrenden als Geheimtipp, und die Wirtin sei ein echtes Unikum. Sie trinke jeden Kerl unter den Tisch, verstünde sich fabelhaft aufs Glücksspiel und könne vorzüglich kochen.«

»Kannst noch was zu essen kriegen, Kleiner«, ertönte mit einem Mal die dunkle Stimme der Gastwirtin, die unversehens mit einer vollen Weinkaraffe und Trinkbechern vor der Tischgesellschaft stand. Nachdem der Flugblatthändler das Angebot mit der freundlichen Bemerkung ausgeschlagen hatte, die Portion von vorhin sei so reichhaltig gewesen, dass er fürwahr keinen Hunger mehr habe, machte sich die Wirtin mit jedem aus der Runde per Handschlag bekannt. Dabei wahrte sie den Anstand und reichte Sibylle, als der Dame am Tisch, zuerst die Hand.

»Gertrud Schneider«, stellte sie sich vor, »kannst aber ruhig Trude zu mir sagen, Mädel.«

Sibylle, der die offene, direkte Art der Wirtin gut gefiel, bedankte sich artig für das Angebot und nannte ihren Vornamen.

»Hübsch biste, Kind, genauso wie dein Bruder«, sagte Trude augenzwinkernd. »Mach mal Platz, Alter, und lass mich neben dem Mädel sitzen, denn schließlich haben wir zwei was zu bereden!«, befahl sie kurzerhand dem bass erstaunten Gottfried und rückte ihm energisch einen freien Stuhl hin. Die beiden Stadtknechte schielten ihr lüstern auf die Brüste, deren Ansatz üppig aus dem Ausschnitt ihres Mieders ragte.

Nachdem sie sich an Sibylles Seite niedergelassen hatte, kam sie auch gleich zur Sache. »Ich kann mich deswegen noch so gut an deinen Bruder erinnern, weil er einen Brief für mich verfasst hat. Außerdem sah er verdammt gut aus und hatte tadellose Manieren, zwei Gründe mehr, sich so jemanden einzuprägen, denn solche Mannsbilder sind leider dünn gesät. Gelehrte oder bessere Herrschaften rennen mir hier sowieso nicht die Bude ein, und darum hat es mich auch gewundert, dass so ein vornehmer

Kerl wie er hier überhaupt einkehrt.« Die Augen der Wirtin glänzten schwärmerisch. »Ein ganz, ganz Süßer war das und überhaupt nicht eingebildet – und ich muss zugeben, dass ich ihn nicht von der Bettkante gestoßen hätte, auch wenn er gerade einmal halb so alt war wie ich«, gab die ehemalige Marketenderin unumwunden zu und seufzte bedauernd. »Ich habe diesbezüglich auch kein Blatt vor den Mund genommen, wenn du verstehst, was ich meine. Das Leben ist viel zu kurz, um sich so was entgehen zu lassen …«

»Ich muss doch sehr bitten!«, fiel ihr Gottfried ins Wort und warf der Wirtin einen ergrimmten Blick zu. »Meine junge Herrin ist derlei Anzüglichkeiten nicht gewohnt …«

»Dann wird's aber mal Zeit«, konterte die Wirtin ungerührt, »denn schließlich ist die Kleine im heiratsfähigen Alter, und da sollte man schon wissen, was Sache ist, gell?« Sie knuffte Sibylle verschmitzt in die Seite und fuhr unverdrossen mit ihrem Redeschwall fort. Ihr Atem und der glasige Schimmer ihrer Augen verrieten, dass sie schon etliches getrunken haben musste. Doch es bestand kein Zweifel daran, dass sie Herrin der Lage war und alles im Griff hatte. »Na, er stand halt nicht auf mich, der Martin, und das hab ich ihm auch nicht weiter übelgenommen. Jedenfalls haben wir noch bis spät in die Nacht hinein zusammengesessen und uns unterhalten.« Sie hielt kurz inne und rückte dichter an Sibylle heran. »Das braucht nicht jeder hier zu wissen, Mädel, aber dein Bruder war nicht glücklich«, flüsterte sie der jungen Frau zu. Ihre Miene war plötzlich ernst geworden. »Er war todtraurig, der Arme, weil er sich in eine Frau verliebt hatte, die seine Liebe nicht erwiderte. So eine blöde Gans! Das muss man sich mal vorstellen, so ein schmuckes Mannsbild zu verschmähen, da muss man doch nicht alle Tassen im Schrank haben!«, empörte sich die Wirtin und war unversehens lauter geworden.

Die Männer am Tisch zogen allesamt Schafsgesichter und gaben sich Mühe, mit ihren unbeteiligten Mienen zu bekunden, dass sie derlei Weiberkram nicht interessierte, aber sie spitzten begierig die Ohren, um bloß nichts zu versäumen. Denn auch sie hatte die ehemalige Marketenderin mit ihrer Offenherzigkeit längst in ihren Bann gezogen. »Deswegen mache ich mir auch so Sorgen, Mädel, seit ich gehört habe, dass der arme Junge verschollen ist. Ich wusste ja, dass er nach Trier wollte und …« Sie stieß bekümmert die Luft aus und maß Sibylle mit einem sorgenvollen Blick. »Ich sag es wirklich nicht gerne, Mädel, aber als ich das gehört habe, war mein erster Gedanke: Hoffentlich hat sich der Junge nichts angetan!«

Sibylles Züge erstarrten. »Niemals!«, stieß sie hervor, »das hätte Martin nie getan, sein Leben einfach wegzuwerfen – und schon gar nicht aus verschmähter Liebe …«

»Wie kannst du dir da so sicher sein? Man kann in keinen Menschen reinschauen, auch nicht, wenn's der eigene Bruder ist«, wandte Trude stirnrunzelnd ein.

Nach der gestrigen Erfahrung wusste Sibylle nur zu gut, wie recht sie damit hatte. Trotzdem sträubte sich alles in ihr dagegen, Martins Verschwinden auch nur im Entferntesten mit Freitod in Verbindung zu bringen. »Was für ein Humbug!«, schnaubte sie aufgebracht und hätte die ehemalige Marketenderin am liebsten an den Schultern gepackt und geschüttelt – aber ihre gute Erziehung verbot es ihr. »Außerdem habe ich die Frau, die mein Bruder liebt, erst gestern Abend kennengelernt. Sie ist alles andere als eine blöde Gans und hat mehr Anstand und Liebreiz, als Ihr es Euch überhaupt vorstellen könnt. Ihr seid doch nur neidisch auf sie, weil Martin Euch einen Korb gegeben hat, und schwatzt dummes Zeug daher, von wegen, Martin hätte sich ihretwegen etwas angetan!« Sibylle war plötzlich so in Rage geraten, dass sie fast die Weinkaraffe umgestoßen hätte.

»Also gut, mein liebes Mädchen, wenn du sie kennengelernt hast, dann weißt du ja auch sicher, welchem Gewerbe sie nachgeht«, erwiderte die Wirtin schneidend. »Ich wollte dir das nicht so direkt sagen, weil ein vornehmes Dämchen wie du über so was nur die Nase rümpft. Aber es hat deinem Bruder das Herz gebrochen, dass sie für andere Kerle die Beine breit macht. Er hat sich deswegen bei mir ausgeheult, weil er ja sonst keinen hat, mit dem er darüber reden kann – noch nicht einmal mit seinem feinen Schwesterlein«, schnaubte sie verächtlich und erhob sich brüsk vom Stuhl. »Mir reicht es jetzt! Ich hab nämlich noch was Besseres zu tun, als mir von einer verwöhnten kleinen Rotznase Frechheiten an den Kopf werfen zu lassen!«

In der Tischrunde herrschte zunächst betretenes Schweigen. Auch Sibylle fand keine Worte und blickte nur verstört vor sich hin. Der Flugblatthändler war der Erste, der die Stille unterbrach. »Ich glaube, mit der habt Ihr es Euch verscherzt«, bemerkte er flapsig an Sibylle gerichtet.

»Leider«, gab sie beschämt zurück, »das war gar nicht meine Absicht, denn eigentlich fand ich sie ganz nett …

Aber als sie das mit dem Freitod gesagt hat, ist mir … der Kragen geplatzt.«

»Mit Fug und Recht, junge Herrin!«, warf Gottfried in gestrengem Tonfall ein. »Dieses Frauenzimmer hat doch keinen Anstand – über derlei … schlüpfrige Dinge mit einer jungen Dame zu sprechen! Und ihre Ausdrucksweise ist geschmacklos und vulgär. Aber was kann man von einer ehemaligen Marketenderin auch schon anderes erwarten.« Er schüttelte indigniert den Kopf. »Ich glaube, wir sollten augenblicklich die Zeche begleichen und uns ins Hotel begeben.«

»Das übernehme ich«, erklärte Sibylle knapp und ging zielstrebig zum Tresen. Die Wirtin blickte die junge Frau reserviert an, als sie ihr erklärte, dass sie zahlen möchte, und nannte ihr den Preis. Sibylle entnahm ihrem Geldbeutel die Münzen und legte noch ein großzügiges Trinkgeld dazu. Als die Wirtin sie daraufhin stirnrunzelnd musterte, erklärte Sibylle reumütig: »Vielen Dank, dass Ihr Euch für mich die Zeit genommen habt – und bitte entschuldigt, dass ich … eben so … unhöflich zu Euch war.«

Über Trudes verlebtes Gesicht breitete sich ein schiefes Grinsen. »Schon gut, Mädel!«, raunzte sie friedfertig. »Ich hätte wohl besser mein Maul halten sollen, anstatt dir wegen deinem Bruder noch mehr Angst einzujagen, als du ohnehin schon hast.« Sie tätschelte Sibylles sommersprossige Wange. »Und ich hoffe inständig, dass ich damit falschliege und er bald wieder gesund und munter vor euch steht, das darfst du mir glauben!« Sie ging einen Schritt auf Sibylle zu und sah sie eindringlich an. »Es ist mir halt ziemlich nahegegangen, was Martin am Morgen vor seiner Abreise von sich gegeben hat«, murmelte die Wirtin mit belegter Stimme. »›Kopf hoch, mein Junge‹, habe ich noch zu ihm gesagt, ›und schieß sie in den Wind, du findest bestimmt eine Bessere als die. Eine, die deine Liebe auch zu schätzen weiß.‹ Da hat er mich nur unendlich traurig angeschaut und gesagt, ›Nie und nimmer – ich kann ohne sie nicht leben, und mit ihr auch nicht.‹ Und dann ist er losgeritten, als wäre der Leibhaftige hinter ihm her.« In den glasigen Augen der Wirtin schimmerten Tränen. »Ich bin ein altes Schlachtross, Mädel, mich kann so leicht nichts mehr umhauen. Und Liebeskummer habe ich schon lange keinen mehr. Aber ich habe es trotzdem nicht vergessen, wie weh es tut, wenn deine Liebe nicht erwidert wird. Das ist ein Schmerz, der frisst dir die Seele auf!« Trude füllte zwei Becher mit Wein und reichte Sibylle einen. »Auf deinen Bruder Martin und dass er bald gesund und wohlbehalten wieder auftaucht!«, prostete sie Sibylle zu.

»Auf Martin!«, wiederholte Sibylle und leerte den Becher in einem Zug.

Sibylle hatte es sich trotz des Protests von Gottfried nicht nehmen lassen, Sebastian zum Armenhospital zu fahren, dem eine Herberge für bedürftige Reisende angegliedert war, in welcher der Flugblatthändler seine Unterkunft hatte. Sie reichte dem hochaufgeschossenen jungen Mann zum Abschied die Hand und wollte ihm als Dank für seine Mühe einen Gulden zustecken, doch Sebastian weigerte sich mit Nachdruck, die Entlohnung anzunehmen. Er habe alles aus reiner Hilfsbereitschaft getan und nicht, weil er eine Bezahlung erwartet habe. Der junge

Flugblatthändler hielt Sibylles Hand einen Augenblick länger in der seinen, als es für eine Zufallsbekanntschaft angemessen gewesen wäre und wünschte ihr viel Glück bei der Suche nach ihrem Bruder. Betont beiläufig fügte er hinzu, dass man sich ja vielleicht einmal wiedersehe.

Sibylle winkte ihm aus dem Kutschenfenster zu, gleichermaßen darauf bedacht, es unbeschwert aussehen zu lassen – doch als Sebastian aus ihrem Blickfeld verschwand, spürte sie mit einem Mal einen Kloß im Hals.

8

In der Umgebung von Bernkastel-Kues, 20. Mai 1574

Groperunge warf die ohnmächtige junge Frau quer über den Rücken des Maultiers, schob den schlaffen Körper so weit es ging nach vorne, zwängte sich hinter ihn auf den Sattel und trieb den Esel an. Das lange rotblonde Haar der Frau reichte fast bis zum Boden. Mit Wohlgefallen streiften seine Blicke über ihr gewölbtes Gesäß, das unmittelbar vor seinem Schritt aufragte und sich rhythmisch mit den Bewegungen des Tieres hob und senkte. Unwillkürlich legte er die Hand darauf und spürte eine Erregung in den Lenden. »Du sollst mir stets zu Willen sein, wann immer mir der Sinn danach steht«, flüsterte er lüstern und presste seinen Unterleib gegen ihre Rundungen. Schon mehrfach in den sechs Jahren, die er inzwischen im Hunsrück lebte, hatte er Frauen Gewalt angetan. Es stachelte ihn an, ihren Willen zu brechen, und ganz entgegen seiner früheren enttäuschenden Erfahrungen mit dem anderen Geschlecht, bereiteten ihm die Schreie und die panische Angst in ihren Augen eine ungeahnte Lust, die mit dem Töten ihren Höhepunkt erreichte.

Diese hier würde er sich indessen noch ein wenig aufsparen, denn sie war etwas ganz Besonderes. Schön und rein wie ein Engel. *Bestimmt ist sie noch Jungfrau*, ging es ihm durch den Sinn. Er hatte nicht übel Lust, es gleich in Erfahrung zu bringen, bezwang sich jedoch einstweilen. Erst, wenn sie im sicheren Schutz seiner Behausung angelangt sein würden und sie wieder bei Sinnen war, würde er sie nehmen. Denn so war sie ihm einfach zu leblos, er brauchte ihren Widerstand.

Benommen öffnete Marie die Augen. Es kam ihr vor, als wäre sie aus einem tiefen schwarzen See aufgetaucht, und für den Moment fehlte ihr jegliche Orientierung. Verstört versuchte sie, sich aufzurichten und stellte mit Schrecken fest, dass sie an Armen und Beinen gefesselt war. »Was ist los, wo bin ich?«, schrie sie entsetzt und blickte sich angstvoll um. Sie lag auf einer breiten, weich gepolsterten Bettstatt, die mit Schafsfellen bedeckt war. Im flackernden Licht der Teerfackeln, die in schmiedeeisernen Halterungen in den groben Felswänden steckten, konnte sie unweit des Bettes einen schweren Eichentisch und gepolsterte Stühle mit hohen Lehnen ausmachen, die sie an die herrschaftliche Einrichtung einer Burg gemahnten. Am Fußende stand eine Truhe mit einem silbernen Kerzenleuchter, und kunstvolle Gobelins zierten die Wände. Das wuchtige Felsgewölbe, das herrschaftliche Mobiliar – sie musste tatsächlich in einer Art Kastell sein!

Doch wie war sie nur hierhergekommen? Sie konnte sich an kaum etwas erinnern – außer, dass sie unweit einer Burg auf Georg gewartet hatte. Am Ende war sie sogar in dieser Burg, aber warum hatte man sie gefesselt? *Ist es vielleicht eine Raubritterburg?*, dachte sie bange, und mit einem Mal tauchte ein Gesicht vor ihrem inneren Auge auf. Sie erkannte die vergeistigten Züge des jungen Mönchs auf dem Esel, der ihr so wundersam Trost gespendet hatte. Hatte etwa er sie hierhergebracht … weil sie womöglich ohnmächtig geworden war? Ja, so musste es gewesen sein. Er hatte ihr geholfen und sie auf diese Burg hier gebracht, weil es die nächstgelegene Behausung gewesen war. Aber warum die Fesseln? War sie in ihrer Bewusstlosigkeit vielleicht außer sich geraten – aus Verzweiflung wegen Georg? Sie konnte sich auf all das keinen Reim machen, merkte jedoch, dass sie unkontrolliert anfing zu schlottern.

»Georg«, wimmerte sie verzweifelt, »so hilf mir doch!«

Ihr Ruf hallte als unheimliches Echo aus der Tiefe des Raums wider. Das Gemach musste riesig sein, der weitaus größere Teil schien im Dunkeln zu liegen. Plötzlich fühlte sie einen kalten Lufthauch auf der Stirn und gewahrte bestürzt eine Gestalt, die sich aus der Dunkelheit schälte. Als sie im Fackelschein allmählich das Gesicht des jungen Mönchs erkannte, empfand sie Erleichterung und Hoffnung.

»Bitte, nehmt mir doch die Fesseln ab!«, flehte sie inständig und bestürmte ihn mit Fragen, was passiert sei. Doch anstatt ihr zu antworten, musterte er sie mit einem kalten, abschätzigen Blick, der ihr das Blut in den Adern gefrieren ließ. Nein, das war nicht mehr der gütige Klosterbruder, der ihr so mitfühlend seine Hilfe angeboten hatte. Von ihm ging eine solche Kälte und Bedrohung aus, dass es ihr den Atem verschlug.

»Wer … wer seid Ihr?«, stammelte sie panisch und nahm mit Entsetzen wahr, dass sie das Wasser nicht mehr halten konnte.

Ein zynisches Lächeln umspielte seine schmalen Lippen. »Ich bin der Drache«, erwiderte er höhnisch und riss ihr in einem Ruck das Kleid vom Leibe. Mit eisernem Griff spreizte er ihre Schenkel, und gleich darauf fühlte sie einen unbändigen Schmerz im Unterleib, als er mit roher Gewalt in sie eindrang. Es war ihr, als triebe er einen Pfahl in ihre Eingeweide, mit unerbittlicher Härte, wieder und wieder. Aus tiefster Verzweiflung schrie sie nach ihrer Mutter.

Er schlug sie brutal ins Gesicht. »Halt's Maul, du Miststück«, zischte er, »sonst bring ich dich um! In Zukunft sprichst du nur noch, wenn ich es dir gestatte!«

Marie entrang sich ein gequältes Wimmern. Jede Faser ihres Körpers war durchdrungen von Todesangst, was ihren Peiniger noch weiter anstachelte. Wie ein Berserker stieß er zu und raubte Marie mit jedem Stoß ein Stück ihrer Selbstachtung und ihres Glaubens an das Gute. Ihre Jungfräulichkeit, die sie sich als kostbarste Liebesgabe für ihren Bräutigam aufgespart hatte, wurde von der Bestie geschändet und besudelt. Der Wunsch, zu sterben, wurde immer stärker in ihr, und sie flehte ihn an, sie zu töten.

»Das kannst du haben!«, spie er ihr ins Gesicht und würgte sie so heftig, dass sie das Gefühl hatte, zu ersticken. Erst im letzten Moment, als ihre Lebensgeister schon zu schwinden drohten, lockerte sich sein Griff, und er verströmte sich in sie. »War schön, bei dir zu liegen«, raunte er mit breitem Grinsen und erhob sich. »Ich weiß nicht, wie es dir geht, aber nach einem wilden Ritt krieg ich immer Hunger!«

Marie, die mehr tot als lebendig war, ahnte zu diesem

Zeitpunkt nicht, wie oft sie den Tod noch herbeisehnen würde.

Gleich darauf kehrte er mit einem prall gefüllten, zusammengeknoteten Bündel in den Händen zurück, das er öffnete, um die verschiedenen Speisen, die es enthielt, neben Marie auf der Bettstatt auszubreiten. Beim Anblick des gebratenen Kapauns, der Schinkenkeule und des Gugelhupfs, die allesamt eigentlich verlockend aussahen, drehte sich Marie fast der Magen um. Sie war völlig außerstande, etwas zu sich zu nehmen. Das schien ihren Peiniger jedoch nicht zu scheren. Mit gutem Appetit biss er in einen Hähnchenschlegel und hielt ihr anschließend den angenagten Schenkel vor den Mund.

»Friss nur, du sollst ja nicht denken, dass ich nichts für dich übrighabe!«, sagte er gehässig. Als Marie angewidert aufstöhnte und keine Anstalten machte, in die hingehaltene Keule zu beißen, verfinsterte sich seine Miene. »Dann eben nicht, du undankbares Mistviech!«, schnaubte er und warf den Knochen wütend zu Boden. Er streifte Marie mit einem tückischen Seitenblick. »Es wird gar nicht lange dauern, dann wirst du mich um jeden Knochen anbetteln«, erklärte er drohend. Dann packte er Marie und zerrte sie zur Felswand, wo er ihre Handgelenke in die dort angebrachten eisernen Handfesseln schloss. Anschließend ging er zum Bett zurück und machte sich wieder über die Speisen her.

»Das Proviantpaket war überhaupt das Beste, was dieser vermaledeite Zimmermann bei sich hatte«, bemerkte er schmatzend, »sonst gab's bei dem nicht viel zu holen, außer einem silbernen Anstecker mit dem Zunftwappen der Zimmerleute und einem einfachen Verlobungsring, in den der Name ›Marie‹ eingraviert war«, spottete der Mann mit dem unscheinbaren Dutzendgesicht und stopfte sich ein Stück Kuchen in den Mund.

Blitzartig verflüchtigte sich Maries Apathie, und die schreckliche Gewissheit, dass es sich bei dem erwähnten Zimmermann um Georg handeln musste, durchdrang sie bis in die Haarspitzen. »Du hast ihn getötet, du Bestie!«, schrie sie außer sich, ehe sie ins Bodenlose stürzte.

Es war ein wunderbarer Sommertag, und Marie lief am Rhein entlang. Von Zeit zu Zeit bückte sie sich nach einer schönen Muschel oder einem glitzernden Rheinkiesel. Mit einem Mal vernahm sie aus dem Uferdickicht ein Knacken. Sie wandte den Blick und gewahrte eine dunkle Gestalt, die langsam auf sie zukam. Die Gestalt war von Kopf bis Fuß in Schwarz gehüllt und hielt eine Weiden- rute in der Hand. Selbst die aus den Seidenpantoletten herausragenden Knöchel steckten in schwarzen Spitzen- strümpfen, und auf dem Scheitel trug sie einen hauch- dünnen schwarzen Spitzenschleier. Als die Erscheinung sich näherte, konnte Marie unterhalb des Schleiers das Gesicht erkennen. Es wirkte seltsam maskenhaft und aus- druckslos, den Augenlidern fehlten die Wimpern, und auf der hohen, gewölbten Stirn gab es keine Augenbrau- en. In dem wachsbleichen Antlitz war nicht das kleinste Härchen auszumachen, und Marie hätte nicht sagen können, ob es männlich oder weiblich, alt oder jung war.

Doch dann blickte sie in die Augen der Gestalt. Die stechenden Pupillen in der hellen, farblosen Iris schienen sich bis auf den Grund ihrer Seele zu bohren. Der Aus- druck dieser Augen war unaussprechlich böse.

Schlagartig kam Marie die erschütternde Erkenntnis, dass die unheimliche Erscheinung der Teufel war. In panischer Angst wich sie vor ihm zurück, doch da war nur der Strom, und unversehens stand sie bis über die Knöchel im Wasser. Der böse Feind umkreiste sie mit fliegenden Schritten, die Füße schienen kaum den Boden zu berühren und machten auch vor dem Fluss nicht halt. Er glitt geräuschlos über das Wasser und kam vor ihr zum Stehen, wo sich der Kreis schloss. Dann trat er in den unsichtbaren Zirkel, so dass er Marie Auge in Auge gegenüberstand. Marie war wie gelähmt vor Grauen, und ihr Herzschlag setzte aus. Der Satan fixierte sie mit abgrundtiefer Niedertracht und brach die Weidenrute mit einem lauten Knacken entzwei. Das Geräusch, das sie an berstende Knochen gemahnte, ging Marie durch Mark und Bein. Gellend schrie sie auf und erwachte.

»Tut mir leid, dass ihr euch so knapp verfehlt habt – du und dein Zimmermann«, drang die helle metallische Stimme ihres Peinigers zu ihr durch, und sie öffnete alarmiert die Augen. Sein zynisches Grinsen machte sie so wütend, dass sie ihn am liebsten mit Fäusten attackiert hätte, doch sie war gefesselt und hilflos. Er schien ihren Zorn zu bemerken. »Wage es bloß nicht, deswegen wieder so einen Aufstand zu machen, sonst mach ich dich kalt«, keifte er sie an. Sein Gesicht war so dicht über ihr, dass sie gebratenes Hühnerfleisch in seinem Atem riechen konnte. In den Händen hielt er noch die abgenagten Knochen des Ober- und Unterschenkels. *Daher das laute Knacken!* Mit übereinandergeschlagenen Beinen kauerte er vor ihr auf dem Boden. Er musste sie die ganze Zeit beobachtet haben. Im Licht der Wandfackel stellte sie fest, dass sein Gesicht der Teufelsfratze aus ihrem Alptraum zum Verwechseln ähnlich sah – und seltsamerweise auch dem Reliquienhändler, der ihr in Bernkastel das Amulett mit dem Drachentöter verkauft hatte. Sie war außer sich. Dieser Satan musste sie schon zu dem Zeitpunkt ins Auge gefasst haben. Erst jetzt fiel ihr auf, dass er keine Augenbrauen hatte und seine Lider wimpernlos waren – wie bei einer Schlange oder einem Reptil, dachte sie angstvoll und spürte, dass sich ihr sämtliche Nackenhaare sträubten. *Ich bin der Drache!*, hallte es durch ihren Schädel, und Marie wurde voller Entsetzen bewusst, dass die Wirklichkeit ungleich schrecklicher war als jeder Alptraum. Unwillkürlich stieß sie einen lauten Schrei aus.

Wutentbrannt schleuderte er ihr die Knochen ins Gesicht. »Wenn du noch einen Muckser von dir gibst, schneide ich dir die Kehle durch!«, raunte er drohend. Im Nu zog er unter seinem Wams einen langen zweischneidigen Hirschtöter hervor und presste die scharfe Dolchspitze an Maries Kehle. In seinem Blick flackerte ungezügelte Mordlust. »Ich hätte dich gleich abmurksen sollen, du Miststück, da hätte ich mir eine Menge Ärger erspart. Aber dann mach ich es halt jetzt, damit ich dich endlich los bin ...« Er verstärkte den Druck mit der Dolchspitze.

Marie spürte einen stechenden Schmerz am Hals und versuchte verzweifelt, ihren Schrei zu unterdrücken. Die Mordlust in seinen Augen war so übermächtig geworden, dass sie vor Todesangst schlotterte. »Bitte ... lasst mich am Leben!«, flehte sie panisch. »Ich tue auch alles, was Ihr wollt ...!«

Er bohrte die Dolchspitze tiefer in ihre Haut, zog die

Waffe dann aber zurück und richtete sich langsam auf. Schon im nächsten Moment traf sie ein heftiger Tritt in den Unterleib, und ihr entrang sich ein gepeinigtes Wimmern.

»Strafe muss sein!«, raunzte er mit gehässigem Grinsen und trottete zum Tisch, wo er einen der Stühle an der Lehne packte und ihn direkt vor die sich am Boden krümmende Frau stellte. Dann ließ er sich nieder und sah mit unbarmherzigem Blick auf sie herab. »Hör gut zu, ich sag's dir nur ein Mal«, erklärte er eisig. Mit schmerzverzerrtem Gesicht blickte Marie zu ihm auf. »Nimm gefälligst Haltung an, wenn ich mit dir rede!«, schrie er und stieß ihr grob mit dem Fuß gegen die Rippen.

Mühsam richtete Marie sich auf, soweit es die Fesseln und die stechenden Schmerzen in ihrem Unterleib und ihrem Brustkorb erlaubten. Ihr Körper fühlte sich an wie eine einzige große Wunde.

»Auf die Knie!«, brüllte er. Mit ungeheurer Anstrengung gelang es Marie, sich hinzuknien. Ihr Atem ging stoßweise. »Halt dich gerade«, herrschte er sie an, »und hör auf mit dem Hecheln, du schnaufst ja wie ein alter Ackergaul.« Vor Anspannung biss sich Marie auf die Unterlippe und starrte ihren Peiniger aus schreckgeweiteten Augen an. Er bleckte höhnisch die Zähne. »Na also, geht doch! Wenn man will, kann man alles. Allerdings wirst du von nun an keinen eigenen Willen mehr brauchen, denn dafür hast du jetzt mich. Ich erwarte von dir absoluten Gehorsam, verstanden?«

Marie nickte.

»Sag es!«, fuhr er sie an.

»Ich … werde Euch … immer gehorchen«, stammelte Marie mit brüchiger Stimme.

Er schüttelte unwillig den kahlrasierten Schädel. »Sprich mir nach: ›Ihr seid mein Herr und Gebieter, und ich gelobe Euch absoluten Gehorsam‹!«

Marie musste den Satz so lange wiederholen, bis ihr Peiniger, den sie im Stillen den »Satan« nannte, mit der Unterwürfigkeit in ihrem Tonfall einigermaßen zufrieden war. »Als ich noch ein Kind war, schenkte mir mein Vater eine junge Jagdhündin. Ich gab ihr den Namen Tessa.« Er ließ ein hämisches Kichern hören. »Du erinnerst mich ein wenig an sie, daher werde ich dich von jetzt an Tessa nennen. Tessa war noch jung und ungebärdig und musste erst richtig erzogen werden. ›Die braucht eine strenge Hand‹, pflegte mein Vater immer zu sagen, der als Förster schon viele Jagdhunde abgerichtet hatte. Ich habe mir seinen Rat zu Herzen genommen und dem Welpen Stück für Stück den Willen gebrochen. Das war kein leichtes Unterfangen, und es ging nur mit fortwährender harter Züchtigung und Nahrungsentzug. Doch Tessa war klug und hat schließlich kapiert, dass es nur etwas zu fressen gab und die Schläge nur aufhörten, wenn sie mir jederzeit gehorchte. Sie hat sich mir absolut unterworfen«, erklärte er mit versonnenem Lächeln. »Von da an musste ich ihr nie wieder etwas befehlen oder verbieten, denn sie las mir alles von den Augen ab. Ein Blick genügte, und sie wusste genau, was sie zu tun oder zu lassen hatte. Tessa war eine gute Hündin, und ich glaube, irgendwie mochte ich sie sogar. Als sie starb, tat mir das fast ein wenig leid. Du sollst ihre Nachfolgerin werden«, er musterte Marie tückisch, »und ich kann für dich nur hoffen, dass du eine *würdige* Nachfolgerin von Tessa wirst, sonst hast du hier nicht viel Freude!«

9

Zell an der Mosel, 5. Mai 1581

Als die Kutsche am frühen Abend in dem malerischen Moselörtchen Zell anlangte, blickte Sibylle verzagt durch die regennasse Scheibe des Kutschenfensters und war den Tränen nahe. Seit vier Tagen waren sie nun schon moselabwärts unterwegs, ohne auf die geringste Spur von Martin zu stoßen. Da sie ja nicht wussten, an welchem Ufer Martin weitergereist war, hatten Sibylle und ihre drei Begleiter sämtliche Ortschaften zu beiden Seiten der Mosel abgeklappert, die etwa einen Tagesritt von Koblenz entfernt waren. Doch in keiner der kleinen Herbergen und in keinem Gasthaus in Karden, Treis, Pommern und Klotten hatten sich die Wirte an einen jungen Gelehrten aus Frankfurt erinnern können. Beim Anblick von Martins Konterfei hatten die Herbergsbetreiber nur unsicher mit den Köpfen geschüttelt. Und mit jedem Mal hatte Sibylle ein Stück ihres guten Mutes verloren. Obgleich sie die Vorstellung kaum ertragen konnte, musste sie immer wieder daran denken, was die ehemalige Marketenderin aus Koblenz über Martin gesagt hatte.

Auch der alte Hausknecht Gottfried war die letzten Tage über zunehmend brummiger und besorgter geworden. Die zermürbende und erfolglose Suche nach dem Verschollenen schien selbst den stumpfsinnigen Stangenknechten zuzusetzen. Der überwiegend sonnige und lauschige Maianfang war am Montag von nasskalten Regenschauern abgelöst worden, die Sibylle und den drei Männern noch zusätzlich auf dem Gemüt lasteten. Alles war grau in grau, und selbst die idyllische Mosellandschaft mit den imposanten Burgen und Klöstern, den steilen Weinbergen und den beschaulichen kleinen Dörfern vermochte ihre Stimmung nicht zu heben. *Was, wenn er sich wirklich etwas angetan hat?* lautete die bange Frage, die sich Sibylle immer häufiger stellte und die sie nicht auszusprechen wagte. Die Sorge drückte gleich einem Alb auf Sibylles Seele, und es gelang ihr einfach nicht, sie abzuschütteln. Zuweilen hatte es ihr schon auf der Zunge gelegen, die Moselfischer zu fragen, ob sie vor ungefähr zwei Wochen einen ertrunkenen jungen Mann aus dem Fluss gezogen hätten, doch sie hatte es nicht über die Lippen gebracht. Es war ihr, als ob sie dadurch nur das Unglück herbeiredete, daher schwieg sie, auch wenn ihr Herz vor Kummer und Niedergeschlagenheit schier am Bersten war.

Seit der Abreise aus Koblenz ertappte sie sich von Zeit zu Zeit dabei, wie sie nach dem Flugblatthändler Ausschau hielt. Einige Male hatte sie sich sogar eingebildet, ihn irgendwo gesehen zu haben, und in jenen Momenten hatte sie sofort weiche Knie bekommen. *Du gebärdest dich ja schlimmer als ein liebeskrankes Stiftsfräulein, das sich in seinen Lateinlehrer verknallt hat,* suchte sie sich streng zur Räson zu rufen – und bemerkte nicht, dass sie dabei den Tonfall ihrer verstorbenen Mutter anschlug.

Doch die Tagträume zeigten sich hartnäckiger, als es für derartige Belanglosigkeiten – um die es sich zweifellos handelte – angemessen gewesen wäre.

Während die Kutsche in gemäßigtem Tempo über das Kopfsteinpflaster des Marktplatzes von Zell fuhr, in dessen Mitte sich ein schmucker steinerner Brunnen mit einem schwarzen Katzenmotiv befand, erkundigte sich einer der geharnischten Reiter bei einer Passantin nach den Unterkünften in der Ortschaft. Daraufhin lenkte Gottfried, der ihre Auskünfte vom Kutschbock aus vernommen hatte, die Kutsche quer über den Platz und brachte sie vor einem ansehnlichen Fachwerkhaus zum Stehen, über dessen Eingangstür ein Gastschild mit der Aufschrift »Zum Weinbrunnen« prangte.

Kaum hatte das Gefährt angehalten, öffnete Sibylle die Tür und stieg aus. Als ihr der Wind sogleich einen kalten Regenschauer ins Gesicht blies, wurde ihr ohnehin schon missmutiger Gesichtsausdruck noch finsterer. »Ist das hier die einzige Gastwirtschaft?«, fragte sie die Reiter angespannt.

»Nein, es gibt noch eine Fremdenherberge am Pulverturm, die ist hinten an der Stadtmauer«, erläuterte einer der Stangenknechte und wies auf einen hoch aufragenden runden Turm am Rande der Stadtbefestigung. »Und eine an der Moselbrücke. Wenn es Euch recht ist, können mein Kamerad und ich uns aufteilen und dort nachfragen. Ihr könnt Euch ja hier erkundigen, und wir treffen uns später an der Kutsche«, schlug er Sibylle vor.

Die Patriziertochter erklärte sich einverstanden. »Fragt aber bitte genau nach und gebt den Leuten eine ausführliche Beschreibung von meinem Bruder«, setzte sie unwillig hinzu, »und lasst Euch nicht so leicht abwimmeln, nur weil der Wirt keine Lust oder keine Zeit hat, sich Euer Anliegen in Ruhe anzuhören.«

Sibylle hatte es nämlich bei der Suche nach Martin schon mehrfach erlebt, dass Wirtsleute nicht besonders auskunftsfreudig waren – was Sibylle indessen nur dazu antrieb, noch eindringlicher nachzuhaken. »Euer starrsinniges Nachbohren bringt uns auch nicht weiter, wenn der junge Herr nicht da war, war er nicht da«, hatte Gottfried sie zuweilen gemaßregelt.

Nun machte sie dem alten Diener unmissverständlich klar, dass sie die Herbergsleute befragen würde, und eilte rasch zur Kutsche, um den Kupferstich von ihrem Bruder aus dem Tornister zu holen.

Der kleine Gastraum war gut besucht und wirkte gepflegt und heimelig. Es roch angenehm nach Geselchtem und Gebratenem, und die Gäste speisten mit regem Appetit. Nur wenige Stühle waren unbesetzt. Sibylle und Gottfried traten an den Schanktresen und grüßten den Wirt, der mit dem Weinausschank beschäftigt war. Nachdem er ihnen freundlich zugenickt hatte, bat Sibylle ihn höflich um eine Auskunft. Der Wirt blickte erstaunt zu ihr auf. Während sie sich erkundigte, ob Martin vor etwa zwei Wochen bei ihm abgestiegen sei, hielt sie ihm das Porträt ihres Bruders hin. Der Wirt warf einen Blick darauf.

»Der junge Herr Doktor aus Frankfurt, ja freilich erinnere ich mich an ihn!«, rief er aus und wusste nicht, wie ihm geschah, als ihm daraufhin die vornehme junge Dame jubelnd die Hand drückte und sich überschwänglich bei ihm bedankte.

»Was für ein Glück!«, stieß sie ein ums andere Mal

hervor und strahlte vor Erleichterung. »In sämtlichen Herbergen zwischen Koblenz und Zell, in denen wir uns nach Martin erkundigt haben, konnte man uns nämlich nichts über seinen Verbleib sagen«, erklärte ihm Sibylle erregt, »und ich habe mir schon ernsthafte Sorgen um ihn gemacht …« In ihren Augen schimmerten Tränen.

Der Wirt warf ihr einen merkwürdigen Blick zu. »Ist der junge Herr Doktor … Euer Gatte?«, fragte er leicht betreten.

Sibylle verneinte dies lachend und fügte hinzu: »Martin ist mein Bruder.«

Nun war es der Wirt, der befreit aufatmete. »Dann ist es ja gut«, murmelte er und machte seine Bestellung fertig.

Sibylle musterte ihn stirnrunzelnd. »Wie meint Ihr das?«, fragte sie verwundert.

»Nun ja … wie man das halt so sagt«, erwiderte der Wirt ausweichend und erklärte, er habe momentan viel zu tun, wenn sie sich aber einen Augenblick gedulden würde, könnten sie sich später gerne weiterunterhalten, sobald es etwas ruhiger geworden sei.

»Das ist sehr freundlich von Euch … und vielleicht habt Ihr ja auch noch ein paar Zimmer frei für mich und meine Begleiter?« Sibylle blickte ihn fragend an. Aus ihrem anmutigen Gesicht war unversehens alle Niedergeschlagenheit gewichen, und ihre Augen sprühten vor Tatendrang und Zuversicht.

»Das lässt sich machen, meine Dame«, entgegnete der Wirt und erbot sich zuvorkommend, den Herrschaften einen freien Tisch zuzuweisen.

Nachdem sie sich an einem kleinen Tisch am Fenster niedergelassen hatten, umarmte Sibylle den alten Hausknecht übermütig und erklärte ihm, wie froh sie sei, endlich auf eine Spur von Martin gestoßen zu sein. Gottfried hüstelte gerührt und brummelte, dass auch er sich darüber freue. In Momenten wie diesen wurde ihm bewusst, wie gern er seine junge Herrin hatte, trotz ihres Eigensinns und der launischen Eskapaden, die ihn zuweilen vor Wut schäumen ließen. Denn in ihrer Freude war Sibylle so unwiderstehlich und liebenswert, dass es dem mürrischen Alten ganz warm ums Herz wurde. Bei allem, was sie tat oder sagte, handelte sie stets aus Leidenschaft und tiefster Überzeugung, daher konnte er der jungen Frau, die er schon von Kindesbeinen an kannte, ohnehin nicht wirklich böse sein. *Egal, was sie macht, sie ist immer ganz bei der Sache, Halbheiten gibt es bei meiner Tochter nicht*, hatte sein Herr einmal mit nachsichtigem Lächeln bemerkt, als Sibylle nächtelang kein Auge zugetan hatte, weil sie die Doktorarbeit ihres Bruders korrigiert hatte.

Mit einem Mal war Sibylle wieder voller Enthusiasmus, und die düsteren Gedanken um ihren Bruder hatten sich offenbar verflüchtigt – was den alten Diener in der Seele schmerzte, denn noch hatten sie Martin nicht gefunden. Seine Zweifel, ob ihnen dies jemals gelingen würde, wuchsen von Tag zu Tag, obgleich er stets darauf bedacht war, sich Sibylle gegenüber nichts anmerken zu lassen. So verkniff er sich auch jetzt jegliches Unken und dankte dem Himmel, dass seine schrecklichen Befürchtungen, Martin habe sich tatsächlich etwas angetan, sich nicht bewahrheitet hatten. Inzwischen waren auch die beiden Stangenknechte von ihrer Erkundungstour zurückgekehrt.

»Mein Bruder ist hier abgestiegen, der Wirt hat ihn vorhin eindeutig erkannt!«, erklärte Sibylle den Neuankömmlingen euphorisch und forderte sie auf, Platz zu nehmen. Sogleich näherte sich ihnen eine junge Frau mit einer frisch gestärkten weißen Schürze und nahm die Bestellung entgegen. Während sie den Gästen wenig später die Trinkbecher mit Moselwein füllte und den Krug auf den Tisch stellte, richtete sie das Wort an Sibylle und erklärte schüchtern, dass sie die Tochter des Wirtes sei und ihr Vater ihr aufgetragen habe, der jungen Dame Auskunft über ihren Herrn Bruder zu geben.

»Ich habe nämlich an dem Abend, an dem der junge Herr bei uns genächtigt hat, hier in der Gaststube ausgeholfen«, erklärte sie mit unsicherem Lächeln. Sibylle, die herausfinden wollte, was hinter der seltsamen Bemerkung des Wirts steckte und seiner verlegenen Frage, ob sie Martins Gemahlin sei, hakte nach: »Wie hat sich mein Bruder denn an dem Abend verhalten? Ich meine, gibt es irgendetwas Besonderes über ihn zu berichten? Ihr und Euer Vater könnt Euch so gut an ihn erinnern ...« Sie musterte die hübsche junge Frau, die etwa im gleichen Alter war wie sie, eindringlich – und es entging ihr nicht, dass sie errötete.

»Nun ja ... er war halt sehr freundlich zu mir ... und hat mir ein großzügiges Trinkgeld gegeben«, erwiderte die dunkelhaarige Wirtstochter mit dem blassen seidigen Teint befangen.

Sibylle, die ahnte, dass dies längst nicht alles gewesen sein konnte, sah sie forschend an. »Und was war sonst noch? Ihr braucht wirklich kein Blatt vor den Mund zu nehmen, sprecht ruhig ganz offen«, ermunterte sie die Verschüchterte lächelnd. »Ich bin längst nicht so zimperlich, wie ich vielleicht aussehe ...«

Sibylles scherzhafte Bemerkung entlockte der scheuen jungen Frau immerhin ein belustigtes Lächeln und schien sie etwas zugänglicher zu machen. »Ich möchte auf keinen Fall schlecht über den Herrn Doktor sprechen, wo er doch so nett war, aber er hat ganz schön einen über den Durst getrunken an dem Abend … und er war auch sonst kein Kind von Traurigkeit.«

Sibylle blickte sie verblüfft an. »Das möchte ich jetzt aber bitte etwas genauer wissen!«, stieß sie hervor und ließ die Wirtstochter, die vor ihr stand und sich verlegen an der Tischkante festhielt, nicht aus den Augen.

»Nun ja, wir hatten zu der Zeit, als der Herr Doktor bei uns war, auch eine Komödiantengruppe aus Böhmen im Gasthaus, und da ging es halt hoch her. Euer Herr Bruder hat mit ihnen gezecht bis in die späte Nacht hinein … und da war auch so ein Frauenzimmer dabei, mit dem er rumgeschäkert hat … das hat er sogar mit auf sein Zimmer genommen«, erklärte die Tochter des Wirts mit einer gewissen Empörung in der Stimme. »Das hat mich schon ein bisschen gewundert, dass sich ein Herr von Stand und Bildung wie er mit so einem … Flittchen abgibt.« Den letzten Satz hatte sie Sibylle zugeflüstert, damit die drei Männer das unanständige Wort nicht hören konnten. Dem breiten Grinsen auf ihren Gesichtern nach zu urteilen, hatten sie trotzdem mitbekommen, worum es ging.

»Kein Kostverächter, der junge Herr Doktor!«, bemerkte einer der Stangenknechte anzüglich. »Erst heult er sich bei der Marketenderin die Augen aus, weil die Hübscherin aus Mainz ihn nicht liebhat, und am nächsten Tag tröstet er sich schon mit einer anderen. Und wenn Ihr mich fragt: Er hat recht, der Gute!«

»Euch fragt aber keiner!«, fuhr ihn Sibylle erbost an. »Und überhaupt verbitte ich mir derlei freche Bemerkungen. Es steht Euch nicht zu, Euch über meinen Bruder zu mokieren!«

Die scharfe Zurechtweisung traf den Schergen wie ein Peitschenhieb. Er verstummte und war augenscheinlich tief beleidigt. Die Patriziertochter, die sogleich merkte, dass sie sich im Ton vergriffen hatte, legte ihm versöhnlich die Hand auf den Arm. Sie mochte den Niederen nicht gegen sich aufbringen. Zudem war jegliche Überheblichkeit doch nur ein Zeichen von Dummheit, wie Martin zu sagen pflegte, wenn sie in ihrer Kritik gegen die Beschränktheit der einfachen Leute wieder einmal zu ungnädig gewesen war.

»Ihr habt ja nicht unrecht«, murmelte sie gepresst, »auch ich bin erstaunt über Martins Gebaren.« Sibylle wandte sich wieder der Wirtstochter zu. »Gibt es denn sonst noch etwas, das ich wissen müsste?«

»Im Wesentlichen war es das«, entgegnete die junge Frau unbehaglich. »Ich hoffe nur, dass Euer Herr Bruder es mir nicht übelnimmt, dass ich Euch das alles gesagt habe.« Sie senkte verlegen den Blick und hüstelte. »Aber mein Vater meinte, das dürfte man Euch keinesfalls vorenthalten, wo Ihr Euch doch solche Sorgen um ihn macht.«

Sibylle seufzte tief auf. »Das kann man wohl sagen. Ich bete zum Himmel, dass ihm nichts passiert ist!«

Die Wirtstochter musterte sie mitfühlend und gab sich einen Ruck. »Vielleicht hat es ja einen ganz anderen Grund, dass Ihr von ihm nichts mehr gehört habt ...« Sie holte tief Luft. »Er schien mir nämlich ganz verrückt nach dieser Komödiantin zu sein«, erklärte sie unmutig. »Die war höchstens so alt wie wir beide, sah aber schon ganz schön verlebt aus – da half auch die viele Schminke nichts, die sie sich ins Gesicht geschmiert hatte. Aber sie geizte nicht mit ihren Reizen, wenn Ihr versteht, was ich meine, und da hat Euer Herr Bruder halt nicht widerstehen können. Jedenfalls sind sie am nächsten Tag alle gemeinsam aufgebrochen – und er hat sie sogar mit auf sein Pferd genommen, wo sie einander geherzt haben wie die Turteltauben.«

Sibylle schlug empört mit der flachen Hand auf den Tisch, so dass alle Anwesenden, insbesondere die Tochter des Wirts, heftig zusammenschreckten. »Ich kann und will es nicht glauben, dass mein Bruder so pflichtvergessen ist, seinen Vortrag in Trier ausfallen und seine Familie im Ungewissen zu lassen, nur weil er sich in eine Schauspielerin verliebt hat!«

»Vielleicht hat er sich ja bei Euch nicht mehr gemeldet, weil … weil ihm das Ganze peinlich war und er sich entsetzlich dafür schämte!«, brach es aus der jungen Frau heraus. Sie streifte Sibylle mit einem Blick. »Nehmt es mir bitte nicht übel, aber Ihr macht auf mich nicht unbedingt den Eindruck, als ob Ihr besonders verständnisvoll wärt, so aufbrausend, wie Ihr seid.«

Die Patriziertochter sah sie aus großen Augen an. Ihr fehlten die Worte. Gottfried und die beiden Stangenknechte grienten verstohlen in sich rein, bemüht darum, ihre Belustigung nicht zu offenkundig werden zu lassen.

Doch der alte Diener konnte schließlich nicht länger an sich halten und prustete los. »Da liegt Ihr nicht ganz falsch, wenn ich das einmal so sagen darf!«

Die Stadtknechte stimmten in sein Gelächter ein – und zu ihrer aller Verblüffung lachte auch ihre kapriziöse junge Herrin laut auf, anstatt beleidigt vor sich hin zu schmollen oder einen ihrer üblichen Wutausbrüche zu bekommen.

Nachdem sich die allgemeine Heiterkeit gelegt hatte, ergriff Sibylle ihren Weinbecher, leerte ihn in einem Zug und murmelte wie zu sich selbst: »Wenn er das wirklich gemacht hat, der Schlawiner, dann finde ich ihn – und dann schlage ich ihn grün und blau!«

Die Tochter des Wirts musste unwillkürlich lächeln. »Das glaube ich Euch aufs Wort«, konstatierte sie trocken und ließ Sibylle wissen, dass sie sich nun wieder an die Arbeit machen müsse. Sibylle dankte ihr aufrichtig und ohne jeden Gram für Ihre Offenheit und fragte sie zum Abschluss, ob sie wisse, zu welchem Ort ihr Bruder und die Reisegruppe aufgebrochen seien.

»Soweit ich weiß, wollten sie nach Bernkastel-Kues«, gab die junge Frau zur Antwort. Sie war augenscheinlich erleichtert, die heikle Befragung hinter sich gebracht zu haben.

»Bernkastel-Kues? Das sagt mir etwas«, murmelte Sibylle versonnen. »Das ist doch die Geburtsstadt des berühmten Humanisten und Gelehrten Nikolaus von Kues. Es gibt dort eine einzigartige Bibliothek mit kostbaren alten Handschriften. Mein Bruder hat mir davon erzählt, er war ganz fasziniert.« Sie verzog den Mund zu einem schiefen Grinsen. »Nur muss man nach allem, was man eben über ihn in Erfahrung gebracht hat, davon ausgehen, dass er dort wohl etwas Besseres zu tun hatte, als in alten Schriften zu schmökern …«

10

In der Umgebung von Bernkastel-Kues, Ende Oktober 1574

»Aufwachen, Tessa!« Der schneidende Befehl ihres Peinigers riss Marie aus dem Schlaf. Sie fuhr ruckartig von ihrem Nachtlager auf, das aus nichts als blankem Stroh bestand und einer Wolldecke voller Mottenlöcher, die er ihr vor wenigen Tagen mit dem Einsetzen des ersten Frosts neben die Schlafstelle gelegt hatte. Er könne ihr Zähneklappern nicht mehr ertragen, hatte er gesagt, es raube ihm den Schlaf und bringe ihn um den Verstand. Wie an nahezu jedem Morgen der letzten Wochen, fühlte Marie eine heftige Übelkeit, die sich vom Magen her über ihren ganzen Körper ausbreitete, und sie hoffte inständig, dass sie sich nicht wieder übergeben musste. Das würde ihn fuchsteufelswild machen, und dann würde es Schläge setzen. Denn er war, wie sie inzwischen wusste, äußerst penibel und hasste jede Unreinlichkeit. Vor ihrem Erbrochenen, ebenso wie vor ihrem Monatsblut, hegte er eine solche Abscheu, dass er regelrecht durchdrehte. Zum Glück war das Letztere länger nicht mehr aufgetreten. Es musste schon ein paar Monate her sein, dass sie ihre stille Woche gehabt hatte. Genau konnte sie es nicht einschätzen. Seit sie in dieser Hölle lebte, war ihr das Zeitgefühl allmählich abhandengekommen. Inzwischen konnte sie nicht einmal mehr sagen, welcher Tag oder Monat es war. Einzig die Witterung ließ sie vermuten, dass es langsam auf den Winter zugehen musste. Die Tageszeiten konnte sie ebenso wenig erkennen. In die Höhle, die ihr vorkam wie eine riesige Gruft – daran konnte auch die luxuriöse Ausstattung nichts ändern –, drang kein Tageslicht, selbst dann nicht, wenn er hinausging oder hereinkam und dabei den dichtgewebten Teppich vor dem schmalen Eingang zur Seite schob. Dem behauenen Felsgestein an Decke und Wänden nach, musste es sich um einen alten, stillgelegten Stollen handeln, der tief im Inneren des Berges lag. »Du kannst so laut um Hilfe schreien, wie du willst, hier kann dich sowieso keiner hören – außer den Fledermäusen vielleicht«, hatte er ihr höhnisch erklärt, als er sie das erste Mal alleine in der Höhle zurückgelassen hatte. Was sie indessen nicht davon abgehalten hatte, es dennoch zu tun, so anhaltend und lautstark, bis ihre Stimme nur noch ein Krächzen gewesen war.

»Ich fahre für ein paar Tage weg«, sagte er und befestigte ihre Fußfesseln an einer langen Eisenkette, die er vor geraumer Zeit mitgebracht hatte, damit sie ausreichend Bewegungsfreiheit hatte, um im Wohnraum ihre täglichen Putzarbeiten zu verrichten. Denn er legte größten Wert darauf, dass die Behausung blitzsauber war, und selbst die kleinste Nachlässigkeit ahndete er aufs Härteste. Schon häufiger hatte er sie tagelang hungern lassen, weil an einem Topf oder einer Pfanne noch Essensreste zu sehen waren oder auf dem festgestampften Lehmboden ein Blatt oder Grashalm lag, die er an den Schuhen hereingetragen hatte. Was körperliche Miss-

160

handlungen betraf, war er völlig unberechenbar. Schon ein Blick von ihr, der die notwendige Unterwürfigkeit vermissen ließ, genügte, um ihn gewalttätig werden zu lassen. Sie redete sich zwar ein, dass die ständigen Züchtigungen sie bereits abgestumpft hatten, so dass seine Rohheit ihr kaum noch etwas anhaben konnte, doch die unbändige Angst vor dem Satan mit dem kahlrasierten Schädel und den kalten Reptilienaugen war geblieben. Jedes Mal, wenn ihr der Unhold Gewalt antat, was beileibe nicht selten vorkam, steigerte sich ihre Angst ins Aberwitzige und raubte ihr fast den Verstand. Einzig der Hass gegen ihren Peiniger, den sie im tiefsten Winkel der Seele nährte, hielt sie davon ab, ganz und gar dem Wahnsinn zu verfallen.

Während er sich ankleidete und sein Felleisen packte, erteilte er ihr genaue Anweisungen, welche Hausarbeiten sie in der Zeit seiner Abwesenheit zu erledigen habe. »Zuallererst machst du mir aber meinen Reiseproviant zurecht«, befahl er und deutete zur Feuerstelle hin, neben der sich ein gut gefüllter Wandschrank mit Lebensmitteln befand, dessen Bestand er täglich genau kontrollierte. Hatte sie es am Anfang noch gewagt, während er auf Beutetour ging, aus bohrendem Hunger ein Stück Käse oder Brot zu entwenden, so unterließ sie dies inzwischen. Er hatte sie für ihren kleinen Mundraub jedes Mal grün und blau geschlagen und noch länger hungern lassen.

Marie wankte zum Vorratsschrank und entnahm ihm einen Laib Brot, Hartwurst und Käse, die sie auf die Tischplatte neben der Feuerstelle legte, um Brote zu machen. Als ihr der Geruch der Räucherwurst in die Nase stieg, überkam sie erneut eine heftige Übelkeit.

»Kann ich bitte einen Schluck Wasser trinken?«, stieß sie angstvoll hervor und wagte nicht, ihn anzuschauen.

»Dann nimm dir halt was aus dem Krug, ehe du wieder anfängst zu kotzen«, knurrte er verdrießlich. »Aber teil es dir gefälligst ein, es muss gute drei Tage reichen.«

Mit bebenden Händen ergriff Marie den irdenen Wasserkrug und füllte sich etwas in einen Becher. Bestürzt sah sie, dass er nur noch knapp bis zur Hälfte voll war. Doch sie unterließ es, ihn zu bitten, den Krug draußen am Bach aufzufüllen. »Dann sauf halt das Putzwasser«, hatte er kürzlich zu ihr gesagt, als sie ihn darum ersucht hatte – und es wäre nicht das erste Mal gewesen, dass sie einen Schluck von dem Spülicht oder der Putzlauge getrunken hätte, weil er sie mit dem Wasser so kurz hielt, dass sie fast verdurstete. Noch während sie in kleinen Schlucken trank, war er unversehens an sie herangetreten und betastete ihren Bauch.

»Ich glaube fast, du bist trächtig«, stellte er derb fest. »Ich hege schon seit einiger Zeit diesen Verdacht, du hast ja schon länger nicht mehr geblutet und deine ständige Übelkeit … Aber bilde dir bloß nicht ein, dass mir das Balg willkommen ist. Kindergekreische und vollgeschissene Windeln kann ich hier nicht brauchen!«, knurrte er verdrossen und machte sich wieder an seinem Reisetornister zu schaffen.

Marie stand da wie vom Donner gerührt und presste sich die Hände auf den Mund, um nicht laut aufzuschreien. Die plötzliche Erkenntnis, schwanger zu sein, war mehr, als sie verkraften konnte. Gleichzeitig wurde ihr bewusst, dass sie sämtliche Anzeichen einer Schwangerschaft hartnäckig ignoriert hatte. Sie hatte es einfach nicht wahrhaben wollen, dass sie von diesem Teufel ein Kind erwartete. Allein daran zu denken war das Widerwärtigste, das sie sich vorstellen konnte.

»Niemals!«, flüsterte sie verzweifelt und biss sich so fest auf die Unterlippe, dass sie blutete.

»Hast du was gesagt?«, blaffte er sie an.

»Nein, ich hab mich nur geräuspert …« Sie wandte ihm den Rücken zu und schnitt hastig ein paar Scheiben Brot vom Laib.

Unzählige Male hatte sie schon daran gedacht, ihm das Messer in die Rippen zu stoßen, doch die übermächtige Angst vor ihrem Peiniger hatte jeglichen Mut und Kampfgeist besiegt. Der Satan schien dies genau zu wissen – mehr noch: Er bekundete seine Geringschätzung, indem er Marie im Haushalt mit dem Messer hantieren ließ, weil er sich sicher war, dass von ihr keine Gefahr ausging. Offenbar befürchtete er ebenso wenig, dass sie ihrem Elend freiwillig ein Ende bereiten würde. Und tatsächlich verging zwar kaum ein Tag, an dem sie nicht den Tod herbeisehnte, aber sie war einfach zu feige, sich ein Messer in die Brust zu rammen oder auf andere Weise Hand an sich zu legen. Ihr Peiniger musste dies längst durchschaut haben. »Wenn du dich abmurksen willst – nur zu!«, hatte er lapidar bemerkt, als er ihr seinerzeit die Küchenutensilien gezeigt hatte, zu denen auch ein umfangreiches Sortiment an gut geschärften Messern zählte. »Ich weine dir jedenfalls keine Träne nach. Aber ich fürchte fast, du wirst mir noch ein Weilchen erhalten bleiben, denn um dich umzubringen, fehlt dir der Schneid.«

Selbst dazu bin ich nicht in der Lage, dachte sie bitter, während sie die belegten Brote in ein Leinentuch wickelte. Doch nun, wo ich von diesem Satan ein Kind erwarte, sieht die Sache ganz anders aus!

Nachdem er gegangen war, brach die Verzweiflung aus ihr heraus, und sie weinte lauthals nach ihrer Mutter. Deutlich sah Marie ihr Gesicht vor sich mit den klaren blauen Augen voller Fürsorge und Liebe. Wie so oft seit ihrer unglückseligen Gefangenschaft hielt sie stumme Zwiesprache mit ihr – was sie auch mit ihren Geschwistern und dem gestrengen, aber gütigen Vater zu tun pflegte. Am häufigsten jedoch sprach sie mit Georg, der nun unter den Engeln weilte und den sie anflehte, beim Herrgott und der Heiligen Jungfrau ein gutes Wort für sie einzulegen. Allein dieser Austausch mit ihren geliebten Menschen vermochte Marie in all ihrer Drangsal ein wenig aufzurichten, und so flüchtete sie sich mehr und mehr in diese Phantasiewelt, wo der ermordete Bräutigam und die Familienmitglieder ihr Rat gaben und Trost spendeten. Auch jetzt sprach Marie mit ihren Lieben über ihre verzweifelte Lage. »Ich will dieses Teufelskind nicht haben!«, klagte sie außer sich und schlug sich mit den Fäusten auf den Unterleib.

»Hör auf damit – das unschuldige Geschöpf kann nichts für seinen Vater! Du musst es schützen und austragen, wie es einer Mutter würdig ist«, vernahm sie die mahnende Stimme der Mutter, woraufhin sie ihren Bauch nicht länger mit Schlägen bearbeitete. »Horch in dich rein, es spricht sogar schon zu dir ...« Marie versuchte die Anweisung der Mutter zu befolgen. Doch sie vernahm nur Totenstille. »Ich höre nichts«, flüsterte sie verstört.

»Du musst dich ihm öffnen, dann wirst du es mit dem Herzen hören!«

Marie versuchte es immer wieder, doch es mochte ihr nicht gelingen, zu dem kleinen Wesen, das in ihrem Schoß heranwuchs, eine Verbundenheit zu empfinden. Verzagt beschloss sie, sich der täglichen Hausarbeit zuzuwenden, um sich auf andere Gedanken zu bringen.

Wie stets in letzter Zeit, gab sie sich dabei auch jetzt die größte Mühe, um nicht des Satans Unmut zu erregen. Inbrünstig hoffte sie darauf, dass er dereinst sein Versprechen einlösen und sie nicht länger anketten würde: »Erst wenn du mir bedingungslos gehorchst und alles, was ich dir auftrage, zu meiner größten Zufriedenheit erfüllst, nehme ich dich von der Kette. Wie ich es damals auch mit meiner braven Jagdhündin getan habe. Tessa brauchte keine Leine, sie wich mir nicht mehr von der Seite und tat immer genau das, was ich von ihr erwartete.«

Im Gegensatz zu Tessa würde sie ihren Peiniger aber nur in dem Glauben lassen, sie wäre ihm hörig und ergeben, um bei der ersten günstigen Gelegenheit die Flucht zu ergreifen. Sich frei von jeglicher Fessel bewegen zu können war ihre einzige Chance – und Hoffnung. Die zahllosen vergeblichen Versuche, sich in seiner Abwesenheit von der Kette loszureißen oder diese mit Eisenpfannen und Schöpfkellen zu zerschlagen, hatten ihr das deutlich gemacht.

Nachdem sie stundenlang geputzt und geschrubbt hatte, entschied sich Marie, eine Pause einzulegen und eine kleine Stärkung zu sich zu nehmen. Sie schlurfte zum Vorratsschrank, wo ihr Holzteller stand, auf den er ihre Ration für die nächsten Tage gelegt hatte. Wie stets war er auch diesmal mehr als sparsam gewesen: Ein Kanten Brot, ein Stück Käse und ein Apfel waren alles, was auf dem Teller lag. Sie nahm den Holzteller und wollte damit schon zu ihrem Schlafplatz an der Wand gehen, weil ihr Gebieter ihr nur gestattete, am Boden auf dem Stroh ihre Mahlzeiten zu sich zu nehmen, als ihr Blick unversehens auf den Esstisch mit den gepolsterten Lehnstühlen fiel, wo er immer zu speisen pflegte. Da sie in seinen Augen nicht mehr war als ein Hund, dessen einzige Daseinsberechtigung darin bestand, ihm blind zu gehorchen, war es Marie verwehrt, am Tisch zu sitzen. In einem plötzlichen Anfall von Rebellion eilte sie dorthin, um sich auf einem der weich gepolsterten Stühle niederzulassen und endlich wieder wie ein Mensch am Tisch zu essen. Nachher würde sie den Esstisch gründlich abwischen und polieren, damit er nicht merkte, dass sie etwas Verbotenes getan hatte. Dennoch konnte sie nicht verhindern, dass ihr vor Bangigkeit die Knie schlotterten. Was, wenn er unerwartet früher zurückkehren und sie so vorfinden würde? Es war nicht auszudenken, was das für einen Aufstand geben würde. *Er wird nicht kommen*, suchte sie sich zu beruhigen, *er ist ja erst ein paar Stunden weg. Sei froh, dass du diesen Schinder für ein paar Tage los bist, da kannst du dir ruhig etwas Gutes gönnen.* Mit bebenden Händen ergriff sie den Brotkanten vom Teller und biss trotzig hinein. Sie würde sich zur Feier des Tages so richtig den Bauch vollschlagen, bis sie satt war, und nicht mit knurrendem Magen einschlafen wie sonst immer – auch wenn sie dafür die nächsten Tage darben musste. Gierig schlang sie den Käse herunter. *Jetzt fehlt nur noch ein Schluck Wein*, dachte sie und ging tollkühn zu dem hohen Wandregal an der Längsseite der Höhle, in dem er, ordentlich nach Gegenständen sortiert, das Diebesgut aufbewahrte. Wie Marie wusste, lagerten dort auch Dutzende von Weinflaschen – von denen er noch keine einzige entkorkt und leer getrunken hatte, zumindest nicht seitdem sie hier war.

Während Marie noch vor dem Wandbord stand und ihre Blicke unentschlossen über die Flaschen schweifen ließ – am geeignetsten wäre eine Korbflasche, weil es da nicht so auffallen würde, wenn etwas fehlte –, entdeckte sie plötzlich auf dem untersten Regalboden die große, in Leder gebundene Kladde, in die er regelmäßig und oftmals über mehrere Stunden hinweg etwas einschrieb. Für gewöhnlich tat er dies an seinem Schreibpult, auf dem neben allerlei dicken Folianten auch eine schwarze Schreibfeder und ein Tintenfass standen. Über dem Pult hing als einziger Wandschmuck ein umgedrehtes schwarzes Holzkreuz. Der Schreibtisch befand sich im hinteren Teil der Höhle, zu dem sie keinen Zugang hatte, die Kürze der Kette ließ das nicht zu. »Das geht dich nichts an«, hatte er sie einmal angeherrscht, als sie neugierig dorthin geblickt hatte. Von Zeit zu Zeit zog er sich mit einer Fackel in das hinter seinem Schreibpult liegende dunkle Felsgewölbe zurück. Dann vernahm sie zuweilen einen unheimlichen Singsang in einer fremdländischen Sprache, der ihr das Blut in den Adern gefrieren ließ. Obgleich sie keine Silbe verstand, so mutete sie der furchterregende Gesang doch wie ein Gebet oder eine Beschwörung an, zweifellos an die Mächte der Finsternis gerichtet. *Der Satan versammelt seinen Hofstaat um sich*, dachte Marie in jenen Momenten beklommen. Dann half auch kein Beten mehr, um die Angst in Schach zu halten, die ihre Seele zu verschlingen drohte.

Furchtsam spähte Marie in den Bereich der Höhle,

der in absoluter Dunkelheit lag, und spürte, wie sich ihr die Nackenhaare sträubten. Sie konnte sich des Gefühls nicht erwehren, dass der Satan sie beobachtete – obgleich er meilenweit entfernt war – und, was ungleich schrecklicher war, sogar ihre Gedanken las. Diese Empfindung verfolgte sie, seit er sie in seine Gewalt gebracht hatte. Er konnte bis auf den Grund ihrer Seele blicken. Starr vor Angst verharrte Marie vor dem Wandregal. Ihre Courage hatte sich in Luft aufgelöst. Wie hatte sie überhaupt nur daran denken können, Wein aus einer der Flaschen zu entnehmen? Diesem eiskalten Reptil blieb nie etwas verborgen, er witterte jedes kleinste Vergehen und züchtigte sie aufs Grausamste.

Marie war selber verblüfft, als sie plötzlich ihre Hand nach der Korbflasche ausstreckte, sie mit bebenden Fingern entkorkte, an den Mund führte und in großen Schlucken daraus trank. *Was ist denn nur in mich gefahren?*, fragte sie sich verstört. Ihr geschundener Körper schien ein Eigenleben zu führen. »Scheiß drauf!«, vernahm sie ihre eigene Stimme, die ungewohnt trotzig klang. »Meine Dresche kriege ich doch sowieso, der Satan findet immer irgendwas, wofür er mich bestrafen kann. Dann kann ich ihm auch einen richtigen Anlass liefern und ihm seinen Wein wegsaufen!« Erneut setzte sie die Flasche an den Mund und nahm einen tiefen Zug von dem köstlichen Malvasier, der ihr wie Seide die Kehle hinunter rann, angenehm die Sinne benebelte und sie noch mutiger machte. »Einen Tritt mehr, eine Backpfeife mehr und noch weniger Essen – darauf kommt es auch nicht an!«, murmelte sie zwischen den Zähnen. »Soll er mir doch die Seele aus dem Leib prügeln, der Menschenschinder, wenn er das mit dem Wein herausfindet, dann habe ich wenigstens vorher meinen Spaß gehabt!« Marie stieß ein irrwitziges Lachen aus. »Wenn er mich schon verdrischt, weil sein Tafelsilber nicht blitzeblank genug ist oder ihm mein Essen mal wieder nicht schmeckt, kann ich ihm auch noch seinen Vorratsschrank leer fressen, dann hat es sich für mich sogar doppelt gelohnt, wenn ich Prügel beziehe.« Marie klemmte sich entschlossen die Korbflasche unter den Arm und kehrte leicht wankend zum Tisch zurück. Sie war durch die fortwährende Unterernährung so geschwächt, dass sie von den wenigen Schlucken Wein schon betrunken war. Aufgeregt hastete sie zum Vorratsschrank, holte alles heraus, was ihr Herz begehrte, und platzierte die Speisen auf dem Tisch. Schon hatte sie wieder die Flasche ergriffen, um sich weiter Mut anzutrinken, als ihr unversehens die Idee kam, sich einen der prachtvollen Trinkpokale vom Wandregal mit dem Diebesgut zu holen. *Wenn schon, denn schon*, dachte sie aufsässig und eilte dorthin. Als sie sich bereits für einen kostbaren Trinkbecher aus rubinrotem Muranoglas entschieden hatte, streifte ihr Blick die Kladde auf dem untersten Regalboden. Von plötzlicher Neugier getrieben, beugte sich Marie herunter und schlug den schweren ledernen Buchdeckel auf. Von ihrer Mutter hatte sie das Lesen und Schreiben gelernt, damit sie später einmal als Ehefrau eines Zunfthandwerkers die Bücher ihres Mannes führen könnte.

Das böse Handwerk war in großen, schwungvollen Buchstaben in schwarzer Tinte auf der ersten Seite zu lesen. *Was für eine seltsame Überschrift*, dachte sie verwundert und blätterte zur nächsten Seite.

In der obersten Zeile stand in deutlicher, gut leserlicher Handschrift:

In der Umgebung von Kerpen, 29. Oktober 1566

Das war vor acht Jahren, wurde es Marie bewusst, das muss sein Stundenbuch sein.

Obgleich sie gerade noch Wein getrunken hatte, war ihr Mund mit einem Mal ganz ausgetrocknet. *Das ist das Stundenbuch des Teufels, will ich das wirklich lesen?*, fragte sie sich beklommen. Fahrig stellte sie das Trinkglas auf das Regal zurück. Sie war schlagartig wieder nüchtern geworden, und die Lust, sich zu berauschen, war ihr genauso vergangen wie der Appetit. Ihre Kehle war wie zugeschnürt, das Brot und der Käse, die sie eben begierig verschlungen hatte, lagen ihr wie Felssteine im Magen. Doch ihre Augen wanderten mit wilder Entschlossenheit über die dichtgedrängten, sorgsam geschriebenen kleinen Buchstaben. Eine ungeahnte innere Kraft und Klarheit lenkten ihren Blick, der beseelt war von dem einen brennenden Wunsch: alles über ihren Peiniger in Erfahrung zu bringen. Denn schon die kleinste Schwachstelle in seinem abweisenden Drachenpanzer konnte ihr Schlupfloch in die Freiheit sein. Sie ging zurück zum Tisch, um eine Talgkerze zu holen, damit ihr auch kein einziges Wort entginge, kauerte sich mit gekreuzten Beinen vor das offene Buch, richtete sich die Kerze so, dass sie ausreichend Licht hatte, und fing konzentriert an zu lesen.

Mit bebenden Händen klappte Marie den schweren Folianten zu. Das, was sie soeben im Stundenbuch des

Satans gelesen hatte, war mehr, als sie verkraften konnte. Durch eisernen Willen hatte sie es geschafft, in den Mahlstrom des abgrundtief Bösen einzutauchen, ohne sich von ihm verschlingen zu lassen. Fast hundert Seiten hatte sie über die abscheulichsten Gräueltaten gelesen, die sich kein menschliches Wesen vorstellen konnte, zu ihrem heillosen Entsetzen waren sie vor ihrem inneren Auge auferstanden. Doch als sie an die Stelle gelangte, an welcher der furchterregende Lehrmeister ihres Peinigers seinem Gehilfen das schreckliche Geheimnis seines Talismans offenbarte, standen Marie regelrecht die Haare zu Berge. Ein unsagbares Grauen hielt ihr Herz mit eisigem Griff umklammert, so dass sie fürchtete, es würde jeden Moment aufhören zu schlagen.

»Heilige Muttergottes, steh mir bei!«, stammelte sie in tiefster Bedrängnis und bekreuzigte sich. Das Echo, das aus dem finsteren Teil der Höhle zu ihr drang, ließ ihr das Blut in den Adern gefrieren. Ihre Stimme hörte sich sonderbar verzerrt und schrill an – fast so, als würde etwas aus dem Dunkeln sie nachäffen. Panisch huschten ihre Blicke dorthin, und mit einem Mal war ihr, als habe sie in der undurchdringlichen Finsternis eine schemenhafte Bewegung wahrgenommen. »Heilige Maria, steh mir bei, jetzt und in der Stunde meines Todes!«, schrie sie wie von Sinnen und flüchtete in wilder Panik in den Wohnraum zurück, so weit es ihre Kette erlaubte. Sie kroch unter den Tisch und stellte sich tot wie ein verängstigtes Tier.

Nun ist es so weit, jetzt verliere ich den Verstand, war ihr letzter klarer Gedanke, ehe der Wahnsinn ihren Geist in Finsternis tauchte.

Irgendwann ließ der Orkan in ihrem Kopf endlich nach, die aberwitzigen Schreckensbilder und Dämonen zogen sich langsam zurück, und Marie kam wieder zu sich. Sie lag zusammengekrümmt auf ihrem Strohlager und hatte sich die Decke über den Kopf gezogen. Ihre Kehle war wie ausgedörrt, und sie fühlte sich völlig erschlagen. Mühsam richtete sie sich auf und torkelte zum Vorratsschrank, um den Wasserkrug zu holen. In gierigen Schlucken trank sie ihn fast leer und spürte unversehens einen ungeheuren Druck auf der Blase. Auf wackligen Beinen schleppte sie sich zu dem Vorhang in der rechten Höhlenecke, hinter dem sich der Abortkübel befand, und erleichterte sich. Sie war so müde und gerädert, dass sie eigentlich nur noch schlafen wollte. Doch zuvor musste sie Ordnung schaffen und die ganzen Lebensmittel, die sie vorhin in ihrer Tollkühnheit auf den Tisch getürmt hatte, wieder an ihren Platz räumen. Denn er konnte jederzeit zurückkehren, sie vermochte kaum einzuschätzen, wie lange er schon fort war. Die kurze Phase des Aufbegehrens, die sie vorhin beflügelt hatte, war vorbei, und ihr stand jetzt nur noch der Sinn nach Ruhe.

Nachdem sie die Weinflasche fest verkorkt und ins Regal gestellt hatte, schob sie die Kladde zurück an die Stelle, an der sie vorher gelegen hatte. Beim Berühren des Buches flackerte die Angst erneut in ihr auf, doch sie kämpfte sie nieder. *Du musst dich schonen, mein Kind*, vermeinte sie die sanfte Stimme der Mutter zu vernehmen, die ihr aus der Seele sprach. Genau das würde sie jetzt machen!

Sie begab sich fröstelnd zu ihrem Nachtlager und wickelte sich in die fadenscheinige Wolldecke ein. Schon im nächsten Augenblick fielen ihr die Augen zu, sie breitete die Arme um ihren Bauch und ergab sich einer wohligen Müdigkeit. Mit einem Mal erfüllte sie ein so tiefer innerer Friede, dass sie sich fast in einem wundersamen Traum wähnte. Sie fühlte sich erhaben und glückselig, als wäre sie im Paradies. Genauso hatte sie sich als Kind immer den Himmel vorgestellt, wo die Engel sie auf Händen trugen und mit ihren glockenhellen Engelszungen zu ihr sprachen. »Ich kann dich hören, mein kleiner Engel«, flüsterte sie ergriffen, denn plötzlich spürte sie es, das wundervolle kleine Wesen, das in ihr heranwuchs. Es war ein unbeschreibliches Glücksgefühl, das stärker war als all das Leid und die Widerwärtigkeiten ihrer Gefangenschaft. Nichts und niemand konnte ihr noch etwas anhaben. Sie empfand eine so allumfassende Liebe und Verbundenheit zu dem kleinen Geschöpf, wie sie sie noch nie zuvor erlebt hatte. *Mein kleiner Schatz, ich werde dich beschützen!*, dachte sie voller Inbrunst und sank in einen tiefen, erquickenden Schlaf.

———— • ————

Marie saß an der Feuerstelle und flickte gerade die Wäsche, als sie plötzlich vom Höhleneingang her Schritte vernahm. Sie bezwang ihren Impuls, lauthals um Hilfe zu rufen, wie sie es am Anfang ihrer Gefangenschaft immer getan hatte, in der trügerischen Hoffnung, dass sich irgendjemand hierherverirrt haben könnte, in das Innere des Berges. Tapfer versuchte sie, die Angst im Zaum zu halten, welche sie stets heimsuchte, wenn ihr Peiniger nahte. Zu ihrer großen Verblüffung gelang ihr das sogar. Das Herz raste nicht ganz so arg wie sonst, und ihre Atemzüge blieben merklich ruhiger. Auch das Zittern der Hände hielt sich in Grenzen, und sie war immerhin in der Lage, ihre Flickarbeit fortzusetzen – wenn auch deutlich stockender. Seit sie das Kind in sich fühlen konnte, durchströmte sie eine tiefe innere Ruhe, die nicht so leicht zu erschüttern war. Selbst jetzt, trotz des herannahenden Satans, war es ihr mit einem Mal, als umhüllte sie und das Kleine ein unsichtbarer Schutzpanzer.

Sie wandte ihm nicht den Kopf zu, als er in die Höhle trat und geräuschvoll seinen Tornister auf dem Boden abstellte, sondern richtete den Blick weiterhin auf ihre Näharbeit – obgleich sie schon längst nicht mehr bei der Sache war. Einander zu grüßen war zwischen ihnen nicht üblich, ebenso wenig die meisten anderen zwischenmenschlichen Gepflogenheiten. Er legte keinen Wert auf eine wie immer geartete Konversation mit ihr und schätzte es auch nicht, wenn sie ihn unaufgefordert ansprach. Ihr ganzer Umgang bestand nur aus Befehlen und Gehorchen, seine wüsten Beschimpfungen und Hasstiraden im Falle eines ihrer vermeintlichen Patzer nicht eingerechnet. Auch jetzt, kaum dass er eingetreten war, begann er schon wieder, sie zu maßregeln.

»Was für eine Hitze hier drinnen!«, raunzte er übellaunig. »Ich hab dir doch gesagt, du sollst mit dem Holz nicht so aasen!«

Marie schwieg verbissen. Aus Erfahrung wusste sie, dass ihn jegliches Widerwort nur noch wütender machte.

»Deck den Tisch, ich habe Hunger!«, befahl er und ließ sich auf einem Stuhl nieder.

Marie tat sogleich, wie ihr geheißen, trug Teller, Becher

und die Speisen herbei und stellte sie vor ihn auf den Tisch. Sie bemerkte, wie seine taxierenden Blicke über Brot, Wurst und Käse wanderten, von denen nicht das kleinste Stückchen fehlte, und war froh, dass ihre Vernunft obsiegt hatte und sie sich während seiner gesamten Abwesenheit nicht dazu hatte hinreißen lassen, etwas zu entwenden. Auch wenn ihr vor Hunger der Magen knurrte. Aber das war sie ja inzwischen schon gewohnt.

Nachdem er gegessen hatte, räumte sie den Tisch ab und begab sich wieder an die Feuerstelle, um ihre Näharbeit fortzusetzen. Aus den Augenwinkeln nahm sie wahr, dass er zum Regal mit dem Diebesgut lief und sich hinabbeugte, um die Kladde zu ergreifen. Marie beschlich sogleich ein mulmiges Gefühl. Hoffentlich merkte er nicht, dass sie sein Stundenbuch aufgeschlagen und darin gelesen hatte. Sie hatte sich doch die größte Mühe gegeben, es wieder genau an seinen Platz zu legen. Unwillkürlich presste sie sich die Hand auf den Bauch. *Nur ruhig Blut,* suchte sie sich zu beschwichtigen, *ihm kann unmöglich etwas aufgefallen sein ...* Trotz aller Bemühungen, einen kühlen Kopf zu bewahren, verspannte sie sich. *Achtung, gleich geht's los,* warnte sie eine innere Stimme. Schon im nächsten Augenblick ließ sie ihre Nähsachen fallen und hielt sich entsetzt die Ohren zu, als er wutentbrannt aufschrie: »Du hast in meinen Sachen rumgeschnüffelt! Das wirst du mir büßen!«

Selbst wenn sie Wachs in den Ohren gehabt hätte, hätte es ihr nichts genützt, so schrill und hasserfüllt war seine Stimme. Gleich einem eisigen Windhauch drang sie in jeden Winkel ihrer Seele und brachte jegliches Lebenslicht zum Erlöschen. *Heilige Muttergottes, steh mir bei ...*

steh uns bei, flehte sie inständig, während der Satan auch schon zu ihr hinstürzte und anfing, wie ein Berserker auf sie einzuprügeln. Außer sich vor Zorn, packte er sie an den Haaren, schleuderte sie zu Boden und begann, sie mit Tritten zu malträtieren. Instinktiv krümmte Marie sich zusammen, um ihren Leib zu schützen, und kehrte ihm den Rücken zu. Er packte sie brutal an der Schulter und riss sie herum. Mit angezogenen Knien, um die sie krampfhaft die Arme geschlungen hatte, lag sie wie ein verschnürtes menschliches Bündel vor ihrem Peiniger – und hatte nur den einen Gedanken, der immer mächtiger wurde: das kleine Wesen in ihrem Bauch mit Klauen und Zähnen zu verteidigen. Schäumend vor Wut versuchte er ihre Arme aus der Umklammerung zu lösen, doch sie presste sie mit aller Kraft an sich, die Hände so fest ineinander verschränkt, dass die Knöchel weiß hervortraten. Sie fühlte sich wie eine Auster, deren Schalen eisern verschlossen waren, um die Perle in ihrem Innern zu schützen. Er trat ihr so heftig in die Seite, dass sie laut aufschrie. »Nimm sofort die Arme herunter, sonst mache ich dich kalt!«, tobte er.

»Nein!«, schrie sie so gellend, dass sich ihre Stimme überschlug. »Hör auf, du verfluchte Bestie … es ist auch *dein* Kind!«

Ihre Beschwörung war so machtvoll, dass selbst der Satan wie gebannt war. Er erstarrte augenblicklich zur Salzsäule, und für den Bruchteil von Sekunden regte sich hinter seinen kalten Reptilienaugen ein Anflug von Menschlichkeit. Doch sogleich gewann die Verachtung wieder die Oberhand. Er spie verächtlich auf Marie herunter. »Verschone mich bloß mit deinem Bastard, du

Kuh! Ich hab dir doch gesagt, dass ich hier kein Balg gebrauchen kann!«, raunzte er bösartig, unterließ es jedoch erstaunlicherweise, sie weiter zu misshandeln. Er trottete zum Tisch zurück, wo er sich Wasser einschenkte.

»Eine blöde Mutterkuh bist du«, murmelte er mit gehässigem Grinsen, ließ sich breitbeinig auf dem Stuhl nieder und musterte Marie verschlagen. »In der Nähe des Forsthauses gab es eine Waldweide mit Dutzenden von Milchkühen, die den lieben langen Tag nichts anderes taten, als Gras zu fressen, die dummen Rindviecher. Sie hatten auch ein paar Kälber, eines davon war erst ein paar Tage alt und war noch ganz schwach und rappelig auf seinen staksigen Beinen. Jedenfalls war es eines schönen Morgens mausetot. Die Wölfe hatten es in der Nacht gerissen und nicht viel mehr von ihm übrig gelassen als Haut und Knochen. So ist das halt in der Natur.« Er zuckte mit den Achseln und warf Marie einen Blick zu, der ihr durch Mark und Bein ging. »Und die Mutterkuh hat tagelang gebrüllt wie am Spieß, weil ihr blödes Kälbchen tot war. Es war kaum zu ertragen, das ewige Plärren.« Er schüttelte in gespielter Entrüstung den Kopf. »Und genau an die erinnerst du mich!«, zischte er boshaft und zückte plötzlich aus seinem Wams ein zweischneidiges Jagdmesser. Mit fast zärtlicher Geste strich er über die Klinge. »Gib nur fein acht, du Mutterkuh, dass es dir nicht genauso ergeht und der Wolf dir dein Kälbchen holt«, murmelte er bedrohlich und rammte die Dolchspitze in das Holz der Tischplatte.

Marie richtete sich langsam auf und blickte ihm direkt in seine kalten, wimpernlosen Augen. Die Botschaft ihres Blickes war so wild entschlossen und überdeutlich, dass es keiner Worte bedurfte. Er verstand sie. Sie lautete: »Dann werde ich dich töten!«

Ihm entrang sich ein kehliges Kichern. »Von wegen Mutterkuh«, raunzte er anerkennend, erhob sich vom Stuhl und ging auf sie zu, »du bist ja eine echte Löwenmutter! So gefällst du mir – das macht mich richtig sinnlich …«

Marie wusste, was jetzt kommen würde, doch sie hatte plötzlich keine Angst mehr davor. Kalt und gleichgültig wie eine Hure ließ sie die Penetration über sich ergehen, während sie den Funken der Hoffnung, ihrem Peiniger dereinst zu entkommen, unablässig anfachte und schürte, bis die Hoffnung in ihrem Herzen zur Gewissheit wurde.

2. TEIL – Die Todesermittlerin

»Man braucht den Teufel nicht über die Tür malen, er kommt von selbst ins Haus.«
(Sebastian Franck, Sprichwörter, *1541)*

11

Bernkastel-Kues, 7.–8. Mai 1581

Am frühen Abend hatte Sibylle im Gasthof »Zur Marktschenke« in Erfahrung gebracht, dass wirklich eine Komödiantengruppe aus Böhmen zu besagter Zeit dort abgestiegen sei. Jedoch an einen jungen Gelehrten aus Frankfurt, der die Schauspieler begleitet haben sollte, konnte sich der Herbergsbetreiber in keiner Weise erinnern. Sibylle war hochgradig verstört. Sollte sich Martin tatsächlich mit seiner neuen Gespielin abgesetzt haben? Nach allem, was ihm die schöne Aglaia aus dem Mainzer Frauenhaus bedeutet haben musste, konnte sie sich das beim besten Willen nicht vorstellen. Außerdem war es mehr als abwegig, dass sich die Schauspielerin wegen Martin von ihrer Gruppe getrennt hatte. Es gab ja keinen Grund dafür, denn Martin hätte sich bestimmt ohne Widerstände weiterhin den Komödianten anschließen können.

Während Sibylle wieder in die Kutsche stieg, um mit ihren Begleitern die restlichen Gasthäuser in Bernkastel aufzusuchen, war sie unentwegt am Grübeln, wo Martin nur abgeblieben sein konnte. Eine genauere Antwort hätten ihr nur die Komödianten geben können, doch die waren sicherlich schon längst in alle Winde zerstreut.

Nachdem sich die Suche nach Martin in den restlichen Herbergen von Bernkastel ebenfalls als erfolglos erwiesen hatte, was Sibylle nicht sonderlich erstaunte, überquerte die kleine Reisegruppe die Moselbrücke, um die Nachforschungen auf der anderen Moselseite fortzusetzen. Der Ortsteil Kues war um einiges größer als Bernkastel, laut dem Torwächter gab es dort gleich Dutzende von Herbergen. Zum ersten Mal, seit sie vor nunmehr acht Tagen in Frankfurt aufgebrochen waren, fühlte sich Sibylle müde und erschöpft. Niedergeschlagen blickte sie aus dem Kutschenfenster auf die bleigraue Mosel, deren Oberfläche sich im Regen kräuselte, und empfand unversehens ein solches Heimweh nach dem Vater und ihrer vertrauten Umgebung, dass ihr die Tränen in die Augen stiegen. Viel schmerzhafter war jedoch die ungekannte Mutlosigkeit, die sie beschlich. *Das liegt bestimmt am trüben Wetter*, suchte sie sich einzureden. *Du darfst die Hoffnung nicht aufgeben!*

Wie sehr sehnte sie sich in jenem Moment nach einem Menschen, bei dem sie sich aussprechen und dessen Rat sie einholen konnte. Der alte Gottfried war ihr zwar bei aller Bärbeißigkeit durchaus wohlgesinnt, aber sie geriet einfach zu leicht mit dem alten Dickschädel aneinander. *Jemanden wie Sebastian könnte ich jetzt gebrauchen, der würde mir mit seiner Pfiffigkeit bestimmt weiterhelfen!* Während sie so an ihn dachte, spürte sie den Wunsch, ihm nahe zu sein und den Kopf an seine Schulter zu lehnen.

Hast du keine anderen Sorgen, als solchen Flausen nachzuhängen, befahl sich Sibylle ergrimmt und ließ ihre Blicke über das große Gebäude schweifen, das unmittelbar hinter der Brücke am linken Moselufer aufragte. Über dem hohen Rundbogen des Eingangsportals konnte sie die Aufschrift »St. Nikolaus-Hospital« ausmachen. Einem plötzlichen Impuls folgend, riss Sibylle die Kutschentür auf und rief mit erhobener Stimme in Richtung Kutschbock: »Halt bitte an, Gottfried!« Sie musste ihren Ruf drei Mal wiederholen, ehe der schwerhörige Hausknecht sie verstand und die Pferde zum Stehen brachte.

»Was ist denn los?«, fragte er unwirsch, während ihm der Regen in dichten Schlieren von der Öljacke perlte, deren weite Kapuze jenen Kopfbedeckungen glich, wie Seeleute sie bei schlechtem Wetter trugen.

Sibylle fand Gottfrieds Anblick so komisch, dass sie trotz ihrer bedrückten Stimmung grinsen musste. »Du siehst ja aus – wie ein Schauermann!«, kicherte sie und erklärte dem alten Diener, dass sie in dem Krankenhaus gerne einmal nach Martin fragen würde.

»In einem Hospital?«, murmelte Gottfried skeptisch, enthielt sich jedoch eines weiteren Kommentars und traf Anstalten, vom Kutschbock zu steigen.

»Nein, nein, bleib nur!«, ordnete seine junge Herrin entschlossen an. »Ich brauche ausnahmsweise einmal keine Begleitung, denn es handelt sich ja hier um ein *Siechenhaus*, und nicht um ein *Frauenhaus*«, bemerkte sie spitz und eilte zielstrebig zum Eingang hin.

Die Hospitalvorsteherin Schwester Canisia blickte erstaunt von ihren Büchern auf, als ihr eine Siechenmagd meldete, eine junge Dame aus Frankfurt wünsche sie zu sprechen. »Sie möchte bitte hereinkommen«, erwiderte sie leicht ungehalten und schob Tintenfass und Schreibfeder beiseite, um ihre Buchführung einstweilen zu unterbrechen.

Obwohl die Zisterzienserin die vierzig bereits überschritten hatte, war ihr Gesicht nahezu faltenlos. Wenn sie darauf angesprochen wurde, was häufiger geschah, erklärte sie schlicht, das sei ihrer Arbeit geschuldet, die sie jung erhalte. Tatsächlich lebte die Nonne, die auch vor ihrem Ordenseintritt bereits in der Krankenpflege tätig gewesen war, ganz und gar für ihren Beruf.

Als wenig später eine anmutige junge Frau in ihr Schreibzimmer trat und sich ihr mit höflicher Verbeugung als Sibylle Molitor aus Frankfurt vorstellte, erhellten sich sogleich die Züge der Nonne.

»Ihr seht Eurem Bruder sehr ähnlich«, bemerkte die Zisterzienserin lächelnd und bot Sibylle einen Platz vor ihrem Schreibpult an. Die Patriziertochter war jedoch viel zu verblüfft, um dem Angebot Folge zu leisten, und konnte es kaum fassen, was sie soeben gehört hatte. Ungläubig blickte sie die Frau in der schwarzweißen Ordenstracht an.

»Heißt das etwa, mein Bruder war hier?«, fragte sie fassungslos.

»Ja«, erwiderte die Vorsteherin freundlich, »vor ungefähr vierzehn Tagen muss das gewesen sein – und der junge Herr Doktor ist mir lebhaft im Gedächtnis geblieben.«

Sibylles hellgraue Augen glänzten vor Freude, die jedoch sogleich von Besorgnis überschattet wurde. »Ist ihm vielleicht etwas zugestoßen, ich meine, war er krank? Denn schließlich ist das hier ein Siechenhaus …«

Schwester Canisia schüttelte den Kopf. »Keineswegs – Euer Herr Bruder war bei bester Gesundheit. Und er war auch nicht im Spital, sondern in der Bibliothek, die dem Sankt-Nikolaus-Hospital angegliedert ist. Mein Urgroßonkel, Nikolaus Kardinal von Kues, hat sie anno 1458 gemeinsam mit dem Armenhospital gegründet«, erklärte die Nonne nicht ohne Stolz. »In unserer Büchersammlung befinden sich einzigartige Handschriften, auch Werke meines Urgroßonkels sind darunter …«

»Das ist mir bekannt, Frau Vorsteherin, ich … ich wusste nur nicht, dass sich die Bibliothek direkt bei dem Hospital befindet«, erwiderte Sibylle irritiert. Sie ärgerte sich im Stillen, dass sie nicht schon längst auf die Idee gekommen war, sich in der Bibliothek nach Martin zu erkundigen. Aber sie war davon ausgegangen, dass ihr frischverliebter Bruder momentan ganz andere Interessen verfolgte, als in angestaubten Büchern zu blättern. Ein Irrtum, wie sich gerade herausgestellt hatte.

Mit verhaltenem Staunen musterte sie die Frau im schlichten Ordensgewand, deren Gesicht von klassischer Schönheit war, und fragte sich, was sie wohl dazu bewogen haben mochte, den Schleier zu nehmen.

»Schwester Canisia genügt«, sagte die Nonne entgegenkommend und erkundigte sich bei Sibylle nach dem Grund ihres Besuches.

»Mein Bruder Martin wird seit über vierzehn Tagen vermisst. Er ist von Frankfurt aus nach Trier aufgebrochen, um an der Philosophischen Fakultät einen Vortrag zu halten, aber er ist niemals dort angekommen«, erläuterte Sibylle mit brüchiger Stimme. »Und ich bin jetzt auf der Suche nach ihm.«

Auf dem Gesicht der Nonne spiegelte sich tiefe Besorgnis. »Das kann doch nicht wahr sein!«, stieß sie hervor und schlug bestürzt die Hände zusammen. »Ich bete zu Gott, dass ihm nichts passiert ist! Er war so guter Dinge, als er hier war. Ich habe selten jemanden gesehen, der derart begeistert war von unserer Bibliothek – wäre es nach ihm gegangen, dann hätte er dort Tage und Wochen zugebracht.« Schwester Canisia lächelte versonnen. »Obgleich wir uns kaum kannten, hatten wir wunderbare Gespräche miteinander. Doch er musste ja am nächsten Morgen nach Trier aufbrechen, um pünktlich seine Vorlesung zu halten.« Die Nonne musterte Sibylle bekümmert. »Und jetzt höre ich von Euch, dass er dort niemals eingetroffen ist.« Als die Ordensfrau den leidvollen Gesichtsausdruck der jungen Patriziertochter gewahrte, nahm sie sich sogleich zusammen und gab sich alle Mühe, Sibylle Mut zu machen. »All Euren Sorgen und Befürchtungen zum Trotz, solltet Ihr aber unbedingt zuversichtlich bleiben, meine liebe Jungfer Molitor!«

Sibylle nickte betrübt. »Das versuche ich ja«, murmelte sie wie zu sich selbst, fing dann aber haltlos an zu weinen. All der Kummer, der sich seit Martins Verschwinden in ihr aufgestaut hatte, brach sich plötzlich Bahn, und sie sank der Nonne, die ihr tröstend die Hand auf die Schulter legte, schluchzend in die Arme. Mit einem Mal wurde Sibylle bewusst, dass die Klosterfrau sie in ihrer zeitlosen Schönheit an ihre verstorbene Mutter erinnerte. Schwester Canisia streichelte der Weinenden sanft übers Haar und wiegte sie beschwichtigend in den Armen wie ein kleines Kind.

Nach und nach versiegten Sibylles Tränen, und sie schüttete der Nonne ihr Herz aus. Sie erzählte von der Hübscherin Aglaia aus Mainz, in die sich ihr Bruder hoffnungslos verliebt hatte, so dass Sibylle schon hatte fürchten müssen, er habe den Freitod gewählt; sie berichtete mit unverhohlener Empörung von den Ereignissen in Zell, wo er sich Hals über Kopf in eine Affäre mit einer Komödiantin gestürzt hatte. »Und nun erfahre ich, dass er sich wohl doch eines anderen besonnen und den Büchern und Handschriften Eurer Bibliothek den Vorzug gegeben hat«, endete sie kopfschüttelnd. »Da soll einer klug draus werden!«

Die Nonne lächelte verschmitzt. »Seine Leidenschaft für Bücher hat eindeutig obsiegt – er ist mit Leib und Seele ein Gelehrter!«

Sibylle blickte Schwester Canisia dankbar an. »Wie schön, dass Ihr das sagt!«, erklärte sie bewegt und musste lächeln. Sie fühlte sich mit einem Mal wundersam getröstet und mit Martins sämtlichen Widersprüchen versöhnt. »Genauso kenne und liebe ich ihn«, murmelte sie und wischte sich die Tränen aus den Augenwinkeln. »Doch er ist auch ein echter Schlawiner, und dafür könnte ich ihm in den Allerwertesten treten!«, setzte Sibylle mit grimmiger Miene hinzu. Dann entschuldigte sie sich bei der Nonne für ihre derbe Ausdrucksweise.

»Ach Kind, ich bitte Euch, da bin ich ganz andere Töne gewohnt!«, wiegelte die Schwester ab. »Nach zwei Jahrzehnten als Siechenmagd in einem Armenhospital ist man weiß Gott nicht mehr zimperlich. Wir haben hier viele einfache Leute aus der Gegend, Winzer, Moselfischer, Gesindemägde und hin und wieder auch fahrendes Volk, die drücken sich alle nicht besonders vornehm aus.«

»Und von dieser Komödiantin ist Euch nichts zu Ohren gekommen?«, fragte Sibylle nachdenklich. »Ich meine, er muss doch irgendwo die Nacht verbracht haben …«

»Na, hier bei uns hat er die Nacht verbracht«, erklärte

die Nonne prompt, »drüben in der Bibliothek, er war ja vom Lesepult kaum wegzukriegen. Und wenn ich ihn am Abend nicht nachdrücklich zu einem kleinen Nachtmahl gebeten hätte, wäre er noch hungrig zu Bett gegangen. Wobei vom Schlafengehen wohl kaum die Rede sein konnte. Ich habe ihm zwar zu später Stunde ein paar Decken in den Büchersaal gebracht und ihm angeboten, dass er sich dort auf eine der Holzbänke legen kann, doch viel geschlafen hat der Gute bestimmt nicht – so müde und verquollen, wie seine Augen am nächsten Morgen aussahen. Er ist ganz früh aufgebrochen, weil er zeitig im Jesuitenkolleg in Trier ankommen wollte, um in Ruhe seinen Vortrag durchzugehen.« Über das ebenmäßige Gesicht der Klosterfrau glitt ein wehmütiges Lächeln. »Es war noch im Morgengrauen, als er sich von mir verabschiedete. Er war ganz ritterlich und hat mir sogar die Hand geküsst. Dann hat er sich bei mir für die Gastfreundschaft bedankt und mir eine großzügige Spende übergeben. ›Sobald es meine Zeit erlaubt, komme ich wieder‹, hat er mir zum Abschied feierlich versprochen, ›doch ich werde nicht alleine kommen, verehrte Schwester Canisia, denn beim nächsten Mal bringe ich mein kluges Schwesterlein mit, die ist genauso büchervernarrt wie ich, und Ihr müsst sie unbedingt kennenlernen.‹ Das Vergnügen habe ich ja nun, wenn auch unter anderen Umständen«, fügte die Nonne hinzu und war unversehens wieder ernst geworden. »Lasst uns in unsere Kapelle gehen, meine Liebe, und gemeinsam für Martin beten«, schlug Schwester Canisia vor.

Nachdem ihr Sibylle mitgeteilt hatte, dass sie bedauerlicherweise nicht die Zeit dafür habe, weil ihr Diener draußen auf sie warte, bot ihr die Nonne an, sie wenigstens hinauszubegleiten.

Mit raschen Schritten ging die schlanke, hochgewachsene Ordensfrau voran durch den Innenhof. Jedes Mal, wenn Sibylle fast zu ihr aufgeschlossen hatte, beschleunigte Canisia ihr Tempo, damit Sibylle nicht die Tränen sah, die ihr, vermischt mit Regentropfen, über die Wangen strömten.

———

Es regnete Bindfäden, als der alte Hausknecht Gottfried am frühen Morgen mit der Kutsche in die Kallenfelsgasse einbog, in welcher der ortsansässige Hufschmied seine Werkstatt hatte, um die beiden Zugpferde vor der Weiterreise nach Trier neu beschlagen zu lassen. In der Schmiede musste er zu seinem Unmut feststellen, dass er trotz der frühen Stunde nicht der erste Kunde war, denn der Schmied in seiner langen Lederschürze und ein Geselle waren bereits emsig damit beschäftigt, ein Pferd zu beschlagen. Zwei weitere Tiere standen im Hintergrund bereit. Der Meister hob grüßend die Hand und fragte Gottfried nach seinem Begehr.

»Ich habe zwei Kutschenpferde, die beschlagen werden müssen«, erwiderte der alte Diener.

»Dann müsst Ihr Euch noch ein Weilchen gedulden. Ich mache erst die hier fertig. Ihr könnt ja solange in der Stadt was erledigen, oder Ihr setzt Euch hinten auf einen Schemel und leistet dem Pferdehändler Gesellschaft, der ebenfalls auf seine Gäule wartet«, rief ihm der Schmied zu, ohne von seiner Arbeit aufzublicken.

Gottfried überlegte verdrossen, ob er das Angebot annehmen oder lieber draußen in der Kutsche warten sollte. Der Gedanke, so durchnässt, wie er war, in der kalten Kutsche zu sitzen und sich womöglich einen Schnupfen zu holen, erschien ihm wenig verlockend. In der Schmiede dagegen war es behaglich warm dank des hellen Feuers in der Esse. Also entschied er sich, nach hinten zu gehen, auch wenn ihm in seinem müden und unausgeschlafenen Zustand nicht unbedingt der Sinn nach Ansprache stand. Gerade ging er an den beiden Pferden vorbei, die an einen Balken angebunden waren, da gab eines der Tiere ein lautes Wiehern von sich. Überrascht blieb Gottfried stehen und blickte zu dem Pferd hin.

»Das kann doch nicht sein«, murmelte er stirnrunzelnd, trat an das Tier heran und nahm es genauer in Augenschein. »Du siehst ja aus wie unser Prinzo«, sagte er mit gesenkter Stimme zu dem Braunen und streichelte seinen Kopf, woraufhin das Pferd freudig schnaubte und mit dem Maul sacht über Gottfrieds Wams streifte. An dieser Stelle befand sich die Innentasche, in der der alte Hausknecht, der bei seinen Herrschaften in Frankfurt auch die Pferde versorgte, immer Karotten oder ein altes Stück Brot für seine Schützlinge bereithielt. Aufgeregt ging Gottfried um den Hannoveraner herum und besah sich das Brandzeichen oberhalb des rechten Hinterlaufs. Dem großen, umkreisten »M«, dem Zeichen der Familie Molitor, war vorne noch ein Strich hinzugefügt worden, der es wie eine gezackte Linie anmuten ließ.

»Interessiert Ihr Euch für das Pferd?«, vernahm Gottfried plötzlich hinter sich eine Stimme. Abrupt drehte er sich um. Vor ihm stand ein feister, glatzköpfiger Mann mit einem ausgeprägten Doppelkinn, der sich ihm katzbuckelnd als Ullrich Never, Pferdehändler aus Piesport, vorstellte.

»Gottfried Möbs aus Frankfurt«, entgegnete der Hausknecht barsch, »und ob ich mich für das Pferd interessiere! Ich bin mir nämlich sicher, dass es das Pferd meines jungen Herrn ist, Martin Molitor, der seit vierzehn Tagen vermisst wird!« Gottfried fixierte den Pferdehändler misstrauisch. »Ich will jetzt auf der Stelle wissen, wie Ihr zu dem Pferd gekommen seid, und wenn Ihr mir keine zufriedenstellende Auskunft geben könnt, schalte ich die Gewaltdiener ein!«

»Wollt Ihr mir etwa unterstellen, ich wäre ein Pferdedieb?«, entgegnete der Mann mit dem Doppelkinn aufbrausend und war vor Empörung rot angelaufen. »Ich bin ein ehrbarer Pferdehändler aus der Nachbargemeinde Piesport und habe unter den Einheimischen einen einwandfreien Leumund, da muss ich mich nicht von einem auswärtigen Fuhrknecht derart beleidigen lassen! Also mäßigt gefälligst Euren Ton, sonst bringe ich Euer unverschämtes Betragen zur Anzeige!«

Das Wortgefecht war so laut geworden, dass es selbst dem Schmied und seinem Gesellen trotz der Hammerschläge nicht entgangen war.

»Keinen Streit am frühen Morgen!«, rief der Meister von der Esse aus in Richtung der Streithähne.

»Ich will nicht streiten, Meister Dingeldein, aber so eine freche Unterstellung muss ich mir von einem dahergelaufenen Fuhrknecht nicht gefallen lassen!«

Der Glatzköpfige eilte wutentbrannt zu dem Hufschmied hin. »Ihr kennt mich seit vielen Jahren, Meister Dingeldein, und wisst, dass ich ein ehrenwerter Händler

bin, der nur saubere Geschäfte macht«, rief er beistands-
heischend und warf Gottfried, der sich ihnen näherte, einen vernichtenden Blick zu.

»Mit Verlaub, vielleicht tue ich Euch ja unrecht – aber
ich habe noch keinen *ehrenwerten* Pferdehändler kennengelernt«, murrte Gottfried abfällig und bemerkte mit einiger Genugtuung, dass über das faltige Gesicht des Huf-
schmieds ein verständiges Grinsen huschte. »Ich bin im
Übrigen auch kein ›dahergelaufener Fuhrknecht‹, sondern
stehe seit mehr als drei Jahrzehnten in den Diensten der
hochangesehenen Frankfurter Patrizierfamilie Molitor.
Ich begleite meine junge Herrin auf der Suche nach ihrem
vermissten Bruder. Der junge Herr Doktor war auf der
Durchreise zu einem Vortrag im Jesuitenkollegium Trier
und ist seither verschollen – und da ich eben sein Pferd
erkannte, das ich jahrelang versorgt habe, ist es doch mein
gutes Recht, Euch zu fragen, wo Ihr es herhabt?« Den
letzten Satz hatte Gottfried mit einer gewissen Schärfe
ausgesprochen.

Aller Augen waren auf den Pferdehändler gerichtet,
als dieser sich unbehaglich räusperte, um sodann trotzig
zu verkünden: »Ich habe den Hannoveraner rechtmäßig
erworben! Er wurde mir letzte Woche in Merzig auf dem
Viehmarkt von einem reisenden Viehjuden angeboten.«

»Merzig – wo ist das? Wie hieß der Mann, der Euch das
Pferd verkauft hat? Und wo zum Teufel hatte er es her?«,
bestürmte ihn Gottfried mit Fragen.

»Was weiß denn ich!«, raunzte der Pferdehändler.
»Wenn ich mir den Namen eines jeden Viehjuden merken täte, der jahrein, jahraus die Viehmärkte in der Eifel
und im Hunsrück abgrast, hätte ich viel zu tun!«

»Und woher er den Gaul hatte, habt Ihr ihn wahrscheinlich auch nicht gefragt?«, erkundigte sich Gottfried hämisch und wandte sich entschlossen zum Gehen.

In den Augen des Pferdehändlers flackerte Angst auf. »Wo wollt Ihr denn jetzt hin? Ich habe doch nichts Unrechtes getan!«, rief er ihm hinterher und wischte sich die Schweißperlen von der Stirn.

———

Sibylle schmiegte ihr Gesicht an den Kopf des Pferdes und fing haltlos an zu weinen. Während der alte Diener den Arm um sie legte und versuchte, sie zu trösten, blinzelte der Pferdehändler betreten zu ihnen herüber. »Ihr … Ihr könnt ihn haben, wenn Ihr wollt. Ich will nur meine Unkosten wiederhaben, mehr nicht, dann überlasse ich ihn Euch«, murmelte er zerknirscht.

Sibylle blickte ihn aus tränenverschleierten Augen an. »Ich zahle Euch das Doppelte Eurer Auslagen, wenn Ihr mir ehrlich sagt, wo Ihr ihn herhabt …«

»Aber das habe ich doch Eurem Diener schon alles gesagt«, lamentierte der Pferdehändler händeringend. »Ich habe das Pferd letzte Woche in Merzig einem Viehjuden abgekauft.«

Sibylle wischte sich die Tränen von den Wangen. »Bitte, ich muss jede Einzelheit darüber wissen, sagt es mir so genau wie möglich!«, bat sie den Händler inständig.

»Das haben wir gleich, Herrin!«, schaltete sich plötzlich einer der geharnischten Reiter ein. Aus Sicherheitsgründen hatte Gottfried die Männer zur Schmiede mitgenommen – nicht zuletzt, um den windigen Pferdehändler gehörig das Fürchten zu lehren. Was seine Wirkung nicht verfehlte, wie der alarmierte Blick des Glatzköpfigen verriet. Es genügte schon, dass sich der muskulöse Hüne und sein nicht minder wehrhafter Kollege bedrohlich vor ihm aufbauten, um der Bitte der jungen Frau Nachdruck zu verleihen.

»Also, das war vergangenen Freitag … auf dem Viehmarkt in Merzig«, stieß der Pferdehändler mit einem unsicheren Blick auf die beiden Schergen hervor. »Merzig liegt unten an der Saar und ist ungefähr einen Tagesritt von Trier entfernt. Ich fahre jede Woche hin, weil es dort den größten Vieh- und Pferdemarkt in der ganzen Gegend gibt und man da die besten Geschäfte machen kann«, erläuterte der Kahlköpfige angespannt, dessen blanker Schädel vor Schweiß glänzte. »Und da hat mich halt so ein Viehjude angesprochen und gefragt, ob ich ihm nicht ein paar Gäule abkaufen will.« Der Pferdehändler rümpfte abfällig die Nase. »Eigentlich mache ich als ehrbarer, christlicher Kaufmann keine Geschäfte mit diesem Heidenpack, aber der Kerl war so aufdringlich, und da hab ich mich halt von ihm rumkriegen lassen.« Der Händler gab ein tiefes Seufzen von sich. »Man ist ja viel zu gutmütig! Als aufrechter Christenmensch kann man bei ihrem Schachern und dreisten Gebaren sowieso nicht mithalten. Jedenfalls hat mich der Gauner so lange bearbeitet, bis wir uns handelseinig geworden sind und ich ihm drei Gäule abgekauft habe«, gestand er wehleidig.

»Wie heißt dieser Jude, und woher kommt er?«, unterbrach ihn Sibylle scharf.

»Das kann ich Euch beim besten Willen nicht sagen«, erwiderte der Pferdehändler in weinerlichem Tonfall.

»Ihr müsst doch wissen, mit wem Ihr Geschäfte macht. Mit welchem Namen habt Ihr ihn denn angesprochen?«, fragte die Patriziertochter ungehalten.

»Ich habe ›Viehjud‹ zu ihm gesagt, wie ich das mit all diesen Kaftan-Juden mache, die unsereinem das Geld aus der Tasche ziehen.«

Die Patriziertochter schlug mit einem Mal so empört die Hände zusammen, dass die Pferde aufschreckten. »Jetzt reicht es mir aber mit Eurem ewigen Lamento!«, rief sie aufgebracht. »Ich kann Eure Selbstgerechtigkeit nicht länger ertragen, mit der Ihr unentwegt versucht, Euch herauszureden! Entweder Ihr macht jetzt endlich klare Angaben oder ich schalte auf der Stelle die Strafjustiz ein.«

Schon im nächsten Moment hatten die geharnischten Stadtknechte den Pferdehändler in den Schwitzkasten genommen. Er gab ein verzweifeltes Quieken von sich und blickte panisch zum Hufschmied und seinem Gesellen hin, die ungerührt ihre Arbeit fortsetzten.

»Zur Hilfe, Meister Dingeldein, das könnt Ihr doch nicht zulassen, dass man mir hier in Eurer Schmiede Gewalt antut!«, krächzte er. Doch der Meister und sein Gehilfe stellten sich taub, und die beiden Schergen verstärkten ihren Griff. »Ich … ich mache Euch ein Angebot!«, keuchte der Händler schließlich gepresst, dessen feuerroter Kopf schier am Bersten war.

Sibylle ging ein paar Schritte auf ihn zu, gab ihren Beschützern ein Zeichen, den zappelnden Mann loszulassen, und baute sich abwartend vor ihm auf. »Ich höre?«

»Ich kann Euch den Namen des Viehjuden wirklich nicht nennen, so leid es mir tut«, winselte der Pferdehändler, »aber ich verspreche Euch auf Ehr und Gewissen, dass ich ihn danach fragen werde, wenn ich ihn wieder auf dem Viehmarkt treffe. Ich werde ihm auch sonst noch ein paar Fragen stellen, von wem er das Pferd gekauft hat, wann und wo das war und so weiter. Das werde ich mir dann alles fein und säuberlich aufschreiben und es Euch durch einen fliegenden Boten zukommen lassen, wenn Ihr mir Eure Anschrift gebt ...«

»Was für ein Humbug!«, erwiderte Sibylle erzürnt und fixierte den Händler. »Da habe ich eine viel bessere Idee. Wir begleiten Euch am kommenden Freitag auf den Viehmarkt, dort macht Ihr den Juden ausfindig, und wir reden selber mit ihm. Denn wiedererkennen würdet Ihr ihn ja schon, wie ich den Eindruck habe, und wenn das so ein großer Viehmarkt ist, erscheint es mir naheliegend, dass er da sein wird.«

Der Mann mit dem Doppelkinn blinzelte unbehaglich. »Da bin ich mir nicht so sicher«, murmelte er betreten. Mit bangem Blick auf die Schergen beeilte er sich jedoch hinzuzufügen: »Aber wir können es ja versuchen, wenn Ihr unbedingt wollt ...«

»Gut, dann werde ich jetzt einen entsprechenden Kontrakt aufsetzen, den Ihr mir unterzeichnen werdet«, bestimmte Sibylle resolut und bat den Hufschmied um Feder und Tinte. »Bei dieser Gelegenheit kann ich auch gleich einen Kaufvertrag verfassen – für das Pferd meines Bruders, damit Ihr wenigstens Eure Unkosten zurückerhaltet«, fügte sie höhnisch hinzu und machte dem Händler ein angemessenes Angebot, dem er zerknirscht und ohne das übliche Feilschen zustimmte.

Schwester Canisia war gerade dabei, einem Kranken etwas Brühe einzuflößen, als ihr ein Hospitalknecht meldete, eine junge Frau wünsche sie zu sprechen, sie warte an der Tür des Krankensaals auf sie. Nachdem die Ordensfrau mit viel gutem Zureden erreicht hatte, dass der geschwächte Greis wenigstens ein paar Löffel Suppe zu sich nahm, wischte sie ihm mit einem Leinentuch behutsam den Mund ab, tätschelte dem Kranken aufmunternd die Schulter und eilte den langen Saal entlang zur Eingangstür, wo sie, wie sie richtig vermutet hatte, von Sibylle erwartet wurde.

»Grüß Gott, meine Liebe – so früh hatte ich allerdings nicht mit Euch gerechnet!«, begrüßte sie die junge Frau herzlich. Als sie jedoch deren betrübte Miene sah, schlug sie sofort vor, nach oben in ihr Schreibkontor zu gehen.

Nachdem sich die beiden Frauen dort niedergelassen hatten, bemerkte die erfahrene Krankenpflegerin besorgt, wie bleich und mitgenommen die junge Patrizierin aussah. Sie bemühte sich, ihre Stimme nicht zu alarmiert klingen zu lassen, als sie sich erkundigte, was passiert sei.

»Nun, ich habe Euch ja gestern Abend versprochen, Euch Bescheid zu geben, wenn es Neuigkeiten über Martin gibt. Und das ist jetzt der Fall«, erklärte Sibylle mit belegter Stimme und rang sichtlich um Fassung.

Schwester Canisia nahm wahr, wie sich über ihren ganzen Körper eine Gänsehaut breitete, und konnte ein heftiges Schaudern nicht verhindern. »Hoffentlich keine schlechten …«, sagte sie kurzatmig. Ihre Handflächen waren vor Aufregung so feucht geworden, dass sie sie fahrig an ihrer Schürze abstreifte. »Bitte sagt nicht, dass ihm etwas zugestoßen ist!« Die Nonne umklammerte krampfhaft das Silberkreuz, welches sie an einer Kette über dem weißen Ordensgewand trug.

»Da sei Gott vor!«, flüsterte Sibylle und bekreuzigte sich. »Aber es ist schon alles sehr sonderbar … Wir haben eben Martins Pferd gefunden«, murmelte die junge Frau eigenartig benommen. Sie berichtete Schwester Canisia stockend, was sich vorhin in der Schmiede zugetragen hatte.

Die Nonne lauschte ihr beklommen. »Ich … ich muss Euch etwas sagen«, stieß sie dann hervor und schien schwer mit sich zu ringen.

Sibylle musterte sie bestürzt. »Ist es denn etwas Schlimmes?«, fragte sie.

»Schlimm genug«, seufzte Schwester Canisia und senkte betreten den Blick, »ich wollte es Euch gestern Abend nicht sagen, um Euch nicht noch mehr Angst einzujagen. Aber jetzt, da Ihr auf die Spur mit seinem Pferd gestoßen seid, habe ich mich entschlossen, es Euch nicht länger zu verschweigen. Euer Bruder … ist nicht der Einzige, der hier in der Gegend auf mysteriöse Weise verschwunden ist.« Die Schwester umklammerte erneut ihr Ordenskreuz, als wäre es ihr einziger Halt.

Sibylle hing wie gebannt an ihren Lippen. »Was heißt nicht der Einzige?«, fragte sie angespannt.

»In den letzten Jahren ist es häufiger vorgekommen, dass Menschen sich bei mir im Hospital nach ihren Angehörigen erkundigt haben, die auf Reisen entlang der Mosel spurlos verschwunden sind. Die meisten von ihnen waren Händler und kleinere Kaufleute, die auf dem Weg nach Frankreich, Luxemburg oder … Trier waren.« Es fiel der Schwester sichtlich schwer, Letzteres auszusprechen. »Auffällig ist, dass die Vermissten größtenteils allein unterwegs waren – ein paar wenige wohl auch zu zweit. Deswegen habe ich Euren Bruder gewarnt und ihn beschworen, sich auf der Weiterreise unbedingt einer Gruppe anzuschließen. Aber ihm war leider nicht zu raten.« Schwester Canisia schüttelte bekümmert den Kopf. »Er meinte, er sei ja die ganze Wegstrecke bis hierher die meiste Zeit alleine gereist und unbehelligt geblieben, da würde das für die letzte Etappe auch gehen, zumal es bis Trier gerade einmal ein Tagesritt sei, den er am helllichten Tage sicher unbedenklich zurücklegen könne. In meiner Verzweiflung machte ich ihm sogar den Vorschlag, mit dem Schiff nach Trier zu fahren, doch er hielt dagegen, dass ihm das zu lange dauere. Er habe ohnehin mehr Zeit für die Reise benötigt, als er kalkuliert habe. Und nun müsse er das aufholen und würde daher direkt über den Höhenweg reiten, welcher der schnellste nach Trier sei. Die Strecke über den Hunsrück mit seinen schroffen Felsen und dunklen Wäldern ist aber auch die gefahrvollste – um diese wilde, düstere Bergregion, die so ganz anders ist als die liebliche Mosellandschaft, ranken sich die schauerlichsten Geschichten –, daher versuchte ich, Euren Bruder von diesem Vorhaben abzubringen. Doch es wollte mir nicht gelingen.« Schwester Canisia blickte traurig ins Leere. »Ich sehe ihn noch vor mir, in seinem Gelehrtentalar, mit dem schwarzen Samtbarett auf den langen, wallenden braunen Haaren. Ein Bild von einem Mann, und er war voller Lebenslust und Wissbegierde. Und so ritt der junge Frühling mit arglosem Blick in die Welt hinaus und ward nicht mehr gesehen …« Die Nonne barg weinend ihr Gesicht in den Händen.

Sibylles Gedanken überschlugen sich. Es war ihr, als suchten sie alle Dämonen und Schreckensbilder, die sie seit Martins Verschwinden mühsam gebannt hielt, auf einmal heim. »Nein«, stammelte sie außer sich und raufte sich die Haare, »das darf nicht sein!«

Langsam drang die schreckliche Erkenntnis in Sibylles Bewusstsein, dass sie ihren geliebten Bruder wahrscheinlich niemals wiedersehen würde. Die Vorstellung drohte ihr den Verstand zu rauben. Sie konnte und wollte es nicht fassen, dass der Mensch, den sie liebte wie keinen anderen, für immer unauffindbar bleiben würde, dass sie ihn unwiederbringlich verloren hatte. Schlagartig verließen sie alle Lebensgeister, und sie brach zusammen wie eine Marionette, der mit einem jähen Schnitt sämtliche Fäden durchtrennt worden waren.

Sibylle blickte benommen in die besorgten Gesichter von Schwester Canisia und Gottfried, die über sie gebeugt waren. »Was ist passiert?«, fragte sie beunruhigt und versuchte, sich aufzurichten. Doch die kleine, aber kräftige Hand der Nonne schob sie sacht zurück aufs Kissen.

»Nichts da, Ihr bleibt erst mal liegen!«, erklärte Schwester Canisia energisch. »Oder wollt Ihr gleich noch mal umkippen?«

Langsam dämmerte es Sibylle. »Ich bin ohnmächtig geworden.«

»In der Tat«, grummelte Gottfried ungehalten, »und man kann von Glück sagen, dass Euch das hier im Spital widerfahren ist, unter der Obhut der Schwester. Herr im

Himmel, ich darf gar nicht daran denken, was Euer Herr Vater dazu sagen würde!« Er rang beschwörend die Hände. »Der Herr war von Anfang an dagegen, dass Ihr Euch derartigen Strapazen aussetzt – und er hat wie immer recht gehabt!« Gottfried presste erbittert die Lippen zusammen. »Aber jetzt ist Schluss damit. Sobald Ihr Euch so weit erholt habt, dass Ihr reisefertig seid, fahren wir umgehend zurück nach Frankfurt – und zwar ohne irgendwelche Umwege!«

Während seiner Tirade war die Farbe in Sibylles bleiches Antlitz zurückgekehrt. Ihre Wangen röteten sich, und die Augen, die eben noch verzagt und trüb vor sich hin geblickt hatten, sprühten plötzlich Funken.

»Ich werde hier nicht weichen, bis ich weiß, was Martin zugestoßen ist!«, äußerte Sibylle und erhob sich mit wilder Entschlossenheit vom Krankenlager. »Wie schrecklich es auch sein mag, ich will und werde es in Erfahrung bringen!«

Die junge Frau hatte ihre Worte mit solcher Leidenschaft vorgebracht, dass die Nonne und der alte Hausknecht sprachlos waren angesichts ihrer ungebrochenen Willenskraft.

»Selbst wenn Martin einem Verbrecher in die Hände gefallen ist, der ihn ausgeraubt und ermordet hat – ich werde diesen Schurken finden, und wenn ich die ganze Hölle nach ihm absuchen muss!«, endete Sibylle mit feurigem Blick. Weder Gottfried noch Schwester Canisia hatten den leisesten Zweifel, dass die schöne Patriziertochter dazu willens und in der Lage war.

12

In der Umgebung von Bernkastel-Kues, 22. Juni 1575

Groperunge stand auf der Anhöhe und verlor die rundliche, dunkel gewandete Frau mit dem Hebammenhocker und dem sperrigen Tornister auf dem Rücken, die über den Hunsrückhöhenweg in Richtung Monzelfeld zog, keinen Moment lang aus den Augen. Sie war ihm schon häufiger in der Gegend aufgefallen und schien in Monzelfeld zu wohnen, aber die meiste Zeit war sie bei Wind und Wetter unterwegs, um den Weibern in den gottverlassenen kleinen Hunsrückdörfern bei der Geburt zu helfen. *Ein Hungerleider mehr in all der Trostlosigkeit hier draußen*, dachte Groperunge oftmals, wenn er die betagte Frau mit der üppigen Figur sah, die mit emsigen Schritten ihrer Wege ging.

Wie hätte er denn auch ahnen können, dass er selbst einmal ihre Dienste benötigen würde! Er verzog das hagere Gesicht zu einem grimmigen Lächeln. Das Weibsstück, das er sich törichterweise angeschafft hatte, war schon tagelang am Rumplärren, weil die Geburtswehen eingesetzt hatten. Es wäre sowieso das Beste, das Balg würde krepieren – und die Alte gleich mit! Dann hätte er endlich wieder seine Ruhe. Aber er wusste nur zu gut, dass er sich etwas vormachte. Er hatte sich an Tessa gewöhnt wie an ein Haustier, daran, dass sie ihm ordentlich den Haushalt führte, für ihn kochte und die Wäsche wusch – und ihm stets zu Willen war. Schön anzusehen war sie immer noch, trotz des runden Bauchs. Allein ihrem Liebreiz hatte sie es zu verdanken, dass er sie am Leben ließ. Obwohl sie es gar nicht verdiente, so renitent und aufsässig, wie sie seit ihrer Schwangerschaft geworden war. Im Stillen brachte er ihr deswegen aber auch einen gewissen Respekt entgegen, und als Sohn eines Försters war ihm hinlänglich bekannt, dass mit einem trächtigen Muttertier – sei es nun eine Ricke oder Bache – nicht zu spaßen war.

Angespannt spähte Groperunge über den Höhenweg, der sich schmal und steinig unterhalb der Anhöhe schlängelte wie ein grauer Wildbach, dann zog er sich entschlossen die Kapuze ins Gesicht und stieg auf sein Pferd, das unweit seines Aussichtspunktes an einen vorstehenden Fels angebunden war. Es war bereits Abend und weit und breit niemand mehr zu sehen.

Normalerweise ließ er die Finger von den Einheimischen. Wenn fremde Reisende verschwanden, war das weitaus unverfänglicher und den Ortsansässigen gleichgültiger, als wenn einer der Ihren vom Drachen geholt wurde. Aber der Zweck heiligte schließlich die Mittel, und wer würde diese alte Krähe schon groß vermissen. »Du wirst deinen Feierabend noch ein Weilchen verschieben müssen, Gevatterin!«, murmelte er höhnisch und gab dem Apfelschimmel die Sporen.

Während Elsbeth Knees den Fraßberg mit seinen hohen, düsteren Tannen umrundete, beschleunigte sie unwillkürlich ihre Schritte, so dass sie völlig außer Atem geriet. Egal, nur schnell weg von diesem unheimlichen Berg, auch wenn sie dabei keuchte wie ein alter, schwerbeladener Lastesel – irgendwie war sie das ja auch. Obgleich sie den Berg in mehr als dreißig Dienstjahren unzählige Male passiert hatte und dabei immer unbeschadet geblieben war – was interessierten sie auch die abergläubischen Spukgeschichten der einfältigen alten Leute –, konnte sie es doch bei aller Courage und Abgeklärtheit nicht verhindern, dass es sie vor dem Berg grauste. »In meinem Gewerbe glaubt man genauso wenig an einen Drachen wie an einen Klapperstorch«, pflegte sie den Bangemachern stets mit trockenem Humor entgegenzuhalten, aber ganz so abgebrüht, wie sie immer tat, war sie halt doch nicht. *Was kann ich schon dafür, dass mir jedes Mal die Knie zittern und das Herz rast, wenn ich am Fraßberg vorbeikomme!* Alleine der Name war schon schrecklich genug.

»Elsbeth, Elsbeth, du wirst auf deine alten Tage noch genauso verstiegen und wunderlich wie alle bejahrten Leute«, murmelte die alleinstehende Frau mit dem grauen Haarknoten kopfschüttelnd, die in der letzten Zeit verstärkt zu Selbstgesprächen neigte. Kurzerhand holte sie eine Taschenflasche unter ihrem wollenen Cape hervor und nahm einen tiefen Schluck Branntwein zu sich. *Was gut ist gegen Kälte und Einsamkeit, das hilft auch gegen die seltsamen Befindlichkeiten, wie sie alten Weibern eigen sind,* dachte die Hebamme selbstironisch und stellte mit einiger Erleichterung fest, dass sie den unheilvollen Berg bereits hinter sich gelassen hatte. *Noch eine gute halbe Stunde, und ich bin zu Hause!* Dann würde sie sich ein Brotsüppchen mit Speck bereiten, die müden Beine hochlegen und noch einen Schoppen trinken. Anschließend würde sie sich auf ihren Strohsack legen, die Decke über die Ohren ziehen und sich ein paar schöne Gedanken machen, ehe sie einschlafen würde. An den einen oder anderen fahrenden Handwerksburschen oder Landgänger, dem sie in ihrer windschiefen Hütte Unterschlupf für die Nacht gewährt hatte. Sehr zum Unmut der Betschwestern aus der Nachbarschaft, die nichts anderes zu tun hatten, als beim Pfarrer über sie herzuziehen, denn als Hebamme hatte sie sich per Eid zu einem sittsamen, christlichen Lebenswandel verpflichten müssen. »Schlecht ist der, der böse Gedanken hat«, hatte sie auf Hochwürdens erbitterte Vorwürfe erwidert, »ich habe nichts Unrechtes getan!« Daraufhin hatte er ihr vorgehalten, dass es sich für eine Hebamme nicht zieme, der Unzucht zu frönen. Erst recht nicht für eine Frau ihres Alters. Ein Schoß, der nicht mehr gebären könne, sei wie ein Baum, der keine Früchte trage, hatte der moralinsaure Tugendwächter tadelnd hinzugefügt.

»Erzählt Ihr mir bloß nichts von Schößen – wo Ihr Euch ja so gut damit auskennt!«, war sie dem weltfremden Kanzelredner derb übers Maul gefahren. Solange sie denken konnte, stand sie mit dem Priester auf Kriegsfuß, weil er sie verdächtigte, die Geburtswehen der Frauen mit ihren selbsthergestellten Mixturen zu lindern. Gott habe bestimmt, dass Eva und alle ihre weiblichen Nachkommen unter Schmerzen ihre Kinder gebären sollten, hatte ihr der Kuttenträger immer wieder vorgehalten. Die weiblichen Schmerzensschreie während der Geburt würden Gott Freude bereiten. Elsbeth musste schwer an sich halten, wenn sie so etwas hörte. Was wusste dieser weltentrückte Pfaffe schon von den Leiden der Frauen? Und deswegen tat Elsbeth weiterhin das, was sie für richtig hielt – und gab den Gebärenden, wenn der Wehenschmerz zu schlimm wurde, ihren Pflanzensud aus zerstoßenen Mohnsamen ein, weil sie es als ihre Christenpflicht erachtete, das Leiden der Frauen zu mildern. Den meisten Frauen ging es ohnehin schon schlecht genug. Eine Schwangerschaft nach der anderen, mit vielen Fehl- oder Totgeburten, und wenn die Kleinen nicht schon bei der Geburt starben, dann spätestens am plötzlichen Kindstod. Von den Müttern ganz zu schweigen, unzählige hatte Elsbeth schon sterben sehen. Wenn so etwas geschah, verfluchte sie ihren Beruf. So alt konnte sie gar nicht werden, dass es ihr nicht mehr das Gemüt verdüsterte. Für jede gesunde Niederkunft dankte sie dem Himmel und war unendlich froh und erleichtert, wenn Mutter und Kind wohlauf waren. So wie heute Mittag bei der jungen Bauersfrau in Gonzerath. Der Bauer war so glücklich über sein gesundes Söhnlein, dass er Elsbeth ein dickes Stück Speck mitgegeben hatte – und beim Gedanken daran lief ihr das Wasser im Mund zusammen.

Mit einem Mal riss lautes Pferdegetrappel Elsbeth aus ihren Gedanken. Es schien sich ihr von hinten zu nähern, aus der Richtung, wo sich der Fraßberg befand. Beklommen trat sie zur Seite und wandte sich um. Im Nu sprengte ein graugewandeter Reiter um die Kurve und ritt in wildem Galopp direkt auf sie zu. Kurz vor ihr brachte er den Apfelschimmel zum Stehen und richtete erregt das Wort an sie.

»Ich brauche unbedingt Eure Hilfe!«, stieß der Mann mit der weiten Kapuze atemlos hervor. »Meine Frau hat schlimme Wehen, es ist ihre erste Geburt, und sie ist noch sehr jung und zart …«

Elsbeth Knees war viel zu erfahren, um mit unnötigen Fragen die Zeit zu vertrödeln. »Dann nichts wie hin!«, sagte sie stattdessen und blickte den Reiter entschlossen an.

»Am besten wird es sein, Ihr steigt mit auf, dann sind wir schneller.« Der Mann schwang sich behände vom Sattel und half der Hebamme aufs Pferd. Elsbeth war erstaunt, wie mühelos es ihm gelang, sie mitsamt ihren Hebammen-Utensilien auf dem Rücken nach oben zu hieven. Obgleich er groß und hager war, musste er über erhebliche Körperkräfte verfügen, denn in Anbetracht ihrer Leibesfülle war sie weiß Gott kein Leichtgewicht. Anschließend instruierte sie der Mann mit dem grauen Umhang in kühlem Tonfall, den Hocker und das Felleisen mit nach vorne zu nehmen, damit er sich hinter sie setzen könne. Seine anfängliche Aufregung schien sich inzwischen gelegt zu haben, was Elsbeth ein wenig erstaunte, denn die Erfahrung hatte sie gelehrt, dass angehende Väter sich häufig hektischer aufführten als die Gebärenden selber. Aber auch da gab es Ausnahmen. Als der Mann jedoch im nächsten Moment den Arm um sie schlang und sie mit eisernem Griff an sich presste, so dass ihr fast die Luft wegblieb, war sie doch ein wenig irritiert über sein Gebaren, das fast schon an Grobheit grenzte.

»Ich muss Euch gut festhalten, es wird nämlich gleich ziemlich steil«, raunte er ihr zu, als hätte er ihren Gedanken erraten, und ehe sie sichs versah, gab er dem Pferd die Sporen, und sie stürmten den Berghang hinauf.

Elsbeth spürte, wie sich ihre Nackenhaare sträubten.

»Warum denn auf den Fraßberg ...?«, fragte sie bange und ärgerte sich selber über ihren ängstlichen Tonfall. Sie war ja schließlich kein Hasenfuß und war es gewohnt, bei Nacht und Nebel mutterseelenallein in gottverlassenen Regionen unterwegs zu sein. Dennoch begehrte alles in ihr dagegen auf, im Klammergriff des Hageren in wildem Tempo den unheilvollen Berg hinaufzureiten.

»In dieser Einöde wohnt gar niemand, Ihr wollt mir doch nicht erzählen, dass Eure Frau da oben ist?« Sie blickte unwirsch über die Schulter. »Und lockert gefälligst Euren Griff, Ihr schnürt einem ja die Luft ab!«, fluchte sie erbost in Richtung des Reiters.

Doch dieser ging mit keiner Silbe auf ihre Frage ein und lockerte auch nicht seinen Griff. Zu Elsbeths Beklommenheit gesellte sich plötzlich Wut hinzu. »Lass mich los, du Grobian, sonst ...« Die Worte blieben ihr im Halse stecken.

»Sonst ...?«, äffte er sie nach, und in seinem Ton lagen so viel Häme und Bosheit, dass es der beherzten Hebamme ganz mulmig zumute wurde. Was, wenn das mit der schwangeren Frau nur ein Vorwand war und er ganz andere, schreckliche Dinge mit ihr vorhatte? Wenn er ihr hätte Gewalt antun wollen, hätte er sie doch nur ins nächste Gebüsch zerren müssen, außerdem konnte sie sich das nicht vorstellen, sie war doch längst nicht mehr jung und ansehnlich genug, um derartige Begehrlichkeiten zu wecken.

»Was ... was habt Ihr mit mir vor?«, fragte sie und bemühte sich, ihre Stimme nicht zu furchtsam klingen zu lassen.

»Das habe ich Euch doch schon gesagt!«, zischte er ihr

zu, und Elsbeth hatte plötzlich das Gefühl, von Kopf bis
Fuß zu Eis zu erstarren.

»Weitergehen!«, herrschte er sie an, als sie den dunklen
Bergschacht hinunterstiegen. Er verstärkte den Druck
der Dolchspitze auf ihrer Kehle. Elsbeth hatte panische
Angst, auf dem holprigen, von Geröll und Steinen über-
säten Untergrund, der von einer Wandfackel nur not-
dürftig beleuchtet wurde, ins Straucheln zu geraten und
dem Schurken geradewegs ins Messer zu stürzen. Dann
hörte sie es plötzlich. Es waren eindeutig die Schmerzensschreie einer Frau in den Geburtswehen, wie sie sie schon
tausendmal vernommen hatte. Wenngleich die Situation
furchterregend und bedrohlich war, so taten die vertrauten Schreie Elsbeth eigenartig wohl, vermittelten sie ihr
doch ein Stück Normalität. Die Hebamme vergaß ihre
Angst und eilte zielstrebig weiter, um der Frau zu helfen.
Der Hagere passte sich sogleich ihrer Schrittgeschwindig-
keit an, schien aber zu merken, dass sie nicht mehr zu
flüchten versuchen würde, und zog das Messer zurück.
    Als sie wenig später durch den schmalen Durchgang
schlüpfte, der von einem schweren Teppich verhangen
war, staunte sie zunächst nicht schlecht über die weitläufige Höhle, die mit dem feinsten Mobiliar, schweren
Lüstern und prachtvollen Gobelins ausgestattet war,
ganz so, als handelte es sich um die feudale Wohnstatt
eines Burgherren. Doch dann besann sie sich wieder
auf ihre Pflicht und spähte nach der Frau, die sie auch
gleich in dem ausgedehnten Gewölbe entdeckte. Sie lag
zusammengekrümmt auf einer breiten Bettstatt, die mit
Schaffellen bedeckt war, und wand sich vor Schmerzen.

Elsbeth ging auf sie zu, stellte den Hocker und das Felleisen vor dem Bett ab und streichelte der Frau beruhigend über den Kopf. Die Liegende, die sie wohl in ihrer Pein noch nicht bemerkt hatte, wandte ihr nun jäh das Gesicht zu. Elsbeth sah, wie jung sie noch war – und obgleich ihre Züge vor Anstrengung gerötet und schmerzverzerrt waren, waren sie doch von außergewöhnlicher Anmut und Grazie. Sie gemahnten die erfahrene Hebamme, die den werdenden Müttern entgegen ihrer sonst schroffen, aufbrausenden Art grundsätzlich mit tiefem, allumfassendem Wohlwollen begegnete, an das filigrane Antlitz einer Märchenfee. Die Augen des Mädchens füllten sich beim Anblick der mütterlichen Frau mit Tränen. Wie eine Ertrinkende umklammerte sie ihre Hand und flehte: »Bitte, bitte helft mir – ich möchte mein Kind nicht verlieren!«

»Das wird schon alles gut werden, mein Mädchen, lass mich nur machen«, erklärte Elsbeth milde, entzog Marie sacht die Hand, krempelte sich die Ärmel hoch und tastete den Bauch der Schwangeren ab, während sie gleichzeitig die andere Hand sachkundig in die Vulva einführte. »Der Kopf ist schon ganz unten, da will jemand raus«, murmelte sie konzentriert und musterte die junge Frau ernst. »Du darfst dich nicht dagegen sperren, Liebes, du musst immer tief ein- und ausatmen und versuchen, das Kleine mit aller Kraft herauszupressen. Ich weiß, es ist deine erste Geburt, und du bist unten noch sehr eng, aber es wird schon gehen, glaube mir.«

Marie nickte unter Tränen. »Und das Kleine ... wird es auch keinen Schaden nehmen? Es ist doch noch so klein ... und zart ...« Sie schluchzte verzweifelt. »Mein kleiner Liebling darf nicht sterben!«, brach es aus ihr heraus, und sie klammerte sich wieder an die Hebamme, die ihr beschwichtigend die Wange tätschelte.

»Wir wollen doch guter Hoffnung bleiben und nur vom Guten ausgehen, Kindchen, also geb dir alle Mühe, und immer schön pressen!« Sie rief dem Hageren zu, der sich die ganze Zeit im Hintergrund hielt, er solle ausreichend warmes Wasser bereiten und Leinentücher an die Feuerstelle hängen; außerdem benötige sie einen Holzbottich, um das Kind zu waschen.

Groperunge erledigte umgehend, was sie ihm aufgetragen hatte. Sodann führte die Hebamme ihre Hände in den Schoß der Gebärenden ein und versuchte, den kleinen Winzling, dessen Kopf bereits am Scheideneingang sichtbar war, behutsam an den Schultern zu packen und herauszuziehen. Mit übermenschlicher Anstrengung presste Marie weiter und weiter, bis sie einen gellenden Aufschrei von sich gab und der Säugling mit einem Ruck ans Licht der Welt gelangte. Die kundige Hebamme ergriff das kleine Etwas an den winzigen Füßen, das auf den ersten Blick anmutete wie ein blut- und schleimüberzogener Fleischklumpen, und hielt es mit dem Kopf nach unten. Gleich darauf gab der kleine Erdenbürger seinen ersten Schrei von sich, der so fein und quiekend war wie der eines neugeborenen Kätzchens. Obgleich Elsbeth schon unzählige Säuglinge ins Leben geholt hatte, so war doch der Anblick eines Neugeborenen stets ein zutiefst ergreifender, erhabener Moment für sie – und das würde sich niemals ändern.

»Willkommen, mein Kleiner!«, murmelte sie bewegt und legte den Säugling mit der Nabelschnur der entkräfteten Mutter auf den Bauch, die mit glückseligem Lächeln behutsam ihre Hände um das kleine Wesen breitete.

»Es ist ein Junge«, erläuterte Elsbeth lächelnd. »Ich werde ihn gleich abnabeln, waschen und in eine saubere Decke wickeln, dann bringe ich ihn dir wieder. Er ist kaum größer als ein Katzenjunges, doch wenn er ordentlich trinkt, wird er schon zulegen.«

Nun machte Elsbeth sich daran, dem Neugeborenen mit einem Faden, den sie ihrem Felleisen entnommen hatte, die Nabelschnur abzubinden. Sie ignorierte die stechenden Blicke des Hageren, der jeden ihrer Handgriffe aus dem Hintergrund überwachte und tauchte ihren Finger in das bereitgestellte Badewasser.

»Es ist noch zu heiß, gießt etwas kaltes Wasser nach!«, befahl sie herrisch, ohne ihn anzublicken. Sie vermied es auch, den Säugling dem Vater in die Arme zu legen, was sie noch bei keinem Mann jemals unterlassen hatte. Als der Graugewandete das Wasser brachte und so viel davon in die kleine Holzwanne goss, bis das Badewasser nach dem Dafürhalten der Hebamme die richtige Temperatur erreicht hatte, raunzte sie ihm zu, er möge ihr jetzt die vorgewärmten Tücher bringen und anschließend seiner Frau eine stärkende Suppe bereiten. Der kalte Blick seiner schmalen, wimpernlosen Augen, die Elsbeth an die Augen einer Natter gemahnten, war ihr zutiefst zuwider. Sie war froh, als er sich davonmachte und sie in Ruhe ihrer Arbeit nachgehen konnte.

Mit großer Sorgfalt und Behutsamkeit wusch Elsbeth das Neugeborene in dem wohltemperierten Badewasser, das etwa seiner eigenen und der Körpertemperatur der Mutter entsprach, reinigte dem Säugling die winzige

Nase und die filigranen Ohren und träufelte einen Tropfen Olivenöl auf seine Augen. Anschließend trocknete sie
den Winzling ab und wickelte ihn mit geübten Griffen
in ein warmes Leinentuch. Dann brachte sie ihn seiner
Mutter, die ihn sich mit zittrigen Händen und überglück-
lichem Lächeln an die Brust legte. Elsbeth blinzelte gerührt und ließ sich auf dem Hebammenhocker an Maries
Seite nieder. Für diese kostbaren Momente der Einheit
von Mutter und Kind lebte sie. Sie streichelte liebevoll
Maries Wange und lobte sie, dass sie alles sehr gut gemacht habe, erst recht, da es ihre erste Geburt gewesen
sei.

»Da du aber noch unerfahren im Umgang mit einem
Neugeborenen bist, möchte ich dir ein paar wichtige Dinge ans Herz legen«, erklärte sie sanft. Marie sah die ältere
Frau mit dem runden, gutmütigen Gesicht aufmerksam
an. »Das Kind darf nicht bei dir im Bett schlafen. Die Gefahr, dass es erdrückt werden könnte, ist einfach zu groß.
Lege es am besten in eine Wiege oder einen Korb, wo
die Seitenwände hoch genug sind, dass es nicht heraus-
fallen kann. Die ersten Tage sollte der Kleine im Dunkeln
liegen, damit das grelle Tageslicht den Augen nicht schaden kann«, Elsbeth blickte sich um, »aber wie ich sehe,
gibt es ja das Problem hier nicht. Später, nach ein paar
Tagen, kannst du ruhig mal mit ihm in die Sonne gehen.
Die Sonne ist gut für seine Knochen. Und bevor du ihn
stillst, solltest du dir immer die Brust waschen. Wenn er
in den ersten Tagen nicht trinken will, dann gibst du ihm
vor dem Anlegen ein wenig Honig ins Mündchen. Abge-
stillt wird zwischen dem ersten und zweiten Jahr. Wie
heißt es so schön, ›mit dem Aufgang der Zähnen, muss

ich mein Kind entwöhnen«, erklärte Elsbeth lachend, als Marie unversehens ihre Hand ergriff und die Hebamme zu sich heranzog.

»Bitte, helft mir!«, flüsterte sie eindringlich. »Er ist der leibhaftige Satan und hält mich hier gefangen!«

»Ich werde dir helfen, mein Kind!«, erwiderte Elsbeth leise, die schon etwas dergleichen vermutet hatte, ehe Groperunge sie von hinten packte, sie herumriss und ihr mit dem Dolch die Kehle durchtrennte.

———

»Jetzt krieg dich endlich wieder ein, und hör auf zu flennen!«, murrte Groperunge gereizt. »Sei lieber froh, dass ich dir das alte Waschweib hergeholt habe, um dir zu helfen – jetzt hat sie halt ihre Pflicht erfüllt und musste abtreten. Was ist denn daran so absonderlich? Oder meinst du vielleicht, ich lasse diese Kräuterhexe am Leben, damit sie überall herumschwallen kann, was sie hier gesehen hat? Da kann ich mir ja gleich selber den Henkersstrick umlegen!« Er beugte sich zu Marie hinunter, die schützend ihre Arme um das Neugeborene gelegt hatte, das friedlich an ihrer Brust schlummerte, und musterte es abschätzig.

»Was für ein Kümmerling!«, stieß er zwischen den Zähnen hervor. »Der wird wahrscheinlich eh bald eingehen, und das ist auch gut so, denn dann brauche ich es nicht zu machen.«

Marie gab einen kehligen Aufschrei von sich und funkelte ihn hasserfüllt an.

»Halt bloß den Rand!«, fauchte er erbost. »Du kannst von Glück sagen, dass es kein Mädchen ist, sonst hätte ich das Balg gleich im Wasserbottich ersäuft. Ich kann Kinder nämlich nicht ausstehen! Aber weil es ein Junge ist, gebe ich ihm noch eine kleine Chance. Vielleicht mausert er sich ja – und kann mir später mal von Nutzen sein. Sobald er groß genug ist, werde ich ihn im bösen Handwerk unterweisen, auf dass er einmal mein würdiger Nachfolger wird!« Groperunge hatte unversehens den Säugling gepackt und blickte in das kleine Gesicht, das aus dem Wickeltuch herausragte. Das Neugeborene gab keinen Muckser von sich und schien tief und fest zu schlafen. »Der hat die Ruhe weg, der kleine Mistkerl!«, gluckste Groperunge launig. »Die Kacke ist am Dampfen, und er verzieht keine Miene – ganz der Alte, kann ich da nur sagen!«

Er reichte das Kind wieder Marie, die das Szenario mit entsetztem Blick und höchster Anspannung verfolgt hatte, und wies sie an, sie solle gut für den Kleinen sorgen, damit er bald groß und stark werde. Er würde sich nun darum kümmern, ihm eine Wiege zu organisieren. Ehe er sich zu dem Wandregal zurückzog, wo er sein Diebesgut aufbewahrte, drehte er sich noch einmal zu Marie um. »Ich werde ihm übrigens den Namen Peter geben – nur, dass du Bescheid weißt!«

Marie schreckte heftig zusammen. *Peter Nirsch, so hieß doch sein teuflischer Lehrmeister, der ihm das Morden beibrachte*, dachte sie bestürzt und erinnerte sich an die ersten Kapitel seines Stundenbuchs. Alles in ihr sträubte sich gegen die Vorstellung, dass ihr kleiner Engel, ihr Ein und Alles, den Namen dieser Bestie tragen sollte, die Schwangeren die Bäuche aufschlitzte – doch sie bezwang ihren Impuls, dagegen aufzubegehren. *Ein Kind, das den Teufel als Na-*

menspatron hat, wird der Satan nicht töten, ging es ihr durch den Sinn, und sie schmiegte zärtlich ihren Kopf an das Neugeborene. *Du bist ein Kind des Himmels, und nichts und niemand wird jemals deiner reinen Seele Schaden zufügen, dafür werde ich Sorge tragen*, gelobte sie dem Kleinen in stiller Inbrunst und war unsagbar glücklich, seinen Atemhauch an ihrer Brust zu spüren, der so zart und leicht war wie der Flügelschlag eines Schmetterlings.

13

Bernkastel-Kues, 9. Mai 1581

Sebastian Wildgruber hatte normalerweise ein sonniges Gemüt und ließ sich nicht so leicht entmutigen – eine unabdingbare Eigenschaft für einen Fahrenden, der dem harten, unsteten Leben der Wanderschaft ausgesetzt war. Aber seitdem er vor gut acht Tagen in Koblenz aufgebrochen und moselabwärts gewandert war, hatte sich seine Stimmung zunehmend verdüstert, und allmählich wurde er übellaunig und haderte mit seinem Schicksal. Tagelanger Dauerregen, verdrossen dreinblickende Leute, die hastig ihren Geschäften nachgingen und keinerlei Interesse zeigten, auf den öffentlichen Plätzen seinen Moritaten zu lauschen, sein nahezu leerer Geldbeutel, der ihn zwang, in verlassenen Scheunen zu nächtigen, wo Ratten und Mäuse seine einzige Gesellschaft waren. Das alles setzte dem unerschütterlichen Lebenskünstler mehr und mehr zu. Nicht selten ertappte er sich dabei, wie er mit neidvollen Blicken in die behaglichen Stuben der Sesshaften spähte oder mit knurrendem Magen dem geschäftigen Hantieren einer Hausfrau am heimischen Herd zusah. Dann verfluchte er sein unbehaustes Leben. In den nasskalten, einsamen Nächten, in denen der Regen auf das windschiefe Dach seines zugigen Unterstandes trommelte, vermisste er bitterlich eine Gefährtin, die ihm Liebe und Geborgenheit schenkte, denn zu zweit wäre alles leichter zu ertragen. Dennoch hatte er es bislang vorgezogen, alleine zu bleiben. Zahlreiche Amouren hatte Sebastian schon gehabt, seit er sich vor nunmehr fünf Jahren auf die Wanderschaft begeben hatte, doch es war keine Frau darunter gewesen, für die er bereit gewesen wäre, seine Freiheit und Unabhängigkeit aufzugeben.

Er war sich sehr wohl bewusst, dass die Frauen ihn mochten, und auch er hatte sich schon mehrfach glühend verliebt – in die eine oder andere hübsche Wahrsagerin, Seiltänzerin oder Schaustellerin, die dem fahrenden Gewerbe angehörte wie er selbst. Manches Mal hatte er sich sogar mit einer Sesshaften eingelassen, einer verwitweten Handwerksgattin oder Herbergswirtin, die den gutaussehenden Nachrichtenhändler bei sich aufgenommen hatte – und ihn vergebens zu halten suchte, wenn es ihn nach ein paar Tagen oder Wochen im heimeligen Liebesnest wieder unaufhaltsam in die Ferne zog.

Und jetzt spukte ihm schon seit Tagen diese Patriziertochter aus Frankfurt im Kopf herum, die er in Koblenz kennengelernt hatte. Immer wieder hatte er gehofft, ihr unterwegs irgendwo zu begegnen – und es kam nicht von ungefähr, dass er in Richtung Trier aufgebrochen war, wohin auch sie fuhr, um ihren vermissten Bruder zu suchen. Obgleich es eher unwahrscheinlich war, dass sich ihre Wege kreuzten, denn den Vorsprung einer Pferdekutsche konnte selbst der schnellste Wanderer nicht einholen. Also konnte er nur darauf hoffen, Sibylle auf ihrer Rückreise nach Frankfurt über den Weg zu laufen – und das tat er inständiger, als ihm lieb war.

Auch jetzt, als er an diesem trüben, verregneten Dienstagabend mit hängenden Schultern über den nahezu menschenleeren Marktplatz von Bernkastel-Kues trottete, hielt er unwillkürlich Ausschau nach ihrer imposanten Pferdekutsche, hinter deren Fensterglasscheiben sie ihm in Koblenz noch zum Abschied zugewinkt hatte. Dieses Bild hatte sich ihm tief ins Gedächtnis gegraben. Deutlich sah er ihr schmales, anmutiges Gesicht vor sich mit den kristallklaren grauen Augen, die so offen und klug in die Welt blickten. Ihre stolze, eigenwillige Schönheit hatte es ihm einfach angetan, auch wenn für einen Hungerleider wie ihn eine so vornehme Dame immer unerreichbar bleiben würde. Oder vielleicht gerade deshalb, schalt er sich das eine oder andere Mal, wenn ihm die unerfüllte Sehnsucht gar zu sehr auf der Seele brannte. Ihn hatte schon immer das scheinbar Unmögliche gereizt, das Einfache, Naheliegende interessierte ihn nicht. So hatte er auch als Sohn eines ärmlichen Schullehrers aus dem Vogelsberg nicht den vorgezeichneten Weg gewählt, und war, anstatt in die Fußstapfen seines Vaters zu treten, lieber auf die Wanderschaft gegangen. Er liebte das Abenteuer, das ein Pantoffelheld am heimischen Herd mitnichten erwarten konnte. *Dafür schlotterst du jetzt auch wie ein nasser Hund, hast Bauchgrimmen vor Hunger und weißt am Abend noch nicht, wo du dein Nachtlager aufschlagen sollst,* sinnierte er bitter und ließ seine Blicke über die gediegenen Fachwerkhäuser schweifen, die den kesselförmigen Marktplatz säumten. Die paar Kröten, die er noch hatte, reichten weder für ein Nachtmahl noch für eine Unterkunft in einem der gediegenen Gasthäuser. Aber er wollte nicht schon wieder in einer zugigen Scheune auf dem feuchten Stroh nächtigen. Ihm stand der Sinn nach einem trockenen Plätzchen – auch wenn das magere Salär, das ihm noch geblieben war, höchstens für einen verlausten Strohsack in einer schäbigen Herberge reichte. Und so eine, das wusste er aus Erfahrung, würde er bestenfalls an der Peripherie dieses malerischen Moselörtchens finden.

Also lenkte Sebastian seine Schritte weg vom Marktplatz mit dem schmucken Rathaus in Richtung Stadtmauer, in deren Nachbarschaft traditionsgemäß die armen Leute und verachteten Stände lebten. Nachdem er eine gute halbe Stunde durch den immer stärker werdenden Regen gelaufen und ihm in den schmalen, morastigen Gassen kaum jemand begegnet war, tauchte in seinem Blickfeld plötzlich der Gottesacker auf. Als Fahrendem war ihm bekannt, dass in der Nähe von Friedhöfen meistenteils Leute wohnten, die sich keine bessere Wohngegend leisten konnten – oder leisten mochten, um ungestört ihrem zwielichtigen Gewerbe nachzugehen. Denn Friedhöfe waren zu allen Zeiten beliebte Treffpunkte für Gauner, Diebe und Huren.

Sein Instinkt schien ihn auch dieses Mal nicht getäuscht zu haben, denn unweit des Gottesackers gewahrte er ein schmalbrüstiges, spitzgiebeliges Fachwerkhäuschen mit morschen Balken, über dessen wurmstichiger Eingangstür ein Gastwimpel mit der ungelenk hingepinselten Aufschrift »Zum letzten Hemd« quietschend im Wind hin und her schaukelte. Sebastian musste unwillkürlich grinsen. *Das passt doch wie die Faust aufs Auge*, dachte er und drückte entschlossen die Klinke herunter.

Die kleine Gaststube war gut besucht. Sebastian grüßte in die Runde und erkundigte sich bei einer Gruppe Männer, an deren Tisch noch einer der wenigen freien Plätze war, ob er sich zu ihnen setzen dürfe. Die Männer mit den wettergegerbten, vom Weingenuss geröteten Gesichtern nickten dem Neuankömmling freundlich zu, und Sebastian machte sich leutselig mit ihnen bekannt. Es handelte sich größtenteils um Moselfischer, mit Ausnahme eines Gassenfegers und eines bereits beträchtlich angetrunkenen Gelegenheitsarbeiters. Als sie vernahmen, dass Sebastian ein fahrender Flugblatthändler sei, sagte einer der Fischer sogleich interessiert: »Dann hast du uns ja sicher einiges zu berichten, was sich in der Fremde so tut …«

»Ich komme viel rum und schreibe mir überall auf, was es an den verschiedenen Orten so an Neuigkeiten und Sensationen gibt. Von daher könnte ich euch Geschichten erzählen bis zum Morgengrauen«, erwiderte der Nachrichtenhändler lachend.

»Dann leg schon los, damit wir Landeier auch mal hören, was sich in der weiten Welt so tut. Ich geb dir auch einen Schoppen aus!«, schlug ein anderer Fischer vor und gab dem Wirt, der hinter der Theke mit dem Ausschank beschäftigt war, bereits ein entsprechendes Zeichen.

»Da hab ich eine viel bessere Idee!«, krächzte der Gelegenheitsarbeiter mit schelmischem Grinsen. »Sei mir nicht böse, Kamerad, aber wenn ich mir dich genauer betrachte, dann siehst du so aus, als ob du auch durchaus was Festes zwischen die Kiemen gebrauchen könntest, so schmal und eingefallen, wie dein hübsches Lärvchen ist. Deswegen würde ich vorschlagen, du gibst deine Moritaten der ganzen Wirtschaft zum Besten und gehst an-

schließend mit dem Hut rum, dann kannste dir auch was
Anständiges zu essen leisten. Der Wirt ist ein grundguter
Kerl und hat bestimmt nichts dagegen.«

Sebastian gab unumwunden zu, dass der Mann mit
seinen Äußerungen ins Schwarze getroffen hatte. »Bei
diesem Sauwetter ist kaum jemand unterwegs, und ich
hab seit Tagen keinen roten Heller mehr verdient. Mir
hängt der Magen fürwahr schon in den Kniekehlen, Alter«, bestätigte er mit grimmigem Lächeln.

Während gleich darauf der Wirt an den Tisch trat und
dem Neuankömmling einen Schoppen Moselwein hin-
stellte, unterbreiteten ihm die Männer ihren Vorschlag.

»Soll mir recht sein«, erwiderte der Schankwirt mit dem
muskulösen Oberkörper prompt, »gegen ein bisschen Ab-
wechslung habe ich nichts einzuwenden.«

Sebastian war unsagbar froh darüber, endlich im Trockenen zu sein und sich ein Zubrot verdienen zu können.
Außerdem fühlte er sich in der Gesellschaft der Fischer
und Gelegenheitsarbeiter ausgesprochen wohl. Waren die
gehobenen Stände den Fahrenden eher feindselig gesinnt,
so begegneten ihnen die einfachen Leute oder diejenigen
unter den Sesshaften, die selber an den Rand gedrängt
und verachtet wurden, mit Hilfsbereitschaft und Zusammenhalt. Da sie selber keineswegs auf Rosen gebettet
waren und Not und bittere Armut hinlänglich kannten,
hatten sie ein Mitgefühl für jene, die noch nicht einmal
ein Dach über dem Kopf hatten, das die Bessergestellten
indessen größtenteils vermissen ließen. Immer wieder war
es Sebastian aufgefallen, wenn er nach seinen Vorträgen
bei den Zuhörern mit der Sammelbüchse herumging, dass
die Spenden der Minderbemittelten häufig großzügiger

ausfielen als die der gehobenen Kreise. Gebärdeten sich die Wohlhabenden mitunter beschämend geizig, wenn sie dem Nachrichtenhändler mit gönnerhaften Mienen gerade einmal einen Pfennig zusteckten oder vornehme Bürgerinnen ihm mit sauertöpfischen Blicken durch ihre Mägde einen Kreuzer zukommen ließen, so verblüffte ihn nicht selten ein armer Teufel mit einem freigiebigen Obolus, den Sebastian kaum anzunehmen wagte.

So legte sich der Flugblatthändler, nachdem er in der gut besuchten Schenke mit dem lauten Läuten der Schelle seine Darbietung angekündigt hatte, auch richtig ins Zeug und zog alle Register der Erzählkunst, um das Publikum aufs Trefflichste zu unterhalten. Während er die schaurige Moritat über die Gräueltaten im benachbarten Rheinland kundtat, die dem Teufel zugeschrieben wurden, lauschten ihm die Schankgäste wie gebannt.

»Da haben wir ja Glück, dass der Leibhaftige uns an der Mosel bislang verschont hat!«, krähte ein Mann von der Theke her, als Sebastian geendet hatte und bekreuzigte sich.

»Im Rheinland wütet der Teufel – und bei uns, da wütet der Drache!«, stieß der Gelegenheitsarbeiter an Sebastians Tisch mit finsterer Miene hervor und leerte seinen Becher in einem Zug.

»Der Drache ist noch viel schlimmer als der Leibhaftige«, pflichtete ihm ein verwegen aussehender Mann vom Nachbartisch bei. »Er verschlingt die Leute mit Haut und Haar, so dass nichts mehr von ihnen übrig bleibt – nicht das kleinste Fitzelchen!«

Sebastian war hellhörig geworden und bat die Leute, ihm doch genauer zu erzählen, was es damit auf sich habe.

»Bei uns in der Gegend verschwinden immer wieder Leute«, erklärte einer der Fischer beklommen. »Meistens sind es Fremde, die über den Hunsrückkamm reisen. Die Einheimischen meiden den Weg entlang der schroffen Felsen. Einer alten Sage nach soll dort ein Drache hausen. Schon vor undenklichen Zeiten soll er sich in einer Felshöhle eingenistet haben. Die Alten nennen den Berg den ›Fraßberg‹, weil jeder, der ihm zu nahe kommt, auf Nimmerwiedersehen verschwindet, so als hätte ihn der Berg verschluckt ...«

»Oder der Drache!«, raunzte ein anderer Moselfischer grimmig. »Ich selber habe ihn schon gesehen, als ich mit meinem Kahn auf der Mosel gefahren bin.«

»Da hast du vielleicht mal wieder zu tief in den Weinbecher geschaut«, mokierte sich sein Sitznachbar.

»Nix da, ich war stocknüchtern!«, rief der Fischer entrüstet. »Und ich weiß es noch, als wär es eben erst passiert. Es war an einem klaren Sommerabend, kein Wölkchen war am Himmel, und die Sicht war so gestochen scharf, dass du jeden Grashalm am Ufer und jeden Baumwipfel genau erkennen konntest. Und linker Hand über dem Hunsrück ist langsam das Abendrot aufgestiegen.« Die Augen des einfachen Mannes glänzten bei der Erinnerung. »Das sah so hübsch aus, mit den dunklen Tannen und den gezackten Felsen vor dem rosafarbenen Himmel, dass man hätte meinen können, der liebe Gott hätte das gemalt. *Ei, was haben wir es doch schön bei uns an der Mosel*, habe ich mir da gedacht, und es war mir mit einem Mal richtig gemütvoll zumute, was sonst eigentlich nicht meine Art ist«, murmelte der Fischer und senkte verlegen den Blick. Alle Anwesenden hingen an seinen Lippen, und in dem kleinen Schankraum herrschte angespanntes Schweigen. »Und während ich noch ganz in Gedanken zum Hunsrück schaute und meine Blicke über die steilen Felsen schweifen ließ, sah ich auf einmal, dass sich auf dem Gipfel des Fraßbergs etwas bewegte.« Der Fischer goss sich mit zittrigen Händen Wein in den Becher und kippte ihn hastig herunter. »Und als ich genauer hinguckte, stellten sich mir plötzlich alle Haare zu Berge«, stammelte er mit Angst in den Augen, »denn es waren eindeutig die Umrisse eines Drachen, die ich da in der Abenddämmerung gesehen habe!«

Obgleich sich die rauen Gesellen ringsum nicht so leicht Bange machen ließen, stand ihnen doch allesamt die Furcht in den Gesichtern geschrieben. Der eine oder andere der Schankgäste versuchte indessen, seine Beklommenheit mit Spott zu kaschieren: »Jetzt erzähl uns bloß noch, dass der Lindwurm da oben auf dem Berg Feuer gespien hat, dann ist deine Spukgeschichte perfekt!«, flachste ein Würfelspieler von einem der Spieltische aus dem Hintergrund. Vor Schreck hatte er vergessen, dass er an der Reihe war und hielt die Würfel noch immer in seiner zusammengeballten Faust, was aber seine Mitspieler, die ebenso blass und erstarrt anmuteten wie alle anderen, nicht zu stören schien.

»Wie hat es denn ausgesehen, dein Ungeheuer? War es schwefelgelb und hatte einen langen, schuppigen Schweif? Huh, huuuh …«, erklang eine kehlige Stimme vom Nachbartisch.

»Den Spötter soll der Blitz erschlagen!«, fluchte der Fischer zwischen den Zähnen in Richtung der Zwischenrufer. Er wisse doch schließlich, was er gesehen habe.

Sebastian, der ihm betroffen zugehört hatte und weit

davon entfernt war, sich über den Mann lustig zu machen, der alles andere als ein Aufschneider zu sein schien, erkundigte sich ernst, ob der Fischer den Drachen beschreiben könne.

Der Gefragte rieb sich nachdenklich über das stoppelige Kinn und gab zögerlich zur Antwort: »Er war dunkelgrau wie der Fels – deswegen habe ich ihn auch nicht sofort gesehen. Erst, als er sich bewegt hat. Er war durch seine Farbe so gut getarnt, dass man ihn auf den ersten Blick kaum erkennen konnte, und hatte einen schmalen, spitz zulaufenden Kopf. Ich dachte noch, er sieht fast aus wie ein Felsbrocken, die haben ja manchmal die sonderbarsten Formen, die einem vorkommen wie Fabelwesen oder Ungeheuer. Aber, wie gesagt, er hat sich eindeutig bewegt, ist oben auf dem Berggipfel langsam auf und ab gegangen – und hat Ausschau gehalten … womöglich nach einem neuen Opfer …« Der Mann stöhnte angstvoll auf. »Auch wenn das Untier weit weg von mir war, wirkte es doch so furchterregend, dass ich mir vor Angst fast in die Hose gepinkelt hätte. Am darauffolgenden Sonntag bin ich mit meiner Frau in die Kirche gegangen, was fürwahr nicht oft vorkommt, und habe dem heiligen Georg, dem Drachentöter und Schutzpatron von Bernkastel, eine Kerze gestiftet«, endete der Fischer mit belegter Stimme und deutete ein Kreuz an.

»Und wenn es gar kein Drache war, sondern ein Mensch?«, fragte Sebastian behutsam, da er den Fischer nicht verärgern mochte.

Dieser schüttelte nachdrücklich den Kopf. »Das Wesen, das ich da oben auf dem Fraßberg gesehen habe, hatte nichts Menschliches an sich, das könnt Ihr mir glauben!«

Sebastian brütete düster vor sich hin. Die vielen Fremden, die hier in der Gegend spurlos verschwunden waren – konnte es da nicht eine Verbindung zu Sibylles vermisstem Bruder geben, fragte er sich schaudernd.

»Vor vier Jahren ist ein Kumpan von mir, mit dem ich oben im Hunsrück auf Rebhuhnjagd gegangen bin, sang- und klanglos auf Nimmerwiedersehen verschwunden«, meldete sich mit einem Mal der Mann mit der Armbrust auf dem Rücken zu Wort, bei dem es sich, wie Sebastian mutmaßte, um einen Wilderer handelte. Sogleich richtete er seine Aufmerksamkeit auf ihn. »Wir hatten uns vorher aufgeteilt und ich hatte ihn noch gewarnt, dem Fraßberg nicht zu nahe zu kommen«, fuhr der Wilderer fort. »Da hat er nur gespöttelt, er wolle ja schließlich keinen Drachen erlegen, sondern Rebhühner, und dann war er weg, und ich habe ihn nie wiedergesehen. Noch tagelang habe ich mit einem guten Dutzend Kameraden den ganzen Wald nach ihm abgesucht, aber er war einfach wie vom Erdboden verschluckt.« Dem verwegenen Burschen war seine Trauer deutlich anzumerken. Er wischte sich über die Augenwinkel, und sein Blick funkelte zornig. »Das alles ist doch nicht weniger schrecklich als die Gräueltaten im Rheinland!«, zischte er aufgebracht. »Auch wenn man bei uns im Hunsrück hernach keine aufgeschlitzten Leiber oder schwarzen Ziegenböcke findet!«

»Das ist wohl wahr«, erwiderte der Flugblatthändler tonlos. Er war noch viel zu bestürzt, um, wie nach einem Vortrag üblich, bei seinen Zuhörern mit der Sammelbüchse herumzugehen.

Zur gleichen Zeit im Ortsteil Kues, am anderen Moselufer

Sibylle lag bequem gebettet und in eine Wolldecke gewickelt auf einer Ottomane in Schwester Canisias Privaträumen und nahm einen tiefen Schluck von dem heißen Würzwein, den die Nonne für sich und ihre Schutzbefohlene an jenem Abend als Schlummertrunk bereitet hatte.

»Auch wenn ich es nicht einmal zu denken wagte, so durchdrang mich doch vom ersten Moment an, als wir die Nachricht erhielten, dass Martin vermisst wurde, die nagende Furcht, auch er könne ein Opfer jenes ominösen Unholds geworden sein, der die Menschen im ganzen Land brutal abschlachtet und ausraubt«, murmelte sie gedankenversunken. »Unlängst verkündete ein Moritatensänger in Koblenz die Schauermär von grausamen Morden im Rheinland. Die Bevölkerung glaube, der Teufel hätte diese Morde verübt. Als ich das vernahm, suchte ich mir einzureden, das sei doch nichts als Aberglaube und mich damit zu beruhigen, dass wir es schon längst erfahren hätten, wenn Martin das Opfer einer Gewalttat geworden sei.« Die junge Frau, die immer noch recht blass und mitgenommen wirkte, seufzte tief auf. »Und hier an der Mosel und im Hunsrück verschwinden die Leute, ohne dass man die geringste Spur von ihnen findet. Das setzt mir fast noch mehr zu.«

»Das kann ich gut verstehen«, erwiderte die Nonne mitfühlend. »Die Ungewissheit ist manchmal schwerer zu ertragen als die Hiobsbotschaft vom Verlust eines Angehörigen. Die Seele findet einfach keine Ruhe, und man schwankt ständig zwischen Hoffnung und Verzagen. Das kann einem zuweilen schon den Verstand rauben.«

Die Nonne massierte sich die Schläfen. »Vor sechs Jahren verschwand hier in der Gegend eine einheimische Hebamme. Sie hieß Elsbeth Knees und war eine ältere, herzhafte Frau, die ihr Handwerk vortrefflich verstand. Sie half zuweilen im Hospital aus. Ich mochte sie gerne, sie hatte Humor und auch Haare auf den Zähnen. Mit ihrer unverblümten, offenen Art hat sie mich manches Mal zum Lachen gebracht.« Schwester Canisia lächelte wehmütig. »Ich habe damals sogar beim Bürgermeister interveniert, damit ein Suchtrupp die ganze Region nach ihr durchkämmt. Als ich ihm davon berichtete, dass bei mir im Hospital immer wieder Auswärtige nach ihren Angehörigen fragten, deren Spur meist hier endete, ließ er sich schließlich erweichen. Er stellte einen ganzen Trupp Stadtknechte, und mindestens so viele freiwillige Helfer aus Bernkastel und den benachbarten Ortschaften schlossen sich ihnen an, denn Elsbeth war bei den einfachen Leuten sehr beliebt, doch die Suche blieb leider erfolglos. Es fand sich nicht die geringste Spur von ihr. Sie war von einer Geburt in Gonzerath gekommen und hatte sich auf dem Heimweg nach Monzelfeld befunden – das war das Einzige, was man ermitteln konnte. Die Männer suchten die ganze Strecke nach ihr ab, doch sie war wie vom Erdboden verschluckt. Böse Zungen, die Elsbeths mitunter etwas lockeren Lebenswandel nicht guthießen, mutmaßten, sie habe sich womöglich unterwegs einem Landgänger angeschlossen, der ihr schöne Augen gemacht habe, was ich mir indessen nicht vorstellen konnte, denn dazu war sie viel zu bodenständig und pflichtbewusst. Sie war die einzige Hebamme im ganzen Umkreis und wusste genau, dass sie gebraucht wurde. Obwohl sie schon längst in die Jahre gekommen war, wo man sich auf sein Altenteil zurückzieht, ging sie noch immer ihrer Arbeit nach. ›Ich kann doch meine armen Weibsleute nicht im Stich lassen‹, hat sie immer gesagt, und sie hole die Kinderchen ans Licht, solange sie noch kriechen könne.« Die Nonne räusperte sich ergriffen. »Wie auch immer«, fuhr sie mit skeptischem Blick fort, »die überwiegende Mehrheit der Bevölkerung ging wohl davon aus, dass der Drache sie geholt hätte, der einer alten Sage nach in einer Höhle im Fraßberg haust, und damit war der Fall erledigt.«

Sibylle musterte die Nonne eindringlich. »Hat man denn auch den Berg nach der Vermissten abgesucht?«, erkundigte sie sich erregt. »Nicht, dass ich die abergläubischen Spukgeschichten von einem menschenverschlingenden Drachen ernst nähme, aber oftmals ist an den alten Märchen und Sagen ja etwas Wahres dran.«

Schwester Canisia zuckte mit den Achseln. »Wenn sie die gesamte Region abgesucht haben, gehe ich davon aus, dass sie auch auf dem Berg nachgesehen haben«, gab sie zögerlich zur Antwort. »Ich selber war ja nicht dabei, weil ich hier im Hospital zu tun hatte. Aber …« Sie stockte und musterte Sibylle betreten. »Vielleicht täusche ich mich ja auch, aber ich vermute beinahe, dass die Männer aus Furcht vor dem Drachen den Fraßberg nicht ganz so genau in Augenschein genommen haben wie den Wald und die Wege in der Hunsrückregion, wo sie offenbar jeden Stein nach der Hebamme umgedreht haben. Diejenigen, die ich darauf angesprochen habe, erklärten zwar alle, doch, doch, den Berg hätten sie auch abgesucht, aber es klang mir stets eine Spur zu ausweichend, um mich wirklich zu überzeugen.«

»Und Ihr selbst, wart Ihr denn schon mal auf dem Fraßberg?« Sibylle sah die Nonne, die unmerklich zusammengezuckt war, forschend an.

»Wo denkt Ihr hin!«, rief die Ordensfrau aus. »Es ist dort sehr steil, und alles ist voller Geröll, da kann man sich leicht die Knochen brechen. Außerdem weht einem da oben auf dem Hunsrückkamm immer ein rauer Wind um die Ohren, da ist es ganz anders als hier unten an der Mosel, das Klima ist viel schroffer und kälter«, suchte sie sich herauszureden, musste mit einem Mal aber über sich selbst lachen. »Ehrlich gesagt, meine Liebe, auch wenn ich hier aufgewachsen bin, wäre es mir doch nie in den Sinn gekommen, dort hinaufzusteigen, auch als Kind nicht – und ich glaube, den meisten Einheimischen geht es ebenso. Man meidet den Berg halt – so ist das nun mal. Das liegt bestimmt an den alten Geschichten, die prägen sich einem ein, auch wenn man ein bisschen aufgeklärter und gebildeter ist als die überwiegende Mehrheit. Ob man will oder nicht, das kann man nicht ganz abschütteln.«

»Nach allem, was Ihr mir über den Berg erzählt habt, ist er selbst mir ein wenig unheimlich – und ich komme nicht aus der Gegend. Nichtsdestotrotz hätte ich jedoch größte Lust, ihn genauer zu erkunden, und wenn wir nicht morgen früh in Richtung Trier aufbrechen würden, um von dort aus an der Saar entlang bis nach Merzig zu reisen, würde ich ihn mir gleich morgen vorknöpfen!«, erklärte Sibylle entschlossen.

»Wenn überhaupt, dann macht Ihr das auf keinen Fall alleine, dafür werde ich Sorge tragen!«, hielt ihr die Ordensfrau nicht minder resolut entgegen.

»Wollt Ihr etwa mitkommen?«, fragte Sibylle erstaunt.

»Das nun auch nicht, mein liebes Mädchen, dazu bin ich nicht mehr gelenkig genug. Aber ein paar starke, ortskundige Männer sollten schon dabei sein – wenn wir sie denn zusammenkriegen, denn auf den Berg geht keiner freiwillig. Doch jetzt wartet erst mal ab, was Ihr in Trier und in Merzig auf dem Viehmarkt so herausfindet. Vielleicht erübrigt sich ja dann ein derartiges Unterfangen – hoffentlich.« Die Nonne rang beschwörend die Hände.

Sibylle war konzentriert am Nachdenken. »Ihr lebt doch schon seit über vierzig Jahren in Bernkastel-Kues?«, erkundigte sie sich mit einem Mal bei der Ordensfrau.

»Das trifft zu«, bestätigte Schwester Canisia.

»Und in all den Jahren sind immer Menschen verschwunden, und keiner hat etwas dagegen unternommen?«, fragte Sibylle mit wachsender Erbitterung.

»Früher kam das eher selten vor, glaube ich. Da hat man uns Kindern zwar auch immer gesagt, wenn wir in den Hunsrück zum Pilzesammeln gegangen sind, ›Geht nicht zu nahe an den Fraßberg, sonst holt euch noch der Drache‹, doch ich kann mich nicht erinnern, dass es derartige Vorkommnisse gab wie in der letzten Zeit. Seit gut acht Jahren hat das überhandgenommen. Die ersten Anfragen von Auswärtigen nach ihren vermissten Angehörigen hatte ich …« Die Schwester schlug ihr in Leder gebundenes Stundenbuch an einer mit einem Lesezeichen markierten Stelle auf. »… am 15. Februar 1573, also vor genau acht Jahren. Es war ein junger Edelsteinschleifer aus Idar-Oberstein, der am 12. Februar nach Traben-Trarbach an der Mosel aufgebrochen war, um einem wohlhabenden Weinhändler eine Bestellung auszuliefern. Ich erinnere mich noch gut daran. Den Angehörigen zufolge musste es sich bei der Lieferung um zwei prachtvolle Schmuckgarnituren, bestehend aus Halsketten, Armbändern und Ohrgehängen mit kunstvoll geschliffenen Achaten, gehandelt haben. Er ist niemals in Traben-Trarbach angekommen, und auch die Suche nach ihm, welche die hochgradig besorgte Familie vorgenommen hatte, ergab keinerlei Spuren. Normalerweise hatte er solche Auslieferungen immer mit einem gut bewaffneten, wehrhaften Gehilfen getätigt, doch dieser hatte zu jenem Zeitpunkt mit hohem Fieber im Bett gelegen. Da Traben-Trarbach nur einen guten Tagesritt von Idar-Oberstein entfernt war, entschloss sich der junge Mann, die Reise alleine anzutreten, vor allem wohl, um nicht zeitsäumig zu werden, denn der Weinhändler wollte die Schmuckstücke seiner Gattin am 14. Februar, dem Gedenktag des heiligen Valentinus, zum Geburtstag schenken.« Schwester Canisia ging ihre weiteren Einträge durch. Es handelte sich um ein gutes Dutzend Vermisste. »Besonders tragisch war eine Anfrage im Mai 1574«, resümierte die Nonne mit betroffener Miene. »Ein junges Brautpaar, das sich in Bernkastel auf dem Marktplatz treffen wollte, wurde vermisst. Der junge Mann war ein Zimmermann aus Trier, der seine sechzehnjährige Braut – nach den Angaben der verzweifelten Angehörigen ein wunderhübsches junges Mädchen – in Bernkastel am Brunnen abholen wollte, um mit ihr gemeinsam in seine Heimatstadt Trier zu reisen. Die junge Frau stammte aus Boppard am Rhein und war in Begleitung von Jakobspilgern nach Bernkastel gekommen.« Die Nonne schüttelte verzagt den Kopf. »Ob sich die beiden Liebenden jemals wiedergefunden haben, das weiß der Himmel. Jedenfalls haben die Angehörigen der beiden jungen Leute nichts unversucht gelassen, um etwas über den Verbleib des Paares herauszufinden. Verschiedene Leute aus Bernkastel konnten sich wohl auch an die junge Frau erinnern. Ein Torwächter berichtete, dass sie am Abend in Tränen aufgelöst am Stadttor nach ihrem Bräutigam Ausschau gehalten habe, der sich bereits um mehr als eine Stunde verspätet hatte. All seinen Warnungen zum Trotz sei die Jungfer noch kurz vor der Dämmerung zum Hunsrückhöhenweg gehastet, in der Hoffnung, dort auf ihren Liebsten zu treffen …« Die Stimme der Schwester bebte vor Mitgefühl. »Wen auch immer sie dort getroffen haben mag, es war bestimmt nicht ihr Bräutigam«, murmelte sie sinister. Wieder hielt sie das silberne Kreuz auf ihrer Ordenstracht umklammert.

»Und mit Sicherheit auch kein feuerspeiender Drache, wie die einfältigen Leute hier immer glauben, wenn in der Gegend jemand verschwindet!«, schnaubte Sibylle aufgebracht, deren hellgraue Augen vor Erbitterung blitzten. »Was, wenn sich eine Bestie in Menschengestalt die abergläubischen Ängste der Bevölkerung zunutze macht?« Die Patriziertochter hatte sich jäh auf dem Diwan aufgerichtet. »Ihm kann es doch nur recht sein, wenn die Einheimischen davon ausgehen, ein Drache hätte die Menschen geholt.«

»Aber wenn die vermissten Leute allesamt Opfer eines Verbrechens geworden wären, dann hätte man doch in all den Jahren schon längst irgendwelche Spuren von den Ermordeten oder vom Täter finden müssen«, wandte

Schwester Canisia ein. »Mehr als ein Dutzend Menschen und nicht eine einzige Leiche, das geht doch nicht mit rechten Dingen zu!«

»Leichen vergräbt man, versenkt sie im Wasser – oder man lässt sie einfach mit aufgeschlitzten Kehlen herumliegen und platziert in ihrer Nähe schwarze Ziegenböcke, um die Leute glauben zu machen, der Teufel hätte die Morde begangen. Und so ähnlich könnte es doch auch im Hunsrück sein, mit dem Unterschied, dass der Drache nichts von den Leuten übrig lässt. *Er verschlingt sie mit Haut und Haaren!* Unglaublich geschickt muss dieser Teufel sein. Er hinterlässt keine Spuren, und niemand kommt ihm auf die Schliche, er bleibt genauso unauffindbar wie seine Opfer. Fast könnte man meinen, er beherrschte die Kunst, sich unsichtbar zu machen. Doch auch an solcherlei faulen Zauber glaube ich nicht. Ich werde diesen Satan ausfindig machen und ihm die Tarnkappe herunterreißen, so wahr ich Sibylle Molitor heiße!«, gelobte die junge Frau mit vernichtendem Blick.

Die Nonne schreckte unwillkürlich vor ihr zurück und schlug entsetzt die Hände zusammen. »Wenn man Euch so zuhört, kann es einem ja angst und bange werden!«, stieß sie hervor und musterte Sibylle konsterniert. »Ich hoffe und bete nur, dass es nie so weit kommt. Ihr seid eine zarte, junge Dame und mit Sicherheit noch nicht einmal in der Lage, ein Huhn zu schlachten, wie wollt Ihr dann mit einem Unhold fertig werden, der sprichwörtlich über Leichen geht? Ich glaube, zuweilen überschätzt Ihr Euch ein wenig, meine Liebe …«

Sibylle merkte, dass sie sich wie so oft zu sehr ereiferte, und lächelte einsichtig. »Ich weiß, Hybris war schon immer eine meiner Schwächen«, gestand sie zerknirscht. »Ich bin nur eine verwöhnte, mäßig gebildete Patriziertochter, und wahrscheinlich versteige ich mich schon wieder in aberwitzige Mutmaßungen und törichte Pläne. Es steht ja gar nicht fest, dass Martin hier in der Gegend verschwunden ist. Vielleicht lebt er ja noch, und es gibt eine ganz andere Erklärung, weshalb er unauffindbar ist«, murmelte sie stockend. »Ich habe mir vorgenommen, solange es nicht felsenfest erwiesen ist, dass er ums Leben gekommen ist, gebe ich die Hoffnung nicht auf, ihn zu finden«, erklärte sie trotzig. »Möglicherweise kann uns ja der jüdische Pferdehändler auf dem Viehmarkt in Merzig Auskunft darüber geben, wie er an Martins Pferd gekommen ist. Ich bin schon sehr gespannt darauf. Wir werden natürlich unterwegs auch alle Gasthäuser abklappern, und Martins eigentliches Reiseziel Trier werden wir dabei nicht außer Acht lassen.«

»Ich wünsche Euch von ganzem Herzen, dass Eure Suche erfolgreich sein wird, mein liebes Kind, und werde für Euch beten«, erklärte die Nonne aufrichtig und schenkte Sibylle noch Würzwein nach. Sibylle dankte ihr und bat um Papier und Feder, um ihrem Vater eine kurze Notiz zu schreiben, die einer der geharnischten Reiter morgen zu ihm bringen sollte. Gottfried hatte angeordnet, dass er Martins Pferd mit sich führen sollte, dann habe er ein Pferd zum Wechseln dabei und sei schneller in Frankfurt.

Nachdem ihr die Nonne die Schreibsachen auf den Tisch gestellt hatte, ließ sich Sibylle auf einem Stuhl nieder und fing konzentriert an zu schreiben:

Bernkastel-Kues, den 9. Mai 1581

Lieber Vater!

Inzwischen sind gut zehn Tage vergangen, seit wir von Frankfurt aufgebrochen sind, um Martin zu suchen, und es ist an der Zeit, dass ich mich bei Dir melde und Dich über das Wichtigste in Kenntnis setze.

In Bernkastel-Kues an der Mosel, wo ich mich derzeit in der Obhut der fürsorglichen Schwester Canisia befinde, die eine Nachfahrin des berühmten Gelehrten Nikolaus von Kues ist, konnte ich herausfinden, dass Martin ebenfalls hier im Sankt-Nikolaus-Stift logiert hat, ehe er sich auf die Weiterreise nach Trier begab. Wie mir die treffliche Ordensfrau versicherte, erfreute sich Martin zu diesem Zeitpunkt bester Gesundheit.

Morgen früh brechen wir nach Trier auf, das nur einen Tagesritt von Bernkastel entfernt ist, um uns auch auf dieser Wegetappe nach Martin zu erkundigen. Ich bin zuversichtlich, dass sich Martins Verschwinden bald aufklären wird und er auch die letzte Wegstrecke bis nach Trier gesund und wohlbehalten zurücklegen konnte.

Genauso, wie meine Gedanken und guten Wünsche stets bei Martin sind, so sind sie bei Dir, mein geliebter Vater, und ich hoffe inständig, dass Du Dir nicht zu viele Sorgen machst und es Dir wohl ergeht.

Das Gleiche kann ich gottlob von mir behaupten – außer, dass ich Dich zuweilen schmerzhaft vermisse.

Auf ein baldiges Wiedersehen, mein liebster Papa!

Deine Dich liebende Tochter Sibylle

Nachdem Sibylle den Brief beendet hatte, blies sie sorgsam über die feuchte Tinte, faltete sodann das Blatt zusammen und versiegelte es mit einem kunstvollen Siegel der Cusanus-Bibliothek, welches ihr Schwester Canisia freundlicherweise zur Verfügung gestellt hatte. Sibylle hatte sie nach reiflichem Überlegen um das Bibliothekssiegel gebeten, damit der bejahrte alte Herr sich nicht gleich zu Tode erschreckte, wenn er das Hospitalsiegel auf dem Brief sah. So wohl reflektiert hatte Sibylle auch ihre Formulierungen gewählt. Es lag ihr viel daran, dem Ganzen eine positive Note zu verleihen, um dem Vater, dessen Gesundheitszustand ohnehin nicht zum Besten stand, nicht über Gebühr zuzusetzen. So hatte sie auch hervorgehoben, dass sie bei einer Ordensfrau untergebracht war – denn behüteter und untadeliger ging es doch gar nicht!

Das, was zu sagen war, konnte sie dem alten Knaben immer noch schonend beibringen, wenn sie zu Hause war. Daher hatte sie darauf verzichtet, den Vater mit gewissen schlüpfrigen Einzelheiten aus dem Liebesleben ihres Bruders zu konfrontieren, und erst recht hatte sie es vermieden, etwas über Martins Pferd verlautbaren zu lassen. Sie wollte Gottfried morgen früh davon überzeugen, das Pferd einstweilen hierzubehalten. Sie dachte nämlich gar nicht daran, nach der Erkundungstour zum Viehmarkt in Merzig, die Gottfried als die Letzte ihrer Exkursion plante, gemeinsam mit dem alter Diener nach Frankfurt aufzubrechen. Es sei denn, das Rätsel um Martins Verschwinden würde sich dort auflösen, was sie jedoch bezweifelte. Nein, sie würde auf Biegen und Brechen hierher in den Hunsrück zurückkehren, um die Ermittlungen fortzusetzen!

Das sagte ihr nicht nur der Verstand, sondern auch ihr Gefühl. Und in diesem höchst seltenen Fall, wo sich die beiden Kontrahenten einmal einig waren, würde sie mit ungeminderter Kraft Nachforschungen betreiben – und dazu brauchte sie ein gutes Reitpferd.

14

Gornhausen im Hunsrück, 10. Mai 1581

Der hagere Bettelmönch in der braunen Kapuziner-
kutte stand geduldig am Rande des Marktplatzes
und verfolgte das bunte Treiben auf dem Wochenmarkt.
Von Zeit zu Zeit mischte er sich ins Getümmel, erbat milde Gaben und erteilte den Spendern seinen Segen. Seit
den frühen Morgenstunden beobachtete er nun schon
das Marktgeschehen, und nichts entging seinen aufmerk-
samen Blicken. Dabei galt sein Hauptaugenmerk einem
Stand mit geräucherten Würsten und Schinken in allen
Variationen – alles andere war eher belanglos. Der würzi-
ge Duft der Räucherwaren drang ebenso zu ihm herüber
wie die lautstarken Anpreisungen des dicken Wursthänd-
lers und seines stiernackigen Gehilfen, die in breitem badischen Dialekt verkündeten, dass ihre Schwarzwälder
Schinken die köstlichsten im ganzen Lande seien.

Das Interesse des Bettelmönchs lag nicht etwa darin
begründet, dass er Hunger hatte und ihm beim Anblick
der fetten Schinkenkeulen und Hartwürste das Wasser im
Munde zusammenlief – wenngleich man in Anbetracht
seiner abgezehrten, fleischlosen Wangen durchaus diesen
Schluss hätte ziehen können. Was ihn so beeindruckte,

waren der rege Andrang an dem Stand und die Tatsache, dass die Leute den geschäftstüchtigen Händlern die Schinken und Würste förmlich aus den Händen rissen. *Und das trotz der gepfefferten Preise*, dachte der Mann in der Mönchskutte höhnisch, *aber das kann mir ja nur recht sein!*

Unter dem Schutze der weiten Kapuze taxierte er die beiden Wursthändler unauffällig. Der Ähnlichkeit ihrer feisten Gesichter nach, musste es sich bei ihnen um Verwandte handeln, möglicherweise um Vater und Sohn. Ihre breiten Schultern und die kräftigen, muskulösen Arme ließen ihn mutmaßen, dass sie die Schweine selber schlachteten und zu Würsten und Schinken verarbeiteten. Metzger waren wehrhafte Burschen und verstanden sich aufs Töten – das würde nicht leicht werden. Er würde sich Unterstützung suchen müssen. Doch zunächst war es an der Zeit, die bulligen Kerle noch weiter auszuforschen, und dazu musste er auf Tuchfühlung gehen.

Er verließ seinen Platz am Rande des Marktgeschehens, von dem aus er den besten Blick auf den Metzgerstand hatte, und ging langsam auf den Verkaufstisch zu. Mit gewissem Amüsement nahm er die armen Hunsrückbauern wahr, die mit ihren greinenden Blagen um den Wurststand herumstrichen und mit großen, hungrigen Augen auf die Würste und Schinken blickten, die für sie unerschwinglich waren. Er sah, wie sie neidvoll auf die wohlhabenden Weinhändler und gutbetuchten Winzer von der Mosel schielten, die sich diese Gaumenfreuden leisten konnten.

Als der Mann in der Kapuzinertracht an dem Stand angelangt war, ereignete sich ein kleines Scharmützel: Eines der Armeleutekinder hatte sich im Vorbeigehen ein Schinkenstückchen vom Holzbrett auf dem Verkaufstisch genommen, welches die beiden Händler interessierten Kunden als Kostprobe anboten. Der ältere der beiden, der offenbar der Meister war, schrie daraufhin Zeter und Mordio und erteilte dem Kind eine Backpfeife. Das kleine Mädchen fing an, herzzerreißend loszuheulen – und wurde überdies noch von der verdatterten Mutter mit Schlägen malträtiert. »Man darf nicht stehlen!«, tadelte sie das Kind wütend.

»Man darf nicht stehlen …«, schaltete sich unversehens der Mönch ein und erhob mit milder Strenge den Zeigefinger vor dem weinenden Mädchen. »… aber man darf bitten«, erklärte er begütigend und wandte sich an den erbosten Wurstverkäufer. »Darf ich *bitte* ein Stückchen Schinken haben?«, fragte er den Stiernacken lächelnd.

Der Metzgermeister glotzte irritiert. »Wer artig bittet, dem mag ich nichts versagen – wenn's nicht gar ein fauler Lumpenhund ist!« Er maß den Kapuziner mit tückischem Blick, besann sich jedoch eines Besseren, da er vor der schaulustigen Menge, die sich an seinem Stand versammelt hatte, nicht als hartherzig dastehen mochte. So fügte er rasch hinzu: »Aber einem Mann Gottes kann ich doch nichts abschlagen! Greift nur zu und lasst es Euch schmecken«, forderte er den Mönch mit schiefem Grinsen auf.

Groperunge neigte demütig das Haupt, erteilte dem Händler mit dem frommen Psalm »Was ihr den Geringsten meiner Brüder getan habt, das habt ihr mir getan« den Segen, ergriff gleichzeitig mit der Hand mehrere Schinkenwürfel und reichte sie dem Mädchen mit den salbungsvollen Worten: »Siehst du, mein Kind, wer bittet, dem wird gegeben.«

Die Kleine, der vom Weinen noch die Nase lief, schob

sich gleich das ganze Patschhändchen voll in den Mund und schlang die Schinkenstücke gierig herunter.

»Danke«, murmelte die Mutter betreten in Groperunges Richtung und zerrte das Kind eilig mit sich. Allmählich lichtete sich der Andrang an Schaulustigen, und Groperunge trat ein Stück zur Seite, um der Kundschaft nicht den Weg zu versperren. Er nestelte ein paar Pfennige aus der Innentasche seiner Mönchskutte und legte sie dem Meister mit der knappen Bemerkung auf den Verkaufstisch: »Für Eure Auslagen.«

»Lasst stecken«, grummelte der Metzgermeister mit generöser Miene, »das erachten wir als unsere Christenpflicht.« Er zog hinter dem Tisch ein paar Hartwursten-den hervor, wickelte sie in Wachspapier und reichte sie dem Bettelmönch. »Da habt Ihr eine kleine Wegzehrung, Bruder – und schließt uns bitte in Eure Gebete ein.«

Groperunge bedankte sich artig und erkundigte sich, für wen er beten dürfe.

»Metzgermeister Otto Nachtweih und das ist mein Sohn Eberhard«, stellte der Händler leutselig vor. »Wir kommen aus Rottweil im Badischen und ziehen mit unseren hausgeschlachteten, selbstgeräucherten und -gepökelten Wurst- und Fleischspezialitäten über die Märkte im ganzen Land. Dieses Jahr waren wir sogar unten bei den Franzmännern, die uns regelrecht den Stand eingerannt haben. Eines muss man diesen Froschfressern ja lassen: Von gutem Essen verstehen sie was – und sie sind auch bereit, was dafür zu bezahlen, nicht so wie die knausrigen Deutschen. Je mehr Geld einer von den unsrigen in der Tasche hat, desto mehr mäkelt er über die Preise.«

»Was kostet denn so ein ganzer Schinken?«, fragte ihn

Groperunge interessiert und deutete auf eine der Keulen, die sich auf einem Tisch hinter dem Metzger stapelten.

»Das kommt ganz auf das Gewicht an«, entgegnete der Metzgermeister ausweichend, »aber ein bis zwei Gulden kann man schon rechnen.«

Der Mönch schluckte und murmelte betroffen: »Ein stolzer Preis, das können sich nur die Wohlhabenden leisten. Da seid Ihr hier im Hunsrück aber nicht am rechten Ort, wo die Leute so arm sind.«

»Es gibt immer ein paar, die mehr haben als die anderen, auch in einer so ärmlichen Gegend. Ihr seht ja, wie gut das Geschäft läuft«, der Metzgermeister wies zufrieden auf seinen Sohn, der während ihrer Unterredung weitere Kunden bediente. »Inzwischen haben wir so viel verkauft, dass wir uns bald auf die Heimreise machen können. Noch zwei, drei Märkte, dann sind wir die Ware los. Qualität setzt sich eben überall durch – selbst in einer so abgelegenen Gegend wie hier.« Otto Nachtweih lächelte triumphierend.

Das ist genau das, was ich hören wollte, du alter Raffzahn, dachte Groperunge bei sich und griente scheinheilig. »Gott mit Euch, Meister Nachtweih – und noch weiterhin gute Geschäfte! Wo geht denn die Reise hin, wenn Ihr hier fertig seid?«

»Gegend Abend, wenn der Markt abgebaut wird, brechen wir nach Bernkastel-Kues an der Mosel auf. Das soll ja so ein hübsches Örtchen sein, hab ich mir von etlichen Kunden sagen lassen. Dort kehren wir dann in ein gutes Gasthaus ein und genehmigen uns einen ordentlichen Feierabendschoppen«, erklärte der Händler und seufzte behaglich.

»Der sei Euch gegönnt, Meister Nachtweih!«, erklärte der Bettelmönch und reichte dem Metzgermeister und seinem Sohn zum Abschied die Hand. Der kräftige Händedruck ihrer großen Pranken ließ ihn ahnen, wie viel Kraft in den vierschrötigen Burschen steckte – und fast freute er sich schon auf diese Herausforderung. Im Laufe der dreizehn Jahre, die er inzwischen dem bösen Handwerk nachging, hatte er es schon mit ganz anderen Kandidaten aufgenommen – die alle ganz zahm die Hufe von sich gestreckt hatten, als er mit ihnen fertig gewesen war. Nur noch einundvierzig fehlten ihm, dann würde er sich zur Ruhe setzen …

Zielstrebig lenkte der Bettelmönch seine Schritte zum unteren, abgelegenen Teil des Marktplatzes, auf dem für gewöhnlich Kleinhändler und andere arme Schlucker aus dem Wandergewerbe ihre Standplätze hatten, die ihnen von der Marktaufsicht zugewiesen wurden. Wenig lukrativ von der Lage her, waren sie dafür aber billig. Genauso, wie Groperunge den Vormittag über sämtliche Markstände und ihre Verkäufer sorgfältig sondiert hatte, war er auch hier vorübergeschlendert und hatte die Händler unauffällig in Augenschein genommen. *Alles kleine Gauner, die wertlosen Tand feilbieten*, hatte er abschätzig konstatiert und war weitergezogen. Auch einige Bettler, Schausteller und Possenreißer tummelten sich in diesem Bereich. Die meisten von ihnen, das wusste jemand wie er, der selber außerhalb von Stand und Gesetz lebte, waren oftmals aus blanker Not gezwungen, auf krummen Touren zu reisen. In der Sprache der Fahrenden bedeutete dies, sich mit kleinen Diebstählen und Gaunereien durchzuschlagen. Sein

Meister hatte ihn während seiner zwei Gesellenjahre unterwegs immer wieder auf die unterschiedlichsten Ganoven hingewiesen. Er war der Meinung gewesen, es gehöre zum bösen Handwerk, die anderen schrägen Vögel zu kennen. Wenngleich zwischen einem mörderischen Menschenjäger und solchem Gelichter Welten lagen. »Selbst hartgesottene Totschläger und Mordbrenner graust es vor unsereinem«, hatte der Kapitän einmal erklärt und sich dabei lachend auf die Schenkel geschlagen, »und das ist auch gut so, denn dann bleiben sie uns wenigstens vom Hals!«

Groperunge musste unwillkürlich grinsen. Genau das hatte der Kapitän seinerzeit auch zu ihm gesagt, als sich ihre Wege trennten und aus dem ehemaligen Gesellen ein Meister geworden war. »Bleib mir vom Halse, du Untier!« Seither herrschte eine stille Übereinkunft zwischen ihnen, dass sie einander nicht ins Gehege kamen – und wie Groperunge wusste, war Peter Nirsch immer noch im ganzen Lande umtriebig, nur die Mosel und den Hunsrück ließ er bei seinen Mordtaten außen vor.

Der Mann mit der spitzen Kapuze blieb vor einem wurmstichigen Klapptisch stehen, auf dem verschiedene Güter des täglichen Lebensbedarfs, wie Zunder zum Feuermachen, heilsame Wurzeln und Wundtinkturen, farbige Bänder und Besen, ausgebreitet waren. Aber auch einfache Rosenkränze mit bunten Holzperlen und verschiedene, aus Holz geschnitzte Heiligenfiguren und Tiere lagen auf der Tischplatte. Während der Mönch den wertlosen Plunder mit gesenktem Blick begutachtete, richtete der Verkäufer, ein großer, verschlagen aussehender Bursche mit Pockennarben im verwitterten Gesicht, sogleich das Wort an ihn.

»Darf's vielleicht ein hübscher Rosenkranz sein? Ein treuer Talisman und Wegbegleiter für einen Klosterbruder auf Wanderschaft?«, erkundigte er sich anheischig. »Oder vielleicht eine geschnitzte Muttergottesfigur, eine edle Handarbeit aus dem Erzgebirge?«

Ehe der Händler weiterfragen konnte, ergriff Groperunge ein Holzpferdchen und legte dem verwunderten Verkäufer ein kleines Silberstück auf den Tisch. »Pack in einer halben Stunde deinen Kram zusammen und mach dich auf dem Höhenweg in Richtung Monzelfeld. An der ersten Wegkreuzung warte ich auf dich, und dann reden wir weiter. Aber zu keinem ein Wort, hast du mich verstanden?«, raunte er ihm zu.

Der Pockennarbige starrte ihn angespannt an. »Willst du vielleicht einen Tipp haben?«, fragte er argwöhnisch.

Groperunge grinste hinterlistig. Ihm war hinlänglich bekannt, dass Landgänger und Hausierer sich zuweilen ein Zubrot verdienten, indem sie Räubern gegen Bezahlung Hinweise lieferten, wo sich ein Einbruch lohnen könnte.

»Im Gegenteil, Alter«, raunzte er im Flüsterton. »Ich will *dir* einen Tipp geben, wie du dir fett was dazuverdienen kannst – vorausgesetzt, du bist bereit, ein krummes Ding zu drehen …« Er musterte den abgemagerten, langen Kerl, dessen breite Schultern und muskulöse Arme jedoch verrieten, dass er ordentlich zupacken konnte. »Das wär doch nicht das erste Mal, hab ich recht?«, setzte er mit breitem Grinsen hinzu.

Der Landgänger, der sich längst von dem Mann mit den stechenden, kalten Fischaugen durchschaut fühlte, enthielt sich eines Kommentars. »Also gut, bis später«, flüsterte er stattdessen und war fast erleichtert, als der verkleidete Mönch sich anschließend davonmachte. Trotz seines harmlosen Dutzendgesichts ging von dem Mann eine Bedrohlichkeit aus, wie er sie selbst bei abgebrühten Ganoven nur selten erlebt hatte. *Der lässt dich glatt über die Klinge springen, wenn du nicht parierst,* dachte er beklommen und hatte in jenem Moment nicht übel Lust, das Weite zu suchen – aber in der entgegengesetzten Richtung von Monzelfeld. Doch sein knurrender Magen und der schlechte Umsatz überzeugten ihn schließlich davon, dass er es sich nicht leisten konnte, eine solche Gelegenheit auszuschlagen.

———◆———

Die Kirchturmuhr schlug gerade die fünfte Stunde an, als Otto Nachtweih seinen Sohn wissen ließ, es sei an der Zeit, allmählich zusammenzupacken. Den ganzen Tag schon war es kühl und windig gewesen, gottlob aber trocken geblieben, doch nun hatte ein feiner Nieselregen eingesetzt, der inzwischen immer dichter geworden war. Auch der Wind hatte aufgefrischt und blies den Händlern und den Marktbesuchern kalte Regenschauer in die Gesichter. Der Markt hatte sich deutlich geleert, und die ersten Standbetreiber packten bereits ein. Selten kam es vor, dass Otto Nachtweih zum vorzeitigen Aufbruch drängte – es hätte doch noch jemand kommen können, an dem sich was verdienen ließe. Heute indessen war er, ganz entgegen seiner betriebsamen, geschäftstüchtigen Art, einfach nur müde von dem ständigen Umherreisen und Geschäftemachen. Und wenn er schon nicht daheim behaglich in der warmen Stube sitzen konnte, wo ihm die brave Ehefrau sein Leibgericht, saure Kutteln, servierte, dann stand ihm doch jetzt der Sinn nach Ruhe und Bequemlichkeit. Mit seinen 37 Jahren war er schließlich auch nicht mehr der Jüngste. Während Eberhard die wenigen übriggebliebenen Räucherwürste und Schinken in den Planwagen hinter dem Stand räumte und den Verkaufstisch zusammenklappte, verstaute der Metzgermeister die prall gefüllte Geldkassette in einem eigens dafür vorgesehenen Hohlraum unter den soliden Holzbohlen des Planwagens. Man konnte ja nie wissen … Bislang waren sie auf ihren Reisen unbehelligt geblieben, was sicher zu einem Gutteil daran lag, dass Räuber und Wegelagerer nicht unbedingt mit zwei kräftigen, wehrhaften Gesellen wie ihm und seinem Sohn aneinandergeraten mochten.

Nachdem alles ordentlich verstaut war, spannte der Metzgersohn den Haflinger vor den Planwagen, schwang sich neben seinen Vater auf den Kutschbock und lenkte das Gefährt über das holprige Kopfsteinpflaster des Marktplatzes zum Dorf hinaus.

Als sie den Waldrand erreichten und auf den steinigen Hunsrückhöhenweg einbogen, wehte ihnen ein rauer Wind entgegen. Trotz der wollenen Wämser, die über ihren feisten Hälsen von Hirschhornknöpfen zusammengehalten wurden, fröstelte es die korpulenten Männer. Der Metzgermeister holte eine Branntweinflasche unter dem Kutschbock hervor. Beide nahmen sie einen tiefen Schluck und verfielen ins Schweigen, froh darüber, nach dem ständigen Palaver mit der Kundschaft endlich ihre Ruhe zu haben. Es dauerte nicht lange, und Metzgermeister Nachtweih fielen die Augen zu, und er schnarchte wohlig vor sich hin. Eberhard hatte Mühe, auf dem Kutschbock nicht ebenfalls einzunicken, denn das Schnarchen des Vaters war geradezu ansteckend. Gähnend beugte er sich herunter, um sich die Branntweinflasche zu angeln, in der trügerischen Hoffnung, der Schnaps werde ihn munterer machen. Außerdem konnte es bis Bernkastel nicht mehr allzu weit sein, denn sie waren ja inzwischen schon gut eine Stunde unterwegs und hatten den Meiler Monzelfeld bereits hinter sich gelassen. Also erlaubte auch er sich, die Augen zu schließen und ein wenig vor sich hin zu dösen – nur für ein kleines Weilchen, der gute alte Haflinger würde die Spur schon halten. Doch schon im nächsten Moment traf ihn wie aus dem Nichts ein harter Schlag auf die Schläfe, und ihm schwanden die Sinne.

Otto Nachtweih erwachte erst, als der Wagen zum Stillstand kam. Zu seinem grenzenlosen Erstaunen fand er sich Auge in Auge – mit dem Kapuziner! Er hatte sich neben ihn auf den Kutschbock gezwängt, und ehe der Metzgermeister protestieren konnte, vernahm er seine höhnische Stimme: »Penn ruhig weiter, Fettwanst!« Gleichzeitig fühlte er einen Windhauch im Gesicht und sah etwas Silbernes, Glitzerndes durch die Luft flirren, dann spürte er einen scharfen, unbändigen Schmerz an der Kehle und bekam keine Luft mehr. Sein verzweifelter Todesschrei war nicht mehr als ein ersticktes Gurgeln.

Der junge Hausierer, der noch den schweren Astprügel in den Händen hielt, den er dem Metzgersohn soeben über den Kopf gezogen hatte, stand fassungslos und kreidebleich neben dem Kutschbock.

»Ich … habe gedacht … wir … wir überfallen die nur

und rauben die aus … aber dass du den gleich kaltmachst, davon war gar nicht die Rede«, stammelte er außer sich.

Groperunge sprang behände vom Kutschbock herunter, baute sich drohend vor ihm auf und hielt ihm den Dolch an die Kehle. »Hör auf zu flennen, du Memme, sonst murks ich dich auch noch ab!«, zischte er ihm zu. Dann befahl er barsch, den Toten rasch in den Planwagen zu schaffen, damit sie mit dem Gefährt sogleich ins Dickicht fahren könnten, um endlich vom Reiseweg wegzukommen.

Während der am ganzen Leibe schlotternde Landgänger den korpulenten Metzgermeister vom Kutschbock herunter nach hinten in den Planwagen zerrte, schnitt Groperunge auch dem Sohn die Kehle durch, ehe er aus seiner Ohnmacht erwachen und renitent werden würde. »Sauerei!«, fluchte er zwischen den Zähnen, als das wild sprudelnde Blut der klaffenden Wunde in dichten Strömen auf den Weg heruntertroff, packte den Toten unter den Achseln und warf ihn kopfüber in den Planwagen. Dann ergriff er die Branntweinflasche und goss sie über die Blutlachen zu beiden Seiten des Kutschbocks, so dass der größte Teil im Erdreich versickerte. Den Rest würde der Regen wegwaschen. Anschließend ergriff er die Zügel, trieb das schwerfällige Kaltblut mit einer Gerte an und lenkte das Gefährt zwischen den Tannen hindurch auf einen abgelegenen Waldweg, dem er ein ganzes Stück folgte, bis sie an einer kleinen, von dichtem Baumwuchs umsäumten Lichtung anlangten.

Groperunge, der die gesamte Umgebung genauestens erkundet hatte, nutzte die Lichtung aufgrund ihrer schwer einsehbaren Lage häufig als erste Anlaufstelle nach einem

Raubüberfall. Hier pflegte er die Pferde der Überfallenen anzubinden, ehe er sich einen Eindruck vom Diebesgut verschaffte. Beim Anbinden musste er große Sorgfalt walten lassen, denn versprengte Pferde waren verräterische Zeichen, die ihn nur unnötig in Gefahr brachten. Daher achtete er auch stets peinlich darauf, die verschreckten Pferde zu bändigen, wenn er Reiter überfiel, damit die Tiere nicht davongaloppierten und Verdacht erregten. Unlängst war ihm ein Pferd durchgegangen, weil er zu sehr mit dem Reiter beschäftigt gewesen war und nicht genug aufgepasst hatte. Das Tier war davongestoben in die undurchdringlichen Tannenwälder, und er hatte es trotz mehrfachen ausgiebigen Suchens nirgendwo einfangen können. Pech gehabt, aber das durfte ihm so schnell nicht wieder passieren. In den achteinhalb Jahren, die er nun schon hier oben im Hunsrück lebte, war ihm das gottlob selten widerfahren. *Man kann gar nicht vorsichtig genug sein*, lautete die Maxime, die ihn dereinst sein Meister gelehrt hatte. Diesem eisernen Vorsatz verdankte er sein Leben – und nicht zuletzt dem Fürsten der Finsternis, der ihn von Kindesbeinen an in der Schwarzen Kunst unterwiesen hatte, sich durch geschickte Tarnung unsichtbar zu machen.

Groperunge holte Luft und entschied sich, als Erstes den sperrigen, auffälligen Planwagen wegzuschaffen. Eine genaue Sichtung der Beute konnte er später im Schutze der Höhle vornehmen. Die Geldkatzen, die die beiden Händler um ihre Bäuche gegurtet hatten, fühlten sich schon mal sehr vielversprechend an.

»Teilen tun wir später«, informierte er den Hausierer, »erst bringen wir die Sore in Sicherheit.« Der Landgänger, dem die Angst immer noch gehörig im Nacken saß, wagte nicht zu protestieren.

Groperunge ergriff die Zügel des Kaltbluts und lenkte das Gefährt über die Lichtung auf einen moosüberwucherten Waldweg, der zu beiden Seiten von undurchdringlichem Tannengrün umgeben war.

Schweigend und angespannt saß der Landgänger neben Groperunge auf dem Kutschbock und verkniff sich die Frage, wohin die Fahrt denn ginge. Längst hatte er jegliche Orientierung verloren, stellte aber fest, dass der Pfad immer steiler wurde. Der Schweiß rann ihm in Strömen unter dem speckigen Kragen herunter, und er sann verzweifelt darüber nach, wie er dem teuflischen Mann in der Mönchskutte entkommen könnte. Die einzige Möglichkeit wäre, während der Fahrt vom Kutschbock zu springen und im Schutze der Bäume die Flucht anzutreten. Doch er fühlte sich an der Seite seines unheimlichen Kumpans wie festgeschmiedet. Die Knie schlotterten ihm so heftig, dass er sich bemühte, sie mit seinen schweißnassen Handflächen zu fixieren, damit sein Begleiter es nicht merkte. Er dachte an seinen Tornister mit den Waren, der hinten im Planwagen lag. Darin war zwar sein ganzer Lebensunterhalt, aber notfalls müsste er ihn zurücklassen, um flüchten zu können. Ohne die schwere Last auf den Schultern wäre er in jedem Fall schneller. *Scheiß doch auf den ganzen Krempel, Hauptsache, ich komme davon*, überlegte er hektisch, als ihn im nächsten Moment die schneidende Stimme des Kuttenträgers förmlich ins Mark traf.

»Hilf mir gefälligst, den Gaul zu ziehen, du Jammerlappen, der kommt ja kaum den Berg hoch, und das steilste Stück haben wir noch vor uns!«

Mit staksigen Beinen kletterte der Hausierer vom Kutschbock und hatte Mühe, auf dem felsigen Geröll nicht ins Straucheln zu geraten. Groperunge reichte ihm die Zügel, ging vorsichtig auf Abstand, damit ihn nicht der Pferdehuf traf, und schlug dem Kaltblut wütend mit der Gerte auf die Flanken. Das erschöpfte Tier schnaubte geplagt und schleppte sich schwerfällig die stark ansteigenden Serpentinen hinauf. Groperunge packte wieder mit an, und nach einer guten halben Stunde anstrengender Schinderei für die Männer und das Pferd teilte er dem Hausierer mit, dass sie gleich da seien.

Vor ihnen lag ein felsiger Berggipfel, der sich gezackt wie ein Drachenkamm vor dem hellgrauen Abendhimmel abzeichnete, von dem unentwegt der Regen fiel. Der Hausierer, dessen hageres Gesicht ganz fahl geworden war, blickte sich irritiert um. Weit und breit war weder eine Hütte noch ein anderer Unterschlupf zu sehen. Nur dunkles, zerklüftetes Schiefergestein, auf dem vereinzelt Moos, Ranken oder Büsche wuchsen. Nach wenigen Schritten befahl der Mann in der Mönchskutte, anzuhalten, trat an einen moosüberwucherten Felsvorsprung und machte sich daran zu schaffen. Zu seiner Verblüffung sah der Landgänger, dass er sich öffnen ließ wie … wie eine Tür! Beim Näherkommen erkannte er bass erstaunt, dass es sich tatsächlich um ein Tor handelte, das über und über mit Moos und kleinen Felsstücken bedeckt war, die sich in eine Art Mörtelschicht einfügten.

»So etwas habe ich ja noch nie gesehen!«, stieß er bewundernd hervor. »Habt Ihr das selbst gemacht?«

»Wer denn sonst«, knurrte Groperunge verächtlich, »oder glaubst du vielleicht, ich habe einen Schreiner damit beauftragt? Die Zeit, die ich dafür gebraucht habe, kann man mit Geld gar nicht aufwiegen.«

»Perfekte Tarnung«, äußerte der Hausierer anerkennend, »das sieht keine Sau, dass da eine Tür ist – da kann man rein gar nichts von außen erkennen.«

»So soll's auch sein«, knarzte Groperunge und öffnete den breiten Türflügel, der hoch genug war, um Pferde und sperrige Lasten hindurch zu lassen. Er befahl dem Hausierer mit herrischer Geste, den Haflinger herein zu führen.

Während sich der Landgänger noch sprachlos in dem hohen, weitläufigen Höhlengewölbe umschaute und im Halbdunkel ein Pferd und einen Esel in einem stallartigen Verschlag ausmachte, entzündete der Mann in der Mönchskutte mit Hilfe von Zunder einen Kienspan, mit dem er eine Wandfackel entfachte. Anschließend zog er das Tor zu.

»Lass uns zuerst die Fettsäcke rausschaffen, damit wir den Wagen filzen können«, instruierte er den Hausierer. Mit gemeinsamer Kraftanstrengung gelang es ihnen schließlich, die schweren, leblosen Körper aus dem Planwagen zu schleifen und sie seitlich neben dem Wagen auf den Boden zu legen. Keuchend kletterten sie in den Planwagen, wo Groperunges wachsames Auge über die verschiedenen Kisten und Körbe huschte, ob nicht irgendwo dazwischen eine Geldkassette auszumachen war. Denn das, was die Metzger in ihren Geldkatzen hatten, konnte lange nicht alles sein, da war er sich sicher. Wie ein Spürhund begann er, alles zu durchsuchen, drehte jede Kiste um, durchforstete alle Körbe. Doch nichts als muffig riechende, vom langen Tragen schmuddelige

Kleidungsstücke, stapelweise Wachspapier, diverse Wein- und Branntweinflaschen sowie ein gutes Dutzend Schinkenkeulen und Dauerwürste waren in dem kunterbunten Durcheinander auszumachen.

»Verdammt, wo ist denn nur die Kohle!«, fluchte er wütend und trat missmutig gegen einen der Wurstkörbe.

»Die … die haben bestimmt ein Geheimversteck …«, stotterte der Hausierer mit brüchiger Stimme, der schon so manchen doppelten Boden ausgehoben hatte, und fing sachkundig an, die Bodenbretter abzuklopfen. Ihm war einzig daran gelegen, das Fischauge gütlich zu stimmen, damit er mit dem Leben davonkommen würde. Sein Anteil an der Beute, wenn er ihn denn überhaupt bekäme, spielte dabei eine untergeordnete Rolle.

»Nicht schlecht, Langfinger, dann klopf mal schön weiter«, knurrte Groperunge anerkennend und überwachte mit gespitzten Ohren das Vorgehen seines Helfers. Wenig später vernahm er auch schon das gedämpfte Geräusch beim Anschlagen der Handknöchel und stürzte sich sogleich mit gezücktem Messer auf die betreffende Holzdiele. Die geschickt in die Holzmaserung eingearbeitete Fuge ließ sich mit der scharfen Klinge leicht öffnen. Aus dem Geheimfach, das ringsum ausgepolstert war, um lautes Scheppern während der Fahrt zu vermeiden, lachte ihm die stattliche Geldkassette entgegen.

»Na, das hat sich ja gelohnt mit den zwei Hackfressen – wusste ich's doch!«, grummelte Groperunge zufrieden und legte die Schatulle sorgsam in einen leergeräumten Korb. Nachdem weitere Wertgegenstände darin verstaut worden waren, befahl er seinem Gehilfen, die Würste und Schinken in einem der restlichen Körbe zu sammeln, ergriff den Korb mit der Geldkassette und schwang sich vom Kutschbock.

Als der Hausierer gleich darauf mit dem Wurstkorb vom Wagen herunterkletterte, war sein unheimlicher Kumpan wie vom Erdboden verschluckt. »Du wartest hier, ich bin gleich wieder da!«, gellte jedoch sogleich eine Stimme aus dem hinteren Bereich der Höhle, und der Hausierer stieß keuchend die Luft aus. Schon vor geraumer Zeit, gleich nachdem das Tor geschlossen worden war, war ihm aufgefallen, dass ein beißender, unangenehmer Geruch in dem Felsgewölbe hing. *Das riecht ja nach Pech und Schwefel – als wär man in der Hölle*, dachte er nun, und schlagartig überkam ihn wieder die Furcht – stärker als zuvor. *Oder … wie in einem Beinhaus!* Denn ein penetranter, süßlicher Verwesungsgestank, den auch der scharfe Pechgeruch nicht übertünchen konnte, war ihm gleichfalls in die Nase gestiegen. Erneut hegte er Fluchtgedanken und schielte schon zur Tür, doch die Bangigkeit obsiegte. Reglos verharrte er neben dem Planwagen, unfähig, seinem Schicksal zu entrinnen. Er wusste, dass es selbst unter Schwerverbrechern so etwas wie einen Ehrenkodex gab, loyalen Gefolgsleuten keinen Schaden zuzufügen und sie anständig zu entlohnen. Dennoch standen ihm wenig später, als der Kuttenträger mit einer Axt in der Hand zurückkehrte, vor Schreck die Haare zu Berge.

Groperunge grinste hämisch, als er die Angst im Blick des Hausierers bemerkte. »Die brauchen wir, um den Planwagen zu zerlegen«, erläuterte er spöttisch und übergab dem Landgänger ein weiteres Beil, welches er gemeinsam mit dem anderen in der Höhle deponiert hatte. Sogleich machten sich die Männer an die Arbeit und zerhackten grob die Trageleisten und Bodenbretter des Wagens, die sie, gemeinsam mit der Plane, zu einem Haufen türmten. Die Eisenteile wie Deichsel, Radnaben und Beschläge, legten sie daneben.

Von dem beißenden Gestank war es dem Hausierer speiübel geworden. Die aufsteigende Panik verschlug ihm schier den Atem. »Ich … muss mal kurz an die frische Luft …«, hechelte er und hastete zur Tür, »hier stinkt es ja zum Gotterbarmen!«

»Nix da!« Groperunge stürzte zu ihm hin und packte ihn am Arm. »Ich gebe dir gleich deinen Anteil, und dann kannst du dich meinetwegen vom Acker machen«, raunte er beschwichtigend, während ein hämisches Grinsen um seine Mundwinkel spielte. »Ich will nur noch schnell das Geld zählen, damit ich dir auch bloß nix vorenthalte. Du kannst ja solange nach hinten gehen und ein bisschen frische Luft schnappen, da ist nämlich eine breite Felsspalte in der Höhlendecke.«

Der Landgänger, der sich tatsächlich ein Stück weit beruhigt hatte, blickte sich suchend in der Höhle um.

»Ungefähr zehn Fuß in dieser Richtung«, erläuterte Groperunge und deutete in den hinteren Bereich der Höhle, der nahezu vollständig im Dunkeln lag. »Immer den Schienen nach.«

Der Hausierer stierte auf den Boden, in den tatsächlich hölzerne Leisten eingelassen waren, auf denen eine Art Schubkarren auf Rollen stand. Er zögerte. »Aber da hinten ist es ja stockdunkel«, murrte er mit banger Miene, »da sieht man ja noch nicht mal die Hand vor den Augen …«

»Stimmt nicht, wenn du da hoch guckst, kannst du

sogar den Himmel sehen – natürlich nur, solange es hell ist«, erklärte der Mann in der Mönchskutte lächelnd und beugte sich über die Leichen, um ihnen mit dem Dolch die Geldkatzen abzuschneiden.

Langsam und zögerlich setzte sich der Landgänger in Bewegung. Der Kerl ist ja gar nicht so verkehrt, suchte er sich einzureden, ein hartgesottener Mordbube, sicher, aber kein falscher Hund, der einen Kumpel übers Ohr haut … Nach wenigen Schritten spürte er tatsächlich einen Luftzug, der von oben kam, und hastete weiter – nicht zuletzt, weil ihm der Verwesungsgeruch, der immer stärker wurde, regelrecht den Atem raubte. Und mitten im Laufen, völlig jäh und unvermittelt, stürzte er ins Bodenlose. Sein gellender Entsetzensschrei drang aus dem Schacht und hallte durch die Höhle als gespenstisches Echo. Dann wurde es still.

»Der hat's gehabt«, murmelte Groperunge grimmig und warf einen Blick auf die Leichen der beiden Metzger. Die musste er jetzt leider alleine entsorgen.

Von den zahlreichen Helfern, die er sich im Laufe der Jahre für größere Überfälle gedungen hatte und die ihm anschließend geholfen hatten, die Beute auf den Berg zu schaffen, hatte er keinen einzigen am Leben gelassen. Bei dem einen oder anderen von ihnen hatte er sich den Spaß erlaubt, ihn unter irgendeinem Vorwand in Richtung des Schachtes zu schicken, der vom Eingangsbereich aus nicht zu sehen war und im Dunkeln lag. Dort war der Ahnungslose dann schreiend in den Abgrund gestürzt, der gute hundert Faden tief war, und unten zerschellt.

Die Habenichtse waren allesamt entwurzelte Streuner – darauf hatte er bei ihrer Rekrutierung stets geachtet –, die niemand vermisste. *Traue keiner Menschenseele*, lautete sein unerschütterlicher Grundsatz, mit dem er bisher immer gut gefahren war. Lediglich seinem langjährigen Hehler, den er in regelmäßigen Abständen in Metz, hinter der französischen Grenze, aufsuchte, brachte er ein gewisses Vertrauen entgegen, indem er ihm sein Diebesgut überließ und sich ihm dadurch ein Stück weit auslieferte – was jedoch alles in allem auf Gegenseitigkeit beruhte. Sie sprachen nur das Nötigste miteinander, keiner stellte dem anderen überflüssige Fragen. Ähnlich hatte es sein Meister im Umgang mit ihm gehalten – mit dem Unterschied, dass ein Massenmörder seinem Aspiranten schon von Haus aus keine Handbreit über den Weg traute, das lag sozusagen in der Natur der Sache. Eine wie immer geartete Kumpanei hatte es zwischen ihnen nicht gegeben. Seit Groperunges Lehre zu Ende war, gingen sich die beiden geflissentlich aus dem Weg. Obgleich Peter Nirsch der einzige Mensch in Groperunges Leben war, dem er so etwas wie Achtung entgegenbrachte. Außerdem waren sie Brüder in Satan, aber das hieß noch lange nicht, dass sie den anderen geschont hätten, wenn's drauf angekommen wäre. Derartige Zartgefühle gab es im Bösen Handwerk nicht.

Groperunge streifte sich die klamme Mönchskutte ab, entzündete eine weitere Wandfackel im hinteren Bereich der Höhle, so dass der Schacht deutlich zu sehen war und er nicht selber hineinfiel, packte den toten Metzgermeister unter den Achseln und wuchtete ihn in den Karren. Dann schob er das Gefährt gute zehn Fuß über die Schienen bis zum Rande des breiten Schachts. Mit einem kräftigen Stoß katapultierte er den leblosen Körper in die

Tiefe. Der stillgelegte, senkrechte Bergwerksstollen war wie geschaffen für das Entsorgen der Leichen. Außerdem hatte der Schacht durch eine Felsspalte im oberen Teil des Berges einen natürlichen Abzug, so dass Groperunge darin ohne weiteres ein Feuer entzünden konnte.

Er hatte ja auch lange genug gebraucht, bis er das hier gefunden hatte, als er damals, vor rund acht Jahren, auf der Suche nach einem geeigneten Unterschlupf durch den Hunsrück gestreift war. Auf den Märkten und in den Schenken, wo er sich unauffällig unters Volk mischte, hatte er vernommen, dass in den Bergen früher Kupfer, vereinzelt auch Silber, abgebaut worden war. Um einige Berge rankten sich abergläubische Geschichten von Zwergen und Trollen, die dort in unterirdischen Höhlen hausten – und in der Umgebung von Bernkastel war gar die Rede von einem Drachen, der in dem sagenumwobenen Fraßberg sein Unwesen triebe. Diese Geschichten der einfältigen Leute hatten Groperunge hellhörig gemacht. *Eine Höhle oder ein stillgelegter Stollen könnte doch ein guter Unterschlupf für mich sein,* hatte er sich gedacht und angefangen, die alten Bergstollen zu erkunden. Wochenlang war er durch labyrinthische Gänge geirrt, die teilweise so eng waren, dass er auf dem Bauch kriechen musste wie ein Wurm. Er hatte sämtliche Gruben und unterirdischen Schächte in den steilen, zerklüfteten Hunsrückbergen durchforstet, die sich von Bernkastel bis nach Monzelfeld erstreckten. Nach langem, sorgfältigem Abwägen hatte er sich schließlich für den Fraßberg entschieden. Zum einen, weil er dort auf eine hohe, weitläufige Höhle gestoßen war, vermutlich natürlichen Ursprungs, die ihm als Behausung dienen konnte, zum anderen, weil sich in einem höheren Abschnitt des Berges eine Sohle befand, die hoch und breit genug war, um Pferde und Wagen passieren zu lassen. Außerdem entdeckte er am Ende des Stollens eben jenen tiefen Schacht, der überdies eine natürliche Luftzufuhr besaß. Ganz zu schweigen von dem geradezu gigantischen Ausblick vom Gipfel aus, wo er den Hunsrückhöhenweg und sämtliche Straßen in der gesamten Region überblicken konnte. Zudem kam es Groperunge sehr gelegen, dass es die Einheimischen vor dem unheimlichen Fraßberg mit dem monströsen Drachen darin grauste. *Dann rücken sie einem wenigstens nicht zu dicht auf die Pelle!*

In der stillgelegten Sohle, die vor dem Schacht lag, hatten sogar noch alte Bergtruhen gestanden, sogenannte »spurgeführte Hunde«, die sich auf einer Art Schiene bis zum Schacht schieben ließen – was ihm die Entsorgung der Leichen deutlich erleichterte. In das Felsgestein oberhalb des Schachtes war ein alter, verrosteter Flaschenzug eingelassen, den sich Groperunge für seine Zwecke gleichfalls zunutze machte. Etliche Monate hatte er gebraucht, um alles herzurichten, doch der Aufwand hatte sich zweifellos gelohnt: Einen geeigneteren Unterschlupf für das Verstecken der Beute, die rasche Beseitigung von Spuren sowie die Entsorgung der Leichen hätte er kaum finden können. Groperunge war nach wie vor der festen Überzeugung, dass er diesen Glücksstreffer Satan zu verdanken hatte, dem er sich seit seiner frühen Jugend geweiht hatte. Und was die abergläubische Furcht der Einheimischen anbetraf, so würde er diese nach Leibeskräften schüren.

Nachdem er auch den korpulenten Körper des Metzgersohns mit einem kräftigen Stoß in den Abgrund be-

fördert hatte, lud er noch die eisenbeschlagenen Wagen-
räder, die Deichsel und die Holzbretter in die Bergtruhe
und karrte sie gleichfalls zum Schacht, wo er sie krachend
in den Schlund fallen ließ. Später, wenn die Nacht ange-
brochen war, würde er noch einmal zurückkommen, ein
ordentliches Quantum Pech in den Schacht schütten und
einen brennenden Kienspan hinterherwerfen. Obgleich
der beißende schwarze Rauch durch die Öffnung in der
Felsspalte gut abziehen konnte, nahm er trotzdem immer
schnell Reißaus, wenn unten im Schacht die Flammen
loderten, denn er mochte den Geruch von verbranntem
Fleisch und Horn nicht sonderlich. Tags darauf schüttete
er immer reichlich Kalk in das Loch, um den Verwesungsgeruch einzudämmen, denn das Feuer versengte leider
nicht alles. Zumal er mitunter auch Pferdekadaver mit
Hilfe des Flaschenzuges in den Abgrund hievte. Denn
die Pferde seiner Mordopfer zu Geld zu machen, indem
er sie an irgendeinen Pferdehändler verhökerte, war dem
vorsichtigen Raubmörder viel zu riskant. Auf die paar
Kröten, die ihm die Rösser eingebracht hätten, konnte er getrost verzichten. Denn mit seinen fast siebzigtausend Gulden, die ihm das Böse Handwerk in all den
Jahren eingebracht hatte, war er ohnehin schon längst ein
schwerreicher Mann, der sich jeglichen Luxus hätte leisten
können. *Die Tausend machen wir noch voll*, dachte er launig,
dann würde er sich zur Ruhe setzen und in irgendeinem
fernen Land das Leben eines Fürsten führen. *Drei sind ja
heute schon hinzugekommen*, konstatierte er zufrieden, *das
macht, sofern ich mich nicht irre, insgesamt neunhundertzweiundsechzig, die ich ins Jenseits befördert habe.*
Er blickte zu dem Haflinger, der erschöpft und ver-

nehmlich schnaufend neben dem Bretterverschlag stand, den Groperunge als Stall für Pferd und Maultier errichtet hatte. Mit gerunzelter Stirn überlegte er, ob er das schwere Kaltblut mit der Winde den Schacht hinunterschaffen sollte, entschied sich jedoch, Gnade walten zu lassen. Ein starkes Lasttier wie den Haflinger konnte er hier oben im Gebirge gut gebrauchen. Er ergriff das Tier an den Zügeln und führte es in den Stall, wo er dem braven Pferd einen Wasserbottich hinrückte und ihm Hafer in einen Futtertrog füllte. Er wusste nicht genau wieso, aber er mochte das Tier irgendwie. Vielleicht weil es so tapfer den Berg hinauf gestapft war und auf die harten Hiebe mit der Gerte relativ unempfindlich reagiert hatte. *Ihm mangelt es an Temperament, genau wie mir,* ging es dem Mörder durch den Sinn, und er gab dem Kaltblut einen freundschaftlichen Klaps, ehe er den Stall wieder verließ, um sich endlich voll und ganz um die Beute zu kümmern, die sicher nicht ganz unbeträchtlich sein würde.

❧

»Hier habe ich dir was mitgebracht«, sagte Groperunge zu Marie, die teilnahmslos auf ihrem Strohsack kauerte, und reichte ihr das Holzpferdchen, das er am Morgen auf dem Markt von dem Hausierer erstanden hatte.

Über das bleiche, eingefallene Gesicht der jungen Frau huschte ein Lächeln. »Da hat mein Peter aber was Schönes zum Spielen«, sagte sie und zeigte das Holzpferd ihrer Puppe, die sie die ganze Zeit im Arm hielt. Die Puppe aus gebranntem Ton mit dem aufgemalten Kindergesicht, die ihr Groperunge vor Jahren einmal von einem Jahr-

264

markt mitgebracht hatte, war ihr Ein und Alles. Niemals gab sie sie aus den Händen, und selbst bei der Hausarbeit trug sie sie in ihrer Schürze bei sich. Damals, als Marie die Puppe erhalten hatte, hatte sie ihr sofort die Haube und das Kleid abgestreift und emsig begonnen, aus Stoffresten Beinlinge und ein schmuckes wollenes Wams für sie zu nähen. Später kamen noch diverse Kappen, Umhänge und Jacken hinzu, die sie der Puppe je nach Jahreszeit und Anlass überzog. Sogar ein pelzgefüttertes Cape war dabei, denn Peter sollte ja im Winter nicht frieren. Zu seinem Geburtstag, am 22. Juni, backte sie ihm sogar immer einen Honigkuchen, denn den mochte Peter am liebsten. Sie sprach auch mit ihm, und er antwortete ihr mit seiner brabbelnden Kinderstimme, denn Peter war noch sehr klein und hatte gerade erst angefangen zu sprechen. Selbst beim Essen hielt sie ihn stets auf ihrem Schoß, und bevor sie selber einen Löffel Suppe zu sich nahm, führte sie ihn zuerst an den rot aufgemalten Puppenmund. Einmal war Groperunge bei dieser seltsamen Prozedur der Kragen geplatzt, und er hatte ihr wütend die Puppe entrissen. Marie hatte daraufhin einen so markerschütternden Schrei von sich gegeben, dass es ihn in den Ohren geschmerzt hatte, und hatte erst aufgehört zu schreien, nachdem sie die Puppe wieder in ihren Armen hielt.

Groperunge hatte ihr schließlich die Puppe gelassen und versuchte nicht mehr, sie ihr wegzunehmen. Er wusste, dass Marie seit geraumer Zeit in einer anderen Welt lebte, die so entrückt war, dass nichts und niemand zu ihr durchdrang – außer ihrer über alles geliebten Puppe. In ihr sah sie ihren kleinen Sohn Peter, der im Alter von zwei Jahren am plötzlichen Kindstod gestorben war.

Marie hatte vor Schmerz den Verstand verloren und war seither eine leere Hülle, die aufgehört hatte zu leben.

Nach dem Tod des Kindes hatte sie weder gegessen noch getrunken und nur in völliger Apathie vor sich hin gedämmert. Zornig hatte Groperunge erkennen müssen, dass er keinerlei Einfluss mehr auf sie hatte, ob er sie schüttelte oder anschrie, er hatte sie einfach nicht erreicht. Teilnahmslos starrte sie immerzu mit leerem Blick vor sich hin – und bot ihm selbst dann keinerlei Widerstand mehr, wenn er sie penetrierte, so dass es ihm schließlich verging, sie anzufassen. Da hätte er auch gleich bei einer Toten liegen können! Es war nur eine Frage der Zeit, und sie würde ganz und gar hinüberdämmern – in das Totenreich, dem ihr Geist schon lange angehörte. Verdrossen hatte er es zuweilen gar in Erwägung gezogen, sie zu packen und in den Schacht zu werfen, denn was sollte er mit diesem lebendigen Leichnam? Aber er brachte es nicht über sich – und irgendwie dauerte sie ihn sogar. Ihr Schmerz über den Tod des Kindes war so überwältigend gewesen, dass sich selbst sein Herz beim Anblick des toten Jungen für einen flüchtigen Moment zusammengezogen hatte, wenngleich er nicht wirklich überrascht war, denn er hatte ja von Anfang an geahnt, dass der Kümmerling es nicht lange machen würde. Trotzdem hatte er das verstorbene Kleinkind nicht in das Loch geworfen wie alle anderen Leichen, sondern es unter einem jungen Ahornsetzling im Wald vergraben.

Groperunge ergriff den Korb, den er unweit des Eingangs auf den Boden gestellt hatte, ging damit zum Vorratsschrank und räumte die Würste und Schinken ein, die er heute erbeutet hatte. Das würde ihnen das ganze

Jahr über reichen, denn Marie aß ohnehin so gut wie gar nichts mehr. Hatte er sie früher mit der Nahrung immer knapp gehalten und sie stets gemaßregelt, wenn sie die kargen Speisen wieder einmal zu gierig heruntergeschlungen hatte, so kam es heute zuweilen vor, dass er ihr das Essen regelrecht aufdrängen musste. Sie bestand ohnehin nur noch aus Haut und Knochen – was ihm als Mann nicht sonderlich behagte, gemahnte sie ihn in ihrer Ausgezehrtheit doch eher an ein Gespenst als an die wohlproportionierte Frau, die sie einmal gewesen war.

Er schnitt ein Stück von der Hartwurst ab und reichte es ihr. »Auf, das wird jetzt gegessen!«, befahl er streng und überwachte mit Argusaugen, dass sie seine Anordnung befolgte. Marie schien ihn gar nicht wahrzunehmen, so sehr war sie damit beschäftigt, die Puppe zu füttern. Erst nach einer kleinen Unendlichkeit biss sie ein winziges Stück von der Wurst ab, kaute darauf herum wie auf einer Schuhsohle und würgte es schließlich mühevoll herunter. Dann ließ sie den Wurstkanten achtlos auf den Strohsack sinken und tuschelte wieder mit ihrer Puppe.

Unmutig musste sich Groperunge eingestehen, dass er längst keine Macht mehr über die junge Frau hatte, die er so lange aufs Schlimmste gezüchtigt und misshandelt hatte, bis sie zu seinem willenlosen Geschöpf geworden war, das ihm absoluten Gehorsam entgegenbrachte. Dann war sie schwanger geworden und hatte sich ihm mehr und mehr widersetzt. Hatte ihm vorgehalten, dass es auch sein Kind sei, das sie im Leib trage. Und er hatte sich tatsächlich von ihr weichklopfen lassen. Hatte ihr mehr zu essen gegeben, weil sie ja für zwei aß, und ihr sogar ein Schaffell auf den Strohsack gelegt, damit sie es schön warm hatte. Wäre er nicht selber ein Teufelsanbeter, der mit der Schwarzen Kunst vertraut war, hätte man meinen können, das verfluchte Weib hätte ihn verhext!

Dann war das Balg schließlich da gewesen, und sie hatte alles, wirklich alles, getan, um ihn dem Kind gegenüber milde zu stimmen. Wenn der Kleine einmal gegreint hatte, hatte sie ihn sogleich mit Engelszungen beschwichtigt, um bloß nicht Groperunges Unmut auf ihr Söhnchen zu ziehen – bis es dann überhaupt keinen Muckser mehr von sich gegeben hatte. Im Alter von ein, zwei Jahren, wenn andere Kinder zu brabbeln und zu sprechen anfingen, hatte Peter unerschütterlich geschwiegen. Er war auch stumm wie ein Fisch geblieben, wenn man ihn auf jedwede Art zum Sprechen ermuntert hatte.

»Mit dem stimmt irgendwas nicht«, hatte Groperunge immer geunkt, wenn der Kleine ihn nur mit seinen stumpfen Glasmurmelaugen angeschaut hatte. Und eines Tages hatte er dann tot in seiner Wiege gelegen. Seither war ihm das Weib vollständig entglitten. Was er ihr auch zufügte, ob er sie nun malträtierte oder bauchpinselte, alles prallte an ihr ab. Auf diese sonderbare Art und Weise war ihm das verdammte Miststück doch tatsächlich still und heimlich entkommen, obwohl er sie schärfer angekettet hatte als jeden Kettenhund. Und das Schlimmste war: Selbst wenn er sie töten würde, täte er ihr damit noch einen Gefallen! Das verströmte sie aus jeder Pore ihres wächsernen Totenkopfgesichts. Obgleich sie so ein wertloses, überflüssiges Geschöpf geworden war, das bestenfalls zu den Schwachsinnigen in den Narrenturm gehörte, hätte er sie doch für nichts auf der Welt gehen lassen. Sie hier weiterhin festzuhalten war der einzige Triumph über sie, der ihm blieb. Auch wenn ihr das möglicherweise alles gleichgültig war. Aber vielleicht täuschte er sich ja diesbezüglich, denn Geistesirre sollten doch zuweilen noch ihre lichten Momente haben.

15

Merzig an der Saar, 13. Mai 1581

Der Viehmarkt in Merzig war riesig, und in dem Gewimmel von Händlern, Besuchern, blökenden Rindern, Schafen und wiehernden Pferden konnte Sibylle nirgendwo den Pferdehändler ausmachen. Sie standen nun schon eine geschlagene Viertelstunde am vereinbarten Treffpunkt, vor der Kirche St. Peter, auf deren weitem Vorplatz sich der Markt erstreckte, und die Patriziertochter wurde langsam ungeduldig. *Sollte dieser verschlagene Windhund tatsächlich die Frechheit besitzen, uns einfach zu versetzen?*, ging es ihr durch den Sinn. Das konnte sie sich allerdings kaum vorstellen, denn sie wussten ja, wo er herkam, und falls er sich tatsächlich nicht an seine Zusage hielte, würden sie ihn in Begleitung von Gewaltdienern dort aufsuchen und ihm die Hölle heißmachen.

Es war ein trüber grauer Morgen, schon wieder fing es an, leicht zu regnen. Am Vortag waren sie in Trier gewesen, wo sie sich in der ganzen Stadt nach Martin erkundigt hatten. Doch es sah ganz danach aus, als sei er niemals dort eingetroffen. Sibylle war auch in der Philosophischen Fakultät des Jesuitenkollegiums vorstellig geworden, um nachzufragen, ob Martin dort nicht nach dem vereinbarten Termin doch noch erschienen sei, um sich für den verpassten Vortrag zu entschuldigen. Aber die Patres hatten dies mit verzagten Mienen verneint. Allzu deutlich hatte in ihren Gesichtern geschrieben gestanden, was sie dachten, sich aber nicht auszusprechen wagten: Dem jungen Gelehrten musste etwas zugestoßen sein, und er weilte längst nicht mehr unter den Lebenden. Der Abt erklärte Sibylle zum Abschied, dass die Brüder in der Kapelle eine Kerze für Martin anzünden und für ihn beten würden. Was von dem mitfühlenden Geistlichen als Trost gedacht war, bewirkte jedoch, dass Sibylle in Tränen ausbrach. Sie konnte den Verlust von Martin einfach nicht verwinden – und im Grunde genommen wollte sie das auch gar nicht. Sie würde ihren geliebten Bruder ein Leben lang vermissen, da war sie sich sicher – und die Hintergründe seines Verschwindens zu erleuchten war das Einzige, was ihr geblieben war.

Traurig blickte sie in den wolkenverhangenen Himmel und hätte alles dafür gegeben, noch einmal in Martins lebendige, vor Geist und Elan sprühende Augen zu schauen. Die Schwermut verdüsterte ihr die Seele.

»Setzt Euch doch solange hinten in die Kutsche, Herrin, damit Ihr nicht nass werdet«, richtete der alte Gottfried unvermittelt das Wort an sie und riss sie aus ihrer Trübsal.

»Nein danke, Gottfried, aber ich bleibe hier«, erwiderte Sibylle bestimmt, »er muss ja jeden Augenblick kommen.«

»Seid Euch da mal nicht zu sicher«, murrte der alte Diener verdrossen, »mir kommt das jedenfalls komisch vor. Wir haben inzwischen bald halb neun, und für acht waren wir mit dem Kerl verabredet …«

Sibylle schwieg verbissen und knöpfte sich den obersten Knopf ihres Reisekostüms aus dunkelblauem Samt zu, denn sie fing an zu frösteln. Mit einem Mal schälte sich ein kleiner, rundlicher Mann in einem schwarzen Kaftan aus der Menge und sah unsicher zu ihnen herüber. Er hatte einen rötlichen Vollbart, und auf dem Kopf trug er, obwohl es Frühling war, eine Pelzmütze aus schwarzem Persianerlamm, die beim Näherkommen jedoch reichlich abgetragen wirkte. Er trat an Sibylle und ihre drei Begleiter heran, verbeugte sich vor der Dame und erkundigte sich bei ihr mit unverkennbar jiddischem Akzent, ob sie Sibylle Molitor sei. Als sie dies erstaunt bejahte, stellte er sich ihr als Moishe Birnbaum vor, Viehhändler aus Trier.

»Pferdehändler Never aus Piesport hat mich zu Euch geschickt, er ist leider momentan nicht abkömmlich, soll ich Euch bestellen. Nebbich, bin ich halt gekommen alleine, um Euch zu verzählen, wie ich zu dem … Pferd gekommen bin.« Der Mann im Kaftan mit dem gelben Flicken am Ärmel, wie es den Juden zur Kenntlichmachung von der Obrigkeit vorgeschrieben war, lächelte befangen.

Sibylle, die einigermaßen irritiert darüber war, dass es der Pferdehändler vorzog, dem Treffen nicht beizuwohnen, musterte den Mann argwöhnisch und bat um einen genauen Bericht. »Es ist von größter Wichtigkeit für mich, da mein Bruder seit rund vierzehn Tagen vermisst wird und wir inzwischen Grund zur Annahme haben, dass er Opfer eines Verbrechens geworden ist«, fügte sie ernst hinzu. Sie ließ Birnbaum, der bei ihren Worten unmerklich zusammengezuckt war, nicht aus den Augen.

Obgleich ihm die Situation sichtlich unangenehm war, mühte sich der Viehhändler um einen unverfänglichen

Tonfall, als er erklärte: »Habe ich das Pferd letzte Woche hier auf dem Viehmarkt einem Zigeuner abgekauft und noch am gleichen Tag an Herrn Never weiterverkauft. Das ist die Wahrheit, und mehr kann ich Euch auch leider nicht sagen. Den Zigeuner kenne ich nicht und hab ihn seither auch nicht mehr gesehen. Wo er das Pferd herhat, weiß ich nicht …«

»Das ist ja die gleiche Leier, die auch Never vorgebracht hat!«, unterbrach ihn Sibylle empört. »Ich lasse mich doch von Euch nicht für dumm verkaufen! Gottfried, du holst jetzt sofort den Marktaufseher. Da mein Bruder mit hoher Wahrscheinlichkeit überfallen und ausgeraubt wurde, muss ich darauf bestehen, dass ein Untersuchungsrichter den Fall aufnimmt und Eure Angaben protokolliert.«

Dem Mann in dem fadenscheinigen Kaftan wurde es bei dieser Androhung angst und bange. Aus Erfahrung wusste er nur zu gut, was ein Jude von den Mühlen des Gesetzes zu erwarten hatte: Kerker oder Galgen. Es sei denn, die jüdische Gemeinde, und darauf spekulierten die Gojim zumeist, kaufte ihn für einen hohen Betrag frei – und das auch nur, wenn seine Unschuld eindeutig erwiesen war.

»Bitte, meine Dame, tut das nicht!«, flehte er händeringend. »Ich will auch sein ehrlich zu Euch …«

»Dann mal los!«, polterte Gottfried und rückte dem kleinen Mann gemeinsam mit den beiden geharnischten Begleitern bedrohlich auf die Pelle. Wenngleich der Viehhändler vor Aufregung immer mehr ins Jiddische verfiel, stellte sich heraus, dass Pferdehändler Never ihn dafür bezahlt hatte, der Patriziertochter aus Frankfurt dieses Märchen zu erzählen.

»Für wie blöd hält mich der Kerl!«, fauchte Sibylle erbost, als der Jude geendet hatte, und verkündete, sie habe sich entschieden, gegen Pferdehändler Never Anzeige zu erstatten.

»Ich bitte Euch, werte Dame, zieht mich nicht in den Schlamassel mit rein … Ich habe damit nichts zu tun, ich habe doch nur gemacht, was der Never mir aufgetragen hatte! Der wird mir sowieso schon genug Zores machen, weil ich Euch das verzählt habe!«, lamentierte der kleine Mann, doch Sibylle blieb unerbittlich. Als der Mann daraufhin die Hände über dem Kopf zusammenschlug und lauthals jammerte, dass er ruiniert sei, erklärte ihm Sibylle beschwichtigend: »Ihr habt wenigstens die Wahrheit gesagt, und das werde ich nachher dem Untersuchungsrichter mitteilen.«

»›Sage die Wahrheit – aber dann renne davon‹, lautet bei uns ein altes Sprichwort«, murmelte der Jude mit Galgenhumor und seufzte tief auf, »hätt ich mich doch nur daran gehalten …«

––—•—––

Als Pferdehändler Ullrich Never mitten auf dem Viehmarkt vom Marktaufseher und seinen Knechten in Gewahrsam genommen und kurzerhand zum Rathaus geführt wurde, wo ihn im Vernehmungszimmer ein gestrenger Herr in Richterrobe erwartete, ahnte er bereits, wem er das zu verdanken hatte. *Der verfluchte Jude hat die Klappe nicht halten können*, dachte er erbost. Er zog es gar in Erwägung, alles abzustreiten und zu behaupten, Birnbaum habe ihn nur angeschwärzt, um von seinen eigenen unlauteren Machenschaften abzulenken. *Wollen wir doch mal sehen, wem man mehr Glauben schenkt, einem ehrbaren christlichen Kaufmann oder einem dahergelaufenen jüdischen Rosstäuscher!* Sobald jedoch die Klägerin und die Zeugen hereingerufen wurden und der Richter ihn aufgrund der Aussagen des alten Dieners und Birnbaums der arglistigen Täuschung und betrügerischen Unterschlagung bezichtigte, knickte er auch schon ein.

»Ich habe halt nicht sagen wollen, wie es sich wirklich zugetragen hat, weil … weil es ja verboten ist, ein herrenloses Pferd einfach mitzunehmen«, japste Never mit hochrotem Kopf. »Und als mir das Pferd zugelaufen ist, war es ja auch schon Abend, und da wäre sowieso niemand mehr im Rathaus gewesen, dem man hätte Meldung machen können.«

»Das hättet Ihr auch am nächsten Tag noch tun können!«, wies ihn der Untersuchungsrichter barsch zurecht. »Oder tun müssen, denn wie Ihr eingangs richtig bemerkt habt, wäre es Eure Bürgerpflicht gewesen, den Fund des Pferdes zu melden«, fügte er höhnisch hinzu. »Außerdem muss ich Euch um genauere Angaben ersuchen, was das Datum, die Uhrzeit, den Fundort und die weiteren Umstände anbetrifft. Also, jetzt noch mal zum Mitschreiben.« Er zückte eine Schreibfeder.

Ullrich Nevers gerötetes Gesicht glänzte vor Schweiß. »An das Datum kann ich mich nicht mehr so genau erinnern, das muss so gegen Ende April gewesen sein, vor ungefähr vierzehn Tagen«, presste er hervor. »Da bin ich am frühen Abend – die Uhrzeit weiß ich nicht mehr so genau, aber es war noch hell – von Longkamp in Richtung Monzelfeld geritten. Ich hatte in Longkamp einen

Ackergaul verkauft und wollte in Bernkastel über die Moselbrücke, um auf dem schnellsten Weg nach Hause zu reiten. Ich war schon fast in Monzelfeld, als ich auf einmal aus dem Wald Hufe klappern hörte, und im nächsten Moment ist der Gaul auf mich zugetrabt. Der hatte Sattel und Zaumzeug um, es saß aber keiner drauf. *Der ist durchgegangen*, dachte ich mir und hielt Ausschau nach dem Reiter, aber weit und breit war niemand zu sehen oder zu hören. Da hab ich das Pferd eingefangen. Das ging auch ganz leicht, denn der Braune hat keinen Widerstand geleistet und schien schon ziemlich erschöpft zu sein. Dann habe ich mindestens eine halbe Stunde lang immer wieder laut gerufen und mit dem Pferd im Schlepptau die ganze Umgebung abgeritten, doch von dem Reiter fehlte jede Spur. Ich dacht mir noch, wer weiß, was da passiert ist, der Gaul kann ja von überall hergekommen sein, am besten, ich nehm den erst mal mit, ehe ich am nächsten Tag Meldung mache.« Never hüstelte betreten. »Aber dazu bin ich dann ja leider nicht mehr gekommen, weil ich einfach zu viel um die Ohren hatte …«

»Ja, ja«, unterbrach ihn der Amtmann schneidend, »Ihr musstet ja schleunigst das Brandzeichen ändern, damit Eure Unterschlagung nicht ruchbar werden konnte. Ich habe mir vorhin den Hannoveraner angesehen, dem großen umkreisten ›M‹, dem Zeichen der Familie Molitor, habt Ihr einfach noch hinten und vorne einen Strich hinzugefügt, und so sind daraus Eure Initialen geworden – ›UN‹ für Ullrich Never. Wie geschickt von Euch. Das hätte auch keiner gemerkt, wenn Ihr das Pferd nicht zufälligerweise dem alten Herrn angeboten hättet«, er wies auf Gottfried, »der das Tier eindeutig erkannt hat.« Der alte Diener grummelte triumphierend. »Nicht allein habt Ihr Euch auf betrügerische Weise fremdes Eigentum angeeignet, Ihr habt Euch auch noch der arglistigen Täuschung schuldig gemacht, indem Ihr die besorgte Angehörige, die Jungfer Sibylle Molitor, vorsätzlich belogen habt. Und damit nicht genug, Ihr besitzt zudem die Frechheit, die gutgläubige junge Dame hierher auf den Viehmarkt zu bestellen, wo Ihr Euch gegen Geldzahlung einen Laufburschen dingt, um die ehrbare Jungfer, die verzweifelt nach ihrem vermissten Bruder sucht, erneut mit einer Falschaussage in die Irre zu führen!«, bellte der Untersuchungsrichter aufgebracht. Never fuhr so heftig zusammen, dass sein Doppelkinn bebte. »Ullrich Never, Pferdehändler aus Piesport an der Mosel, ich verlese Euch nun das Verhörprotokoll«, verkündete der Richter und leierte in amtlichem Tonfall den Strafbericht herunter. Anschließend legte er ihn Never mit der trockenen Bemerkung »Mit Eurer Unterschrift bekundet Ihr Euer Schuldeingeständnis« zum Signieren vor.

Der Pferdehändler zögerte und starrte den Richter mit angstgeweiteten Augen an. »Mit welcher Strafe muss ich denn jetzt rechnen – Ihr werdet mir doch hoffentlich nicht die Hand abhacken lassen? Ich bin doch kein Dieb!«, winselte er.

»Ihr seid keinen Deut besser als ein Dieb!«, fuhr ihn daraufhin der Amtmann an. »Wenn Ihr nur einen Funken Anstand gehabt hättet, hättet Ihr der Jungfer Molitor in der Schmiede in Bernkastel die Wahrheit gesagt und nicht noch Geld aus ihr heraus geleiert, um, wie Ihr so schön gesagt habt, Eure ›Unkosten‹ ersetzt zu bekommen«, schnaubte der Richter höhnisch. »Und was

Eure Strafe anbetrifft, so verspreche ich Euch, dass unser Saarländisches Strafgericht bestimmt ein gerechtes Urteil fällen wird. Das kann aber noch eine Weile dauern, und solange bleibt Ihr im Stadtgefängnis in Gewahrsam.«

»Ich soll in den Kerker?! Aber wer kümmert sich dann um meine Pferde, die sind doch noch alle auf dem Marktplatz?«

Der Richter brachte ihn mit einer knappen Handbewegung zum Schweigen. »Das ist Sache der Marktknechte«, blaffte er. »Die Tiere kommen so lange in den Gemeindestall, bis ihre rechtmäßige Herkunft geklärt ist.«

Als Ullrich Never darauf in lautes Lamento ausbrach und den reuigen Sünder gab, beauftragte der Richter kurzerhand die Gewaltdiener, den »Jammerlappen« in den Kerker zu verfrachten.

»Und … und was wird jetzt mit mir?«, fragte Moishe Birnbaum angstvoll, nachdem die Wärter den Pferdehändler abgeführt hatten. Er wagte es kaum, den gestrengen Amtmann anzuschauen.

Während dieser den Viehjuden noch nachdenklich musterte, ohne auf die Frage einzugehen, wies Sibylle den Richter darauf hin, dass Birnbaum immerhin durch seine Ehrlichkeit dazu beigetragen habe, dem betrügerischen Pferdehändler auf die Schliche zu kommen – wenngleich er sich zunächst gegen einen Obolus von diesem habe einspannen lassen.

»Eben«, grummelte der Richter mit ungnädigem Blick auf den Juden, »er hat sich aus reiner Geldgier bereit erklärt, ein Verbrechen zu decken und Lügengeschichten zu erzählen. Erst als er gemerkt hat, dass es ihm ans Leder geht, wenn das Ganze auffliegt, ist er geständig geworden.

Das ist unlauter und hinterhältig, und deswegen kommt Er mir auch nicht ungeschoren davon, Birnbaum!« Im nächsten Moment verzog der Amtmann den schmallippigen Mund zu einem süffisanten Grinsen. »Nicht ganz, meine ich, denn außer einer scharfen Verwarnung muss ich Ihn auch zu einer angemessenen Geldstrafe verurteilen, damit Er sich das merkt und so was nie wieder tut – aufrechte Christenmenschen übers Ohr zu hauen. Also, Er zahlt jetzt sagen wir mal fünfzig Gulden in die Stadtkasse, ich quittiere Ihm das, und dann ist die Angelegenheit erledigt«, erklärte er gönnerhaft.

»Das ist aber viel!«, rief Sibylle entgeistert.

Auch Gottfried schien in Anbetracht der hohen Summe schockiert zu sein. »So viel verdiene ich ja im ganzen Jahr«, murmelte er konsterniert.

Moishe Birnbaum indessen schwieg bekümmert.

»Könnt Ihr denn nicht eine etwas mildere Geldstrafe festsetzen, ich meine, Herr Birnbaum ist doch kein reicher Mann, und ein solcher Betrag übersteigt bestimmt seine Mittel«, versuchte die Patriziertochter, den Amtmann gnädig zu stimmen.

Doch dieser blieb hart. »Täuscht Euch da mal nicht, meine Liebe, die Juden haben doch alle Geld wie Heu, auch wenn sie im armseligsten Kittel rumlaufen.« Er warf Birnbaum einen abschätzigen Blick zu.

Der Mann mit dem gelben Flicken am Kaftan entnahm einem Lederbeutel, den er um den Hals trug, eine Handvoll Silbermünzen und zählte sie dem Richter auf den Schreibtisch. »Das sind zehn Gulden, Euer Ehren, mehr habe ich leider nicht«, entschuldigte er sich. »Werd ich mir müssen leihen den Rest von unserer Gemeinde.

Möchte ich darum den Herrn Richter höflich bitten, ob er mir kann gewähren bis morgen einen Aufschub, das wäre zu gütig … und ich kann Euch auch dalassen ein Pfand, wenn der Herr Richter gestattet …« Mit bebenden Händen nahm er ein kunstvoll gefertigtes, kugelförmiges Goldmedaillon ab, welches er an einem Goldkettchen um den Hals trug. Er wollte es dem Richter auf den Tisch legen und erläuterte, dass es sich um eine kostbare Gebetskapsel handele, die er von seinem Vater erhalten habe.

Der Amtmann lehnte dies jedoch in scharfem Tonfall ab: »Ich will seinen Heidentand nicht! Er mache sich jetzt sofort auf den Weg nach Trier und hole das Geld herbei, sonst lasse ich Ihn arretieren!«

»Bitte mäßigt Euren Ton!«, ermahnte Sibylle den Amtmann nachdrücklich. Sie zückte entschlossen ihren Geldbeutel und entnahm ihm fünf Gulden, die sie Birnbaum mit der Bemerkung reichte, mehr könne sie leider nicht erübrigen, das sei jedoch das mindeste, was sie einstweilen für ihn tun könne, denn schließlich habe sie ihn in diese verhängnisvolle Lage gebracht.

Der Mann im Kaftan war über Sibylles Geste mehr als erstaunt. »Das ist überaus großmütig von Euch, meine verehrte Dame, Euch gebührt mein aufrichtiger Dank, aber das kann ich leider nicht annehmen. Bin ich doch kein Schmock, der sich von einer Frau die Schulden bezahlen lässt«, murmelte er verlegen. Dann erhob er sich und drückte Sibylle zum Abschied ehrerbietig die Hand. Ehe er wie ein geprügelter Hund das Verhörzimmer verließ, verbeugte er sich noch einmal vor dem Untersuchungsrichter und dankte ihm ergeben für seine Gnade.

Entrüstet über das hartherzige Gebaren des Amtmannes, zog Sibylle es vor, sich mit einem kühlen Dankeschön zu empfehlen.

Als sie mit Gottfried aus dem Rathaus trat, sah sie Moishe Birnbaum, der im Regen stand und sich vernehmlich in ein Stofftuch schnäuzte. Der kleine Mann im fadenscheinigen Kaftan tat ihr unendlich leid, und sie eilte zu ihm hin.

»Ich wollte Euch nur sagen, dass ich das Betragen des Untersuchungsrichters Euch gegenüber nicht gutheiße«, bemerkte sie gepresst. »Es gehört sich einfach nicht, einen Menschen so zu demütigen! Ich habe das nicht gewollt, dass Ihr derart schlecht behandelt werdet, bitte glaubt mir das«, fügte sie schuldbewusst hinzu.

Moishe Birnbaum wischte sich ein paar Tränen von den Wangen und lächelte verschmitzt. »Alle Flecken kann man herausnehmen mit ein bissele Gold – das haben mich die Gojim gelehrt.«

»Die Höhe der Geldstrafe ist absolut unangemessen, vielleicht solltet Ihr dagegen Beschwerde einlegen. Ein Advokat könnte eine entsprechende Eingabe für Euch leisten, so etwas müsst Ihr Euch doch nicht gefallen lassen«, ereiferte sich die Patriziertochter.

»Ihr habt ja keine Ahnung, was sich unsereiner alles gefallen lassen muss«, entgegnete Birnbaum bitter und musterte Sibylle eindringlich. »Sollst sein gesegnet, Jungfer!«, murmelte er unversehens und neigte respektvoll das Haupt vor ihr. »Ihr habt ein gutes Herz, und das erlebt man nur selten bei einer so schönen, vornehmen Dame. Glück mit Euch und mit Eurem Herrn Bruder!« Damit zog er seiner Wege.

»Das kann ich brauchen«, sagte Sibylle wie zu sich selbst und blickte gedankenversunken hinter ihm her.

»Es deutet alles darauf hin, dass Martin in der Gegend um Bernkastel verschwunden ist – dort wurde auch sein Pferd gefunden«, richtete Sibylle nach einer Weile das Wort an den alten Hausdiener.

»Es sieht ganz danach aus, aber wir werden es wohl nie herausfinden«, erwiderte Gottfried mit belegter Stimme. »Es ist jammerschade um den jungen Herrn, und ich darf gar nicht daran denken, wie schlimm es für Euren Herrn Vater werden wird, wenn wir ihm diese traurigen Nachrichten hinterbringen müssen. Es wird ihm das Herz brechen …« Der alte Mann presste sich die Hand an den Mund, um seine Ergriffenheit in Schach zu halten. »Das ist auch für mich ein schwerer Schlag, das dürft Ihr mir glauben«, krächzte er, »ich kannte den Jungen schon, als er gerade laufen lernte …«

Sibylle, die genau wusste, dass hinter Gottfrieds rauer Schale ein sanftes Gemüt steckte, schloss den alten Diener spontan in die Arme. »Bitte, Gottfried, lass uns noch nicht gleich nach Frankfurt zurückfahren«, bat sie ihn inständig. Als sie jedoch merkte, dass er sich daraufhin sogleich versteifte, fügte sie rasch hinzu: »Ich möchte unbedingt Schwester Canisia Bescheid sagen, das habe ich ihr doch versprochen. Und über Bernkastel zu fahren ist nun wirklich kein großer Umweg.«

»Das kostet uns nur zusätzliche Tage«, zeterte der alte Diener verdrossen.

»Darauf kommt es doch auch nicht mehr an«, beschwichtigte ihn Sibylle, die längst einen Plan im Kopf hatte. Sie wusste nur noch nicht, wie sie ihn Gottfried beibringen sollte – aber da würde ihr schon was einfallen. Möglicherweise konnte sie ja Schwester Canisia als Fürsprecherin gewinnen. Sie würde sie in jedem Fall in ihr Vorhaben einweihen.

»Meinethalben, aber dann lasst uns auch sofort aufbrechen, damit wir keine Zeit vertrödeln«, brummte Gottfried mürrisch und schlug den Weg zur Kirche von St. Peter ein, in deren Nähe die Kutsche parkte.

Als sie nach wenigen Minuten dort angelangt waren und Sibylle schon in die Kutsche steigen wollte, gewahrte sie am Rande des Viehmarktes eine Gruppe Artisten, die damit beschäftigt waren, ein Seil aufzuspannen. Die Männer und Frauen trugen bunte, enganliegende Kostüme, die ihre muskulösen Körper betonten. Ein großer, hagerer Mann war unter ihnen, der schlagartig Sibylles Aufmerksamkeit auf sich zog. Im Gegensatz zu den anderen trug er kein farbenfrohes Gewand, sondern einen schwarzen Gelehrtentalar. Auf den langen, wallenden, dunklen Haaren thronte lässig ein Samtbarett. Er wandte ihr das Gesicht zu, und Sibylle durchfuhr es wie ein Blitzschlag. Es handelte sich um den Flugblatthändler aus Koblenz. Wie oft hatte sie sich schon eingebildet, ihn irgendwo gesehen zu haben, doch jetzt – und da war sie sich absolut sicher – war er es tatsächlich! Nur was hatte er mit diesen Seiltänzern zu schaffen, fragte sie sich verstört und bemerkte gleichzeitig, dass ihr das Herz bis zum Halse schlug. Sie war von seinem Anblick so sehr in Bann gezogen, dass sie gar nicht hörte, wie Gottfried ungeduldig zum Aufbruch mahnte. Erst als der alte Diener mit lauter Stimme vom Kutschbock herunterrief, sie möge doch endlich einsteigen, fuhr sie zusammen.

»Ich komme gleich wieder!«, erklärte sie knapp und lief wie aufgezogen zu der Schaustellergruppe hin – obgleich sie vor lauter Aufregung gar nicht wusste, was sie überhaupt zu dem Flugblatthändler sagen sollte. Dieser war unterdessen derart mit dem Spannen des Seils beschäftigt, dass er Sibylle zunächst gar nicht bemerkte.

»Wie können wir Euch helfen, schöne Dame?«, erkundigte sich schon einer der südländisch anmutenden Artisten mit anzüglichen Blicken bei Sibylle, da sah schließlich auch Sebastian zerstreut zu ihr auf. Im nächsten Moment schrie er vor Schmerz, weil ihm das straff gespannte Seil entglitten war und einen blutigen Striemen in seine Handfläche geschnitten hatte. Er kümmerte sich jedoch nicht weiter darum, denn er hatte nur noch Augen für Sibylle, die ihn noch immer anschaute wie ein Fabeltier.

»Seid Ihr etwa unter die Artisten gegangen?« Sie mühte sich, in leichtem Ton das Wort an ihn zu richten, spürte jedoch die Röte in ihren Wangen.

»Nein, wo denkt Ihr hin, als Seiltänzer wäre ich ein einziges Trauerspiel!«, entgegnete Sebastian flapsig, aber das heisere Krächzen in seiner Stimme war nicht zu überhören. »Ich ... ich helfe den Schaustellern nur beim Auf- und Abbauen, dafür konnte ich von Trier aus bei ihnen im Planwagen mitfahren und musste nicht laufen«, erläuterte er und lächelte befangen. »Und Ihr – habt Ihr über Euren Bruder noch mehr herausgefunden?«

Sibylle schnürte sich die Kehle zu. »Ja, das kann man sagen ...«, erwiderte sie gepresst. Sie bemerkte, dass die Artisten sie neugierig musterten, was ihr denkbar unangenehm war. Sie empfand es als Zumutung, nicht allein mit Sebastian reden zu können. Verlegen wünschte sie dem Flugblatthändler noch ein gutes Gelingen und traf Anstalten, zur Kutsche zurückzukehren. Doch dieser eilte sogleich hinter ihr her.

»Wartet doch, warum habt Ihr es denn plötzlich so eilig?«, rief er atemlos und stellte sich Sibylle in den Weg.

»Wir wollten gerade aufbrechen … nach Bernkastel-Kues, denn dort ist mein Bruder zum letzten Mal gesehen worden«, erwiderte Sibylle und versuchte tapfer, die aufsteigenden Tränen herunterzuschlucken, was ihr jedoch nicht gelingen mochte. »Dieser verfluchte Regen!«, stieß sie hervor und wischte sich ungelenk über die Augenwinkel. »Ich muss los, die Kutsche wartet schon.« Sie deutete auf das Gefährt, von dessen Kutschbock aus Gottfried sie die ganze Zeit mit Argusaugen beobachtete. Einem plötzlichen Impuls folgend, klopfte sie Sebastian sacht auf die Schulter und murmelte »Gott mit Euch!«, ehe sie zur Kutsche hastete.

Wie nicht anders zu erwarten war, musste sie sich sogleich Gottfrieds Vorhaltungen anhören. »Was habt Ihr denn mit diesem Lumpenhund zu schaffen?«, schimpfte er erbittert. Anstelle einer Erwiderung schlüpfte Sibylle rasch in die Kutsche, um nichts mehr hören und sehen zu müssen. Sie war erfüllt von abgrundtiefer Traurigkeit.

Gerade als sie die Kutschentür zugezogen hatte und noch den Knauf in der Hand hielt, wurde die Tür mit einem jähen Ruck aufgerissen. Davor stand der Flugblatthändler und blickte Sibylle sprachlos an. Auch Sibylle war außerstande, etwas zu sagen – und sich diesem Blick zu entziehen, der sie mitten ins Herz traf.

Während die jungen Leute einander wie gebannt anstarrten, war plötzlich Gottfrieds erboste Stimme zu vernehmen: »Was untersteht Ihr Euch!«, wetterte er und forderte den Flugblatthändler auf, sich sofort von der Kutsche zu entfernen, sonst werde er ihm Beine machen. Um seine Drohung zu untermalen, schwang sich der alte Diener vom Kutschbock und eilte mit erhobener Peitsche auf Sebastian zu, auch die geharnischten Reiter waren von ihren Pferden gestiegen und bauten sich drohend vor dem Flugblatthändler auf.

»Mach dich fort, du Erzschlawiner, und hör auf, die junge Dame zu belästigen!«, herrschte der alte Diener Sebastian an und stieß ihm unsanft gegen die Brust. Doch schon im nächsten Moment sprang Sibylle aus der Kutsche und stellte sich mit ausgebreiteten Armen vor den jungen Mann. »Bitte, tut ihm nichts!«, bat sie eindringlich. »Ich fühle mich nicht von ihm belästigt, sondern bin froh, dass er da ist!« Sibylle, die selber nicht so recht wusste, was auf einmal über sie gekommen war, spürte, dass sie bis an die Haarwurzeln errötete, als Gottfried und die beiden Reiter sie fassungslos anstarrten – von Sebastian ganz zu schweigen.

Die plötzliche Erkenntnis, dass er es nicht ertragen würde, die junge Frau, deren Liebreiz ihn förmlich um den Verstand gebracht hatte, gleich wieder aus den Augen zu verlieren, durchfuhr ihn wie ein brennender Komet. Er wollte alles geben, sie zu halten. Als hinge sein Leben davon ab, ergriff er Sibylles Hand und küsste sie innig, während er stotternd erklärte, dass er sich einzig wünsche, bei ihr bleiben zu dürfen.

Selbst die raubeinigen Schergen verstanden sogleich,

was die Stunde geschlagen hatte, und grinsten breit – lediglich Gottfried schien sich schwerzutun und schüttelte entgeistert den Kopf. »Daheim in Frankfurt ist ihr keiner gut genug, und hier in der Fremde wirft sie sich gleich dem erstbesten Taugenichts an den Hals«, grummelte der alte Hausknecht und schien die Welt nicht mehr zu verstehen. »Was machen wir denn jetzt nur? Der alte Herr vierteilt mich, wenn ich diesem Schelm erlaube, mit uns zu kommen!«

»Und ich vierteile dich, wenn du es nicht tust!«, erklärte Sibylle, die wieder zu ihrem alten Kampfgeist zurückgefunden hatte.

Sebastian indessen, der es nicht auf sich sitzenlassen mochte, von dem alten Knaben als Taugenichts und Schlawiner tituliert zu werden, warf sich stolz in die Brust. »Ich bin der Sohn eines ehrbaren Schullehrers aus dem Vogelsberg und nicht irgendein dahergelaufener Hallodri, wie Ihr fortwährend die Stirn habt, zu behaupten!«, bemerkte er mit Nachdruck. »Außerdem habe ich die hohe Schule besucht und beherrsche Latein und Griechisch – für ein Universitätsstudium fehlte meinen herzensguten Eltern, die in sehr einfachen, bescheidenen Verhältnissen leben, leider das Geld. Ich habe selber einige Jahre als Schullehrer unterrichtet und nebenbei als Nachtwächter gearbeitet, um mein knappes Gehalt aufzubessern, oder Briefe für die Landbewohner verfasst, die des Schreibens nicht mächtig waren. Und weil ich jung und ungebunden war und ein bisschen was von der Welt sehen wollte, bin ich auf die Wanderschaft gegangen. Da das Schreiben und Verfassen von Geschichten schon von jeher meine Passion ist, bin ich zum Nachrichtenhändler geworden, der über die Lande reist und die Leute mit Neuigkeiten versorgt. Das ist kein ehrloses Gewerbe, und nur weil ich unbehaust bin, bin ich noch lange nicht der ›Lumpenhund‹ oder Hühnerdieb, als den Ihr mich immer hinstellt. Ich verdiene mein Brot mit ehrlicher Arbeit – das muss ich doch jetzt einmal richtigstellen!«

Sebastians hellgrüne Augen funkelten selbstbewusst. Sibylle hätte den aufrechten Recken in jenem Augenblick umarmen können, so faszinierten sie seine Unbeugsamkeit und die atemberaubende Souveränität, die er verströmte. *Er ist ein wahrer Freigeist – genau wie Martin*, dachte sie begeistert. Und ehe sie sichs versah, setzte Sebastian noch nach.

»Und was die junge Dame anbetrifft, die Ihr glaubt, vor mir schützen zu müssen, kann ich Euch nur versichern, dass ich ihr aufrichtig zugetan bin und keinerlei Absichten verfolge, die eine ehrbare Jungfer wie sie auf irgendeine Weise kompromittieren könnten – darauf gebe ich Euch mein Ehrenwort!« Sebastian hielt dem alten Hausknecht feierlich die Hand hin, die Gottfried, der sich gegen Sebastians entwaffnende Freimütigkeit nicht gänzlich verschließen konnte, schließlich mit bärbeißiger Miene ergriff.

»In die Kutsche kommt Ihr mir aber nicht«, grummelte er störrisch, »das kann ich nämlich auf keinen Fall dulden, dass Ihr mit der jungen Herrin alleine seid, damit das klar ist.«

»Selbstverständlich nicht, mein Herr, und es ehrt Euch, dass Ihr mit aller Strenge über die Euch anempfohlene Jungfer wacht. Tätet Ihr das nicht, wärt Ihr fürwahr ein schlechter Beschützer, denn ein Schatz wie sie will gehütet sein. Auch ich möchte Sibylle vor allem Bösen dieser Welt beschützen, glaubt mir das«, entgegnete Sebastian eindringlich, und seine Miene verdüsterte sich. »Erst recht, da sie vorhat, nach Bernkastel zu reisen, wie sie mir soeben gesagt hat.«

Sibylle war sogleich hellhörig geworden. »Wie meint Ihr das?«, fragte sie angespannt.

»Ich war vor ein paar Tagen erst in Bernkastel«, erläuterte ihr der Flugblatthändler ernst. »Es wurde schon dunkel und hat in Strömen geregnet, und da bin ich in einer Gastwirtschaft in der Nähe des Friedhofs abgestiegen, wo die einfachen Leute verkehren. Jedenfalls bin ich mit den Einheimischen ins Gespräch gekommen, und da hat mir ein Fischer berichtet, dass dort in der Gegend immer wieder Leute verschwinden würden. Meistens handele es sich um Fremde, die über den Hunsrückkamm reisten, weil die Einheimischen den Höhenweg meiden würden. Einer alten Sage nach hause dort angeblich ein Drache. Schon vor undenklichen Zeiten habe er sich in einer Felshöhle eingenistet, die Alten würden den Berg den ›Fraßberg‹ nennen, weil jeder, der ihm zu nahe komme, auf Nimmerwiedersehen verschwinde, so als habe ihn der Berg verschluckt.« Sebastian räusperte sich beklommen. »Auch wenn ich diesen Geschichten keinen Glauben schenke, so musste ich doch sofort an Euren Bruder denken, als ich das hörte.« Während er Sibylle anblickte, spiegelte sich in seinen markanten Zügen eine tiefe Besorgnis wider. »Was auch immer dort geschieht, in der Gegend um den Fraßberg geht das Böse um. Das habe ich selbst bis in die Knochen gespürt, als ich vorbeigezogen bin – und ich werde Euch nicht von der Seite weichen, wenn Ihr dorthin zurückkehrt, wo Euer Bruder das letzte Mal gesehen wurde«, erklärte Sebastian entschlossen und warf Gottfried einen trotzigen Blick zu.

»Dafür brauchen wir Euch nicht«, knurrte dieser verdrossen, »da sind wir selber Manns genug, um unsere Herrin zu beschützen.«

»Das bezweifele ich ja auch gar nicht«, erwiderte Sebastian prompt, »aber ein zusätzlicher Beschützer kann doch nicht schaden.«

»Ich frage mich sowieso schon die ganze Zeit, wofür das gut sein soll, dass Ihr mit uns kommt«, raunzte der alte Diener. »In Bernkastel trennen sich ohnehin Eure Wege, denn nach Frankfurt könnt Ihr auf keinen Fall mitkommen – macht Euch doch nichts vor, Kinder. Das passt doch hinten und vorne nicht mit Euch beiden. Aus Euch wird niemals ein Paar werden, dazu seid Ihr viel zu verschieden … von Eurem Stand her, meine ich«, setzte er begütigend hinzu. »Ich war auch mal jung und weiß, wie die Liebe schmeckt. Erst himmelhoch jauchzend und dann zu Tode betrübt! Genau das werdet Ihr sein, junge Herrin, wenn es Zeit wird, adieu zu sagen – und das wird schon bald der Fall sein. Ich meine es wirklich gut mit Euch, Jungfer Sibylle, und möchte Euch nur vor weiterem Herzeleid bewahren. Wo Ihr doch schon unglücklich genug seid wegen Eures Herrn Bruders …« Er wandte sich mit nachsichtigem Lächeln an Sebastian. »Und deswegen appelliere ich jetzt an Eure Vernunft, junger Mann: Habt bitte ein Einsehen und zieht Eurer Wege, dann ist der Schmerz nicht ganz so schlimm.«

Die wohlgemeinten Worte des alten Mannes gaben Sebastian zu denken – waren ihm doch die Standesunterschiede zwischen ihm und Sibylle nur allzu bewusst. Während er noch betrübt vor sich hin brütete, verkündete Sibylle schon voller Leidenschaft, dass für sie einzig zähle, Sebastian an ihrer Seite zu wissen.

Gottfried seufzte resigniert und grummelte: »Dann soll er sich meinethalben vorne zu mir auf den Kutschbock setzen – und in Trier sehen wir dann weiter. Seine Unterkunft bezahlen wir ihm jedenfalls nicht.«

»Das würde ich auch gar nicht zulassen, denn ich bin ja schließlich kein Schmarotzer«, stellte Sebastian nachdrücklich klar, obschon er nicht wusste, aus welchen Mitteln er die Übernachtung bestreiten sollte. Die paar roten Heller, die er noch in der Tasche hatte, würden mitnichten dafür reichen. Trotzdem wäre es absolut untertrieben, zu behaupten, der junge Mann sei in guter Stimmung. Nein, er schwebte geradezu im siebten Himmel, als er gleich darauf Sibylle mit krächzender Stimme bat, noch eine Minute auf ihn zu warten, er werde nur rasch seinen Tornister holen, den er bei den Artisten im Planwagen verwahrt habe, und dann könnten sie aufbrechen.

»Kommt bald wieder!«, rief Sibylle hinter ihm her, als Sebastian wenig später im Marktgetümmel verschwand – nicht ohne ihr zuvor noch einen glutvollen Blick zuzuwerfen, der alles in ihr zum Schwingen brachte.

———◆———

Als die Kutsche am frühen Abend die altehrwürdige Porta Nigra der Kaiserstadt Trier passierte, war das Eis zwischen Sebastian und Gottfried längst gebrochen. Anfangs hatten die beiden Männer recht wortkarg und angespannt auf dem Kutschbock gesessen, doch Sebastians gewinnendes Wesen und seine offene, humorvolle Art hatten Gottfrieds Ressentiments gegen den jungen Mann im Laufe des Tages zunehmend entkräftet. Die Wanderschaft und der Kontakt mit den unterschiedlichsten Menschen hatten Sebastian gelehrt, den Leuten mit Offenheit und Nachsicht zu begegnen und einen jeden so zu nehmen, wie er war – wünschte er sich dies doch umgekehrt auch von seinen Reisegenossen. Und so hatte er den mürrischen Alten allmählich mit seinen abwechslungsreichen Geschichten aus der Reserve locken können. Hatte ihm auf seine ausforschenden Fragen freimütig Rede und Antwort gestanden und ihn seinerseits ermuntert, etwas von sich und seinen Herrschaften zu erzählen. Kameradschaftlich hatte der alte Diener mit Sebastian sogar sein Brot geteilt, und der Flugblatthändler hatte Gottfried angeboten, an seiner Statt eine Zeitlang die Zügel zu übernehmen, damit der Alte ein Schläfchen halten konnte.

Sibylle staunte nicht schlecht, als Gottfried bei der Ankunft vor der Fremdenherberge, in der sie auch die Nacht zuvor schon abgestiegen waren, wie selbstverständlich erklärte, der junge Mann könne sich die Kammer mit ihm und den beiden Schergen teilen, es gebe dort noch eine vierte Pritsche, auf der er schlafen könne. Sebastian bedankte sich höflich bei dem alten Diener für das freundliche Angebot. Seine Augen strahlten, als er Sibylle anschließend galant die Tür aufhielt und sich ein wenig schüchtern bei ihr erkundigte, ob er ihr denn bei Gelegenheit die verschiedenen Aussagen der Einheimischen aus dem Gasthaus in Bernkastel darlegen dürfe, denn er habe darüber ein Flugblatt verfasst.

»Sehr gerne«, erwiderte die Patriziertochter, die spürte, wie ihr in Sebastians Nähe die Knie weich wurden, mit belegter Stimme. »Ich mache mich jetzt auf meinem Zimmer etwas frisch, und dann treffen wir uns alle zusammen in der Gaststube zum Nachtmahlen. Ich bin schon sehr gespannt auf Euren Vortrag.«

»Das freut mich«, krächzte Sebastian aufgewühlt, dem es beim Anblick von Sibylle abwechselnd heiß und kalt wurde. Nicht zum ersten Mal fiel ihm auf, dass ihn gegenüber der stolzen jungen Frau eine Schüchternheit überkam, die ihm bisher im Umgang mit dem weiblichen Geschlecht gänzlich unbekannt gewesen war. Er war derart perplex in Sibylles Gegenwart, dass ihm oftmals die Worte fehlten – und seine übliche Eloquenz und Schlagfertigkeit schienen ihn vollends im Stich zu lassen, wenn er mit ihr sprach. *Es hat dich ganz schön erwischt, alter Knabe* – daran bestand für ihn nicht der geringste Zweifel. *So sehr wie niemals zuvor!*

Als Sibylle die Treppe zu ihrem Zimmer hinaufstieg, schlug ihr das Herz bis zum Hals. Sie hatte das Gefühl, auf Wolken zu schweben, und selbst die Schwermut wegen Martin lastete nicht mehr wie Blei auf ihrem Gemüt, sondern schien der Leichtigkeit gewichen zu sein, die Sibylle seit dem Wiedersehen mit Sebastian umgab. Noch nie hatte sie ihn erlebt, den einzigartigen Zauber der Liebe, und dennoch wusste sie genau, dass dies das Elixier des Lebens war. Alles in ihr jubilierte vor Hochgefühl, und das Erstaunliche war: Sie hatte ihrem Bruder gegenüber nicht die Spur eines schlechten Gewissens. Im Gegenteil, während der Kutschenfahrt hatte sie immer wieder stumme Zwiesprache mit Martin gehalten, und sie hatte das Gefühl, ihm näher zu sein denn je. Martin kannte ihre Gefühle, verstand sie – und freute sich mit ihr. *Das ist die Liebe, Schwesterlein – nicht nur im platonischen Sinne, das wirst du noch früh genug merken*, glaubte sie, seine Stimme zu vernehmen. *Das weiß ich selber, du Besserwisser*, hatte sie ihm geantwortet, obgleich sie diesen seltsamen Drang noch nie gespürt hatte, der sie beim Gedanken an Sebastian regelmäßig beschlich. Diesen mächtigen Sog, ihm nahe zu sein.

Obgleich der Spanferkelbraten ganz köstlich schmeckte und Gottfried und die geharnischten Reiter voll des Lobes waren und entsprechend zulangten, brachte Sibylle kaum etwas davon herunter. In ihrem Bauch flatterten Schmetterlinge, deren zarter Flügelschlag nichts Festes vertrug – bestenfalls von Zeit zu Zeit ein kleines Schlückchen Moselwein, das wenigstens für eine Weile die Trockenheit in ihrer Kehle vertrieb.

Sebastian erging es ähnlich. Er stocherte geistesabwesend auf seinem Teller herum und verfluchte sich innerlich dafür, dass er der Speise nicht besser zusprach, zumal es schon eine ganze Weile her war, seit er eine warme Mahlzeit zu sich genommen hatte. Als Sibylle den drei anderen Männern nach dem Essen eröffnete, Sebastian werde ihnen im Anschluss mit einem Flugblattvortrag aufwarten, den er über seinen Aufenthalt in Bernkastel verfasst habe, bekundeten Gottfried und die Schergen sogleich ihr Interesse. In ihrer Kammer hatten sie ihm nämlich schon erstaunt dabei zugesehen, wie er seine Schriften emsig überarbeitet hatte.

Sebastian, der es hinlänglich gewohnt war, vor einem weitaus größeren Publikum zu sprechen, fühlte unversehens eine Aufgeregtheit in sich aufsteigen, wie er sie eigentlich nur als blutiger Anfänger erlebt hatte – was selbstverständlich Sibylles Anwesenheit geschuldet war. Er hätte sich ganz und gar in ihren kristallklaren hellgrauen Augen verlieren können, die ihn anmuteten wie frisches Quellwasser. Sebastian hüstelte, legte sich die Blätter zurecht und begann mit bebender Stimme seinen Vortrag: »Wie lieblich ist doch das Moseltal mit seinen steilen Weingärten, den sanften Flusswindungen, an denen schmucke kleine Städtchen liegen wie Perlen auf der Schnur. Jeder Fremde ist sich sicher, dass er selten eine schönere Landschaft gesehen hat. Doch hüte dich, Wanderer, die Idylle trügt! Denn hinter der malerischen Kulisse lauert das Böse. Wer durch das beschauliche Moselörtchen Bernkastel zieht und den Höhenweg in Richtung Monzelfeld erklimmt, der durch den wilden, düsteren Hunsrück mit seinen schroffen Felsen und tiefen Wäldern führt, sollte sich unbedingt vorsehen. Denn so mancher ahnungslose Wanderer ist dort schon auf Nimmerwiedersehen verschwunden.« Sebastian, der langsam zu seiner alten Selbstsicherheit zurückgefunden hatte, legte eine kurze Pause ein und warf Sibylle, die wie gebannt an seinen Lippen hing, einen eindringlichen Blick zu. »›Bei uns im Hunsrück, da wütet der Drache‹, berichteten mir Einheimische in einer Schenke. Es waren allesamt tapfere, gestandene Männer, Moselfischer und Handwerker, die nichts so leicht das Fürchten lehren konnte, doch während sie darüber sprachen, stand große Bangigkeit in ihren Gesichtern. ›Der Drache verschlingt die Leute mit

Haut und Haaren, so dass nichts mehr von ihnen übrig bleibt‹, erzählte da ein verwegener Bursche mit blanker Angst im Blick. ›Bei uns in der Gegend verschwinden immer wieder Leute‹, pflichtete ihm ein Moselfischer bei. ›Meistens sind es Fremde, die über den Hunsrückkamm reisen, weil die Einheimischen den Höhenweg meiden. Einer alten Sage nach soll dort ein Drache hausen. Schon vor undenklichen Zeiten soll er sich in einer Felshöhle eingenistet haben, die Alten nennen den Berg den Fraßberg, weil jeder, der ihm zu nahe kommt, unauffindbar verschwindet, so als hätte ihn der Berg verschluckt … oder der Drache.‹ Ein anderer Fischer behauptete gar, das Untier mit eigenen Augen gesehen zu haben, als er in den Abendstunden mit seinem Kahn auf der Mosel fuhr. ›Er war dunkelgrau wie der Fels – deswegen habe ich ihn auch nicht sofort gesehen‹, berichtete der aufrechte Mann, der mit Sicherheit kein Aufschneider war. Er habe den Lindwurm erst entdeckt, als dieser sich bewegt habe, so gut sei er durch seine Farbe getarnt gewesen. Er habe mit seinem schmalen, spitz zulaufenden Kopf ausgesehen wie ein Felsen, die ja auch manchmal die sonderbarsten Formen annehmen und anmuten wie Fabelwesen oder Ungeheuer. Der Mann schwor Stein und Bein, dass das Untier oben auf dem Berggipfel langsam auf und ab gegangen sei – und Ausschau gehalten habe. Womöglich nach einem neuen Opfer. Auch wenn der Drache weit weg von ihm war, wirkte er doch so furchterregend, dass sich dem Fischer vor Angst die Nackenhaare sträubten.« Sebastian hielt abermals inne und schaute finster in die Runde. »Bei alledem, meine verehrten Zuhörer, sollte einer Frage unbedingt nachgegangen werden, damit das mysteriöse Verschwinden der Reisenden hoffentlich endlich ein Ende findet: Was, wenn es gar kein Drache ist, der in der Gegend um den Fraßberg sein Unwesen treibt, sondern ein Mensch? Ein Mensch aus Fleisch und Blut, der all die Verschollenen getötet hat, weil er eine mordgierige Bestie ist – ein Teufel in Menschengestalt!«, rief der Flugblatthändler aus und fuhr mit ernster Miene und gesenkter Stimme fort: »Aus jüngster Zeit haben wir einen neuen Vermissten. Der Gelehrte Martin Molitor brach Ende April von seiner Heimatstadt Frankfurt am Main auf, um nach Trier zu reisen. Doch bedauerlicherweise ist er niemals dort angekommen. Seine Spur verliert sich in Bernkastel. Im Namen der besorgten Angehörigen möchte ich an mein verehrtes Publikum die Frage richten, ob irgendjemand den jungen Mann gesehen hat oder etwas über seinen Verbleib sagen kann? Die vielen Fremden, die hier in der Gegend verschwinden – das kann doch nicht so weitergehen! Fremde und Einheimische, darum bitte ich Euch inständig, lasst Euch von der Drachenmär keine Angst mehr einjagen, sondern tragt mit Eurem wachen Verstand und trotzigen Mut dazu bei, das grausame Rätsel um den Teufel in Menschengestalt zu lösen, der so viele Unglückliche ihrer Liebsten beraubt hat!«

Nachdem er geendet hatte, spendeten Sibylle und die drei Männer dem Flugblatthändler regen Beifall.

»Sehr gut«, bemerkte die Patriziertochter anerkennend. »Das werden wir gleich morgen früh gemeinsam mit Martins Konterfei drucken lassen und dann nach Eurem Vortrag in Bernkastel auf dem Marktplatz verteilen!«, verkündete sie entschlossen.

Der alte Diener, dem bewusst wurde, dass sich dadurch

die Heimreise nach Frankfurt bis auf weiteres verschieben würde, runzelte verdrossen die Stirn. »Was denn noch alles?«, grummelte er ungehalten. »Wenn das so weitergeht, sind wir ja in einem halben Jahr noch hier.«

»Wenn die Aufklärung von Martins Verschwinden es nötig macht, auch das!«, erwiderte Sibylle trotzig. »Ich werde jedenfalls nichts unversucht lassen, das Rätsel um seine Unauffindbarkeit zu lösen. Deswegen sind wir ja schließlich hier«, schnappte sie ungehalten in Gottfrieds Richtung.

Dieser schwieg mürrisch, wusste er doch aus langjähriger Erfahrung, dass jeder Versuch, die Starrsinnige zur Einsicht zu bringen, zum Scheitern verurteilt war. Als Sebastian gleich darauf bekundete, wie sehr er von Sibylles Idee angetan sei, erstaunte es den alten Diener nicht größer, dass der junge Schreiberling seiner Angebeteten die Stange hielt.

»Irgendeine Spur muss es doch von Eurem Bruder geben. Denn, wie sagte schon der große Dichter Sebastian Franck: ›Man läuft doch nicht mit den Füßen aus der Welt hinaus‹«, sagte Sebastian nachdenklich – womit er bei Sibylle offene Türen einrannte.

»Genau das ist es!«, rief sie und legte dem Flugblatthändler enthusiastisch die Hand auf den Unterarm. »Martin kann nicht einfach spurlos verschwunden sein – und an die Mär, dass ein Drache ihn verschlungen haben könnte, glaube ich sowieso nicht!«

Die jungen Leute redeten sich noch eine ganze Weile die Köpfe heiß, diskutierten über den vermeintlichen Drachen vom Hunsrück, der nach ihrem Dafürhalten menschlicher Natur sein musste, und kamen gar auf das alte Nibelungenlied zu sprechen, in dem der tollkühne Recke Siegfried den feuerspeienden Lindwurm tötete. »Im Rheinland sind angeblich sogar noch die Fußabdrücke jenes Drachen erhalten geblieben«, warf Sebastian ein. »Sie sollen riesengroß sein und drei Zehen haben, wie die von einem gigantischen Riesenvogel …«

Sibylle war immer wieder aufs Neue fasziniert, wie belesen und gebildet Sebastian war. Und dabei ist er so unprätentiös. Eine Schande, dass er nicht studieren kann und gezwungen ist, sich als Flugblatthändler durchzuschlagen! »Auch im Altertum war schon die Rede von Drachen, die Geschichten der Griechen und Römer sind voll von ihnen«, bemerkte Sibylle, »und erst recht im alten China. Den Chinesen gilt der Drache als heilig, sie verehren ihn und feiern sogenannte Drachenfeste. Wir haben zu Hause eine Vase aus kostbarem chinesischen Porzellan, mein Vater hat sie meiner Mutter einmal von einer seiner Handelsreisen mitgebracht. Darauf befindet sich auch ein großer roter Drache mit einem riesigen aufgerissenen Schlund, aus dem er Feuer speit. Mein Gott, die Welt scheint voller Drachen zu sein«, setzte sie in gespielter Furcht hinzu.

Als Gottfried zum Aufbruch drängte, reagierte sie ungehalten. »Ich bin noch gar nicht müde, du alter Spielverderber«, erklärte sie schmollend. Aber sie fügte sich dem alten Diener, obgleich sie noch stundenlang bei Sebastian sitzen und mit ihm hätte reden können. Sie wollte den Bogen nicht überspannen und den ohnehin schon verdrossenen alten Hausknecht noch weiter gegen sich aufbringen.

»Gute Nacht, meine Liebste«, flüsterte ihr Sebastian

auf dem Flur zu, ehe er hinter Gottfried und den beiden Schergen her zu ihrer Unterkunft trottete.

Sibylle spürte seinen heißen Atem an ihrem Hals und bekam am ganzen Körper eine Gänsehaut. »Schlaft wohl«, hauchte sie und blickte sehnsüchtig hinter ihm her, ehe sie auf wackligen Beinen in ihr Zimmer stakste.

16

Bernkastel-Kues, 15. Mai 1581

Als Sebastian seinen Vortrag beendet hatte, ging ein verstörtes Raunen durch die Menschenmenge, welches auf dem kesselförmigen Marktplatz von Bernkastel widerhallte. Vor allem die Einheimischen bekundeten ihren Unmut darüber, dass Sebastian an der Existenz des Drachen zweifelte, und mochten es einfach nicht wahrhaben, dass ein menschlicher Unhold für das ominöse Verschwinden der Reisenden verantwortlich sein sollte. Die Vorstellung schien sie mehr zu schrecken, als das Unheil dem Lindwurm zuzuschreiben. Während Sebastian beim Publikum Geld einsammelte und gemeinsam mit Sibylle die Flugblätter mit Martins Porträt verteilte, humpelte ein ausgemergeltes altes Männlein auf sie zu, das ihnen triumphierend die geballte Faust entgegenreckte.

»Den Drachen gibt es wirklich!«, krähte der Greis atemlos und öffnete die gichtknotige, klauenartige Hand. Mit einigem Erstaunen betrachteten Sibylle und Sebastian den großen, hakenförmigen Gegenstand auf der Handfläche des Alten, der einer riesigen Tierkralle glich. *Kein Tier dieser Welt hat so riesige Krallen*, dachte Sibylle irritiert, und sie fragte den Greis argwöhnisch, was das sei.

»Das ist eine Drachenkralle!«, nuschelte der Alte auf-trumpfend. »Ich habe sie selber in einem Stollen im Fraß-berg gefunden. Ich war damals zwölf Jahre alt, das ist schon ewig her …« Einige Zuhörer wandten sich ihnen zu, was der Alte sichtlich genoss. »In meiner Jugend hat man nämlich noch Kupfer und vereinzelt sogar Silber im Hunsrück abgebaut. Ich war, wie die meisten Jungen in unserer Gegend, unter Tage als Säuberbube und Schacht-bube tätig. Unsere Aufgabe war es, das abgeschlagene Ge-stein in die Förderkübel zu füllen. Und dabei hab ich die Kralle hier gefunden. Sie steckte in einem Felsbrocken.«

»Darf ich sie einmal anfassen?«, fragte Sebastian den alten Mann interessiert.

»Sicher, nehmt sie ruhig in die Hand«, erwiderte der Alte und reichte ihm die vermeintliche Drachenkralle.

Sebastian besah sich die Kuriosität genauer und wog sie auf der Handfläche. »Sie ist ziemlich schwer und scheint aus Stein zu sein. Das ist sonderbar, denn für gewöhnlich sind Tierkrallen doch aus Horn, was um einiges leichter ist. Aber alles in allem sieht sie täuschend echt aus, eher wie die scharfe Kralle eines Greifvogels als die eines Säu-getiers«, murmelte er nachdenklich und besah sich weiter die Riesenkralle. Sie wirkte eigentlich nicht wie eine Fäl-schung, die ein Steinmetz oder Bildhauer gefertigt hatte. »Seltsam, seltsam, so etwas habe ich noch nie gesehen. Aber dass es sich dabei tatsächlich um eine Drachenkralle handelt, das wage ich zu bezweifeln …«

Auch Sibylle bat darum, das krallenförmige Gebilde in die Hand nehmen zu dürfen. Sie konnte sich eben-so wenig wie Sebastian einen Reim darauf machen, was es tatsächlich war. »Es fühlt sich zwar an wie ein Stein, doch es ist keiner. Aber das hier sieht eindeutig wie eine spitz zulaufende, äußerst scharfe Vogelkralle aus – in Anbetracht der Krallengröße müsste dieser Vogel allerdings so groß wie das Rathaus sein«, bemerkte sie skeptisch.

»Genau deswegen stammt die Kralle ja auch von einem Drachen«, sagte der Greis mit einem triumphierenden Grinsen, bei dem er seine spärlichen gelblichen Zahnstummel entblößte. »Nur Drachen können so groß werden – gegen einen ausgewachsenen Drachen ist selbst ein Elefant klein wie ein Mäuschen.«

Die Menschenmenge, die sich um ihn gebildet hatte, bestaunte die angebliche Drachenkralle mit offenen Mäulern. Alle wollten sie auf einmal anfassen. Besonders die Kinder waren von der Wunderkralle fasziniert. »Habt Ihr den Drachen in der Höhle gesehen?«, »Wie sah er denn aus?«, »Habt Ihr seinen Schwefelatem gerochen?«, bestürmten sie den alten Mann mit Fragen. »Ich will auch so etwas haben!«, quengelte ein kleiner Junge und fragte den Alten treuherzig, ob er ihm die Kralle schenke.

»Nein, mein Kleiner, die gebe ich nicht her«, erwiderte der alte Bergmann und streichelte dem Jungen gutmütig über den Kopf.

»Im Fraßberg habt Ihr sie gefunden?«, erkundigte sich Sibylle gedankenversunken bei dem Greis. »Gibt es dort viele Höhlen und Stollen?«

»Das will ich meinen, junge Frau!«, entgegnete der Alte mitteilsam. »Der ganze Hunsrück von Bernkastel bis Monzelfeld ist durchzogen von Sohlen und Schächten. Doch heutzutage ist in den Bergen nichts mehr zu holen, die ganzen Kupfer- und Silberadern wurden ausgeschöpft, und inzwischen hausen in den stillgelegten Gängen nur noch die Fledermäuse – und natürlich der Drache ...«

»Würdet Ihr uns vielleicht einmal dorthin begleiten, wo Ihr die Kralle damals gefunden habt – gegen eine angemessene Entlohnung selbstverständlich?«, fragte die Patriziertochter.

Der Alte schüttelte nachdrücklich den Kopf mit dem schütteren weißen Haar. »Für nichts in der Welt kriegt man mich wieder unter Tage!«, antwortete er entschieden.

Sibylle, die schon davon gehört hatte, dass sich Kinder in den Bergwerken unter widrigen und ausbeuterischen Bedingungen schinden mussten, nickte verständnisvoll und dankte dem alten Mann höflich, dass er ihnen die Kralle gezeigt und interessante Einzelheiten genannt habe, die für sie sehr aufschlussreich gewesen seien. Da sich die Menschentraube um den Alten kaum für ihren vermissten Bruder interessierte und sich auch wenig auskunftsfreudig verhielt, schlug Sibylle Sebastian vor, anderswo ihre Runde zu drehen. Die Spendenbereitschaft des Pulks hielt sich ebenfalls sehr in Grenzen, daher stimmte ihr Sebastian bereitwillig zu. So gelangten sie zu einem kleinen Stand ein Stück weiter, an dem ein Mann in einem abgetragenen geistlichen Gewand Reliquien und andere Devotionalien feilbot, der Sebastian und Sibylle freundlich zulächelte.

»Mir hat Euer Vortrag sehr gut gefallen, junger Mann«, sagte der Mann mit den sanften, asketischen Gesichtszügen anerkennend. Sebastian vermutete, dass es sich um einen verarmten Geistlichen handelte, der nicht die Mittel besaß, ein kirchliches Amt zu erwerben und daher gezwungen war, auf die Wanderschaft zu gehen, um auf

Jahrmärkten und Festen Reliquienhandel zu betreiben. Er fand den Mann auf Anhieb sympathisch. Ihm war bekannt, dass die fahrenden Kleriker, die im Volksmund abfällig »Lotterpfaffen« genannt wurden, häufig kluge und gebildete Leute waren, die der Obrigkeit und der Kurie nicht selten mit Kritik begegneten – weshalb er sich als Freigeist gewissermaßen mit ihm verbunden fühlte.

»Das freut mich, Gevatter«, erwiderte er jovial, »bei den meisten anderen scheint mein Vortrag leider nicht so gut angekommen zu sein.«

»Der Aberglaube sitzt halt tief bei den Leuten. Dafür hat unsere liebe Mutter Kirche schon gesorgt, dass sich ihre Schäfchen eher vor Drachen, Teufeln und Dämonen fürchten, als dass sie zu aufklärerisch werden und anfangen, lästige Fragen zu stellen.«

Sebastian pflichtete ihm mit grimmigem Lächeln bei und nahm, ebenso wie Sibylle, eher aus höflichem Interesse die unterschiedlichen, zum Teil recht abenteuerlich anmutenden Devotionalien in Augenschein, die auf der wurmstichigen Tischplatte standen.

»Es freut mich, meine Herrschaften, dass Euch meine ›heiligen Gegenstände‹ interessieren«, bemerkte der Reliquienhändler mit einem ordentlichen Quantum Selbstironie. »Ich erläutere dem Herrn und seiner reizenden Begleiterin gern ihre unterschiedlichen Bedeutungen, wenn's gestattet ist?«

»Nur zu«, entgegnete Sibylle, die von der humorvollen Art des gewitzten Wanderklerikers gleichfalls angetan war, »eine gewisse geistliche Unterstützung kann uns sicherlich nicht schaden.«

»Nun gut«, seufzte der Reliquienhändler und begann

mit spöttisch gerunzelter Stirn seine Erklärung, wobei er mit seiner feingliedrigen Hand auf die jeweiligen Gegenstände wies. »Bei dieser äußerst wertvollen Reliquie, meine lieben Freunde, handelt es sich um ein Stück aus der Dornenkrone Christi. Und hier haben wir einen blutigen Stofffetzen vom Gewande des heiligen Sebastian, neben Holzsplittern des heiligen Kreuzes«, referierte er salbungsvoll. Er bedachte das Paar mit einem verschmitzten Blick, ehe er sarkastisch bemerkte: »Wie Ihr unschwer erkennen könnt, mache auch ich mir den Aberglauben der einfältigen Leute zunutze – und sollte deswegen nicht so große Töne spucken. Erst recht nicht«, bemerkte er an Sibylle gerichtet mit einiger Zerknirschung, »da es sich ja in Anbetracht der traurigen Ereignisse nicht ziemt, sich lustig zu machen.« Unversehens war er ernst geworden und ließ sich von Sibylle das Konterfei ihres Bruders zeigen, welches er eingehend betrachtete. »Welche kühnen, vergeistigten Gesichtszüge … Wie lautete noch der Name Eures vermissten Herrn Bruders?«, fragte er Sibylle höflich.

»Martin Molitor, Doktor Martin Molitor – ein anerkannter Gelehrter aus Frankfurt am Main«, erwiderte Sibylle mit tiefer Wehmut.

Der junge Reliquienhändler musterte sie mitfühlend. »Ich glaube, ich habe seinen Namen schon einmal gehört, im philosophischen Kontext, kann das sein?«

Sibylle nickte. »Er ist eine Koryphäe im Bereich des Platonismus«, sagte sie stolz und schlug die Augen nieder, um ihre Bewegtheit zu verbergen.

»Es tut mir unsagbar leid, verehrte Jungfer Molitor, um solch einen Genius – aber ich muss Euch bedauerlicherweise sagen, dass ich Eurem Herrn Bruder nie begegnet

bin. Ein so kluges Gelehrtengesicht unter all diesen
Schafsköpfen, das wäre mir mit Sicherheit aufgefallen.
Aber ich finde es großartig von Euch, meine Dame, dass
Ihr Euch auf die Suche nach ihm begeben habt – und
einen treuen Mitstreiter habt Ihr auch dabei, wie ich sehe.
Ich kann Euch nur von ganzem Herzen wünschen, dass
Eure Suche von Erfolg gekrönt sein möge«, erklärte er
aufrichtig, ergriff spontan Sibylles Hand und drückte sie
herzlich.

»Ich danke Euch, mein Herr«, entgegnete Sibylle mit
heiserer Stimme und traf Anstalten, sich von dem freundlichen Reliquienhändler zu verabschieden. Sebastian, der
ihr nicht von der Seite wich, wirkte bereits etwas ungeduldig.

Doch der Mann im fadenscheinigen Priestergewand
hielt sie zurück. »Lasst mir doch bitte ein Blatt mit dem
Porträt Eures Bruders da, ich komme ja viel rum und
kann mich unterwegs bei anderen Reisenden erkundigen,
vielleicht weiß jemand etwas über seinen Verbleib. Wo
kann man Euch denn erreichen, im Falle, dass es Neuigkeiten gibt?«

»Zurzeit wohne ich im Cusanus-Hospital, fragt einfach nach der Oberin, Schwester Canisia, falls ich nicht
da sein sollte. Denn ich habe für die nächsten Tage noch
einiges vor, was die Nachforschungen um meinen Bruder
anbetrifft.«

Der Wanderkleriker hörte ihr aufmerksam zu. »Wenn
ich Euch und Eurem Begleiter dabei helfen kann, helfe ich gerne!«, erklärte er freimütig. »Ihr müsst mir nur
sagen, wie.« Der Mann in der abgetragenen Priesterrobe
blickte Sibylle fragend an.

»Das ist sehr freundlich von Euch, mein Herr, aber wenn Ihr Euch nach meinem Bruder erkundigen würdet, wäre das schon Hilfe genug«, erwiderte Sibylle entgegenkommend.

»Ich vergaß ja ganz, mich vorzustellen!«, stieß der Reliquienhändler plötzlich hervor und reichte Sibylle und Sebastian nacheinander die Hand. »Mein Name ist Irenäus Wallauer, und ich logiere in einer einfachen Fremdenherberge in Kautenbach, das ist gerade mal eine halbe Stunde Fußmarsch von hier entfernt – ich ziehe allerdings morgen schon wieder weiter in Richtung Koblenz. Wenn ich also irgendetwas für Euch tun kann, zögert nicht und lasst es mich wissen.«

»Das machen wir gerne, lieber Herr Wallauer«, sagte Sebastian höflich, »und schade, dass wir momentan nicht die Zeit und die Möglichkeit haben, Euch besser kennenzulernen. Ich hätte mich gerne noch länger mit Euch unterhalten.«

Der Reliquienhändler verneigte sich geschmeichelt. »Ganz meinerseits – und darf ich fragen, was Ihr als Nächstes geplant habt? Ihr wollt doch hoffentlich nicht die Bergstollen erkunden. Ich habe nämlich gehört, wie Ihr den alten Steiger gefragt habt, ob er Euch dorthin begleiten würde.« Er musterte Sibylle mit besorgter Miene. »Davon kann ich Euch nur dringend abraten, junge Dame, dort brecht Ihr Euch am Ende noch die Knochen und werdet von blutrünstigen Fledermäusen attackiert, von anderem gefährlichen Ungeziefer ganz zu schweigen, das sich in den modrigen, dunklen Bergstollen eingenistet hat. Ratten, Mäuse, Schaben und hässliche große Spinnen!« Er verzog angewidert die Mundwinkel und warf dem Flugblatthändler einen verschwörerischen Blick zu.

»Dem kann ich mich nur anschließen!«, äußerte Sebastian bestimmt an Sibylle gerichtet. »Die Suche nach Eurem Bruder liegt auch mir sehr am Herzen, aber ich kann auf keinen Fall dulden, dass Ihr deswegen Kopf und Kragen riskiert.«

»Wie auch immer«, sagte Sibylle entschieden, »ich werde in jedem Fall dafür sorgen, dass dieser verfluchte Berg endlich einmal genauer durchsucht wird!« Ihre grauen Augen funkelten in wilder Entschlossenheit, der die beiden Männer offenbar nichts entgegenzusetzen hatten.

Der Reliquienhändler stieß nur vernehmlich die Luft aus, nahm ein kleines Amulett von seinem Verkaufstresen und reichte es Sibylle mit den Worten: »Sankt Eustachius hilft in allen schwierigen Lebenslagen – tragt es zu Eurem Schutze bei Euch!«

Sibylle dankte ihm erfreut und wollte ihm sogleich eine großzügige Entlohnung auf den Tisch legen, was der Mann in dem Priesterhabit jedoch nachdrücklich von sich wies.

Sie verabschiedeten sich von dem freundlichen Devotionalienhändler und begaben sich wieder ins Marktgetümmel, um ihre Befragung fortzusetzen und die Flugblätter mit Martins Porträt in Umlauf zu bringen. »Zum Glück gibt es auch noch solche Leute und nicht nur die vernagelten Einheimischen, die sich so gut mit ihrem Drachen arrangiert haben, dass sie von allem anderen nichts wissen wollen«, merkte Sebastian mit Bezug auf den Geistlichen an.

Sibylle stimmte ihm zu. »Zweifellos ein brillanter Kopf, der etwas Besseres verdient hätte, als auf den Märkten Heiligenbildchen zu verkaufen.« Sie musste unwillkürlich grinsen. »Habt Ihr gesehen, dass unser lieber Irenäus überhaupt keine Wimpern hatte?«

»Was Euch Frauen so alles auffällt, darauf achtet doch ein Mannsbild gar nicht«, flachste Sebastian und warf Sibylle einen verliebten Blick zu. »Dafür sind deine Wimpern umso schöner – so lang und seidig, wie dunkle Schmetterlingsflügel.«

Zum ersten Mal hatte Sebastian sie geduzt und war ihr dabei so nahe gekommen, dass Sibylle seinen männlich herben Duft riechen konnte – von dem sie gar nicht genug bekam. Tief sog sie ihn in ihre Nase. Sie gab ein gurrendes Lachen von sich, während ihr eine wunderbare Erinnerung kam. Als Kinder hatten Martin und sie manchmal »Schmetterlingsküsse« ausgetauscht, indem einer von ihnen mit den Wimpern die Wange des anderen streichelte, was ein wohliges, sanftes Kitzeln verursachte. Genau das hätte sie jetzt am liebsten mit Sebastian getan – im Grunde genommen sehnte sie sich sogar noch nach ganz anderen Küssen. Sibylle spürte wieder dieses Kribbeln im Bauch, das auch Sebastian zu fühlen schien, und ließ es zu, dass er spontan ihre Hand ergriff und sie mit sich zog. Ein ungeahntes Glücksgefühl durchströmte sie von den Zehen bis in die Haarspitzen, und in jenem Moment hätte sie mit Sebastian bis ans Ende der Welt gehen können.

In Begleitung von Schwester Canisia schritt Gottfried an den Marktständen vorbei. Als er endlich inmitten der Marktbesucher Sibylle und Sebastian gewahrte, die Hand in Hand gingen und sich angeregt unterhielten, war er wie vom Donner gerührt. »Das darf doch wohl nicht wahr sein!«, rief er entrüstet und wollte schon zu den jungen Leuten hin stürmen, die so vertieft waren, dass sie ihn und die Nonne noch gar nicht bemerkt hatten.

Schwester Canisia legte ihm beschwichtigend die Hand auf den Arm. »Lasst doch die Turteltauben in Ruhe, mein Lieber«, ermahnte sie ihn sanft. »Gönnt den beiden doch ihr Glück, und freut Euch mit ihnen. Es gibt kaum etwas Anmutigeres als ein frisch verliebtes, junges Paar. Bei solch einem Anblick geht einem doch das Herz auf – oder seid Ihr schon so alt und verknöchert, dass Ihr vergessen habt, wie Ihr selber einmal jung wart und von Amors Pfeil getroffen wurdet?«

Obgleich Schwester Canisias Worte dem alten Hausknecht sogleich den Wind aus den Segeln nahmen und er sogar grinsen musste, konnte er sich einen Tadel nicht verkneifen. »Ich muss mich doch sehr darüber wundern, so etwas aus dem Mund einer Klosterfrau zu hören«, grummelte er unwirsch.

»Ich bin nicht als Nonne geboren worden, lieber Herr Gottfried, und bevor ich ins Kloster ging, hatte ich auch schon ein Leben – und es war mir sogar beschieden, das Glück der Liebe zu erfahren. Wofür ich dem Herrgott noch heute dankbar bin.« Ihre Stimme zitterte leicht, als sie das sagte. Gottfried musterte die Frau in der Ordenstracht forschend. Obgleich nahezu in seinem Alter, war sie immer noch von großem Liebreiz.

»Das wundert mich nicht«, brach es aus ihm heraus, »so schön, wie Ihr bestimmt einmal wart – und immer noch seid!«

Sogleich presste Gottfried verlegen die Lippen zusammen und ärgerte sich über sich selbst. *Das hättest du dir sparen können, einer Klosterfrau Avancen zu machen. Was ist nur über dich gekommen, du alter Bock!*, rügte er sich im Stillen. Doch Schwester Canisia schien ihm seinen Patzer keineswegs übelzunehmen, im Gegenteil.

»Vielen Dank, mein Lieber«, flötete sie erfreut, »Ihr habt Euch aber auch sehr gut gehalten!«

Im nächsten Augenblick bat sie ihn zu warten, da sie an einem Stand frisches Gemüse erstehen wollte, welches sie anschließend in dem großen Einkaufskorb verstaute, den Gottfried höflicherweise für sie trug. Mit dem Einkauf hoffte sie, den alten Hitzkopf so weit abzulenken, dass er sich ein wenig beruhigte und die jungen Leute nicht gleich mit Vorwürfen attackierte. Nur ihrer Besonnenheit war es zu verdanken, dass es zwischen Sibylle und dem alten Diener noch nicht zum Eklat gekommen war. Denn Gottfried hatte bereits am Morgen einen Wutanfall bekommen, als Sibylle ihm eröffnet hatte, sie wolle beim Bürgermeister vorsprechen, um diesen dazu zu bewegen, den Fraßberg und seine Umgebung gründlich von einem Suchtrupp durchforsten zu lassen. Das verstoße gegen ihre Abmachung, sich nach dem Besuch bei Schwester Canisia unverzüglich auf den Heimweg nach Frankfurt zu machen, hatte er gewettert und seiner jungen Herrin befohlen, sich umgehend reisefertig zu machen und in die Kutsche zu steigen. Woraufhin sich Sibylle offen geweigert hatte, seiner Anordnung Folge zu leisten.

Dank Schwester Canisia, die ein gutes Gespür für den alten Diener zu haben schien, das sogar so weit ging, dass er sich von ihr etwas sagen ließ, hatten sich die Widersacher schließlich darauf geeinigt, die beiden Schergen alleine mit der Kutsche nach Frankfurt zu entsenden. Sie sollten Sibylles Vater über den aktuellen Stand der Dinge unterrichten und gemeinsam mit ihm nach Bernkastel zurückkehren, damit dieser sodann den Eskapaden seiner widerspenstigen Tochter ein Ende bereite. Davon hatte sich Gottfried nicht abbringen lassen. Bis zum Eintreffen seines Herrn in fünf bis sechs Tagen würde er die Stellung halten und darauf achten, dass seine junge Herrin sich nicht in Gefahr begebe – und auch sonst nicht ins Straucheln gerate, wie Gottfried mit säuerlichem Blick auf Sebastian geäußert hatte.

Damit er dem jungen Paar auf dem Wochenmarkt nicht wie ein Schatten folgen musste, hatte die Schwester leichthin erklärt, sie käme mit auf den Markt, und Gottfried könne sie bei ihren Einkäufen begleiten. So könne er »aus dem Hintergrund«, wie sie betont hatte, ein Auge auf seine Schutzbefohlene werfen, denn schließlich befänden sich Sibylle und Sebastian ja in der Öffentlichkeit und daher mitnichten in einer verfänglichen Situation. Insgeheim genoss Gottfried sogar die Gesellschaft der besonnenen Klosterfrau.

Sowohl Gottfried als auch Schwester Canisia waren einigermaßen irritiert, als sie beim Weitergehen feststellten, dass auf einmal von Sebastian und Sibylle nichts mehr zu sehen war.

»Seltsam«, murmelte die Nonne und blickte sich suchend um, »eben waren sie doch noch da!« Das Gedränge um sie herum war plötzlich dichter geworden, denn ganz in ihrer Nähe hatte eine Gruppe Feuerschlucker angefangen, ihre Künste darzubieten, und die Marktbesucher bildeten einen Kreis um sie. Hektisch versuchte Gottfried, dessen Gesicht vor Aufregung rot geworden war, sich durch das Menschengewimmel zu zwängen, was jedoch unmöglich war.

»Wir müssen außen rum gehen, das bringt so nichts«, schlug Schwester Canisia vor. Sie umrundeten die Schaulustigen mit gemessenem Abstand, während sie unablässig nach den jungen Leuten Ausschau hielten, die jedoch unauffindbar waren.

»Das haben wir jetzt davon!«, fluchte Gottfried zwischen den Zähnen. »Von wegen: ›Lasst doch die beiden Turteltauben in Ruhe!‹ Die haben sich inzwischen still und heimlich abgesetzt, wie es den Anschein hat, um ungestört turteln zu können …«

»Das glaube ich nicht«, erwiderte die Nonne betreten, obgleich ihr ähnliche Gedanken auch schon in den Sinn gekommen waren. *Verliebte junge Leute sind schwerer zu hüten als ein Sack Flöhe …* Aber Sibylle war die Befragung der Marktbesucher, für die sie eigens Flugblätter von Martins Konterfei hatte drucken lassen, viel zu wichtig gewesen, als dass sie sich kurzerhand zu einem verliebten Stelldichein mit Sebastian abgesetzt hätte. Außerdem stellte sich die Frage, wohin. Zumindest konnte Schwester Canisia sich das nicht vorstellen, aber Liebe machte erfinderisch. Gottfrieds Besorgnis schien regelrecht auf sie abzufärben, denn sie hatte mit einem Mal ein ganz mulmiges Gefühl – das sich indessen noch verstärkte, als ihnen zwischen den Marktständen unversehens Sebastian entgegenkam, dessen verzagte Miene Bände sprach.

»Ich hatte mich gerade mit einem Mann unterhalten, der mir erzählte, dass der Wind zuweilen in der Nacht vom Hunsrück den Geruch von Pech und Schwefel nach Bernkastel herüber wehe, und dann drehte ich mich nach Sibylle um, und da war sie plötzlich verschwunden«, erläuterte Sebastian aufgeregt. »Ich suche sie jetzt schon seit einer guten Viertelstunde, doch es ist, als hätte sie sich in Luft aufgelöst. Das kann doch gar nicht sein!« Er blickte sich unruhig nach allen Seiten um. »So groß ist doch dieser verdammte Marktplatz gar nicht, sie muss irgendwo stecken!«

»Ganz bestimmt sogar, irgendwo in dem Gewusel. Jetzt beruhigt Euch erst mal, und dann suchen wir sie gemeinsam. Am besten wird es sein, wir teilen uns auf und treffen uns später am Brunnen wieder«, schlug Schwester Canisia vor, die besorgter war, als sie sich den Anschein geben wollte.

Der alte Diener schlug bestürzt die Hände zusammen. »Wie konnte denn das passieren?«, raunzte er Sebastian vorwurfsvoll an. »Hättest du nur besser auf sie achtgegeben, mir wäre sie nicht so einfach durch die Finger geschlüpft!«

Sebastian, dem momentan nicht der Sinn nach Wortgefechten stand, schlug vor, sich umgehend wieder auf die Suche nach Sibylle zu begeben. Sie verteilten sich in verschiedene Richtungen, und er hastete zwischen den Ständen entlang und ließ seine Blicke in wachsender Verzweiflung über die Scharen von Passanten schweifen, die ihm in den schmalen Durchgängen entgegenkamen oder vor einem der Verkaufsstände verweilten, um Waren zu begutachten. Beim Anblick eines Quacksalbers, der lauthals seine Pestelixiere und anderen Wundermittel anpries, musste er schlagartig an den Reliquienhändler denken, und er entschloss sich spontan, ihn aufzusuchen. *Vielleicht hat er ja Sibylle gesehen*, dachte er hoffnungsvoll, *oder ist sogar bereit, sie suchen zu helfen ...*

Als Sebastian wenig später zu der Stelle kam, wo sich der Stand befunden hatte, musste er jedoch zu seiner Enttäuschung feststellen, dass der Mann in dem fadenscheinigen Priesterhabit nicht mehr da und sein Stand abgebaut war. In plötzlichem Selbstzweifel erkundigte er sich bei der Obstverkäuferin vom Nachbarstand, ob dort nicht bis vor kurzem noch ein Devotionalienhändler gewesen sei, was die Frau auch bejahte.

»Doch das Geschäft lief wohl nicht so gut, denn der Mann hat vorhin alles abgebaut und ist gegangen. Muss ein ziemlicher Stoffel gewesen sein, er hat sich noch nicht einmal verabschiedet, wie sich das eigentlich unter Standnachbarn gehört«, fügte sie ärgerlich hinzu. Sebastian bedankte sich zerstreut und eilte weiter.

Sibylle schreckte zusammen, als jemand sie inmitten des Menschenpulks sacht am Ärmel zupfte, und wandte abrupt den Kopf um. Mit einigem Erstaunen fand sie sich Auge in Auge mit dem Devotionalienhändler, der sie freundlich anlächelte und ihr zuraunte, sie möge ihm doch bitte umgehend folgen. Er habe eben einem Kunden Martins Bild gezeigt, und der Mann sei sich sicher, den Gelehrten vor geraumer Zeit hier in der Gegend gesehen zu haben. Er erwarte sie am Rande des Marktplatzes, wo es ruhiger sei und sie ungestört reden könnten. Obgleich Sibylle vor Freude ein Jubelschrei entfuhr, zögerte sie doch kurz und blickte zu Sebastian, der ein Stück entfernt stand und sich mit einem älteren Herrn unterhielt. Doch sie mochte ihn nicht so jäh aus dem Gespräch reißen, und so ging sie allein mit dem Reliquienhändler, der ihr versicherte, es sei ja gar nicht weit weg, und sie sei gleich wieder da. Sie folgte ihm durch die Menschenmenge bis zum Rand des Marktes, wo die Planwagen, Ochsenkarren und anderen Fuhrwerke der Marktverkäufer dicht an dicht standen. Die drei Marktaufseher, die seitlich der Wagenkolonne auf Hockern um einen Klapptisch saßen, Wein tranken und ein Würfelspiel spielten, nahmen keine Notiz von ihnen. Da Sibylle ansonsten niemanden entdecken konnte, blickte sie den Reliquienhändler fragend an.

»Wir müssen da durch«, erläuterte Irenäus Wallauer und deutete auf die geparkten Fahrzeuge, »er wartet dort hinten in seinem Planwagen.« Sogleich schlüpfte er in einen der schmalen Durchgänge zwischen den Gefährten und bedeutete Sibylle, ihm zu folgen. Die junge Frau stakste hinter dem Reliquienhändler an den Fuhrwerken vorbei, die teilweise so nahe beieinanderstanden, dass sie sich seitlich hindurchzwängen mussten. Sibylle kam es zunehmend absurd vor, was sie taten. »Umständlicher geht es nicht«, murmelte sie verdrossen und fühlte sich mit einem Mal von den zahllosen Fuhrwerken, die sie in ihrer Bewegungsfreiheit hinderten, regelrecht eingeschlossen.

Irenäus Wallauer blieb stehen und drehte sich zu ihr um. »Gleich ist es so weit«, erklärte er lächelnd. Doch sein Lächeln und auch der Klang seiner Stimme kamen Sibylle mit einem Mal seltsam vor, und es erfasste sie die nackte Furcht, als er unvermittelt die Richtung wechselte und auf sie zukam. In seiner Haltung lag plötzlich etwas Bedrohliches, und der eisige Blick seiner schmalen, wimpernlosen Augen ging ihr durch Mark und Bein.

»Was ist denn in Euch gefahren?«, stieß sie angstvoll hervor und wich vor dem großen, hageren Mann im schwarzen Priestergewand zurück.

»Was schleicht Ihr hier um die Wagen herum?«, erklang mit einem Mal eine resolute weibliche Stimme von einem der Planwagen. Sowohl Sibylle als auch der Reliquienhändler schreckten zusammen. Eine junge Frau hatte die Plane an der Rückseite des Wagens zurückgeschlagen und fixierte die Fremden argwöhnisch. Auf dem Arm hielt sie einen Säugling, und ihre freigelegte Brust verriet, dass sie gerade dabei gewesen war, ihn zu stillen. Auch sie schien sich von dem hageren, schwarzgewandeten Mann eigentümlich bedroht zu fühlen. »Ich rufe sofort die Marktknechte, wenn Ihr nicht geht!«, rief sie aufgebracht.

Irenäus Wallauer, der sogleich seine Fassung wiedererlangt hatte, mühte sich die Wogen zu glätten. »Gemach, gemach, gute Frau, es will Euch doch niemand etwas Böses«, erklärte er besänftigend. »Wir suchen nur jemanden, der in einem der Planwagen auf uns wartet. Einen Flickschuster aus dem Saarland …«

»Hier gibt es keinen Flickschuster!«, erwiderte die junge Mutter barsch. Sie musterte den Reliquienhändler misstrauisch. Dieser wandte sich Sibylle zu und bat sie mit zerknirschtem Lächeln, doch hier auf ihn zu warten, er werde sich ein Stück weiter vorne nach dem Flickschuster umschauen. Er müsse sich vertan haben, erklärte er entschuldigend, der Wagen befinde sich womöglich am anderen Ende. Während er schlangengleich zwischen den Wagen verschwand, blickte Sibylle verdutzt hinter ihm her.

»Entschuldigt bitte, dass wir Euch gestört haben«, sagte sie zu der Schaustellerin. Sie kam sich zwischen den Wagen plötzlich verloren vor, war aber auch erleichtert. Vor Aufregung bebten ihr immer noch leicht die Glieder.

»Ist Euch nicht gut?«, fragte die Schaustellerin. »Ihr seid ja kreidebleich. Wollt Ihr einen Schluck Wasser haben?«

»Danke, macht Euch keine Mühe, nur ein kurzes Unwohlsein, das gleich vorübergeht«, entgegnete Sibylle kurzatmig und blickte lächelnd zu dem Säugling hin, der bereits unruhig wurde und augenscheinlich wieder nach der Mutterbrust verlangte. Die junge Frau ließ sich auf dem Kutschbock nieder und reichte ihrem Kind die Brust. Der Anblick des friedlich trinkenden Kindes erwärmte Sibylles Herz, das eine kalte Furcht zum Erstarren gebracht hatte, und sie spürte, wie ihre Lebensgeister allmählich zurückkehrten. *Hoffentlich dauert es nicht so lange, Sebastian wird mich bestimmt schon vermissen*, ging es ihr durch den Sinn, und sie spähte ungeduldig in die Richtung, in der Irenäus verschwunden war.

»Ich glaube, auf den braucht Ihr nicht mehr zu warten«, bemerkte die junge Mutter abgeklärt, »der kommt bestimmt nicht wieder.« Sie musterte Sibylle forschend. »Ich frage mich sowieso, was eine feine Dame wie Ihr mit so einem Lotterpfaffen zu schaffen hat. Wahrscheinlich hatte er es auf Eure Geldbörse abgesehen und hat Euch deswegen hierhergeführt.«

»Das glaube ich nicht«, widersprach Sibylle betreten. »Ich bin auf der Suche nach meinem vermissten Bruder, und er hat auf dem Markt jemanden getroffen, der ihn gesehen hat. Er sollte hier in seinem Planwagen auf mich warten.«

»Das könnte auch gut ein Vorwand gewesen sein«, insistierte die Schaustellerin skeptisch, »wenn Ihr mich fragt. Mir war dieser Kerl jedenfalls nicht geheuer – irgendwie war er mir sogar unheimlich. Diese eiskalten Schlangenaugen, mit denen er Euch angesehen hat. Der führte doch irgendetwas gegen Euch im Schilde. Ich an Eurer Stelle würde den Marktknechten Bescheid sagen.«

»Vielleicht habt Ihr ja recht«, murmelte Sibylle nachdenklich. Sie verabschiedete sich von der jungen Mutter und strebte auf wackligen Beinen in die Richtung, aus der sie gekommen war. Je weiter sie ging, desto eiliger hatte sie es auf einmal, aus der beengenden Wagenkolonne hinauszugelangen. Immer stärker wurde das Gefühl, flüchten zu müssen – vor dem Reliquienhändler, der ihr am Anfang ihrer Begegnung noch so sympathisch und harmlos erschienen war, ihr eben jedoch Angst eingejagt hatte. Sie war sich auch gar nicht mehr sicher, ob sie tatsächlich die Marktknechte damit behelligen sollte, denn eigentlich hegte sie nur noch den Wunsch, endlich wieder bei Sebastian zu sein. Das Bedürfnis wurde immer mächtiger und drängender. Wie von Hunden gehetzt lief Sibylle zurück zu den Marktständen und stieß dabei mehrfach mit den Beinen gegen ein sperriges Gefährt oder Wagenrad, so dass sie vor Schmerz laut aufstöhnte. Im nächsten

Moment war sie jedoch schon aus dem engen Korridor hinausgelangt und sah vor sich den Tisch mit den Marktaufsehern, die sich mit einem hektisch gestikulierenden Mann unterhielten. Als sie sein Profil erkannte, traf sie ein Blitz in die Magengrube.

»Sebastian!«, rief sie überglücklich und sank dem Flugblatthändler erleichtert in die Arme. Sie war so aufgewühlt, dass sie in haltloses Weinen ausbrach.

Sebastian zog sie an seine Brust und küsste ihr zärtlich die Tränen von den Wangen. »Was hast du denn, mein Herz? Du zitterst ja wie Espenlaub und bist so kreidebleich, als wäre dir ein Geist begegnet«, flüsterte er besorgt.

»Das nun nicht gerade«, entgegnete Sibylle mit einem grimmigen Auflachen, »aber es kommt mir fast so vor, als wäre ich eben nur knapp dem Tode entronnen.« Sie nahm unversehens wahr, wie ihre Beine nachgaben. Sebastian stützte sie und führte sie vorsichtig zu dem Tisch, wo die Marktknechte der Entkräfteten zuvorkommend einen Stuhl hinrückten. Einer der Männer füllte Wein in einen Becher und reichte ihn Sibylle.

»Nehmt ruhig einen ordentlichen Schluck, der Wein von unserem Bernkasteler Doctorberg hat noch jeden gesund gemacht!«, bemerkte er aufmunternd. Sibylle, deren Kehle ohnehin staubtrocken war, führte mit zittrigen Händen den Becher zum Mund und trank einen Schluck. Sogleich fühlte sie sich gestärkt und fing stockend an zu berichten, was sich zugetragen hatte.

»Das war ziemlich leichtsinnig von Euch, mit einem wildfremden Mann mitzugehen«, bemerkte einer der Aufseher tadelnd, als sie geendet hatte. »Auch wenn er ein priesterliches Gewand trug und ein harmloses Lärvchen hatte, so hätte er Euch da hinten im Schutze der Wagen Gewalt antun oder Euch ausrauben können – und etwas Ähnliches muss der Kerl vorgehabt haben. Ihr könnt von Glück sagen, dass die junge Frau in ihrem Planwagen auf Euch aufmerksam geworden ist und die Schandtat vereitelt hat …«

Sebastian, der schon während Sibylles Schilderung ganz bleich geworden war, schlug sich erbost die Faust in die Handfläche. »So etwas hätte ich dem Burschen gar nicht zugetraut, er wirkte hinter seinen Heiligenbildchen so zahm und harmlos, als ob er kein Wässerchen trüben könnte. Aber erfahrungsgemäß sind das oftmals die Schlimmsten – und dass er sich so schnell davongemacht hat, zeigt ja, dass er kein reines Gewissen hatte. Ich denke, wir sollten den falschen Priester suchen gehen, vielleicht treibt er sich ja noch irgendwo auf dem Marktplatz herum, und dann soll er uns gefälligst Rede und Antwort stehen.«

»Von mir aus«, grummelte einer der Marktaufseher unwillig. »Aber ich glaube nicht, dass der noch hier ist. Er hat vorhin seinen Klapptisch zurückgebracht und seine Standgebühr bezahlt. Ich kann mir beim besten Willen nicht vorstellen, dass der sich hier noch irgendwo rumdrückt. Der wusste schon, warum er sich gleich vom Acker gemacht hat. Wahrscheinlich hat er Dreck am Stecken wegen ähnlicher Vorkommnisse …«

»Ihr habt den Mann gesehen?«, fragte Sebastian alarmiert.

Der Marktbüttel zuckte unwirsch die Achseln. »Ja sicher hab ich den vorhin gesehen, wo er doch den Tisch zurückgebracht hat.«

»Ich meine, kennt Ihr ihn? War er schon öfter hier auf dem Markt, oder habt Ihr ihn sonst schon mal in der Stadt gesehen?«

»Nicht dass ich wüsste«, erwiderte der Scherge ausweichend. »Aber von diesen Lotterpfaffen sieht doch sowieso einer wie der andere aus. Und der Kerl hatte ohnehin ein richtiges Allerweltsgesicht, an das sich keine Sau erinnern kann – oder welche hervorstechenden Merkmale sind Euch von ihm im Gedächtnis geblieben? Außer, dass er ein Priestergewand trug und auf dem Kopf so ein schwarzes Käppchen hatte, wie es bei Pfarrern üblich ist?«

Sebastian musste ihm widerwillig recht geben. Auch er hätte an Irenäus Wallauers Aussehen nichts Herausragendes feststellen können. Noch nicht einmal die Farbe seiner Augen war ihm im Gedächtnis geblieben, vielleicht, weil sie so farblos waren, so farblos und nichtssagend wie der ganze Kerl. »Seinen Namen habt Ihr Euch ja aufgeschrieben?«, erkundigte er sich gereizt.

»Ja«, brummelte ein anderer Marktaufseher, »jeder, der auf dem Markt einen Stand betreibt, muss uns seinen Namen angeben. Aber das ist nur der Ordnung halber, damit die Standgebühr bezahlt wird. Da könnte sich einer auch Pippin von Kuckucksheim nennen, das wär uns egal.«

»Ihr wollt damit sagen, dass der Name auch erfunden gewesen sein könnte«, konstatierte Sebastian lapidar. Noch einmal ermunterte er die Marktaufseher, den Marktplatz nach Irenäus Wallauer abzusuchen, obgleich es augenfällig war, dass sie wenig Lust dazu hatten. Er wolle Sibylle zum Marktbrunnen begleiten, wo sie von ihrem Diener und Schwester Canisia bereits erwartet werde, und sich anschließend an der Suche beteiligen.

Als Groperunge vom Marktplatz in die schmale Karlgasse einbog, die aus Bernkastel hinausführte und direkt in den Feldweg mündete, der die Burg Landshut mit dem Höhenweg verband, kochte er innerlich vor Wut. Musste ihm denn diese blöde Kuh in dem Planwagen in die Quere kommen! Am liebsten hätte er sie ja mitsamt ihrem Balg gleich mit erledigt. Das wäre an sich auch kein größerer Auftrag für ihn gewesen, nur war sie nicht gerade in Reichweite, sondern oben in ihrem verdammten Planwagen, und bis er ihrer habhaft geworden wäre, hätte sie schon zehnmal den ganzen Markt zusammenkreischen können – mit der reichen Pute gemeinsam, denn die hatte er ja auch noch am Hals.

Es war ohnehin gewagt genug gewesen, das Gänschen aus Frankfurt dorthin zu locken, um sie am Rande des Getümmels kaltzumachen. Er hätte sich denken können, dass er dort nicht unbehelligt bleiben würde. Groperunge fluchte innerlich über sein mangelndes Kalkül, denn die Gier, sie zu töten, war stärker gewesen als seine Vernunft. *Auf die Art und Weise landet man am Galgen*, hatte ihn schon der Kapitän gewarnt und ihn ermahnt, beim Morden immer planvoll vorzugehen. *Egal, wie dich der Hafer sticht!*

Behände trat er in eine Mauernische und streifte sich hastig das Priestergewand ab, welches er mitsamt der Kappe in seinem Rucksack verstaute. Darunter trug er einen unauffälligen grauen Umhang, dessen Kapuze er sich tief ins Gesicht zog – denn sehr wahrscheinlich suchten das reiche Miststück und seine Handlanger ihn bereits. Man konnte ja nie wissen, wohin es diese Grünschnäbel in ihrem Übereifer verschlug. Andererseits käme es ihm durchaus gelegen, wenn sie ihm in einer dunklen, abgelegenen Gasse über den Weg liefen, dann könnte er endlich das tun, was ihm vorhin leider verwehrt geblieben war.

Schon am Vormittag, als die beiden Tölpel an seinem Stand gewesen waren, hatte es ihm in den Fingern gejuckt, diesem reichen Gänschen die Kehle zu durchtrennen. *Ich werde in jedem Fall dafür sorgen, dass dieser verfluchte Berg endlich einmal genauer durchsucht wird* – dieser Ausspruch und ihr anmaßender Tonfall gellten ihm jetzt noch in den Ohren. *Wenn du da mal den Mund nicht zu voll genommen hast, du Dämchen. Ich werde dich schon bei passender Gelegenheit kaltmachen – und dann hat es sich mit der Durchsuchung. Die Kaffer haben doch alle viel zu viel Schiss vor dem Berg. Die werden den Teufel tun, auch noch durch die engen Stollen zu kriechen!* Das hatte er ja selbst mitgekriegt, als sie damals die Gegend nach der Hebamme abgesucht hatten. Da waren die Burschen vom Suchtrupp mal kurz auf dem Berg herumgeritten und hatten auch flüchtig mit der Fackel in einen alten Stollen geleuchtet, wo sie vor lauter Geröll ohnehin nicht viel erkennen konnten – und fertig war's mit der großen Erkundungstour. Dennoch war ihm seinerzeit ganz schön der Stift gegangen, als die Kerle ihm auf die Pelle gerückt waren, und er hatte Tessa tagelang einen dicken Knebel verpasst und dem kleinen Breimaul, das kurz zuvor erst das Licht der Welt erblickt hatte, zerstoßene Mohnsamen mit der Milch eingetrichtert, so dass es keinen Muckser mehr von sich gegeben und nur noch gepennt hatte.

Auch jetzt bereitete ihm die Vorstellung, dass die verfluchten Stadtbüttel regelrecht vor seiner Haustür rumwuselten, erhebliche Bauchschmerzen – und er zog es gar in Erwägung, Tessa abzumurksen und sich davonzumachen. Was indessen die Ultima Ratio wäre, denn einen besseren Unterschlupf als diesen gab es auf der ganzen Welt nicht mehr. In jedem Fall würde er Satan zu Rate ziehen, gleich wenn er zu Hause war. Er würde dem Fürsten der Hölle ein gefälliges Opfer darbringen und seinen Schutz erflehen. Nur, das würde auf die Schnelle nicht so leicht werden, denn der Herr der Finsternis bevorzugte das reine, unbefleckte Blut von Kindern oder Jungfrauen. Groperunge musste unversehens grinsen. *Da würde mir schon eine einfallen, vorausgesetzt, die ist noch nicht geritten worden, denn einen Galan hat sie ja bereits. Wir werden uns also ein bisschen sputen müssen mit dem Gänschen! Aber je eher die weg ist, desto besser ohnehin.* Dann würde hier endlich auch wieder Ruhe einkehren. *Ganz so leicht wird es nicht werden, die zu kriegen. Die hat ihren ganzen Hofstaat um sich versammelt, und dumm ist die auch nicht. Doch dumm genug, mir in die Falle zu gehen, das hat man ja vorhin gesehen, und wenn da nicht diese blöde Planschkuh mit ihrem Balg gewesen wäre, hätt ich die schon längst plattgemacht. Aber aufgeschoben ist ja nicht aufgehoben ...*

Groperunge betete im Stillen zum Höllenfürsten um gutes Gelingen. Er würde sie in einen Hinterhalt locken. Er wusste nur noch nicht, wie. Aber da würde ihm schon etwas einfallen, da war er sich sicher.

Um die sechste Stunde jenes kühlen, regnerischen Mai-
abends brachen Sibylle, Sebastian und Gottfried zu Pferde in den kleinen Meiler Kautenbach auf, um sich in der
Fremdenherberge nach einem gewissen Irenäus Wallauer
zu erkundigen – und gegebenenfalls auch mit ihm zu
reden, falls sie ihn dort antreffen sollten. Obgleich sie
sich diesbezüglich geringe Hoffnungen machten. Aber
nachdem sich die Suche nach dem vermeintlichen Wanderpriester auf dem Marktplatz und in der Umgebung
als erfolglos erwiesen hatte, wollten sie nichts unversucht
lassen. Selbstverständlich hatte es sich Sibylle weder von
Gottfried noch von Schwester Canisia – und auch nicht
von Sebastian – ausreden lassen, die beiden Männer
zu begleiten. Sie fühle sich so munter wie ein Fisch im
Wasser, hatte sie nach dem gemeinsamen Abendessen im
Sankt-Nikolaus-Hospital verkündet, und überdies könnten ihr ein wenig frische Luft und ein kleiner Ausritt nach
dem leichten Schwächeanfall vom Vormittag nur guttun.
Sie habe sich ja schon den ganzen Mittag über ausgeruht
und sogar ihr Vorhaben, den Bürgermeister im Rathaus
aufzusuchen, auf Anraten ihrer drei Mitstreiter bis zum
folgenden Tag verschoben. Mit ihrem spitzbübischen
Lächeln hatte sie die drei schließlich überzeugen können,
wobei dies in Bezug auf Sebastian, der ihr ohnehin total
verfallen war, ein nicht allzu schweres Unterfangen darstellte.

Nachdem sie am Ortsausgang von Bernkastel auf die
Landstraße abgebogen und etwa zwanzig Minuten entlang der sanften grünen Hügel geritten waren, die die
schroffen, zerklüfteten Felsen und dunklen Tannenwälder des Hunsrück noch vermissen ließen, konnten sie das

verschlafene kleine Moselörtchen auch schon vor sich ausmachen.

Das Gasthaus »Zum Grünen Baum« befand sich direkt an der Hauptstraße, und da sonst weit und breit keine Fremdenherbergen zu entdecken waren, musste es das einzige im Ort sein. Sibylle und ihre beiden Begleiter banden die Pferde vor der Wirtschaft an und traten in die Gaststube. Sie ließen sich an einem freien Tisch nieder, bestellten beim Wirt einen halben Krug Moselwein und erkundigten sich höflich, ob in der Herberge ein fahrender Reliquienhändler namens Irenäus Wallauer abgestiegen sei. Der Schankwirt verneinte dies kopfschüttelnd mit der Bemerkung, dass er diesen Namen noch nie gehört habe. Die drei, die damit schon gerechnet hatten, bedankten sich und wechselten vielsagende Blicke miteinander.

»Also ein Scharlatan, dem Ihr aufgesessen seid«, murmelte Gottfried mit finsterer Miene, »und vermutlich ein Beutelschneider obendrein. Oder warum sonst hätte er Euch alleine an einen so abgeschirmten, nicht einsehbaren Ort locken sollen, wo er Euch in aller Ruhe eins hätte überziehen und Euch hätte ausrauben können?«

»Das würde ja bedeuten, dass er uns von Anfang an etwas vorgelogen hat, weil er böse Absichten verfolgte«, warf Sebastian stirnrunzelnd ein.

»Es sieht ganz danach aus«, sagte der alte Diener grimmig, »und dem Himmel sei Dank, dass er sie nicht ausführen konnte, sonst … ich darf gar nicht daran denken!« Gottfried schüttelte fassungslos den Kopf.

»Das zeigt uns wiederum, dass man gar nicht genug achtgeben kann. Böse Menschen gibt es überall, und man muss ständig auf der Hut sein, damit man ihnen nicht in die Fänge gerät.« Er musterte die jungen Leute mit tiefer Besorgnis. »Ein Moment der Unachtsamkeit – und die Falle schnappt zu. Das muss ich mir auch selber ankreiden, denn hätte ich Euch beschützt, wie es meine Aufgabe ist, anstatt Euch frank und frei über den Markt spazieren zu lassen, dann wäre das alles nicht passiert«, konstatierte er an Sibylle gerichtet. »Deswegen werden die Zügel jetzt auch wieder angezogen, und in Zukunft gibt es keine Alleingänge mehr. Das kann ich Euch versprechen, junge Herrin, ob Euch das nun passt oder nicht, davon lasse ich mich nicht abbringen!«

Die Entschlossenheit des alten Dieners würde durch nichts zu erschüttern sein, daran hegte Sibylle keinerlei Zweifel. *Er wird wie ein Wachhund an meinen Fersen kleben, schlimmer als jemals zuvor*, dachte sie verdrossen mit Blick auf Sebastian, dem diese Androhung ebenso wenig zu behagen schien. *Dieser alte Zerberus wird uns keine Sekunde mehr aus den Augen lassen, dessen kann man sich gewiss sein!* Eine gute Portion Wut gesellte sich zu Sibylles Unmut. Sie würde weiterhin alles tun, was sie für richtig hielt, um die Aufklärung von Martins Verschwinden voranzutreiben – das gelobte sie sich inbrünstig. Das unbändige Glücksgefühl, welches sie in Sebastians Gegenwart verspürte, würde ihr der alte Dickschädel ohnehin nicht nehmen können. Nur hätten sie keine Gelegenheit mehr, alleine zu sein, erkannte Sibylle mit tiefem Bedauern, denn sie spürte jetzt noch die zärtlichen Küsse von Sebastian auf ihren Wangen, mit denen er ihr am Mittag auf dem Marktplatz die Tränen weggeküsst hatte. Sie waren ungleich süßer als Schmetterlingsküsse, und sie hätte vergehen können vor Wonne … Ein Blick in Sebastians grüne Augen verriet ihr, dass er ähnliche Gedanken hegte wie sie, und er lächelte ihr aufmunternd zu, was ihr ungeheuer guttat. In ihren Augen blitzte es verschwörerisch, als sie sich gleich darauf mühte, Gottfried gegenüber gute Miene zu machen und sich fügsam zu geben.

»Was ich nur nicht recht verstehe«, sagte sie nach einer Weile grüblerisch, »ist, wie ein Mensch einem so durch und durch gutartig und hilfsbereit vorkommen kann wie jener Reliquienhändler. Er sprühte nur so vor Humor, und in seinem wachen, offenen Blick lag echte Anteilnahme – die sich im Nachhinein jedoch als Lug und Trug erwiesen hat, genauso wie alles andere, was er uns gegenüber vorgegeben hat. Der Mann ist ein wahrer Meister der Täuschung, so viel steht fest.« Mit einem Mal überkam Sibylle wieder die eisige Furcht, die ihr Herz förmlich zum Erstarren gebracht hatte, als der Wanderpriester plötzlich zwischen den Wagen kehrtgemacht hatte und auf sie zugekommen war. In diesem Augenblick, da war sie sich sicherer denn je, hatte er seine Maske fallen lassen, und sein wahres Gesicht war zum Vorschein gekommen. »Er ist der Teufel«, wisperte sie mit brüchiger Stimme. »Auch wenn ich nie an seine Existenz glauben wollte, in Gestalt des Reliquienhändlers ist er mir begegnet – und ich bete zu Gott, dass er uns allen beistehen möge, auch denjenigen, die seine nächsten Opfer sein werden!«

17

Bernkastel-Kues, 16. Mai 1581

Bürgermeister Luttger Thiel liebte seine Heimatstadt und hätte nahezu alles getan, jegliche Unbill
von »Bernkessel«, wie der schmucke Moselort von alters
her von seinen Bewohnern genannt wurde, fernzuhalten.
Dazu gehörte es auch, mit mildem Lächeln die Wogen zu
glätten, wenn die alte Furcht der Einheimischen vor dem
Drachen wieder einmal gar zu wilde Blüten trieb. »Eine
alte Sage, mehr nicht«, sagte er mit dem sanften Singsang
des Moseldialekts über die Schauergeschichten um das
feuerspeiende Ungeheuer. Einen jeden, der es dennoch
wagte, ihm ein Widerwort zu geben, lächelte er gnaden-
los in Grund und Boden. »Ich glaube nicht an solchen
Unfug«, schmunzelte er schalkhaft, wenn sich gar ein
Zugereister erdreistete, ihn darauf anzusprechen, »das ist
doch alles nur erdichtet, wie das Nibelungenlied.« Böse
Zungen behaupteten zuweilen, selbst wenn man dem
Bürgermeister einen Drachenzahn hinhielte, so würde er
immer noch behaupten, es wäre nichts anderes als eine
Moselmuschel.

Der Ortsvorsteher, der einer alteingesessenen Winzer-
familie entstammte, mochte sich seine idyllische Mosel-

heimat von nichts und niemandem trüben lassen. Das war für Sibylle und Schwester Canisia bei dem Gespräch mit dem Bürgermeister nur allzu offensichtlich. Als die forsche junge Patriziertochter aus Frankfurt am Ende ihrer Ausführungen unumwunden erklärte, sie glaube nicht an die Drachenmär und gehe vielmehr davon aus, dass ihr Bruder Martin, genauso wie die anderen Vermissten, Opfer eines Verbrechers geworden sei, der seit Jahren sein Unwesen in der Umgebung des Fraßbergs treibe, war Bürgermeister Thiel hochgradig alarmiert.

»Dafür gibt es keinerlei Anhaltspunkte, meine verehrte Dame!«, schnarrte er mit schiefem Lächeln. »Vor etlichen Jahren ließ ich bereits das gesamte Terrain um den Fraßberg von einem Suchtrupp aufs Gründlichste durchkämmen, weil eine Hebamme aus Monzelfeld vermisst wurde. Dies geschah auf Anregung unserer werten Schwester Canisia, und es fand sich nicht die geringste Spur.« Der ergraute Würdenträger maß die beiden Frauen mit einem spöttischen Blick. »Weder von irgendwelchen Vermissten noch von einem wie immer gearteten Täter, sei es nun ein Mensch oder ein Fabeltier.« Er legte eine kleine Pause ein, um gleich darauf versöhnlicher fortzufahren: »Ich verstehe ja Eure Sorge, meine verehrte Jungfer Molitor, und bedaure Euer Ungemach zutiefst. Doch ich muss Euch leider sagen, dass ich nur sehr geringe Hoffnungen hege, dass die Suche nach Räubern und Wegelagerern in der nahegelegenen Hunsrückregion von Erfolg gekrönt sein würde. Aus dem einfachen Grunde, weil es in der Umgebung von Bernkastel-Kues derlei … Verbrechergesindel nicht gibt! Nein, nein, ich vermute fast, dass die Suche Ähnliches ergeben würde wie beim letzten Mal: nämlich gar nichts.«

Sibylle, die immer wütender wurde angesichts der unerschütterlichen Ignoranz, mit welcher der Würdenträger sein heiles Weltbild aufrechterhielt, konnte kaum noch an sich halten. »Wie mir mehrfach zu Ohren kam, ist der Hunsrückkamm zwischen Bernkastel und Monzelfeld von einer Vielzahl alter, stillgelegter Stollen durchzogen. Ich halte es daher unbedingt für ratsam, auch die Schächte und Gänge genauer zu inspizieren, da sie nach meinem Dafürhalten optimale Schlupfwinkel für Raubmörder darstellen.«

»Mit Verlaub, junge Frau, ich halte es für äußerst unwahrscheinlich, dass ein Raubmörder in *unserer* Gegend sein Unwesen treibt«, schnitt ihr der Bürgermeister das Wort ab. »Aber nun gut, wir möchten es uns ja in Bernkastel nicht vorwerfen lassen, dass es uns an dem nötigen Entgegenkommen mangelte, wenn ein junger Gelehrter aus Frankfurt auf seiner Reise nach Trier verschollen ist. Wenn wir helfen können, helfen wir Moselaner doch gerne«, erklärte er ölig. »Doch ich muss leider anmerken, dass eine derart großangelegte, umfassende Suchaktion, wie sie Euch vorzuschweben scheint, Geld kostet. Denn für den Schergentrupp von gut zwanzig Mann, den ich dafür abkommandieren muss, möchte ich nur ungern unsere ohnehin schon nicht gerade üppig bemessene Stadtkasse belasten – ich werde Euch daher die anfallenden Kosten für die Suchaktion in Rechnung stellen.«

Sibylle war ob dieser Unverfrorenheit ganz blass geworden, auch Schwester Canisia neben ihr schnaubte vernehmlich. *Ausgerechnet du willst uns was von einer knappen Stadtkasse erzählen, du durchtriebener alter Fuchs, wo du doch von deinen fetten Bezügen aus dem Steuersäckel nicht schlecht profitierst und außerdem zu den reichsten Winzern von Bern-kastel gehörst,* dachte die Klosterfrau erbost. »Ist es nicht in erster Linie eine Christenpflicht, der jungen Frau bei ihrer Suche nach ihrem vermissten Bruder zu helfen?«, hielt sie dem Bürgermeister in scharfem Tonfall vor. »Außerdem ist die Stadtkasse von Bernkastel keineswegs so leer, wie Ihr uns glauben machen wollt, verehrter Herr Bürgermeister, denn immerhin gehört unser Städtchen zu den wohlhabendsten Orten entlang der Mosel.«

Bürgermeister Thiel, dem die unbequeme Klosterfrau mit ihren ewigen Appellen an die städtische Wohlfahrts-pflege ohnehin lästig war, platzte langsam der Kragen. »Na, mit dem Glanz und Reichtum der freien Reichs- und Messestadt Frankfurt am Main können wir leider nicht mithalten«, konterte er gereizt und streifte Sibylle mit einem Blick. »Und mit der Tochter eines begüterten Frankfurter Patriziers trifft es ja auch nicht gerade eine Mittellose, wenn ich das einmal so sagen darf.«

Sibylle schluckte. »Eure Hilfsbereitschaft ehrt Euch – und auch Eure Geschäftstüchtigkeit, die Ihr in Anbetracht der Not anderer Menschen an den Tag legt«, bemerkte sie höhnisch. Sie erkundigte sich bei dem Ortsvorsteher, was sie die Suchaktion denn kosten solle.

»Nun, ich habe eher an eine Spende gedacht, für die Bedürftigen, die es in unserer so wohlhabenden Stadt durchaus gibt«, erwiderte er spitz mit Blick auf die Non-ne. Mit gönnerhaftem Lächeln eröffnete er Sibylle, dass es ihr selbstverständlich freigestellt bleibe, was sie für die Suche aufzubringen bereit sei, die ihr ja augenscheinlich sehr am Herzen liege.

»Tausend Taler«, entgegnete Sibylle knapp und erkundigte sich sogleich beim Schultheiß, für wann genau er denn gedenke, die Suche anzuberaumen.

»Je eher, desto besser«, gab der Bürgermeister zur Antwort, »aber das kann ich freilich nicht alleine entscheiden. Ich muss erst einmal mit dem Hauptmann der Stadtknechte sprechen, wie viele Schergen wir dafür überhaupt erübrigen können. Ich lasse Euch Bescheid geben, sobald ich etwas Genaues weiß«, informierte er die hochnäsige junge Dame kühl und läutete nach dem Amtsdiener, um die Besucherinnen hinauszugeleiten.

18

Bernkastel-Kues, 17. Mai 1581

Nachdem der Tag verstrichen war, ohne dass ihr vom Rathaus eine Nachricht des Bürgermeisters überstellt worden war, hielt es Sibylle am Abend vor Ungeduld nicht mehr aus. Sie überredete Sebastian und Gottfried, gemeinsam mit ihr die Wirtschaft am Friedhof aufzusuchen, von der ihr der Flugblatthändler berichtet hatte. Gottfried war zwar keineswegs begeistert von der Idee, dass seine junge Herrin sich unter Gaunern und Gelegenheitsarbeitern in einer zwielichtigen Schenke über den ominösen Fraßberg umhören wollte; er vernahm schon die mahnende Stimme seines Herrn, der ihnen vor der Reise von derartigen Spelunken abgeraten hatte. Doch gleichzeitig war er wild entschlossen, das Schlimmste zu verhindern, daher stimmte er dem Ansinnen zu. Denn im Stillen befürchtete er, dass Sibylle sich in ihrem Eigensinn am Ende noch zu nachtschlafender Zeit in Begleitung ihres Galans in besagte Kneipe aufmachte. Zuzutrauen wäre es ihr, und da war es ihm doch deutlich lieber, wenn sie gemeinsam hingingen.

Mit mürrischer Miene schnallte sich Gottfried vorsorglich seine Armbrust um, denn man wusste ja nie, welchen

Gestalten man dort über den Weg laufen würde. Schweren Herzens verabschiedete er sich von der Ordensfrau, die Sibylle, Sebastian und ihn nun schon seit Tagen aufs gastfreundlichste bewirtete und ihnen im Cusanus-Hospital zwei blitzsaubere, wenn auch bescheidene Schlafkammern zur Verfügung gestellt hatte. Ungleich lieber hätte er den Abend in Gesellschaft der reizenden Nonne zugebracht. Der bejahrte Diener war äußerst angetan von ihrer charmanten Anwesenheit, und wäre sie nicht eine Klosterfrau gewesen, hätte er ihr vielleicht sogar einen Antrag gemacht. Doch so blieb dem alten Junggesellen nur, sie ganz im Verborgenen auf seine bärbeißige Art anzuhimmeln.

Ein kalter Wind fegte über die Moselbrücke, als Sibylle und ihre Begleiter hinüber in den Stadtteil Bernkastel ritten. Glücklicherweise hielt sich Gottfried ein Stück hinter Sibylle und Sebastian, so dass sich die jungen Leute immer wieder verliebte Blicke zuwerfen konnten. Wenngleich Sibylle nach wie vor besessen davon war, das Rätsel um Martins Verschwinden zu lösen, und ihr die bösen Ahnungen mehr denn je auf der Seele lasteten, so war sie doch unsagbar glücklich darüber, in dem Flugblatthändler die Liebe ihres Lebens gefunden zu haben – denn nichts anderes bedeutete ihr Sebastian. Obwohl sie über keinerlei Erfahrungen auf diesem Gebiet verfügte, war sie sich dessen doch so sicher, wie es nur möglich ist, wenn der machtvolle Zauber der Liebe einen völlig durchdringt. Für Sibylle, die allen Liebesbezeugungen sämtlicher Interessenten stets spröde und abweisend begegnet war, weil keiner von ihnen ihr Herz zum Klingen gebracht hatte, war es immer noch das reinste Wunder, was sie für Sebastian empfand. Sie sehnte sich so sehr nach seiner Nähe und träumte davon, sich in leidenschaftlichen Küssen mit ihm zu verschmelzen. Beim Gedanken daran erfasste sie eine ungeahnte Lust, die ihr schier die Sinne vernebelte. *Aber der alte Spielverderber wird das schon zu verhindern wissen*, dachte sie grimmig und wandte verstohlen den Kopf nach Gottfried um, der sie keinen Moment aus den Augen ließ.

Während sie über den Marktplatz ritten, musste sie unversehens an das aufwühlende Erlebnis mit dem Reliquienhändler denken. Die Art, wie er sich auf sie zubewegt hatte, seine Haltung und vor allem sein Blick hatten die blanke Todesangst in ihr ausgelöst. *Es war der geduckte, lauernde Gang eines Jägers, der sich an ein Wild heranpirscht, und in seinen Augen flackerte die unbändige Mordlust.*

»Er wollte mich gar nicht ausrauben, er wollte mich töten!«, stieß Sibylle unvermittelt hervor. Die Panik in ihrer Stimme versetzte ihren Begleitern einen solchen Schrecken, dass sie abrupt die Pferde zum Stehen brachten und die junge Frau fassungslos anstarrten.

»Deswegen hast du auch gesagt, als du mir nach diesem Zwischenfall schreckensbleich in die Arme gesunken bist, es käme dir fast so vor, als wärest du nur knapp dem Tode entronnen«, murmelte Sebastian betroffen. »Das hast du zwar scherzhaft von dir gegeben, aber ich hätte das unbedingt ernst nehmen müssen. Was bin ich doch für ein Idiot!«

»Das eine schließt ja das andere nicht aus«, bemerkte der alte Diener grimmig. »Ich will damit nur sagen, dass etliche Beutelschneider in dieser Hinsicht wenig zimperlich sind und manch einen schon für ein paar Groschen abgemurkst haben. Wie auch immer, es ist einfach unerträglich, in welche Gefahr Ihr Euch durch Eure Gutgläubigkeit begeben habt!«, fügte er tadelnd hinzu.

Sibylle wurde nachdenklich. »Ich glaube nicht, dass er es auf mein Geld abgesehen hatte«, sagte sie wie zu sich selbst.

»Was hätte er denn sonst im Schilde führen sollen?«, fragte Gottfried und presste gleich darauf beklommen die Lippen zusammen. »Außer vielleicht, Euch Gewalt anzutun«, fügte er bestürzt hinzu.

»Den Drecksack schlag ich tot, wenn ich ihn in die Finger kriege!«, stieß Sebastian zwischen den Zähnen hervor.

»Den Gefallen wird dir der Spitzbube nicht tun, der ist längst über alle Berge«, grummelte der alte Diener verdrossen und schlug vor, weiterzureiten.

Schweigend setzten sie ihren Weg fort und hingen ihren düsteren Gedanken nach. Erst als sie in der abgelegenen Gegend unweit des Friedhofs angekommen waren und Sibylle die Aufschrift »Zum letzten Hemd« auf dem Schild oberhalb der Schenkentür entdeckte, konnte sie wieder lachen.

»Heißt es nicht, ›das letzte Hemd hat keine Taschen‹?«, flachste sie. »Dann kommt der Wirt aber schwerlich auf seine Kosten …« Als Sebastian ihr aus dem Sattel half, berührte sie zärtlich seine Hand, und es überkam sie ein wohliger Schauder. Der junge Flugblatthändler ließ es sich trotz Gottfrieds kiebiger Miene nicht nehmen, Sibylle galant den Arm zu bieten und ihr zuvorkommend die Tür aufzuhalten.

Der Wirt und zahlreiche Gäste erinnerten sich noch an

Sebastian und hoben grüßend die Hände, als er hinter Sibylle und Gottfried in den Schankraum trat. Er erwog kurz, sich mit den beiden zu ihnen zu gesellen, zog es nach einem raschen Blick auf Sibylle jedoch vor, an einem freien Tisch in der Ecke Platz zu nehmen. Ihr bleiches, mitgenommenes Gesicht ließ ihn vermuten, dass sie noch immer über das unselige Geschehnis auf dem Markt nachgrübelte.

Nachdem sie sich neben ihren Begleitern niedergelassen hatte, lenkte Sibylle das Gespräch tatsächlich wieder auf den Reliquienhändler. »Irenäus Wallauer war mit Sicherheit kein Lustmolch, der eine Frau in irgendeinen Hinterhalt lockt, um bei nächster Gelegenheit über sie herzufallen«, sinnierte sie leise. »Dann hätte er mich doch lüstern angesehen oder wäre im Schutze der Wagen auf andere Art zudringlich geworden. Nein, aus seinen kalten Fischaugen sprach etwas ganz anderes, ungleich Gefährlicheres. Es war die grausame Gier, zu töten!«

»Aber warum hätte er dich denn töten sollen, er hatte doch gar keinen Grund dafür?«, fragte Sebastian und schüttelte verstört den Kopf. »Es sei denn, er tötet um des Tötens willen …«, fügte er beklommen hinzu. »Doch diese Vorstellung ist so schrecklich, dass ich kaum daran zu denken wage.«

»So etwas ist wider die Natur, kein Tier tut so etwas«, bemerkte Gottfried mit belegter Stimme.

»Das stimmt«, pflichtete ihm Sebastian bei. »Noch nicht einmal ein Wolf tötet einen anderen aus Lust am Töten. Den Tieren ist so etwas fremd, sie töten ihre Beutetiere, um zu überleben oder einen Widersacher, der ihnen ihr Territorium oder ihren Rang streitig machen will. Doch das Töten aus schierer Mordlust ist einzig der Bestie Mensch vorbehalten. Als Geschichtenerzähler und Nachrichtensammler habe ich schon einiges darüber vernommen«, erläuterte er sinister. Er war froh, als ihnen der Wirt einen Krug Wein und Trinkbecher auf den Tisch stellte, denn sein Hals fühlte sich so trocken an, als hätte er Sägespäne verschluckt. Mit bebenden Händen erhoben die drei ihre Becher, und Sebastian fuhr in ernstem Tonfall fort: »Zu allen Zeiten hat es menschliche Bestien gegeben, die man auch als Untiere bezeichnete – fälschlicherweise, denn kein Tier zu Land oder zu Wasser wäre jemals zu den Abscheulichkeiten in der Lage, die diese Unholde begangen haben. Die meisten ihrer Gräueltaten sind so abstoßend und schrecklich, dass man sie kaum glauben möchte. Doch die menschliche Geschichte lehrt uns, dass das abgrundtief Böse, welches gewissen Individuen unserer Spezies innewohnt, fürwahr keine Grenzen kennt.«

Wenngleich es der Flugblatthändler nicht beabsichtigt hatte, so waren doch die Leute an den Nachbartischen von seinen Ausführungen bereits so in den Bann gezogen, dass sie ihn allenthalben dazu aufforderten, lauter zu sprechen. Er sah Sibylle unsicher an.

»Mach nur«, raunte sie ihm zu, »wir wollen sie ja ohnehin befragen – und vielleicht können sie uns auch weiterhelfen, was den Reliquienhändler anbetrifft.«

Mit erhobener Stimme erläuterte Sebastian den Schankgästen schließlich, dass sie aufgrund eines Vorfalls, der sich vor wenigen Tagen am Rande des Marktplatzes von Bernkastel zugetragen habe, auf das Thema der menschlichen Mordlust zu sprechen gekommen seien. Woraufhin er sogleich von allen Seiten mit Fragen bestürmt wurde, was denn auf dem Markt passiert sei. Sebastian, der Sibylle nicht vor den Kopf stoßen mochte, schwieg und musterte sie betreten. Die junge Frau überwand schließlich ihre Scheu und erklärte den raubeinigen Männern couragiert, dass sie im Anschluss an Sebastians Abhandlung bereit sei, ihnen davon zu berichten, zumal sie ihnen gerne ein paar Fragen dazu stellen würde. Da es die rauen Gesellen keineswegs gewohnt waren, dass sich eine so liebreizende, vornehme Dame von Stand und Bildung in ihre düstere Spelunke verirrte, hielten sie ihre dreisten Bemerkungen und anzüglichen Äußerungen zurück, die sie Frauenpersonen aus ihren Kreisen entgegenzubringen pflegten. Nur ein paar besonders rüpelhafte Burschen wagten es, bewundernde Pfiffe von sich zu geben – was Sibylle indessen gelassen ignorierte.

»Vor mehr als hundert Jahren erschütterte die Kunde von einem schottischen Kannibalenclan die Menschen im ganzen Abendland«, begann Sebastian vorzutragen. »Die monströse Mördersippe, bestehend aus achtundvierzig Personen, soll in einer Höhle an der schottischen Küste gehaust haben, wo sie rund tausend Reisende ermordete und ausraubte. Die berüchtigte Bean-Familie sammelte so ein beträchtliches Vermögen an.« Sebastian stockte und holte tief Luft, ehe er mit brüchiger Stimme fortfuhr: »Damit nicht genug, die Leichen der Ermordeten sollen ihnen auch als Nahrung gedient haben. Sie weideten ihre Opfer aus wie Tiere und verspeisten sie. Für schlechte Zeiten hielten sich die Beans sogar einen Vorrat, indem sie die Leichenteile in Salz und Essig einlegten oder räucherten.« Nicht nur Sibylle entrang sich ein entsetzter Aufschrei, auch Gottfried und etliche andere bekundeten ihre Fassungslosigkeit oder stießen unselige Flüche aus. Der Flugblatthändler senkte finster den Blick.

»Das Verschwinden der vielen Reisenden ängstigte und verstörte die Einheimischen, und so entstand zunächst das Gerücht, ein Werwolf ginge in der Gegend um. Erst durch einen Zufall konnte das Rätsel gelöst werden, und ein Trupp von vierhundert geharnischten Soldaten wurde entsandt, der die Untäter gefangen nahm und ihrer gerechten Strafe zuführte.« Während die Zuhörer grimmigen Beifall spendeten, nahm Sebastian einen tiefen Schluck Wein und wartete, bis sich der Lärm gelegt hatte.

»Die Gräueltaten eines gewissen französischen Marschalls namens Gilles de Rais aus dem Jahre 1440 waren nicht minder grausam«, deklamierte er. »Der sogenannte schwarze Ritter, der sogar ein Kampfgefährte der berühmten Jungfrau von Orleans war, hat mehr als zweihundert Kinder bestialisch gefoltert, um sie anschließend zu töten und zu zerstückeln. In seinem Prozess erklärte der Marschall, die blutigen Ereignisse und Schrecken des Krieges hätten ihn abgestumpft. Einzig die Lust am Quälen und Töten hätte ihm noch das Gefühl gegeben, am Leben zu sein und etwas zu empfinden.«

»So eine Bestie gehört aufgespießt und bei lebendigem Leibe gevierteilt!«, brüllte ein vierschrötiger Bursche mit schwerer Zunge.

»Wer unschuldigen Kindern so etwas antut, den sollte man in kleine Stücke schneiden und den Hunden zum Fraße vorwerfen!«, grölte ein anderer.

»Gilles de Rais wurde durch den Strang getötet, was für einen Adelsmann eine große Demütigung darstellte, denn nur Geringe hängte man auf, adelige Verbrecher starben von jeher durch das Richtschwert«, erklärte Sebastian.

»Das ist noch viel zu zahm für so ein Scheusal!«, fluchte Gottfried zwischen den Zähnen.

»Wenn man Euch so reden hört, dann müsste man ja auch alle verteufeln, die jemals in den Krieg gezogen sind«, meldete sich plötzlich ein Mann mit einer schwarzen Augenklappe zu Wort. Er trug einen schäbigen Soldatenrock und saß alleine am Schanktresen. »Auf dem Schlachtfeld ist nämlich so mancher erst auf den Geschmack gekommen, was das Töten anbetrifft«, erläuterte er sarkastisch. »Da kannst du brave Bäckergesellen und treusorgende Familienväter erleben, die im Blutrausch anderen die Leiber aufschlitzen oder beim Plündern und Brandschatzen Frauen und Kinder niedermetzeln. Und wenn sie Glück haben, kriegen sie dafür sogar noch eine Auszeichnung.«

Für kurze Zeit herrschte in dem kleinen Schankraum betretenes Schweigen.

»Ja, im Krieg können selbst die Friedfertigsten zu reißenden Bestien werden«, durchbrach Gottfried die Stille. Er hatte selber in jungen Jahren für Kaiser und Vaterland auf dem Schlachtfeld gekämpft und streifte den Mann mit der Augenklappe mit unwilligem Blick. »Doch das ist etwas ganz anderes, denn da mordet man ja nicht aus freien Stücken wie diese abartigen Ungeheuer, sondern weil man es muss.«

»Wie auch immer«, mischte sich Sebastian ein. »Was all diese blutrünstigen Ungeheuer gemeinsam haben, ist, dass sie es immer wieder tun wollen, wenn sie einmal Blut geleckt haben. Als weiteres Beispiel möchte ich hier die Morde vom Rheinland anführen, über die ich euch unlängst berichtet habe und die die Bevölkerung dem Teufel zuschreibt.« Von den Schankgästen war zustimmendes Gemurmel zu vernehmen. Sebastian wandte sich Sibylle zu. »Das mag auch die Überleitung zu dem sein, was meine liebe Freundin Sibylle Molitor euch gleich erläutern wird«, sagte er wohlwollend und nickte Sibylle aufmunternd zu.

Sibylle räusperte sich und blickte offen in die Runde, ehe sie anfing zu reden. »Bevor ich auf den Vorfall zu sprechen komme, der sich vor zwei Tagen auf dem Marktplatz von Bernkastel zugetragen hat, möchte ich erklären, dass ich auf der Suche nach meinem Bruder Martin Molitor bin, der Ende April aus unserer Heimatstadt Frankfurt am Main aufgebrochen ist, um nach Trier zu reisen – wo er leider niemals angekommen ist. Der Ort, wo er zum letzten Mal gesehen wurde, ist Bernkastel-Kues«, erläuterte Sibylle ernst und bat die Zuhörer eindringlich, sich die Flugblätter mit Martins Konterfei anzuschauen, die Sebastian an die Leute weiterreichte. »Wie ich inzwischen weiß, ist er nicht der einzige Reisende, der hier in der Gegend verschwunden ist – und es deutet alles darauf hin, dass er und die anderen Verschollenen Opfer von Verbrechen geworden sind. Ich trete darum mit der aufrichtigen Bitte an Euch heran, es mir offen zu sagen, wenn jemandem etwas aufgefallen ist, das für meine Nachforschungen von Bedeutung sein könnte.«

Sibylle legte eine Pause ein und blickte die Leute in der Gaststube abwartend an. Doch diese verhielten sich verschlossen und abweisend, wie es gegenüber Bessergestellten üblich war. Anders als bei Sebastian, einem einfachen Flugblatthändler, mochte keiner der rauen Gesellen vor seinen Kameraden den Eindruck erwecken, dass er sich von diesem vornehmen Fräulein so einfach aus der Reserve locken ließe. Also zuckten sie nur bedauernd die Achseln und murrten, dass ihnen dazu nichts aufgefallen sei und sie auch den jungen Mann auf dem Bild nie zuvor gesehen hätten. »So ein feiner Pinkel wie der wäre auch bestimmt nicht hier eingekehrt«, mokierte sich ein angetrunkener Mann, den Sebastian als den Gelegenheitsarbeiter identifizierte, der ihm das letzte Mal gutmütig einen Schoppen spendiert hatte.

Sibylle spürte, wie ihr vor Enttäuschung und Wut die Tränen in die Augen stiegen. »Ich merke schon, Ihr wollt mir nicht helfen – nichts anderes bin ich, bis auf wenige Ausnahmen, von diesem ach so idyllischen Moselörtchen gewohnt«, presste sie mit zitternder Stimme hervor und fuhr sich hastig über die Augenwinkel. »Noch nicht einmal der Bürgermeister zeigte sich entgegenkommend, als ich ihn bat, einen Suchtrupp zum Fraßberg zu entsenden, der mit seinen vielen Stollen und Höhlen einen idealen Schlupfwinkel für Räuber und Wegelagerer darstellt.«

»Jetzt mach aber mal halblang, Mädel!«, rief ein verwildert aussehender Bursche. »Kein einziger von den kleinen Gaunern und Langfingern, die es in unserer Gegend gibt, würde sich in dem verfluchten Berg verstecken, das ist so sicher wie das Amen in der Kirche. Aus dem einfachen Grund, weil alle vor dem Berg viel zu viel Bammel haben!«

»Unsereiner meidet ja schon die Gegend um den Berg, weil es da draußen nicht geheuer ist«, meldete sich ein anderer Geselle zu Wort, in dem Sebastian den jungen Wilderer zu erkennen glaubte, der beim letzten Mal von seinem verschwundenen Kumpan berichtet hatte. *Na, so langsam kommt Leben in die Kerle*, dachte Sebastian mit einem Seitenblick auf Sibylle erfreut.

Sibylle hörte den Männern gespannt zu, ohne sich über ihre abergläubische Furcht lustig zu machen. So entwickelte sich nach und nach ein angeregtes Gespräch, in dem die junge Frau den Leuten auch weitere Einzelheiten mitteilte, die sie im Zuge ihrer Ermittlungen herausgefunden hatte. Als sie von Martins Pferd und dem Pferdehändler aus Piesport sprach, feixten einige schadenfroh und meinten, dass der verfluchte Speckjäger auch nichts anderes verdient habe. Die ungeschlachten Burschen bedachten das merkwürdige Gebaren des vermeintlichen Reliquienhändlers mit wüsten Flüchen, nachdem Sibylle ihnen von dem Vorfall auf dem Wochenmarkt berichtet hatte. Keiner von ihnen hatte jemals den Namen Irenäus Wallauer gehört oder einen Mann, auf den seine Beschreibung passte, irgendwo gesehen.

»Wenn dieser Teufel hier auftauchen würde, hätte er auch nicht viel zu lachen!«, verkündete der wehrhaft anmutende Wirt grollend aus dem Hintergrund, woraufhin er von einer ganzen Reihe seiner Schankgäste Zustimmung erntete.

Ein Beben erfasste Sibylle. »Ich habe mich immer geweigert, an den Teufel zu glauben«, erklärte sie mit tiefer Beklommenheit, »aber seit ich diesem Mann begegnet bin, bin ich mir dessen nicht mehr so sicher.«

»Den Teufel erkennen die Leute erst, wenn er sie am Wickel hat«, unkte der Mann im Soldatenrock hämisch, kippte seinen Branntwein herunter und legte dem Wirt die Zeche auf den Tresen. »In diesem Sinne: Seht Euch vor, Jungfer!«, empfahl er sich sodann mit einer spöttischen Verbeugung vor Sibylle und humpelte zur Tür hinaus.

»Komischer Kauz«, murmelte Sebastian, während er dem Hinkenden hinterherblickte. »Kennt den jemand?«, wandte er sich an die Schankgäste, doch diese verneinten allesamt.

»Irgend so ein versprengter Landsknecht, der umherzieht und sich mit Bettelei und Gelegenheitsarbeiten durchschlägt«, erklärte der Wirt abschätzig. »Ein schroffer, ungeselliger Zeitgenosse, der lieber alleine zecht. Na, wer weiß, was so ein altes Schlachtross schon alles durchgemacht hat. Das Soldatenleben soll ja bekanntlich kein Zuckerschlecken sein.«

Die Anwesenden nickten zustimmend und setzten ihre Gespräche fort. Sibylle bedankte sich bei allen für ihr Entgegenkommen und beauftragte den Wirt, allen Gästen auf ihre Kosten die Becher vollzuschenken, was von diesen mit kehligen Beifallsrufen quittiert wurde.

Nachdem die Schankgäste auf das Wohl der Spenderin angestoßen und ihr viel Erfolg bei der weiteren Suche gewünscht hatten, trat ein großer, muskulöser Mann mit verwegenem Gesicht und ungebändigten pechschwarzen Haaren an Sibylle und ihre Begleiter heran und fragte, ob er sich zu ihnen gesellen dürfe. Er habe ihnen etwas zu sagen, was er nicht unbedingt an die große Glocke hängen wolle. Als er sich zu ihnen gesetzt hatte, musterte er Sibylle argwöhnisch.

»Das bleibt jetzt aber alles unter uns, damit das klar

ist!«, raunzte er mit gesenkter Stimme. »Und kein Bürgermeister oder Stadtbüttel braucht etwas davon zu wissen,
habt Ihr mich verstanden?« Die hellen Augen über den
hohen Wangenknochen des Mannes funkelten gefährlich. »Es spielt auch keine Rolle, wer Euch das gesagt hat«,
raunte er, »und Ihr braucht Euch hier gar nicht weiter
über mich umzuhören, meine Kumpels wissen Bescheid
und halten dicht. Also, ich bin der ›schwarze Pit‹ – das
muss genügen!«

Sibylle, Sebastian und Gottfried ergriffen nacheinander die dargebotene Hand des Mannes, die groß wie eine
Grabschaufel war und kräftig wie ein Schraubstock, und
sicherten ihm absolute Diskretion zu. Zufrieden bleckte
der Hüne sein Raubtiergebiss.

»Vor ungefähr einem Jahr ist ein guter Kumpan von
mir plötzlich auf Nimmerwiedersehen verschwunden.
Am Abend zuvor hatte er mir noch anvertraut, dass er
sich mit dem Satan eingelassen hätte. Der würde oben
im Fraßberg hausen und sähe zwar aus wie ein Mensch,
in Wahrheit wäre er aber der Leibhaftige.« Der Ganove
wischte sich die Schweißperlen vom wettergegerbten Gesicht. »An dem Abend hab ich noch gedacht, was schwallt
denn der für einen Stuss daher, und hab dem sein Ge-
schwafel nicht weiter ernst genommen, weil der ja auch
schon ziemlich besoffen war. Doch dass er dann auf einmal wie vom Erdboden verschwunden ist, hat mir zu denken gegeben. Der Ebbi war ein beinharter Bursche und
hat eigentlich vor nichts Schiss gehabt, aber als er mir das
damals erzählt hat, ist ihm ganz schön der Stift gegangen.
Verflucht noch mal, das hätte mir auffallen müssen!«, gestand der Gauner schuldbewusst. »Und als Ihr vorhin von

diesem falschen Priester gesprochen und gesagt habt, dass der Euch an den Teufel erinnert hätte, musste ich unwillkürlich wieder an meinen Kumpel denken und an das, was er mir kurz vor seinem Verschwinden erzählt hat.« Der Hüne fuhr sich mit seiner Pranke ungelenk über die Augenwinkel. »Ich tät sonst was darum geben, wenn ich das damals ernst genommen und dem Ebbi beigestanden hätte, wie sich das für einen guten Freund gehört«, krächzte er niedergeschlagen. Sibylle starrte ihn nur mit großen Augen an, sie war wie vom Donner gerührt und außerstande, etwas zu sagen. Es drang auch anfangs gar nicht richtig zu ihr durch, als Sebastian dem Hünen kameradschaftlich auf die Schulter klopfte und ihn mit der Bemerkung zu trösten suchte, es sei doch nicht seine Schuld, dass sein Freund verschwunden sei. Erst geraume Zeit später murmelte sie gedankenversunken »Nein, nein, das war nicht seine Schuld …«, um im nächsten Moment wie von der Tarantel gestochen vom Stuhl aufzuspringen. »*Er* ist der Teufel, der für das Verschwinden der Menschen verantwortlich ist!«, rief sie aus.

Sebastian, Gottfried und der schwarze Pit schauten sie begriffsstutzig an. Doch gleich darauf dämmerte es dem Flugblatthändler, wen sie meinte. »Der Reliquienhändler!«, brach es aus ihm heraus. »Dann wird es höchste Zeit, sich den Fraßberg einmal genauer vorzuknöpfen – um diesem Teufel die Hölle heißzumachen!«

»Genau das sollten wir tun!«, bekräftigte Sibylle entschlossen. »Und ich denke, wir sollten auch gar nicht länger darauf warten, dass sich der Bürgermeister endlich bequemt, einen Suchtrupp zusammenzutrommeln, sondern die Sache selber in die Hand nehmen.« Ihre Augen blitzten vor Tatendrang, als sie den Ganoven kurzerhand fragte, ob er mit von der Partie sei.

»Ich bin dabei – das bin ich dem Ebbi schuldig«, antwortete der schwarze Pit grimmig. »Morgen früh, wenn die Sonne aufgeht, machen wir los.«

Unversehens krachte Gottfrieds Faust so heftig auf die Tischplatte, dass die Becher schepperten. »Meinethalben können wir morgen dorthin reiten«, er fixierte Sibylle mit strengem Blick, »aber das ist *reine Männersache*! Und ich werde es keinesfalls zulassen, dass Ihr uns begleitet, habt Ihr mich verstanden? Nur über meine Leiche!«

19

Bernkastel-Kues, 18. Mai 1581

Ein barmherziger Engel, wenn nicht gar die gnadenreiche Himmelskönigin selber, zu der Marie so häufig in ihrer Verzweiflung gebetet hatte, hatte ihre Seele stumpf werden lassen gegenüber den unsäglichen Qualen der Gefangenschaft. Selbst ihr verhasster Peiniger erschien ihr im undurchdringlichen Grau ihrer Schattenwelt nur mehr als Lemur – wenn auch ein besonders unheilvoller –, durch den sie teilnahmslos hindurchsah. Doch neuerdings bemerkte sie etwas an dem Satan, das jenes winzige Fünkchen Hoffnung, welches tief verborgen im hintersten Winkel ihrer erloschenen Seele ruhte, ganz sacht und verhalten zum Glimmen brachte. Es war eine pulsierende Unruhe, ja fast schon Furcht, die ihren Peiniger seit einiger Zeit umtrieb. Er verließ die Höhle zuweilen in den sonderbarsten Verkleidungen, und wenn er irgendwann zurückkehrte, schäumte er regelrecht vor Wut. Tobte und fluchte derart hinten in seinem geheimen Teufelsgemach, dass selbst Marie in ihrer unerschütterlichen Apathie zusammenschreckte. Und immer ging es dabei um eine bestimmte Frau, die er in seinen Hasstiraden mit den wüstesten Beschimpfungen versah. Vor ein paar Stunden erst war er nach Hause gekommen, angetan in einen alten Soldatenrock, mit einer schwarzen Augenklappe in der Teufelsfratze, und hatte mit einem imaginären Kapitän Zwiesprache gehalten – wenn nicht gar mit dem Höllenfürsten selber. Aber das schien für ihn keinen Unterschied zu machen. In einem ihrer wachen Momente vermeinte Marie, er habe den Verstand verloren – ebenso wie sie. Was sie mit einem leisen Hauch von Genugtuung erfüllte, denn es hatte Zeiten gegeben, da hatte sie ihm die Pest an den Hals gewünscht und alle biblischen Plagen dazu. Mittlerweile aber war der gewaltige Hass gegen ihren Peiniger nicht mehr als ein schwaches Wetterleuchten am fernen Horizont, welches bereits verglühte, wenn es ihre Totengruft erreichte.

Zwischendurch war sie für wenige flüchtige Sekunden heil und intakt, war wieder die junge, lebensfrohe Marie von einst, die sich von ihrer Heimatstadt Boppard am Rhein aufgemacht hatte, in Bernkastel-Kues ihren Liebsten zu treffen. In diesen spärlichen Momenten träumte sie von denen, die sie einst geliebt und verloren hatte. Von Georg, ihrem Bräutigam, den der Satan getötet hatte, von ihren Eltern und Geschwistern, die sie alle bis zum letzten Atemzug aufs Schmerzlichste vermissen würde. Am schlimmsten aber entbehrte sie ihre verstorbenen Kinder, Peter ausgenommen, der ihr Gott sei Dank erhalten geblieben war. Drei Jungen und zwei Mädchen, die der Unhold gleich nach der Geburt getötet hatte. Jedes Mal, wenn das geschehen war, hatte sie ihn so abgrundtief gehasst, dass sie ihn jederzeit getötet hätte, hätte sie die Gelegenheit dazu gehabt. Doch vorausschauend hatte er sie stets in Ketten gelegt wie ein wildes Tier, bevor er die grausigen Taten begangen hatte – und wohlweislich hatte er auch alle Messer und spitzen Gegenstände aus dem Weg geräumt. Das war bis heute so geblieben, denn sie hatte ihm in heilloser Verzweiflung immer wieder ins Gesicht geschrien, dass er dereinst für alles büßen werde. Der Schmerz über den Verlust der Neugeborenen hatte ihr schließlich den Verstand geraubt, und geblieben war eine leere Hülle, die noch nicht einmal mehr die Kraft hatte, den kleinen Finger gegen ihren Peiniger zu erheben.

Doch so undurchdringlich konnte ihr Phlegma gar nicht sein, dass sie es hinten auf ihrem Strohsack nicht mitbekommen hätte, wie er nach ein paar Stunden unruhigen Schlafes vom Bett hochschnellte, seinen grauen Umhang umlegte und aus der Höhle stürmte. Er schien sich von irgendetwas bedroht zu fühlen, dämmerte es der jungen Frau, und sie erinnerte sich daran, dass ihr das schon früher einmal an ihm aufgefallen war. Es war kurz nach der Geburt von Peter gewesen, nachdem er die Hebamme getötet hatte. Ständig hatte er in der Nähe des Höhleneingangs auf der Lauer gelegen und war dann alarmiert hereingestürzt, um sie anzuketten und ihr einen dicken Knebel zu verpassen. Tagelang war das so gegangen. Sie hatte vermutet, dass nach der Hebamme gesucht wurde, und Stoßgebete zum Himmel entsandt, damit die Häscher ihm endlich auf die Schliche kämen und seiner habhaft würden. Was leider nicht geschehen war.

Plötzlich ging alles sehr schnell. Er kehrte hektisch zurück und unterzog sie der gleichen Prozedur wie vor Jahren. Gleichmütig ließ sie sich an die Wand ketten. Sie zuckte nicht mit der Wimper, als er sie knebelte und sich wieder davonschlich. Sie hätte noch ganz andere Torturen auf sich genommen, um wieder frei zu sein. Auch wenn sie es sich kaum vorstellen konnte, was Freiheit bedeutete. Doch der Rest an Aufbegehren gegen ihr grausames Schicksal und ihren Peiniger ließ sie frohlocken. *Hoffentlich kriegen sie dich*, flehte alles in ihr inständig.

Am frühen Morgen läutete ein Amtsdiener am Portal des Sankt-Nikolaus-Hospitals und ließ Sibylle Molitor bestellen, dass ein Suchtrupp von dreißig Mann soeben aufgebrochen sei, um den Fraßberg und die gesamte Umgebung nach Spuren von ihrem vermissten Bruder zu durchkämmen. Sibylle hatte bereits ihr Reitkostüm angelegt, um Sebastian und Gottfried nach einer angemessenen Wartezeit unauffällig auf ihrer Erkundungstour zu folgen. Der störrische alte Diener würde sie schon nicht zurückschicken, wenn sie einmal an Ort und Stelle war.

»Na, umso besser«, knurrte Gottfried, nachdem er die Nachricht vernommen hatte, »dann haben wir wenigstens Unterstützung.«

»Ich bin ja auch froh darüber, dass sich endlich etwas tut!«, platzte es aus Sibylle heraus, und sie blickte Gottfried flehentlich an. »Bitte, bitte, lass mich doch mitkommen. Es geht schließlich um meinen Bruder, und da möchte ich unbedingt dabei sein. Wenn so viele Schergen auf dem Berg unterwegs sind, kann mir doch gar nichts passieren.«

Doch Gottfried ließ sich nicht erweichen. »Nichts da, Ihr bleibt hier in sicherem Gewahrsam bei Schwester Canisia und wartet, bis wir zurückkehren.« Er wollte schon mit dem zerknirscht dreinblickenden Sebastian zur Tür hinaus, als Schwester Canisias sanfte Stimme ihn aufhorchen ließ.

»Eure Fürsorge in allen Ehren, mein werter Herr Gottfried, aber ich kann das Mädchen verstehen«, bemerkte die Klosterfrau mit entwaffnendem Lächeln. »Denn schließlich hat Sibylle das alles in die Wege geleitet – aus lauter Liebe zu ihrem verschwundenen Bruder. Und nun soll sie im stillen Kämmerlein sitzen und Däumchen drehen, während Ihr Mannsbilder den Berg erkundet. Das würde ich auch nicht aushalten. Daher möchte ich Euch einen Vorschlag unterbreiten.« Gottfried stierte die Nonne an, als würde sie ihm ein unanständiges Angebot machen, doch Schwester Canisia sprach unbeirrt weiter. »Ihr reitet voraus und schließt Euch unterwegs den Schergen an, und ich lasse nachher die Kutsche anspannen, Sibylle und ich folgen Euch nach. Natürlich nur bis zum Weg unterhalb des Fraßbergs«, beeilte sie sich auf Gottfrieds entsetzte Miene hin zu erläutern, »wo wir die Suche von der Kutsche aus in sicherem Abstand verfolgen können.« Sie warf Sibylle einen verschwörerischen Blick zu. »Ich verspreche Euch hoch und heilig, dass ich dafür Sorge tragen werde, dass Sibylle sich zu keinen waghalsigen Abenteuern hinreißen lässt und brav und geduldig an meiner Seite bleiben wird – nicht wahr, mein Fräulein?«

Sibylle bestätigte dies eifrig und war vom Vorschlag der Nonne überaus angetan.

»Von mir aus«, erwiderte der alte Diener nach kurzem Schweigen unwillig und ließ die Schwester beim Hinausgehen wissen, dass er sich auf ihr Wort verlasse.

Während sich die Stadtbüttel in erster Linie darauf beschränkten, das Äußere des Fraßbergs vom Fuß bis zum Gipfel mit Hilfe von langen Holzstangen zu durchkämmen, und sich offenbar nicht bemüßigt fühlten, auch das Innere des Berges zu visitieren, erklärten sich Gottfried, Sebastian und der schwarze Pit bereit, sich die Höhlen und Stolleneingänge vorzunehmen. Ausgestattet mit Teerfackeln, teilten sich die drei Männer auf, das halbe Dutzend Gänge, die rings um den Berg auszumachen waren, gründlich nach Spuren abzusuchen. Bevor sie sich trennten, vereinbarten sie, sich durch laute Pfiffe bemerkbar zu machen, sollten sie auf irgendetwas Bedeutsames stoßen – oder in Gefahr geraten.

Als Gottfried wenig später in gebückter Haltung und mit eingezogenem Kopf in einen bereits ziemlich verfallenen Stollen auf der Rückseite des Berges trat, war ihm bei aller Abgeklärtheit ein wenig beklommen zumute. Bereits nach wenigen wohlgesetzten Schritten, die bei dem unwegsamen Untergrund aus Geröll und größeren Felsstücken vonnöten waren, stieg ihm ein beißender Geruch in die Nase. *Fledermäuse*, konstatierte er und erinnerte sich plötzlich daran, den strengen Kotgeruch der Flattertiere auch in Berghöhlen im Taunus, dem Frankfurt vorgelagerten Schiefergebirge, schon wahrgenommen zu haben. Unwillkürlich fröstelte es den bejahrten Hausknecht, da ihm die alte Schauermär in den Sinn kam, Fledermäuse wären gefährliche Blutsauger und Höllengetier – und im nächsten Moment, ganz so, als wollten sie dies unter Beweis stellen, flatterten ihm aus der Dunkelheit etliche der Höllentiere entgegen. Gottfried zog angewidert den Kopf ein und stieß einen unseligen Fluch aus. Je weiter er voranschritt, desto niedriger und enger wurde der Schacht, zumindest kam ihm das so vor, und er fühlte unversehens eine heftige Beklemmung auf der Brust, die ihm das Atmen erschwerte. »Sakrament noch mal, hier kann man sich ja kaum regen!«, fluchte er, als er mit dem Ellbogen schmerzhaft an einen scharfen Felsvorsprung stieß, und tastete mit der freien Hand nach der Wunde. Im flackernden Licht der Fackel gewahrte er, dass seine Finger blutverschmiert waren. *Jetzt blute ich auch noch wie eine Sau, na, das kann ja heiter werden*, dachte er ingrimmig und versuchte krampfhaft, nicht an die Unmengen blutsaugender Flattertiere im Berginneren zu denken, für die er sicherlich ein gefundenes Fressen abgeben würde. Vermutlich hingen sie dicht an dicht direkt über ihm an der Felsdecke und leckten sich schon genüsslich die Mäuler, denn er war sich sicher, dass der beißende Gestank nach Fledermauskot immer stärker wurde, je weiter er vordrang. Mit einiger Mühe gelang es ihm, über seine Schulter zum Schachteingang zu spähen, der schon gute zwanzig Fuß zurücklag. Zu weit, um noch Tageslicht und frische Luft hereinzulassen. Er merkte, dass es ihm von dem scharfen Geruch speiübel wurde. »Jetzt fang bloß noch an zu kotzen, dann ist alles im Lot«, murmelte er mit trockenem Frankfurter Humor – und kam sich dabei vor wie das pfeifende Kind im Wald. Er holte tief Luft und setzte seine Exkursion fort. Außer Schottersteinen und Geröll hatte er bislang nichts Brauchbares entdecken können – und das würde sich auch nicht ändern, denn im Fackelschein konnte er sehen, dass ein paar Schritte weiter kein Durchkommen mehr war, weil aufeinandergetürmtes Geröll den Stollen nahezu verstopfte. Er würde den Teufel tun, den mannshohen Schotterhaufen auch noch Brocken für Brocken abzutragen. Mit wachsendem Unbehagen musterte er die Geröllansammlung, die ein deutlicher Hinweis darauf war, dass der stillgelegte alte Schacht alles andere als stabil war. Er verspürte eine nagende Angst, verschüttet zu werden – und dann hilflos im Berg festzustecken und zu ersticken oder, nicht minder schrecklich, von herunterfallendem Gestein erschlagen zu werden. Während er noch erstarrt vor der Geröllwand stand, kam es ihm auf einmal so vor, als wehe ihm aus dem schmalen Spalt unterhalb der Schachtdecke ein Windhauch ins Gesicht. Doch die unerwartete Luftzufuhr trug nicht zu seinem Wohlbefinden bei. Eher das Gegenteil war der Fall, denn unter den beißenden Geruch nach Pech und Schwefel mischte sich ein süßlicher Verwesungsgeruch. Daran bestand für Gottfried nicht der geringste Zweifel, denn der widerwärtige Leichengestank der Pesttoten hatte sich ihm während der drei Epidemien, die er überlebt hatte, tief eingeprägt. *Der Drache!*, ging es ihm durch den Kopf, und ehe er dazu kam, sich wegen seiner abergläubischen Phantasien gehörig zur Räson zu rufen, vernahm er hinter dem Geröllhaufen ein verhaltenes Knirschen – wie gedämpfte Schritte, die über den steinigen Boden schlichen. Obgleich der alte Hausknecht alles andere als ein Angsthase war, stellten sich ihm doch vor Schreck die Haare zu Berge, und er wollte auf der Stelle kehrtmachen und dem Schachtausgang zustreben, als ihn plötzlich ein harter Schlag auf den Hinterkopf traf. Gottfried verlor augenblicklich das Bewusstsein und brach zusammen.

Mit angehaltenem Atem saß Sibylle neben Schwester Canisia in der Droschke und verfolgte das Geschehen auf dem Fraßberg. Sie war viel zu sehr auf den Suchtrupp konzentriert, um das Wort an ihre Begleiterin zu richten, und auch die Nonne schwieg. Beide hätten nicht zu sagen vermocht, wie lange die Suche schon andauerte, und Sibylles Unruhe steigerte sich von Minute zu Minute. Obgleich sie dank Schwester Canisias Intervention wenigstens die Möglichkeit hatte, alles aus der Ferne zu verfolgen, war es für die junge Frau kaum zu ertragen, bei der Erkundungstour nicht mit dabei zu sein, stellte doch die Aktion auf dem Fraßberg gewissermaßen die Quintessenz der Suche nach Martin dar. Einmal mehr haderte sie damit, wie sie aufgrund ihres Geschlechts gegängelt wurde. Wäre sie ein Mann, dann wäre es selbst für den übervorsichtigen Gottfried keine Frage gewesen, sie in die Suche einzubeziehen. Wenn sie den Schergen so bei ihrer Arbeit zusah, hatte sie ohnehin den Eindruck, dass diese nur lustlos ihre Pflicht taten. Sie stocherten mal hier und mal da im Gras und zwischen den Steinen herum, und es war ihnen deutlich anzumerken, wie sie die Erkundung des Berges mit Unbehagen erfüllte. Bezeichnenderweise hatten sie die Bergstollen den drei Freiwilligen überlassen, von denen weit und breit nichts zu sehen war. Sibylle blinzelte zur wolkenverhangenen Sonne hinauf, die schräg über den schroffen Felsen des Hunsrücks stand. Es mochte bereits Vormittag sein, die Suche zog sich zweifellos schon einige Stunden hin. Mit einem Mal beschlich Sibylle ein ungutes Gefühl.

»Man sieht von denen ja keinen mehr«, sagte sie, »hoffentlich ist nichts passiert …«

»Die werden schon vorsichtig sein, meine Liebe, das sind ja drei gestandene Männer. Die nehmen die Stollen halt genau in Augenschein, das braucht seine Zeit«, erwiderte die Nonne besonnen. Doch auch ihr war nicht wohl bei der Sache. Wahrscheinlich war es die alte abergläubische Furcht vor dem Fraßberg, die sie so bange machte, mutmaßte Schwester Canisia insgeheim. Die Furcht steckte ihr zu tief in den Knochen, als dass sie sie einfach hätte abschütteln können.

Sibylle musste an die vielen Menschen denken, die hier in der Gegend verschwunden waren, und auch die Worte des Schwarzen Pit kamen ihr in den Sinn. *Am Abend zuvor hatte er mir noch anvertraut, dass er sich mit dem Satan eingelassen hätte. Der würde oben im Fraßberg hausen und sähe zwar aus wie ein Mensch, in Wahrheit wäre er aber der Leibhaftige.* Unwillkürlich stöhnte sie auf. Sie hatte plötzlich panische Angst um Sebastian.

»Wenn ihm etwas zustoßen würde, das könnte ich nicht verkraften!«, brach es aus ihr heraus, und sie war den Tränen nahe.

Die Nonne blickte betroffen, ergriff Sibylles Hand und drückte sie. »Lasst uns zuversichtlich bleiben«, sagte sie aufmunternd. »Es bringt doch nichts, den Teufel an die Wand zu malen, nur weil wir die Männer schon länger nicht gesehen haben. Die alten Bergstollen sind teilweise sehr lang und verzweigt, das dauert einfach, sie zu durchschreiten.« Während die Schwester das sagte, schloss sich ihre Hand krampfhaft um das Silberkreuz über ihrer Ordenstracht.

Die beiden Frauen waren so vertieft in ihre unheilvollen Gedanken, dass sie zunächst gar nicht begriffen, was sich plötzlich auf dem Fraßberg abspielte. Die Schergen schienen von einer großen Unruhe erfasst zu werden, laute, aufgeregte Rufe drangen von der Anhöhe zu Sibylle und Schwester Canisia herunter. Sibylle traute ihren Augen nicht, als sie gewahr wurde, dass mehrere Männer einen Verletzten herbeitrugen, diesen auf eine moosige Stelle betteten und sich über ihn beugten. Sie gab einen gellenden Schrei von sich, sprang aus der Droschke und rannte den Berg hinauf. Schwester Canisia, die gleichermaßen alarmiert war, folgte ihr so schnell sie konnte.

Sebastian hastete ihnen vom Berg herunter entgegen. Sibylle sank ihm erleichtert in die Arme, unsagbar froh, ihn unversehrt vor sich zu sehen. Er drückte sie so fest an sich, dass sie seinen laut pochenden Herzschlag vernahm.

»Gottfried ist schwer verletzt«, stammelte er außer Atem und wandte sich mit bestürzter Miene an Schwester Canisia. »Gut, dass Ihr da seid, Ihr müsst ihm unbedingt helfen. Er hat eine stark blutende Wunde am Hinterkopf … wir haben ihn vorhin im Stollen gefunden, er lag in einer großen Blutlache. Zuerst dachten wir schon … er wäre tot, doch Gott sei Dank lebt er noch, aber er ist bewusstlos.«

»O Gott!«, rief Sibylle aus und folgte gemeinsam mit Sebastian der Nonne, die sogleich davoneilte.

Als sie den Verletzten erreicht hatten, ordnete die Schwester an, den Ohnmächtigen behutsam auf die Seite zu drehen, damit sie sich die Wunde anschauen konnte. Da Gottfrieds Hinterkopf blutverschmiert war und die verklebten Haare die Wunde verdeckten, riss Schwester Canisia kurzerhand ein Stück Stoff aus ihrem Leinenüberwurf und tupfte damit vorsichtig das Blut ab. Sie ent-

deckte einen langgezogenen, fugenförmigen Bruch entlang des Hinterkopfs, aus dem unablässig Blut sickerte.
»Er hat einen schweren Schädelbruch und muss sofort
ins Hospital gebracht werden«, erklärte die Nonne mit
bebender Stimme. »Wahrscheinlich hat er schon viel Blut
verloren, sein Zustand ist äußerst kritisch.« Sie holte tief
Luft und rang die Hände wie zum Gebet. »Wenn das Ge-
hirn verletzt wurde und die Blutung daher rührt, hängt
sein Leben am seidenen Faden.«

Es war drei Uhr in der Früh, als Schwester Canisia Sibylle
und Sebastian, die seit dem Unglück am Vormittag unentwegt an Gottfrieds Krankenlager wachten, begütigend
nahelegte, sich doch für ein paar Stunden hinzulegen,
sie würde die Krankenwache übernehmen und sie verständigen, sobald sich der Zustand des Verletzten ver-
ändere. Was in Anbetracht der desolaten Verfassung des
alten Dieners nichts anderes bedeutete, als zu sterben,
auch wenn die Schwester dies nicht offen auszusprechen
wagte.

Sibylle, der die hoffnungslose Lage des bejahrten Haus-
knechts nur allzu bewusst war, barg ihr Gesicht in den
Händen und weinte haltlos. »Wenn Vater doch nur endlich da wäre«, schluchzte sie. Der Anblick des knorrigen
alten Mannes, der bleich und mit eingesunkenen Wangen
darniederlag und röchelnde Atemgeräusche von sich gab,
schnitt ihr ins Herz. Sie spürte schmerzhaft, wie gern sie
ihn doch hatte. Wenngleich sie so manchen Strauß miteinander ausgefochten hatten und ihr Gottfried mit sei-

ner ständigen Bevormundung oftmals entsetzlich auf die Nerven ging, so gehörte der alte Diener doch zu ihrem Leben und war für sie wie ein Familienmitglied.

Sie machte sich die schlimmsten Vorwürfe, weil sie es dem alten Burschen überhaupt zugemutet hatte, sich derart in Gefahr zu begeben, und fühlte sich für seine Verletzung verantwortlich. Auch wenn ihr Sebastian und Schwester Canisia immer wieder entgegenhielten, sie trage an dem Unglück keine Schuld. Gottfried sei von einem herabfallenden Steinbrocken getroffen worden, der sich von der Decke gelöst habe. Die Gefahr bestehe nun einmal in alten, verfallenen Bergstollen. »Wir waren uns dessen nicht so bewusst«, hatte Sebastian eingeräumt und betreten den Blick gesenkt. »Es wäre klüger gewesen, wir hätten Helme getragen, wie Bergleute auch, wenn sie unter Tage sind. Aber wir waren einfach zu schlecht vorbereitet und haben die Gefahr wohl unterschätzt. Außerdem war es sehr leichtsinnig von uns, einzeln in die Schächte zu gehen. Wir hatten uns aufgeteilt, um schneller voranzukommen. Wenn wir zusammengeblieben wären, hätte Gottfried viel eher geholfen werden können. Wer weiß, wie lange er schon dalag, in seinem Blut ... Verdammt noch mal, mir tut es doch auch entsetzlich leid für den alten Knaben!« Der Flugblatthändler, dem sehr daran gelegen war, Sibylle in ihrer tiefen Niedergeschlagenheit beizustehen, hatte kurzzeitig die Fassung verloren. Das tragische Unglück des Vormittags steckte ihm gewaltig in den Knochen.

Nachdem Sibylle und Sebastian den Krankensaal verlassen und die Tür hinter sich geschlossen hatten, sanken sie einander in die Arme und küssten sich leidenschaftlich. Sie konnten ihre Lippen gar nicht mehr voneinander lösen, und ihre Küsse wurden immer wilder und erregter. Atemlos flüsterten sie sich ihre Liebe zu. Der Drang, ganz und gar miteinander zu verschmelzen, wurde immer mächtiger.

»Lass uns nach oben in meine Kammer gehen, da sind wir ungestört«, raunte Sebastian Sibylle ins Ohr. Seine Stimme war ganz heiser vor Begehren. Doch Sibylle zögerte, legte liebevoll die Hände um Sebastians Gesicht, küsste ihn zärtlich auf den Mund und erwiderte leise: »Ich sehne mich unsagbar danach, dir nahe zu sein, mein Liebster. Aber ich kann momentan nicht – wo doch Gottfried im Sterben liegt. Ich glaube, es ist besser, wenn wir uns jetzt trennen und jeder in seine Kammer geht.«

Sebastian nickte ein wenig schuldbewusst. »Du hast ja recht«, murmelte er ernüchtert, »ich weiß auch nicht, was über mich gekommen ist. Aber ich liebe dich so sehr, da konnte ich mich einfach nicht mehr beherrschen und habe alles um mich vergessen …«

»Mir geht es doch genauso«, gestand ihm Sibylle mit heißen Blicken. Sie küssten sich wieder und wieder, ehe es den Liebenden schweren Herzens gelang, sich voneinander zu lösen.

Im Morgengrauen hatte sich Gottfrieds Gesundheitszustand derart verschlechtert, dass Schwester Canisia schon in Erwägung zog, einen Hospitalknecht zum Pfarrer zu schicken, damit er dem Sterbenden die Letzte Ölung spende. Doch sie würde erst einmal die jungen Leute wecken, damit sie von dem alten Diener Abschied nehmen konnten. Bevor sie sich zum Gehen wandte, tupfte sie dem Fiebernden mit einer feuchten Kompresse die Schweißperlen von der Stirn und schreckte heftig zusammen, als Gottfried plötzlich unartikulierte Laute von sich gab. Alarmiert blickte die Nonne auf Gottfrieds bleiche, zuckende Lippen, die sich vergeblich mühten, Worte zu formen.

»Wollt Ihr mir etwas sagen, mein Guter?«, raunte sie dem Kranken zu und hielt ihr Ohr ganz dicht an seinen Mund. Gottfrieds gerötete Lider flatterten heftig, während er unverständliche Wortfetzen von sich gab. Schwester Canisia ergriff Gottfrieds schweißnasse Hand und versuchte den Delirierenden zu beruhigen. »Ist doch alles gut, mein Lieber, ich bin ja bei Euch«, sagte sie besänftigend.

Doch Gottfried schien vollends im Fieberwahn zu versinken. Seine Züge erstarrten, und angstvolle Schreie entrangen sich seiner Kehle. »Im Berg sind lauter Leichen, da stinkt es wie die Pest!«, schrie er mit einem Mal gellend und verlor sogleich wieder das Bewusstsein.

Nachdem die Vorsteherin eine Siechenmagd damit betraut hatte, sich um den Schwerkranken zu kümmern, eilte sie auf wackligen Beinen aus dem Krankensaal, um Sibylle zu benachrichtigen.

»Gottfried deliriert bereits, wir müssen mit dem Schlimmsten rechnen«, erklärte die Schwester der verschlafenen jungen Frau mit brüchiger Stimme.

20

Bernkastel-Kues, 21. Mai 1581

Nach wochenlangem kühlen, verregneten Wetter zeigte sich der Mai an diesem Montagmorgen unerwartet von seiner schönsten Seite, und der Tag begann mit strahlendem Sonnenschein und einem ungetrübten blauen Himmel. Der Krankensaal des Sankt-Nikolaus-Hospitals war sonnendurchflutet, und die Siechenmägde öffneten die Fensterflügel weit, um die angenehm laue Luft, die durchsetzt war von Blütenduft, den Kranken zukommen zu lassen. Was seine Wirkung nicht verfehlte, denn wundersamerweise schien es den Patienten, selbst den Schwerkranken unter ihnen, an diesem sonnigen Maimorgen ein wenig besserzugehen. Auch Gottfried war zum ersten Mal seit dem Unfall vor drei Tagen fieberfrei und bei vollem Bewusstsein – wenngleich er nach den tagelangen, schweren Fieberanfällen noch ziemlich entkräftet war.

Als Sibylle dies vernahm, eilte sie freudig in die Küche und holte für den alten Diener eine frisch zubereitete Hühnerbrühe. Sie war überglücklich, dass Gottfried, dessen Leben auf Messers Schneide gestanden hatte, nun auf dem Wege der Besserung war. Sie ließ sich auf dem

Hocker neben seinem Krankenlager nieder und traf Anstalten, dem Rekonvaleszenten behutsam die Suppe einzuflößen.

»Hört bloß auf, mich zu füttern, ich bin doch kein Breimaul!«, protestierte der knorrige Mann energisch, der einen dicken Verband um den Kopf trug, und schien schon wieder fast der Alte zu sein. Sibylle lächelte in sich hinein, platzierte die Suppenschale auf den Beistelltisch und drückte Gottfried den Löffel in die Hand.

»Dann lass es dir schmecken, die hat Schwester Canisia extra für dich zubereitet. Sie macht sich ja so eine Mühe deinetwegen, ich glaube, die anderen Patienten sind schon ganz eifersüchtig«, zog sie ihn auf.

In Gottfrieds Augen trat bei der Erwähnung der Nonne ein warmer Glanz. »Die Schwester ist einmalig!«, erklärte er ergriffen. »Ich verdanke ihr mein Leben. Wenn sie mich nicht so aufopfernd gepflegt hätte, wäre ich schon längst nicht mehr unter Euch.«

Sibylle tätschelte Gottfrieds stoppelige Wange. »Die Liebe ist die beste Medizin«, scherzte sie, da es ihr freilich nicht verborgen geblieben war, wie sehr der alte Hausknecht die Klosterfrau verehrte.

»Und das ist die zweitbeste!«, vernahm sie unversehens Sebastians Stimme hinter sich, als er mit einer Flasche Wein in der Hand ans Krankenbett trat. »Das ist ein edler Tropfen vom hiesigen Doctorberg, der wegen seiner heilsamen Wirkung selbst von Ärzten verordnet wird, wie ich in Erfahrung bringen konnte. Wenn Ihr Eure Suppe gegessen habt, trinkt Ihr einen kleinen Schluck davon.« Sebastian schenkte einen Becher halbvoll und stellte ihn neben die Hühnerbrühe.

Gottfried bedankte sich bei dem Flugblatthändler und musterte die jungen Leute mit verhaltenem Wohlwollen. »Und danke auch, dass Ihr beide Euch so ... fürsorglich um mich gekümmert habt. Die Schwester hat mir vorhin gesagt, dass Ihr die ganze Zeit an meinem Bett gewacht habt«, grummelte er gerührt und hüstelte dann betreten, da ihm große Worte ebenso wenig lagen wie Gefühlsausbrüche.

»Ja, wir haben uns große Sorgen um dich gemacht«, gestand Sibylle mit ernster Miene. »Du hast im Fieber ziemlich wirres Zeug von dir gegeben.« Sie musterte den alten Mann angespannt. »Immer wieder hast du davon gesprochen, dass der Fraßberg voller Leichen sei und es dort stinken würde wie die Pest. Deswegen möchte ich dich jetzt fragen, ob du in dem alten Bergstollen vielleicht etwas dergleichen gesehen hast?«

Gottfried starrte sie verstört an. »Was für ein Humbug!«, murmelte er. »Ich kann mich nicht daran erinnern, irgendwelche Leichen oder Totengerippe in der Höhle gesehen zu haben. Wenn ich so was dahergefaselt habe, dann waren das irgendwelche Hirngespinste, wie man sie halt im Fieberwahn so hat. Ihr solltet dem keinesfalls eine Bedeutung beimessen!« Sein Ton klang gereizt, und er versuchte sich erbost vom Bett aufzustemmen. »Ich kann Euch aber eines verraten«, knurrte er. »Ich habe von diesem verfluchten Berg die Nase gestrichen voll, ich will nichts mehr davon hören! Und wenn Ihr mir wirklich gut wollt, wie es ja auch den Anschein hat, dann lasst die Dinge endlich ruhen, und lasst uns so bald wie möglich nach Hause fahren. Damit tätet Ihr mir den größten Gefallen!«

»Das machen wir ja auch … sobald du reisefertig bist«, erwiderte Sibylle gepresst. »Ich wollte dir übrigens noch sagen, dass Papa uns gestern einen Boten geschickt hat. Er wird voraussichtlich morgen eintreffen. Ich habe ihm ausrichten lassen, dass du dich am Kopf verletzt habest, aber schon auf dem Wege der Besserung seist, damit er sich keine allzu großen Sorgen macht.«

Gottfrieds Miene hatte sich aufgehellt. »Dem Himmel sei Dank!« Er schlug erleichtert die Hände zusammen. »Ihr glaubt ja gar nicht, wie froh ich bin, wenn der alte Herr endlich hier ist.«

Sibylle nickte betreten und seufzte. Wenngleich sie sich mindestens genauso wie Gottfried darauf freute, ihren Vater wiederzusehen, so war sie sich doch darüber im Klaren, dass ihre Nachforschungen über Martins Verschwinden damit ein jähes Ende finden würden, was sie ungeheuer frustrierte. Denn die Exkursion auf den Fraßberg hatte ja leider nichts Stichhaltiges ergeben – nicht zuletzt, weil sie von Gottfrieds Missgeschick überschattet worden war und die ohnehin verängstigten Schergen nach dem Unglück noch weniger bereit gewesen waren, den Berg genauer zu erkunden. Außerdem wusste sie nicht, wie sie es ihrem Vater beibringen sollte, dass sie keinesfalls ohne Sebastian abreisen würde – und das belastete sie noch mehr als der unbefriedigende Stand der Ermittlungen.

Während Gottfried mit regem Appetit die Suppe auslöffelte und zwischendurch einen Schluck von dem Moselwein probierte, gesellte sich Schwester Canisia zu ihnen. »Schmeckt es Euch?«, erkundigte sie sich bei ihrem Patienten. Der alte Diener strahlte beim Anblick der Nonne und erwiderte mit verschämtem Lächeln, dass er nie zuvor eine köstlichere Suppe zu sich genommen habe. Schwester Canisia tätschelte ihm daraufhin wohlwollend die Schulter und ließ ihn wissen, dass sie ihn vermissen werde, denn sein Aufenthalt im Hospital neige sich ja nun dem Ende zu – und es stehe, wie sie von Sibylle vernommen habe, in wenigen Tagen die Heimreise nach Frankfurt an. »Heute bleibt Ihr mir aber noch schön liegen und schont Euch. Morgen, wenn Herr Molitor kommt, könnt Ihr meinethalben aufstehen, Ihr solltet jedoch unbedingt langsam machen – und von einer langen, strapaziösen Kutschenfahrt muss ich fürs Erste dringend abraten.« Als die Schwester Gottfrieds säuerliche Miene gewahrte, knuffte sie ihn sacht in die Seite. »Kommt, jetzt schmollt nicht schon wieder! So bleibt Ihr mir wenigstens noch ein Weilchen erhalten, und auf einen Tag länger kommt es doch auch nicht mehr an.«

Wie meistens, so hatte der alte Hausknecht auch diesmal den Anordnungen der Nonne nichts entgegenzusetzen und war im Grunde genommen froh darüber, der liebenswerten Klosterfrau einstweilen nicht adieu sagen zu müssen.

Sibylle war unterdessen sehr schweigsam geworden und starrte gedankenversunken vor sich hin. »Ich weiß ja, dass du von alledem nichts mehr hören willst«, wandte sie sich mit einem Mal an Gottfried, »und gleich an die Decke gehst, wenn man den Fraßberg nur erwähnt. Aber ich möchte dir dennoch eine letzte Frage stellen, wenn du gestattest. Die ganze Zeit über, als du im Fiebertran warst, hatten wir ja keine Gelegenheit, miteinander zu sprechen …«

Gottfried verdrehte entnervt die Augen. »Dann fragt

halt, in Gottes Namen. Ich kann mir auch schon denken, was es sein wird – nämlich, ob mir in dem Schacht vielleicht zufällig der Böse Feind begegnet ist oder ob ich über irgendwelche Leichen gestolpert bin.«

»Du magst dich ja darüber lustig machen, auch wenn es dir nicht recht zu Gesicht stehen will, wo du doch gerade knapp dem Tode entronnen bist. Doch mir ist es sehr ernst damit, und ich möchte dich bitten, mir zu beschreiben, was in dem alten Bergstollen passiert ist. Kannst du dich an irgendetwas erinnern, bevor dich der Schlag getroffen hat?«

Der alte Diener schnaubte ungehalten. »Es war eng, dunkel, hat nach Fledermauspisse gestunken, und zu allem Übel ist mir auch noch ein ganzer Schwarm dieser Flattertiere in die Visage geflogen – so, das war's, und mehr weiß ich nicht!«, erklärte er trotzig.

Sibylle runzelte ungehalten die Brauen und wandte sich an Sebastian. »Und dir und Pit ist auch nichts … Verdächtiges in dem Stollen aufgefallen, als ihr Gottfried gefunden habt?«

Der Flugblatthändler schüttelte den Kopf. »Nicht dass ich wüsste«, antwortete er zögernd. »Es war ein ziemlich verfallener, alter Bergstollen. Wo Gottfried lag, ging es ja auch nicht mehr weiter, weil der Gang fast bis unter die Decke von Geröll verstopft war. Und es roch ziemlich streng nach … Fledermäusen und …« Er hüstelte und warf Gottfried einen verlegenen Blick zu, ehe er unwirsch weitersprach: »Nun ja, halt auch nach Urin, denn Gottfried hatte sich eingenässt, was aber bei einem derartigen Unglück durchaus passieren kann.«

Der alte Diener, dem das augenscheinlich peinlich war,

grummelte ungehalten: »Jetzt wird man auch noch als Hosenseicher hingestellt.«

Sebastian seufzte betreten. »Tut mir leid, alter Knabe, das war wirklich nicht meine Absicht. Und als wir Euch gefunden haben, mehr tot als lebendig, in Eurem eigenen Blute liegend, hatten wir auch ganz andere Sorgen, als auf so was zu achten. Und etwas anderes ist uns auch nicht aufgefallen«, fügte er an Sibylle gerichtet hinzu.

Sibylle fixierte Gottfried skeptisch. »Mich macht es halt stutzig, dass du im Fieber immer wieder von dem Leichengestank gesprochen hast, den du im Stollen wahrgenommen hast und jetzt kannst du dich auf einmal an nichts mehr erinnern.«

»Das kann durchaus der Fall sein«, meldete sich statt Gottfried unerwartet Schwester Canisia zu Wort. »Nach schweren Kopfverletzungen ist es keine Seltenheit, dass das Erinnerungsvermögen etwas getrübt ist, das stellt sich aber nach und nach wieder ein. So, und jetzt ist es mal genug mit Euren düsteren Gedanken!«, richtete sie das Wort an Sibylle. »Heute ist ein viel zu schöner Tag, um in der Stube zu hocken und vor sich hin zu brüten. Ihr zwei Turteltauben verschwindet jetzt aus dem Krankensaal und macht einen Spaziergang am Moselufer oder unternehmt eine Kahnfahrt.«

Gottfried, dem der Vorschlag der Nonne ausnahmsweise weniger zu behagen schien, knurrte: »Na, wenn das mal keine Scherereien nach sich zieht ...«

»Jetzt hört aber auf mit Euren ewigen Unkenrufen, alter Miesepeter, und lasst die jungen Leute doch den herrlichen Frühlingstag genießen!«, eiferte sich die Schwester. Sebastian und Sibylle wechselten verstohlene Blicke miteinander und schenkten der Klosterfrau ein Lächeln, dem eine gewisse Scheinheiligkeit zweifellos nicht abzusprechen war.

»Bleibt nicht zu lange, und macht bloß keine Dummheiten!«, krähte ihnen der alte Diener vom Krankenbett hinterher. Er schüttelte resigniert den bandagierten Kopf und nahm einen tiefen Schluck aus dem Weinbecher, um seine angeschlagenen Nerven zu beruhigen.

Einander verliebt an den Händen haltend, spazierten Sibylle und Sebastian am Moselufer entlang und ließen sich auf der nächsten Bank nieder, um zu beratschlagen, was sie unternehmen könnten.

»Ach, ist das schön, endlich mal mit dir alleine zu sein«, sagte Sibylle und schmiegte ihren Kopf an Sebastians Schulter. »Morgen, wenn Vater kommt, werden wir dazu kaum noch die Möglichkeit haben«, fügte sie bedauernd hinzu.

Sebastian fasste ihre Hand und führte sie an seine Lippen. Seine Miene war unversehens ernst geworden. »Wenn wir dann überhaupt noch die Möglichkeit haben, uns zu sehen«, gab er bekümmert zu bedenken. »Vielleicht verbietet dir ja dein Vater den Umgang mit mir, weil … weil ich für dich keine angemessene Partie bin …«

»Das lasse ich mir nicht verbieten!«, erklärte Sibylle brüskiert. »Eher brenne ich mit dir durch, als dass ich es zulasse, dass wir getrennt werden.« Ihre grauen Augen funkelten, und Sebastian stellte einmal mehr fest, wie unglaublich schön sie war. Am liebsten hätte er sie in seine

Arme gezogen und sie innig geküsst – doch das schickte sich nicht in der Öffentlichkeit. So blieb ihm nur, sie mit den Blicken zu verschlingen.

»Ich kann ohne dich nicht mehr sein, meine Schöne«, flüsterte er aufgewühlt. »Und ich fürchte mich vor dem morgigen Tag und davor, dass ich unter dem strengen Blick deines Vaters nicht bestehen kann ... als sein zukünftiger Schwiegersohn. Was kann ich dir denn schon bieten, armer Schlucker, der ich bin? Du bist es doch gewohnt, ein Leben in Wohlstand und Behaglichkeit zu führen, und die paar Kröten, die ich als Nachrichtenhändler verdiene, reichen ja kaum für mich, geschweige denn, um Frau und Kinder zu ernähren ...« Er schüttelte entmutigt den Kopf.

»Auch wenn ich ein privilegiertes Leben gewohnt bin, so liegt mir doch nicht viel an Reichtum, Luxus und schönen Kleidern. An deiner Seite wäre ich auch in Lumpen glücklich, mein Liebster!« Sibylle küsste Sebastian zärtlich auf die Wange.

»Ich möchte aber nicht, dass du meinetwegen etwas entbehren musst, mir würde das Herz bluten, wenn du meine Armut mit mir teilen müsstest. Im Gegenteil: Ich möchte dich auf Händen tragen, und dir soll es an nichts mangeln.« Der Flugblatthändler musterte seine Gefährtin eindringlich.

»Mein Vater hat genug Geld für uns beide, mach dir mal darüber keine Gedanken. Zumindest fürs Erste, bis du eine geeignete Arbeit gefunden hast, die selbstverständlich deiner Intelligenz und deinen Fähigkeiten gerecht werden muss«, suchte Sibylle seine Bedenken zu zerstreuen.

»Ich will aber nicht auf Kosten anderer leben, und noch weniger will ich es hinnehmen müssen, dass die Frau, die ich liebe, weiterhin von ihrem Vater unterstützt wird. Eine solche Demütigung könnte ich nicht ertragen«, begehrte Sebastian auf.

Sibylle konnte kaum den Blick von ihm wenden, sein Stolz und sein starker Wille berührten sie zutiefst. »Ich liebe dich«, raunte sie und sehnte sich brennend nach seiner Umarmung.

»Ich liebe dich auch«, erwiderte Sebastian bewegt und legte den Arm um sie. »Lass uns einfach diesen Tag genießen. Ich denke, das haben wir uns verdient, nach drei Tagen sorgenvollen Wachens an Gottfrieds Krankenbett. Was bin ich froh, dass der alte Knabe über'n Berg ist!«

»Und ich erst!«, seufzte Sibylle erleichtert. »Zeitweise stand er dem Tode näher als dem Leben. Ich darf gar nicht daran denken, wie schlimm es für mich und für Vater gewesen wäre, wenn wir auch noch ihn verloren hätten!« Unversehens musste sie an Martin denken.

Sebastian, der ihre Trauer spürte und nicht wollte, dass sie unglücklich war, versuchte behutsam, sie auf andere Gedanken zu bringen. »Lass uns doch etwas Schönes unternehmen.« Er blickte auf die glitzernden, sanft plätschernden Wellen der Mosel und die vielen Boote und Schiffe voller frohgemuter Menschen, die vorüberfuhren. »Vielleicht sollten wir wirklich eine Bootsfahrt unternehmen«, schlug er vor, »oder wonach steht dir der Sinn?«

Sibylle blickte ihm fest in die Augen. »Wenn ich dir das sage, schreist du Zeter und Mordio«, erwiderte sie mit trockenem Auflachen.

Sebastian ahnte sofort, worauf sie hinauswollte. »Sag

bloß nicht, dass du auf diesen verfluchten Berg willst!«, murrte er verdrossen. »So kann man sich auch den Tag verderben.«

»Das mag ja sein«, gab Sibylle zu, »aber ich kann doch nicht einfach mit dir ins Blaue fahren und so tun, als wäre alles eitel Sonnenschein, obwohl ich mit den Gedanken ganz woanders bin. Es lässt mir keine Ruhe, was Gottfried im Fieber gesagt hat – und überhaupt: Ich kann mich nicht damit abfinden, dass ich das Rätsel um Martins Verschwinden noch immer nicht gelöst habe. Die Vorstellung, dass ich schon bald wieder nach Frankfurt zurückfahren muss, macht mich ganz krank!«

»Ich kann ja verstehen, wie schlimm das für dich ist, aber manchmal braucht man einen langen Atem und eine Engelsgeduld, um die Wahrheit herauszufinden. Manche Geheimnisse lüften sich niemals, und man tut gut daran, es dabei bewenden zu lassen.« Sebastian musterte Sibylle bedrückt und barg ihre Hände in den seinen. »Meines Erachtens solltest du wirklich nicht zu ernst nehmen, was Gottfried im Fieber so dahergeredet hat. In den Stollen, in denen ich war, habe ich jedenfalls keinen Aasgeruch wahrgenommen. Das habe ich dir aber auch schon alles gesagt. Pit hat ebenfalls nichts dergleichen bemerkt. In den Schächten waren nur Fledermäuse, Spinnweben und Geröll. Wir haben gründlich nachgesehen und keinerlei Spuren gefunden, die auf irgendein Verbrechen hinweisen. Deswegen frage ich mich auch, was du dir eigentlich davon versprichst, noch einmal auf diesem Berg herumzuklettern? Zumal es auf absehbare Zeit der letzte Tag sein wird, den wir gemeinsam verbringen können«, fügte er leicht gekränkt hinzu.

»Das stimmt doch nicht!«, widersprach Sibylle. »In Frankfurt werden wir noch viele schöne Stunden miteinander haben, da bin ich mir sicher.«

»Ich vermag deine Zuversicht leider nicht so ganz zu teilen, was das anbetrifft«, seufzte der Flugblatthändler und musterte Sibylle nachdenklich. »Trotz all meiner Einwände ist mir aber durchaus bewusst, wie viel es dir bedeutet, den wahren Grund für das Verschwinden deines Bruders herauszufinden. Ich stehe dir weiterhin zur Seite – zum einen, weil ich dich liebe, zum anderen, weil auch mir daran gelegen ist, dass die Hintergründe endlich ans Licht kommen. Doch seit dem schlimmen Unglück von Gottfried erscheint mir dieser Berg mehr und mehr wie eine Büchse der Pandora, durch deren Öffnung das Schlechte in die Welt gelangt …«

»Aber die Büchse der Pandora enthielt neben Plagen und Tod, die über die Menschen hereinbrachen, doch auch die Hoffnung!«, wandte Sibylle ein und lächelte wehmütig. »Wie oft habe ich mit meinem Bruder über die griechische Mythologie gesprochen, über die wunderbaren Gleichnisse, in denen sich die ganze Bandbreite der menschlichen Tragödie widerspiegelt. Gerade unsere Fähigkeit, zu hoffen, dünkte meinem Bruder ein Geschenk der Götter, welches uns echte Größe verleiht …«

»Hoffnung kann zuweilen trügerisch sein, man spricht nicht umsonst von ›falschen Hoffnungen‹, die man sich macht«, gab Sebastian zu bedenken.

»Manchmal ist es schwer, Hoffnung – selbst, wenn sie sich als trügerisch erwiesen hat – fahrenzulassen«, erwiderte Sibylle gepresst. »Am Anfang, als ich mich auf die Suche nach Martin begeben habe, war ich noch sehr hoffnungsvoll, dass sich alles aufklären und ich meinen Bruder gesund und unversehrt wiedersehen würde. Im Laufe der Zeit ist diese Hoffnung geschwunden, und ich sah mich schließlich mit der bitteren Wahrheit konfrontiert, dass Martin wahrscheinlich nicht mehr am Leben ist.« Sie mühte sich mit aller Kraft, ihren Schmerz im Zaum zu halten. »Aber die Hoffnung, herauszufinden, was Martin tatsächlich widerfahren ist, kann und will ich nicht aufgeben. Und niemand auf der Welt, selbst du nicht, wird mich je davon abbringen können!« In Sibylles Augen glitzerten Tränen, doch auf Sebastian wirkte sie in diesem Moment geradezu heroisch. Er schloss sie fest in seine Arme und nahm wahr, wie kalt sie sich auf einmal trotz der warmen Witterung anfühlte.

»Ich will dich doch gar nicht davon abbringen, mein Herz, ich gehe mit dir, wohin du willst – wenn es sein muss, auch in die Unterwelt«, gelobte er ernsthaft. »Aber du musst mir unbedingt versprechen, auf keinen Fall in die Höhlen zu gehen. Das ist viel zu gefährlich, das haben wir ja bei Gottfried gesehen.«

»Das verspreche ich dir!«, beteuerte Sibylle nachdrücklich. »Dann lass uns gleich aufbrechen!« Sie war behände von der Bank aufgesprungen und zog Sebastian mit sich. »Ich denke, wir sollten rasch im Hospital vorbeischauen und die Pferde satteln, dann sind wir schneller. Wenn uns jemand sieht, behaupten wir einfach, wir unternehmen bei dem schönen Wetter einen kleinen Ausritt.«

Sebastian musterte sie besorgt. »Du solltest dir aber von unserer Exkursion nicht zu viel versprechen«, sagte er. »Ich möchte nur nicht, dass du später enttäuscht bist, weil wir auf dem Berg nichts finden außer Felsen und

Gestrüpp – etwas anderes scheint es dort oben nicht zu geben. Es hat schon etwas von der Suche nach einem Phantom«, sinnierte er düster. »Zumindest kam es mir beim Durchsuchen der Schächte so vor – überall nur Staub und Geröll.« Er hielt inne und warf Sibylle einen alarmierten Seitenblick zu. Alle Leichtigkeit des sonnigen Frühlingstags war mit einem Mal dahin. »Und wenn es kein Phantom ist, was sich dort oben verbirgt, sondern ein bestialischer Verbrecher, der unzählige Menschen getötet hat, dann …«

»Was dann …?«, fragte Sibylle scharf, blieb abrupt stehen und funkelte ihn an. »Dann wird es höchste Zeit, den Unhold zu entlarven!«

Sebastian blickte sie fassungslos an. »Durch zwei harmlose Wanderer, die noch nicht einmal eine Waffe bei sich tragen?«, murmelte er kopfschüttelnd. »Du scheinst die Gefahr zu unterschätzen – und ich kann nur hoffen und beten, dass wir dort oben wirklich einem Trugbild hinterherjagen.«

»So ängstlich kenne ich dich ja gar nicht«, erwiderte Sibylle spöttisch. »Außerdem sind wir am helllichten Tage unterwegs und nicht in stockdunkler Nacht, wir haben herrliches Wetter, und es sind eine ganze Menge Leute auf den Beinen – mit Sicherheit auch auf dem Höhenweg entlang des Fraßbergs. Und immerhin sind wir zu zweit. Soweit ich weiß, waren es vor allem Alleinreisende, die verschwunden sind – und wenn du dich dann sicherer fühlst, können wir uns meinethalben am Waldrand ein paar Holzknüppel suchen.« Sie knuffte ihn in die Seite. »Dann sind wir so wehrhaft wie Stangenknechte.«

»Das wird dort oben bestimmt kein lustiges Räuber-und-Gendarm-Spiel«, bemerkte Sebastian sinister.

———•———

Groperunge beobachtete schon die ganze Zeit das junge Paar zu Pferde, welches ein Stück hinter der Burg Landshut auf den Höhenweg einbog. Je näher sie kamen, desto erregter wurde er, und beim Anblick der stolzen Patriziertochter, die hoch zu Ross einherritt wie eine Adelsdame, spürte er eine mächtige Woge der Grausamkeit in sich aufsteigen. *Ich werde dir schon deinen Hochmut austreiben, du Miststück!* Er hatte sie bereits erkannt, als sie in Begleitung ihres Galans aus dem Stadttor geritten war.

Seit der Suchaktion vor drei Tagen, die mit einem Fiasko geendet hatte – an dem er nicht ganz unbeteiligt gewesen war –, hatte er tagein, tagaus Ausschau gehalten. Nicht alleine, um herauszufinden, ob die Erkundung des Fraßbergs fortgesetzt werden würde, sondern auch in der glühenden Hoffnung, dass das Miststück zwecks eigener Ermittlungen noch einmal an den Ort des Geschehens zurückkehren würde. Die Suche der Stadtbüttel war ja nicht gerade von Erfolg gekrönt gewesen. Und es sah ganz danach aus, als tue sie ihm jetzt endlich diesen Gefallen.

Er konnte sich nicht erinnern, in den langen Jahren seines Wirkens jemals einen ähnlich starken Drang zum Töten verspürt zu haben wie bei diesem hochnäsigen kleinen Aas. Noch nicht einmal bei seiner ersten Bluttat in der Nähe des Straßburger Münsters, die zweifellos ein Meilenstein für ihn war. Was hatte er nicht alles getan, damit ihm dieses reiche Gänschen endlich zufliegen würde. Hatte Satan mit all seinen Namen angerufen und sogar seinen Meister zu Rate gezogen, indem er in die Gestalt des Kapitäns geschlüpft war, um ihm nahe zu sein und seine Gedanken zu empfangen – und die Schwarze Kunst hatte schließlich obsiegt. Sobald er ihrer habhaft werden würde, würde er ihr eine Pein zufügen, wie sie die Hölle noch nicht erlebt hatte. Beim Gedanken daran geriet er regelrecht in Ekstase. *Kein Wein dieser Welt kann so süß und berauschend sein wie der Geruch deines Blutes!*

Doch schon im nächsten Augenblick rief sich Groperunge zur Räson. Um das böse Handwerk zu seiner wahren Vollendung zu bringen – und nichts Geringeres strebte er an –, bedurfte es unbedingt eines kühlen Kopfes und wachen Verstandes. Vorausplanend und weitsichtig hatte er alles für diesen großen Moment arrangiert. Um sicherzugehen, dass ihr nicht etwa ein Schergentrupp nachfolgen würde, hatte er sich unauffällig in der Stadt umgehört und in Erfahrung gebracht, dass keine weitere Erkundung des Fraßbergs geplant war. Wie nicht anders zu erwarten, stand weder der Obrigkeit noch den Stadtbürgern der Sinn danach, dem gefürchteten Berg erneut zu Leibe zu rücken. Zudem hatte Groperunge herausgehört, dass die naseweise Patriziertochter aus Frankfurt den Einheimischen mit ihren lästigen Fragen ohnehin erheblich auf die Nerven ging. Nun – er würde ihnen einen Gefallen erweisen, indem er sie verschwinden ließe. Obgleich dies sein letzter Schelmenstreich im Hunsrück werden würde, denn es wurde ihm allmählich zu unsicher hier draußen. Er hegte bereits Pläne, seinen langjährigen Schlupfwinkel im Fraßberg aufzugeben und sich in der Ferne ein neues Betätigungsfeld zu suchen. Doch momentan zählte nichts anderes für ihn, als das neunmalkluge Frauenzimmer endlich um die Ecke zu bringen – und das sollte sein Meisterwerk werden. Er würde sie nicht gleich töten, nein, ganz im Gegenteil. Er würde ihre Qual genüsslich in die Länge ziehen und sich alle Zeit der Welt nehmen, bis er sie ins Jenseits befördern würde.

In etwa zwanzig Minuten würden sie am Berg angelangt sein, es wurde also Zeit, Tessa rasch die letzten Instruktionen zu erteilen. Er verließ seinen Aussichtspunkt und wandte sich dem Höhleneingang zu.

Es dauerte zwar eine geraume Zeit, bis die Worte ihres Peinigers durch den dichten Kokon in Maries Bewusstsein vordrangen, doch sie versetzten ihr erstarrtes Gemüt in heftige Erschütterungen, gleich einem Seebeben. Wie beim vergangenen Mal, als er davon gesprochen hatte, was sie möglicherweise demnächst für ihn zu erledigen habe, und anschließend in minutiöser Genauigkeit jeden einzelnen Schritt mit ihr durchgegangen war. Es ging um jene geheimnisvolle Frau, die er so abgrundtief zu hassen schien, wie so häufig in letzter Zeit. »So kannst du mir endlich doch noch von Nutzen sein, du hohlköpfige Närrin!«, hatte er sie angeraunzt und ihr in einer schier endlosen Litanei eingetrichtert, was sie keinesfalls tun dürfe. Im Anschluss daran musste sie ihm bei Peters Leben schwören, sich unbedingt daran zu halten. Er hatte ihr den geliebten Jungen entrissen und hielt ihn bedrohlich nah übers Herdfeuer. »Wenn du nur einen Muckser von dir gibst und mich verrätst, landet der Bengel im Feuer!«, zischte er ihr zähnefletschend zu. »Und falls du überhaupt nur daran denkst, davonzulaufen, wirst du dein Balg nie mehr wiedersehen, dessen kannst du dir gewiss sein!« Und sie war sich dessen gewiss, so sehr, dass ihre verzweifelten Schreie ihn schließlich dazu bewegt hatten, ihr Peter zurückzugeben.

In Peter vereinte sich alles, was ihr der Satan in den Jahren ihrer Knechtschaft nicht hatte rauben können: die Liebe und der Glaube an das Gute, an die sie sich klammerte wie eine Ertrinkende. So geriet sie auch jetzt in heillose Panik, als er ihr Peter mit roher Gewalt aus den Armen zerrte.

»Der kleine Bastard bleibt hier bei mir, damit du auch schön brav wiederkommst und alles so machst, wie ich es dir befohlen habe!«, herrschte er sie an. »Und wenn dem so ist, was ich für dich hoffe, kannst du ihn wiederhaben. Ich heb ihn gut für dich auf und tu ihm schon nichts, darauf kannst du dich verlassen.« Er hob die Hand wie zum Schwur, doch aus seinem Blick sprach nur Häme. Wie konnte sie einem Ungeheuer trauen, das seine eigenen Kinder tötete?

»Du wirst ihn töten, wie alle anderen!«, schrie sie außer sich und versuchte verzweifelt, ihm Peter zu entreißen.

Er schlug ihr schallend ins Gesicht. »Jetzt krieg dich wieder ein, du durchgedrehte Kuh!«, brüllte er. »Ich habe ihm früher nichts getan und werde es auch heute nicht machen.« Er baute sich drohend vor ihr auf. »So – und jetzt tust du gefälligst, was ich dir aufgetragen habe, sonst überleg ich's mir noch anders und die Dreckspuppe landet gleich im Ofen!«

Er warf Peter auf den Strohsack, packte Marie am Arm und zog sie mit sich zum Höhleneingang. Ihr Herz schlug bis zum Hals, als sie wenig später, nachdem sie einen etwa zehn Fuß langen, schmalen Gang durchquert hatten, vor einem hohen Flügeltor ankamen, durch dessen Ritzen helles Tageslicht hereindrang. Er öffnete es und trat mit ihr nach draußen. Marie war geblendet von den gleißenden Sonnenstrahlen, und die blinkende Helligkeit schmerzte ihr in den Augen. Obgleich sie schützend die Lider zusammenkniff, öffneten sich doch unwillkürlich ihre Sinne, und die wärmende Kraft der Sonne weckte ihre Lebensgeister. Tief sog sie die frische Luft ein, die ihr Gesicht umschmeichelte wie ein Seidenschleier und durchsetzt war von intensivem Blütenduft. Für eine flüchtige Sekunde gab sie sich der Schönheit der Natur hin, die sie in ihrem dunklen, kalten Grab so lange entbehrt hatte. Fast fühlte sich Marie zurückversetzt in ihre Kindheit, als schon ein bunter Schmetterling genügt hatte, sie glücklich zu stimmen.

In jenem Augenblick wagte Marie zu hoffen, dass ihre unsägliche Qual bald ein Ende haben würde. Doch als ihr Peiniger ihr gleich darauf grob in die Seite knuffte und sie anraunzte, sie solle nicht Maulaffen feilhalten, sondern sich endlich auf den Weg machen, schmolz diese Hoffnung dahin wie eine Schneeflocke im Sonnenlicht. Solange der Satan lebte, würde es für sie keine Freude geben – und erst recht kein Entrinnen.

———◆———

Als Sibylle und Sebastian unten am Fraßberg angekommen waren, beschlossen sie kurzerhand, den ersten Anstieg noch zu Pferde zurückzulegen, um bei nächster

Gelegenheit die Tiere im Schutze einer Baumgruppe anzubinden und zu Fuß weiterzugehen.

»Man sieht als Fußgänger einfach mehr als hoch zu Ross«, sagte Sibylle zu Sebastian, »und man kann sich auch mal hinsetzen, um die schöne Landschaft zu genießen«, fügte sie augenzwinkernd hinzu. Das herrliche Wetter und die vielen Reisenden, die ihnen auf dem Höhenweg begegnet waren, hatten ihrer Erkundungstour etwas von der Schwere und Düsternis genommen. Unter dem strahlend blauen Himmel wurde selbst der raue Hunsrück mit seinen schroffen Felsen zu einem malerischen Landstrich, und der steil vor ihnen aufragende Fraßberg war in gleißendes Sonnenlicht getaucht und vermochte die jungen Leute kaum zu schrecken. Umgeben von Blütenduft, vielstimmigem Vogelgezwitscher und dem emsigen Summen der Bienen, dünkte ihnen ihr Vorhaben eher wie eine Bergwanderung, so dass Sibylle und Sebastian unversehens wieder zu dem wurden, was sie tatsächlich waren: ein glückliches, junges Liebespaar, das sich des Lebens freute.

So sanken sie einander in die Arme, gleich nachdem sie die Pferde im Schutze einer blühenden Kastanie angebunden hatten, und küssten sich. »Ich bin so froh, dass du bei mir bist«, flüsterte Sibylle Sebastian zwischen den Küssen zu und schmiegte sich eng an seinen sehnigen Körper.

Während sich die Liebenden herzten, ahnten sie nicht, dass Groperunge sie von seinem Ausblick oben auf dem Berggipfel unablässig beobachtete. »Euch wird das Schnäbeln schon noch vergehen«, murmelte er gehässig. Beim Anblick von Sibylles anmutiger Gestalt stellte er sich vor, wie lustvoll es nachher sein würde, ihr beizuwohnen. Er fuhr sich mit der Zungenspitze lasziv über die schmalen Lippen und konnte es mit einem Mal kaum noch erwarten, sie endlich in die Fänge zu kriegen.

»Auf in den Kampf!«, sagte Sibylle frohgemut, als sie sich von ihrem Liebsten gelöst hatte, und eilte Hand in Hand mit Sebastian den Berghang hinauf. Das dichte grüne Gras war durchsetzt von blühenden Wiesenkräutern, und alles um sie herum wirkte so idyllisch, dass sie gar nicht mehr daran dachten, sich mit Stöcken zu versehen. Der Anstieg wurde allmählich steiler, die Sonne brannte auf sie herunter, so dass sie unwillkürlich ihr Tempo drosselten. Sibylle lehnte sich ächzend an einen Baum, dessen Blätterkrone wohltuenden Schatten spendete, wischte sich die Schweißperlen von der Stirn und bemerkte keuchend, wie durstig sie sei und dass sie in der Eile ganz vergessen hatten, Wasser mitzuführen. Plötzlich nahm sie ein Stück oberhalb, unweit einer Gruppe blühender Ginsterbüsche, eine Bewegung wahr. Bei genauem Hinsehen konnte sie zwischen den Büschen eine Gestalt ausmachen. »Da oben ist jemand«, rief sie alarmiert.

Sebastian hatte die Person ebenfalls bemerkt. »Ich glaube, es ist eine Frau«, äußerte er, erstaunt darüber, auf dem von den Einheimischen gemiedenen Berg eine Spaziergängerin vorzufinden.

»Vielleicht eine Auswärtige, die bei dem schönen Wetter eine Wanderung unternimmt«, mutmaßte Sibylle, die den gleichen Gedanken hatte wie er. Unwillkürlich strebte sie zu der Fremden hin, die reglos neben den Ginsterbüschen verharrte und scheu zu ihnen herunterblickte. Wahrscheinlich lag es an ihrer angespannten, leicht geduckten Haltung, aber wie die Frau so dastand und sie mit großen Augen anschaute, mutete sie Sibylle an wie ein verängstigtes Reh. Zu diesem Eindruck trug sicher auch ihre abgemagerte Statur bei, die Sibylle gewahrte, als sie sich ihr näherte. Sebastian folgte Sibylle dicht auf den Fersen. Beide sagten kein Wort, so sehr zog sie der Anblick der Fremden, die inzwischen nur noch einen Steinwurf von ihnen entfernt war, in den Bann.

Die Frau trug ein hellblaues Leinenkleid, das ihr viel zu groß war und an ihr schlackerte wie an einer Vogelscheuche. Auch das rote, mit Ornamenten bestickte Samtmieder, welches schief über ihren knochigen Schultern hing, wirkte an ihr, als habe man einem zierlichen Mädchen das Mieder einer Matrone übergezogen. Doch selbst die überweite Kleidung konnte nicht kaschieren, dass die Frau nur noch aus Haut und Knochen bestand. War schon ihre gebrechliche Gestalt ein bemitleidenswerter Anblick, so schnitt der peinvolle Ausdruck ihrer Augen in dem verhärmten, ausgezehrten Gesicht Sibylle derart ins Herz, dass ihr unversehens die Tränen kamen. Sie war sich sicher, nie zuvor einem so unglücklichen Menschen begegnet zu sein.

»Kann … kann ich Euch vielleicht helfen?«, fragte sie mit brüchiger Stimme. Anstelle einer Antwort ergriff die Frau sogleich die Flucht und hastete wie von Hunden gehetzt den Berg hinauf. Sibylle eilte hinter ihr her, dicht gefolgt von Sebastian. Während sie der Fremden über Stock und Stein folgte, war sie nur noch erfüllt von dem drängenden Wunsch, dem bedauernswerten Geschöpf zu helfen. Alles andere, ihre eigentliche Mission, das ganze rastlose Wirken und Streben der vergangenen Wochen, ja selbst ihre Liebe zu Sebastian, trat angesichts der blanken Not der Unglücklichen in den Hintergrund.

Die Flüchtende strebte unaufhaltsam dem Gipfel zu, und der Aufstieg wurde immer beschwerlicher. Sibylle und Sebastian keuchten regelrecht um die Wette.

»Was hat sie nur vor?«, rief Sibylle atemlos. »Wenn sie uns wirklich entkommen will, wäre es doch klüger gewesen, nach unten zu flüchten, oben auf dem Berggipfel gibt es ja kein Entrinnen mehr. Sie scheint in großer Not zu sein und braucht unbedingt Hilfe!«

Sie versuchte, ihre Schritte zu beschleunigen, doch mit einem Mal war die Frau hinter einem Felsvorsprung verschwunden. *Vielleicht ist sie erschöpft und hält dort kurz inne*, ging es Sibylle durch den Sinn. Sie hastete hinter Sebastian her, der sie inzwischen überholt hatte und in scharfem Tempo auf den Felsen zusteuerte. Gleich darauf war auch er hinter dem Vorsprung verschwunden. Sibylle vernahm ein dumpfes Geräusch, wie wenn ein Stein zu Boden fällt.

»Sebastian, ist dir etwas passiert?«, rief sie erschrocken und stürzte ihm nach. Kaum dass sie den Felsvorsprung umrundet hatte, wäre sie um ein Haar über ihn gestolpert. Sebastian lag reglos vor ihr auf dem Boden. In heilloser Aufregung beugte sich Sibylle über ihn. »Was ist mit dir, mein Liebster?«, stammelte sie und tastete mit zittrigen Händen nach seinen Wangen.

»Kann ich vielleicht behilflich sein? Sankt Eustachius hilft in allen schwierigen Lebenslagen«, vernahm sie plötzlich eine schneidende Stimme aus dem Hintergrund. Sie wandte sich entsetzt um und blickte in das hämische Gesicht des Reliquienhändlers. Noch ehe sie etwas erwidern konnte, traf sie ein harter Schlag im Nacken, und ihr schwanden die Sinne.

Sibylle war noch ganz benommen, als sie wieder zu sich kam. Sie lag auf dem Boden und bekam kaum Luft. Entsetzt stellte sie fest, dass ein Knebel in ihrem Rachen steckte. Eine uferlose Panik ergriff von ihr Besitz, und sie hatte das Gefühl, zu ersticken. Als sie sich aufzurichten versuchte, spürte sie stechende Schmerzen in den Hand- und Fußgelenken und musste erkennen, dass sie gefesselt war. Ihre Haare und das Gesicht troffen vor Nässe, und sobald sie den Wassereimer neben sich sah, begriff sie, was sie aufgeweckt hatte. Mit einem Schlag war sie wach bis in die Haarspitzen und hob mühsam den Kopf an.

Sie blickte direkt in die kalten, wimpernlosen Augen des Reliquienhändlers, der vor ihr auf einem Stuhl thronte und sie mit höhnischem Grinsen beobachtete. Obgleich sie sich unsagbar hilflos und ausgeliefert fühlte und der dicke Knebel ihr das Atmen erschwerte, bäumte sich doch alles in Sibylle gegen den verhassten Mann auf, und ihrer Kehle entrang sich ein erstickter Aufschrei. Groperunge sah den ungezügelten Hass in ihrem Blick und kicherte bösartig.

»Dann hast du wenigstens genug Feuer unterm Arsch, wenn ich dich nachher zureite«, feixte er und wandte den Kopf leicht zur Seite. Sibylle, die seinem Blick mit bangen Ahnungen gefolgt war, konnte ein Stück von sich entfernt Sebastian ausmachen, der mit Händen und Füßen an die Felswand gekettet war und dem ebenfalls ein Knebel aus dem Mund ragte. Er stöhnte gequält auf und riss verzweifelt an den Ketten.

»Das bringt doch nichts, Junge«, spottete Groperunge mit gespieltem Bedauern. »Du scheuerst dir dabei nur die zarten Handgelenke auf. Bleib schön ruhig und lass dich überraschen, was ich dir noch alles zu bieten habe – die Vorstellung fängt nämlich gerade erst an!«, verkündete er mit erhobener Stimme und äffte dabei mit zynischer Grimasse den Tonfall eines Moritatensängers nach. »Aber zuerst wollen wir uns noch ein bisschen unterhalten, denn du willst ja bestimmt endlich wissen, was deinem Bruder widerfahren ist, habe ich recht? Deswegen veranstaltest du ja auch den ganzen Zinnober hier«, wandte er sich wieder an Sibylle. »Viel gab es bei diesem Bücherwurm nicht zu holen, außer ein paar Talern, dem Gelehrtentalar mit dem schwarzen Samtbarett und einer pelzgefütterten Schaube. Die habe ich an einen fahrenden Lumpenkrämer verscherbelt, und der Talar ist in meiner Kleidertruhe, man weiß ja nie, wofür man ihn noch brauchen kann. Vielleicht steht mir einmal der Sinn danach, mich als Gelehrter auszugeben.« Sein Tonfall war so höhnisch, dass Sibylle außer sich geriet vor Zorn, an dem sie regelrecht zu ersticken drohte. Sie hätte in diesem Moment alles dafür gegeben, das menschenverachtende Ungeheuer mit Fäusten attackieren zu können, und stöhnte laut auf.

»Willst du mir etwas Nettes sagen, Schatz?«, erklang seine hohntriefende Stimme. »Das heben wir uns besser für später auf, wenn ich bei dir liege …« Er fuhr sich mit der Zungenspitze lüstern über die Lippen. »Jedenfalls hat mir dein Drecksack von Bruder ganz schönen Verdruss bereitet. Das scheint irgendwie in eurer Familie zu liegen«, fuhr er in leichtem Plauderton fort. »Da denkt man sich, mit so einem hageren Bürschchen wird man leichtes

Spiel haben, aber Pustekuchen! Der war renitent wie ein Gassenköter, der liebe Herr Doktor, und hat es mir nicht leichtgemacht, ihn zu überwältigen. Und wie der erst fluchen konnte, da hätte jeder Landsknecht noch was lernen können! Deswegen ist mir auch sein verdammter Gaul durchgegangen, aber zum Glück ist es mir dann doch gelungen, ihm die Kehle durchzuschneiden. Das war ein hartes Stück Arbeit, das kannst du mir glauben«, erläuterte er seufzend. »Er war übrigens die Nummer 958, falls es dich interessiert«, setzte er mit kaltem Sarkasmus hinzu.

Er grinste Sibylle, die sich vor Schmerz und ohnmächtiger Wut auf dem Boden krümmte, verächtlich an, erhob sich vom Stuhl und kam langsam auf sie zu. In seiner Haltung und seinem Blick lag dieselbe Bedrohlichkeit, die sie damals am Rande des Marktplatzes an ihm wahrgenommen hatte. Die Mordlust in seinen kalten Fischaugen ließ ihr das Blut in den Adern stocken. Gelähmt vor panischer Angst, nahm sie wahr, dass sie ihr Wasser nicht mehr halten konnte. Ihrer vom Knebel verstopften Kehle entrang sich ein verzweifelter Aufschrei.

Er kauerte sich an ihre Seite und sah sie unverwandt an, um seine schmalen Lippen spielte ein grausames Lächeln. Sein hageres, haarloses Gesicht war so dicht vor ihr, dass sie seinen schlechten Atem riechen konnte. *Er riecht wie ein Kannibale*, schoss es Sibylle durch den Kopf, und sie musste unwillkürlich an den schottischen Kannibalenclan denken, von dem Sebastian gesprochen hatte. *Bitte, lass mich am Leben*, flehte alles in ihr. Nie zuvor war sie sich sicherer gewesen, in das Angesicht Satans zu blicken. Er schien ihre Angst förmlich zu riechen, sog genüsslich die Luft ein und beugte sich zu ihr herunter, während er mit provozierender Langsamkeit einen Dolch mit einer langen, zweischneidigen Klinge unter seinem Wams hervorzog. Sacht strich er mit der Dolchspitze über ihre Wange bis hinunter zum Hals. Sie spürte den kalten Stahl, dann einen brennenden Schmerz, als er ihr die Haut aufritzte, und wagte kaum noch zu atmen.

»Gemach, gemach, ich habe doch noch gar nicht vor, dich kaltzumachen«, raunte ihr der Mörder in sanftem Singsang zu, als er die überbordende Todesangst in ihren Augen sah. Er ging gemächlich dazu über, Sibylles Gewand aufzuschlitzen. »Zuerst werde ich dich zureiten, und dein Galan darf mir dabei zuschauen«, erläuterte er mit diabolischem Vergnügen. »Es wird leider auch das Letzte sein, was er zu sehen kriegt, denn unser wackerer Nachrichtenhändler wird diesen Anblick sozusagen mit in sein Grab nehmen.« Groperunge zuckte bedauernd die Achseln. »Das wird freilich auch für dich nicht leicht werden, mit ansehen zu müssen, wie dein Liebster direkt vor deinen Augen sein Leben aushauchen wird. Aber damit wirst du schon zu Rande kommen, du bist doch hart im Nehmen, hab ich recht?«, bemerkte er scherzhaft und pikte Sibylle übermütig mit der Dolchspitze in die entblößte Brust. Als ein kleines Rinnsal Blut aus der Schnittwunde sickerte, leckte er es gierig mit der Zungenspitze ab. In seine schmalen Augen war ein kalter Glanz getreten.

»Genau so, wie ich dir jetzt Schicht für Schicht das Kleid und die Unterwäsche aufschlitze, werde ich dir nachher, wenn ich dich rangenommen habe, ganz sacht die Haut aufschlitzen. Dafür werde ich mir alle Zeit der Welt nehmen und jeden kleinen Schnitt, den ich mache, genießen. Und zum Schluss werde ich in deinem Blut baden, du Miststück!«, schrie er plötzlich mit gellender Stimme, riss Sibylle mit einem Ruck das Kleid herunter und öffnete hastig seinen Hosenlatz.

Die ganze Zeit über kauerte Marie apathisch auf dem Strohsack und presste die Tonpuppe an sich. In der zusammengeballten Faust ihrer anderen Hand hielt sie den Felsstein, den sie unterwegs aufgeklaubt hatte. Obgleich sie mit stumpfer Miene vor sich hin brütete, vernahm sie doch jedes einzelne Wort, welches ihr Peiniger der jungen Frau ins Gesicht spie. Alles in ihr zog sich zusammen vor Abscheu und blankem Hass gegen den Satan. Sie führte einen schweren inneren Kampf, wenn nicht gar den schwersten überhaupt in ihrem Leben, das diese Bezeichnung schon längst nicht mehr verdiente. Er hatte es ausgelöscht, so wie er alles ausgelöscht hatte, was ihr jemals etwas bedeutet hatte. Und jetzt hielt sie diesen Stein in der Hand und war außerstande, ihn gegen ihren Peiniger zu erheben. *Willst du tatenlos mit ansehen, wie er die beiden jungen Leute tötet? Willst du es zulassen, dass er die junge Frau schändet, wie er es einst auch mit dir getan hat? Dann bist du wirklich nichts mehr wert, und er hat recht damit, dass du nur ein nutzloses, überflüssiges Geschöpf bist.* Erneut sah Marie das Gesicht der Frau vor ihrem geistigen Auge, ihre Schönheit, ihre Lebensfreude, die ihr erstarrtes Herz erwärmt hatten – vor allem aber die Güte und das Mitgefühl, die aus ihren wachen, klugen Augen gesprochen hatten. *So schön warst du auch einmal, ehe er dich gebrochen hat. Was soll dieser Satan denn noch alles begehen, ehe du ihm endlich Einhalt gebietest? Hat er denn nicht schon genug ver-*

brochen, alleine, dass er deine Kinder getötet hat – und Hunderte von Unschuldigen, die das Pech hatten, ihm in die Fänge zu geraten?

Der Stein in Maries Faust wurde immer schwerer und mächtiger. *Wer den Mut hat, ihn aufzuheben, muss auch den Mut haben, zuzuschlagen,* raunte eine Stimme tief in ihrem Innern. Es war der letzte Rest an Lebenskraft, der Marie antrieb, als sie sich langsam aufrichtete, auf leisen Sohlen zu ihrem Peiniger schlich und ihm mit aller Kraft den Stein auf den kahlrasierten Hinterkopf schlug. Sie stieß dabei einen derart verzweifelten, markerschütternden Aufschrei aus, dass der Fraßberg zu beben schien.

Sibylle sah fassungslos zu, wie in den grausamen Blick des Unholds zunächst Verwunderung und Bestürzung traten, ehe er reglos in sich zusammensank. Die junge Frau, die hinter ihm stand, flüchtete panisch zurück auf ihren Strohsack, wo sie eine Puppe an sich presste, sich zusammenrollte und anfing, kläglich zu wimmern. Sibylle versuchte, sich bemerkbar zu machen, damit die junge Frau – die augenscheinlich geistig umnachtet war – ihre Fesseln durchtrennen würde. Da der Knebel sie am Sprechen hinderte, gab sie kehlige Schreie von sich, in die Sebastian verzweifelt mit einstimmte. Die verwirrte Kreatur war ihre einzige Chance, freizukommen. Doch die Frau reagierte nicht auf ihr Rufen und schien völlig verstört zu sein. Ihr Wimmern wurde immer herzzerreißender. Von Zeit zu Zeit hob sie den Kopf und blickte gehetzt zu dem Mörder hin, an dessen Hinterkopf eine tiefe, blutende Wunde zu sehen war. Ob er tot war oder nur ohnmächtig, ließ sich freilich nicht erkennen. Sibylle hoffte inständig auf Ersteres und wagte gar nicht daran zu denken, dass er nur bewusstlos sein könnte. Ihr ersticktes Flehen wurde so heftig, dass sie schon fürchtete, ihre Stimme zu verlieren – und mit einem Mal begriff sie, warum das bedauernswerte Geschöpf auf dem Strohsack keine Anstalten machte, ihre Fesseln zu lösen: Die Frau hatte eine übermächtige Angst vor dem Unhold, der mit dem Gesicht nach unten reglos über Sibylle lag, das verriet ihr Blick nur allzu deutlich. Aber um Sibylle zu befreien, musste sich die Frau ihm zwangsläufig annähern, und dagegen sperrte sich augenscheinlich alles in ihr. Mit aller Kraft bäumte sich Sibylle auf, um den schweren, reglosen Körper des Mörders zur Seite zu wuchten, was ihr tatsächlich gelang, doch er lag immer noch zu dicht neben ihr. Mühsam drehte sie sich um, zog die an den Fußgelenken gefesselten Beine an und versetzte ihm mit den Füßen einen heftigen Stoß, so dass sich die Distanz deutlich vergrößerte. Der leblose Körper lag nun genau zwischen ihr und Sebastian. Sibylle verstärkte ihr unterdrücktes Flehen.

Doch die Frau, die die Prozedur von ihrem Strohsack aus mit bangen Blicken verfolgt hatte, schien vor Angst wie gelähmt zu sein. Sibylle hatte die Hoffnung schon fast aufgegeben, als sich die gebrechliche Gestalt mühsam von ihrem Lager aufrichtete und sich auf Sibylle zubewegte. Ihre Lippen zitterten, als sie mit bebenden Händen den Dolch vom Boden aufklaubte, der dem Mörder beim Sturz entglitten war, und sich mit fliegenden Fingern daranmachte, Sibylle die Fesseln zu durchtrennen und sie von dem Knebel zu befreien.

Sibylle schloss die ausgemergelte Frau schluchzend

in die Arme. »Du bist meine Retterin, ich werde dir ein Leben lang dankbar sein!«, stammelte sie unter Tränen.

Nachdem Sibylle und Sebastian den bewusstlosen Mörder sorgsam verschnürt und an den Eisenketten an der Wand fixiert hatten, kümmerten sie sich um Marie, die entkräftet auf dem Boden kauerte, ihre Puppe an sich presste und mit leerem Blick vor sich hin starrte. Sibylle beugte sich zu ihr hinunter und streichelte ihr liebevoll über die Wange.

»Fühlst du dich stark genug, um zu laufen?«, fragte sie. »Wir können dich beim Abstieg stützen, und unterhalb des Berges stehen unsere Pferde, dann können wir reiten.«

Marie blickte sie verstört an. »Ich kann hier nicht weg«, murmelte sie angstvoll, »der Satan wird mich töten, wenn ich versuche zu flüchten.« Sie hatte unwillkürlich die Stimme gesenkt, damit ihr Peiniger sie nicht hören konnte.

Sibylle, die noch immer am ganzen Leib zitterte, tat die Frau unendlich leid. Sie musste in den Klauen des Unholds die Hölle durchlebt haben und war nur noch ein Bündel Angst. Sie ließ sich an Maries Seite nieder und legte fürsorglich den Arm um ihre knochigen Schultern. »Er kann dir nichts mehr anhaben, er ist so sicher verschnürt und angekettet, dass er noch nicht einmal eine Fliege verjagen könnte«, suchte sie Marie zu beruhigen. »Außerdem ist er durch deinen Schlag ohnehin fürs Erste außer Gefecht gesetzt«, setzte sie grimmig hinzu.

Maries eingefallenes Gesicht verzerrte sich vor Angst. »Er wird wieder zu sich kommen, und dann wird er mich für alles bestrafen!«, wimmerte sie verzweifelt.

Sibylle zog sie an sich und hatte dabei das Gefühl, ein hinfälliges, schwaches Vögelchen an ihrer Brust zu bergen. »Dieses Ungeheuer wird nie mehr seine Hand gegen dich erheben! Niemals wieder, das schwöre ich bei meinem Leben!«, erklärte Sibylle mit der ihr eigenen Leidenschaft. Sie klang so kraftvoll und überzeugend, dass Marie nach einigem Zögern Sebastians Hand ergriff und sich von ihm auf die Beine helfen ließ. Sie drückte die Tonpuppe an sich und stakste, gestützt von Sebastian und Sibylle, auf den Höhlenausgang zu.

Mit Hilfe der Fackel, die Sebastian aus der Wandhalterung genommen hatte, ließ sich der Weg zum Ausgang leichter finden, als sie vermutet hatten. Schon nach wenigen Minuten hatten sie das Tor erreicht und traten hinaus ins Freie. Sibylle wurde es kurzzeitig schwarz vor Augen, und sie wankte.

»Schaffst du es?«, fragte Sebastian besorgt. »Du kannst mit der Frau auch hier oben warten und ich hole Hilfe …«

»Auf keinen Fall!«, krächzte Sibylle. »Ich will nur schnell weg von hier, und wenn ich auf allen vieren kriechen muss!« Sie hatte sich eine Wolldecke um die Schultern gebreitet, weil sie darunter nur noch ihr zerfetztes Untergewand trug, und zog diese fester um den Hals, denn sie schlotterte vor Kälte. Das konnten auch die letzten Strahlen der rotgoldenen Abendsonne nicht verhindern, die hinter den gezackten Tannenwipfeln des Hunsrücks unterging.

Das Panorama, das sich ihnen bot, war schier überwältigend. Die sanften Windungen der Mosel waren bis weit hinter Trier sichtbar, und alle Straßen und Wege bis nach Metz, Saarbrücken und Bacharach am Rhein waren in der Ferne zu sehen. Der Blütenduft, der Marie in die Nase stieg, war süß und schwer. Alles wirkte im goldenen Licht der untergehenden Sonne wie verzaubert und so unwirklich schön, dass es ihr vorkam wie ein Traum. Sie blinzelte mit zusammengekniffenen Augen in die Ferne.

»Da hinten liegt Boppard«, murmelte sie wie zu sich selber, »von da komme ich her …« Sibylle und Sebastian blieben unvermittelt stehen und blickten sie verwundert an. Sibylle ergriff ihre Hand, die sich noch kälter anfühlte als ihre eigene, und drückte sie.

»Wir bringen dich wieder dorthin«, versprach sie Marie eindringlich.

Für Marie war dieses Versprechen nicht mehr als ein schöner Traum – zu schön, um wahr zu sein. Doch für den Bruchteil von Sekunden huschte der Anflug eines Lächelns über ihr verhärmtes Gesicht. Es war sieben Jahre her, seit sie das letzte Mal gelächelt hatte.

Epilog

Noch am selben Abend stürmte ein Trupp von dreißig bewaffneten Stadtbütteln den Fraßberg. Der gefesselte Christman Gniperdoliga, der inzwischen aus der Ohnmacht erwacht war, wurde von den Schergen in Gewahrsam genommen und in einem Verlies im Gewölbe des Rathauskellers in den Stock geschlossen, so dass er gänzlich außerstande war, sich zu bewegen. Da ihn das jedoch nicht daran hinderte, die wüstesten Flüche und Verunglimpfungen gegen Marie und Sibylle, Gott und die Welt auszustoßen, verpassten ihm die Gefängniswärter kurzerhand einen Knebel.

In der Wohnhöhle des Raubmörders fanden sich neben allerlei Diebesgut rund siebzigtausend Gulden und das Mordregister. Neunhundertzweiundsechzig Personen waren darin verzeichnet. Das Register enthielt auch Hinweise auf seinen Lehrmeister Peter Nirsch. Aus den akribisch geführten Eintragungen ging hervor, dass Gniperdoliga plante, das böse Handwerk nach dem tausendsten Mord aufzugeben, um in der Fremde ein Leben in Saus und Braus zu führen. Die Gräueltaten, die er an Marie Schimmer verübt hatte, waren gleichfalls protokolliert. In seiner grenzenlosen Menschenverachtung hatte es Gniperdoliga nicht einmal gescheut, die Morde an seinen fünf neugeborenen Kindern aufzulisten.

Marie Schimmer wurde von Sibylle und Sebastian ins Sankt-Nikolaus-Hospital gebracht, wo sie von Schwester Canisia aufopfernd gepflegt wurde. Doch Marie ließ alles teilnahmslos über sich ergehen und verweigerte jede Nahrung. Sibylle und Sebastian wichen nicht von ihrer Seite und ließen der leidgeprüften jungen Frau, der sie ihr Leben verdankten, ihre liebevolle Fürsorge zukommen. Noch am Abend ihres Eintreffens entsandte Sibylle einen fliegenden Boten in Maries Heimatstadt Boppard am Rhein, um ihre Familie zu benachrichtigen.

Am Tag darauf wurde Bürgermeister Thiel mit seinem Stab im Hospital vorstellig und machte Marie seine Aufwartung.

»Na, da ist ja unsere Heldin!«, sagte der Stadtvorsteher zur Begrüßung leutselig zu Sibylle, die an Maries Krankenbett saß.

»Sie ist die Heldin!«, erwiderte Sibylle bestimmt und wies auf Marie. In jenem Moment musste sich der Würdenträger eingestehen, dass er der hochmütigen Patriziertochter uneingeschränkten Respekt zollte. Nachdem er ein paar nette, aufmunternde Worte an Marie gerichtet hatte, die in ihrem Krankenbett apathisch vor sich hin dämmerte, entfernte sich die Delegation wieder.

Die Kunde von Maries grausamem Schicksal verbreitete sich an der Mosel wie ein Lauffeuer, und die an Leib und Seele Erkrankte wurde von den Einheimischen geradezu überhäuft mit Blumen und Geschenken. Menschen von nah und fern beteten für ihre Genesung und zündeten Bittkerzen in den Kirchen für sie an.

Am Abend nach dem Besuch des Bürgermeisters traf Sibylles Vater ein. Sibylle fiel dem alten Herrn um den Hals und berichtete ihm, unterstützt von dem alten Diener Gottfried, was sich alles zugetragen hatte. »Ich habe meinen Bruder verloren – aber die Liebe meines Lebens gefunden«, endete sie ergriffen und stellte ihrem Vater Sebastian vor. Der Patrizier reichte dem Flugblatthändler höflich die Hand, sagte jedoch nichts weiter, da er von der Hiobsbotschaft vom Tod seines Sohnes noch viel zu mitgenommen war.

Am nächsten Morgen suchte der Bürgermeister Marie erneut an ihrem Krankenbett auf und unterbreitete ihr das großzügige Angebot, ihr einen Teil des Geldes aus der Wohnhöhle des Mörders zukommen zu lassen, damit sie den Rest ihrer Tage versorgt sei. Marie nahm das Angebot gleichmütig auf, seine Worte schienen nicht zu ihr durchzudringen.

»Es wird noch eine lange Zeit dauern, bis sie wieder ins Leben zurückkehrt«, sagte Schwester Canisia zu dem enttäuschten Bürgermeister. »Wenn dies überhaupt der Fall sein wird, nach all dem Leid, das ihr in der Gefangenschaft widerfahren ist.« Dann komplimentierte sie den Stadtvorsteher resolut aus dem Krankenzimmer.

Wenig später fuhr die Kutsche mit Maries Eltern und Geschwistern vor dem Sankt-Nikolaus-Hospital vor. Als

Marie ihre Mutter sah, reckte sie ihr die abgemagerten Arme entgegen, sank an ihre Brust und weinte herzzerreißend. Am Abend nahm sie zum ersten Mal ein wenig Nahrung zu sich und schlief anschließend in den Armen ihrer Eltern ein wie ein kleines Kind.

Nachdem Marie so weit gesundet war, dass sie das Hospital verlassen konnte, begleiteten Sebastian, Gottfried, Sibylle und ihr Vater die junge Frau und ihre Familie nach Boppard, wo sie von einem kleinen Kreis enger Vertrauter und Freunde mit offenen Armen empfangen wurde. Die Liebe ihrer Angehörigen gab der Gebrochenen Kraft und half ihr, langsam ins Leben zurückzufinden. Doch ihre Seele blieb von tiefer Schwermut überschattet, sie litt unter schlimmsten Alpträumen. Einzig die Gegenwart von Kindern vermochte sie aufzuheitern, und in jenen Augenblicken war sie fast wieder die unbeschwerte Marie von früher. Ein Arzt der Familie, der Marie betreute, vermittelte ihr eine Anstellung in einem Waisenhaus in Bacharach. Erst in der Gesellschaft der Kinder, die Marie abgöttisch liebten, lebte Marie vollends auf. Nach drei Jahren heiratete sie den einfühlsamen jungen Arzt und wurde noch einmal schwanger. Das gesunde Neugeborene in den Armen halten zu können war der glücklichste Moment ihres Lebens. Die Tonpuppe behielt in Maries Herzen stets einen Ehrenplatz, stellvertretend für ihre toten Kinder.

Sibylle kehrte mit Sebastian, Gottfried und ihrem Vater nach Frankfurt zurück. Da es sich nicht ziemte, dass das verliebte junge Paar unter einem Dach lebte, erhielt Sebastian eine Unterkunft im Hause von Sibylles Tante Hedwiga. Die moralinsaure Tugendwächterin hatte stets ein Auge darauf, dass sich die Brautleute nicht zu nahe kamen.

Sebastian fand eine Anstellung als Lateinlehrer am Frankfurter Gymnasium. Nach dem Trauerjahr, welches die Familie in Gedenken an Martin einlegte, hielt Sebastian ganz offiziell bei ihrem Vater um Sibylles Hand an. Obgleich der junge Flugblatthändler deutlich unter ihrem Stand war, mochte der Vater dem Glück seiner Tochter nicht im Wege stehen und richtete eine glanzvolle Hochzeit für das Paar aus. Neben seiner Lehreranstellung betätigte sich Sebastian auch als Verleger. Die gemeinsam mit seiner Ehefrau verfasste Kriminalchronik über Christman Gniperdoliga, die auf der Frankfurter Buchmesse des Jahres 1583 reißenden Absatz fand und in mehrere Sprachen übersetzt wurde, verhalf Sebastians kleinem Verlag zum Durchbruch. Unterstützt von Sibylle, wurde der ehemalige Flugblatthändler zu einem der erfolgreichsten Verleger Frankfurts.

Sibylle und Sebastian führten eine glückliche Ehe und bekamen fünf Kinder. Der erste Sohn erhielt in Erinnerung an Sibylles Bruder den Namen Martin. Schwester Canisia, die im Hause Wildgruber ein gerngesehener Gast war, wurde die Taufpatin des Jungen. Wann immer die Ordensfrau in Frankfurt weilte, besuchte sie auch den alten Diener Gottfried. Mit Marie und ihrer Familie blieben Sibylle und Sebastian ebenfalls ein Leben lang verbunden.

Christman Gniperdoliga alias Groperunge aus Kerpen wurde am 17. Juni 1581 auf dem Gipfel des Fraßbergs aufs Rad geflochten. Menschen aus allen Teilen des Landes waren herbeigeeilt, um die Hinrichtung des Unholds zu verfolgen, und auf dem gesamten Berg gab es kein Durchkommen mehr. Als ihn der Henker vor der Vollstreckung des Urteils fragte, ob er seine Schreckenstaten bereue, begann Groperunge mit gellender Stimme, den Fürsten der Hölle mit seinen mannigfaltigen Namen anzurufen. »Satan – Luzifer – Belial – Leviathan – Abbadon …!«, hallte es schaurig über die Anhöhe, bis es dem Scharfrichter zu bunt wurde und er den Beschwörungsrufen mit der Eisenstange ein jähes Ende bereitete. Nachdem dem Massenmörder sämtliche Gliedmaßen gebrochen worden waren, blieb er ans Rad gekettet und wurde den Raben anheimgegeben. Da die Gewaltdiener ihn mit Nahrung und Wasser versorgten, um seine Qualen zu verlängern, überlebte er noch neun Tage. Gestützt auf seine Aufzeichnungen über seinen Lehrmeister Peter Nirsch, nahm ein Stab von Untersuchungsrichtern in Begleitung eines Trupps geharnischter Reiter die Verfolgung des »Kapitäns« auf. Die Spur führte schließlich in das Wirtshaus »Zur Glocke« in der Ortschaft Neuenmarck bei Nürnberg. In der Badestube des Gasthofs konnte Peter Nirsch festgenommen werden. Er gestand fünfhundertzwanzig Morde und wurde am 16. September 1581 in Neuenmarck geviertelt. Auf der Liste der größten deutschen Serienmörder aller Zeiten rangiert er auf Platz zwei – einen Platz hinter seinem ehemaligen Gesellen Christman Gniperdoliga.

Am Tag nach Gniperdoligas Tod fand unterhalb des Fraßbergs eine große Trauerfeier für die neunhundertzweiundsechzig Ermordeten statt. Zahllose Menschen waren erschienen, um von ihren Angehörigen Abschied zu nehmen. Auch Sibylle und Marie, die dem grausamen Spektakel der Hinrichtung ferngeblieben waren, nahmen mit ihren Familien, zahlreichen Freunden und Bekannten an der Andacht teil. Neben namhaften Gelehrten aus aller Herren Länder, war auch die bezaubernde Aglaia in Begleitung von Martins bestem Freund, dem Altphilologen Christoph von Klusenfels, angereist, um Martin die letzte Ehre zu erweisen. Als Sibylle Aglaia nach der Trauerfeier ihrem Vater als enge Freundin ihres Bruders vorstellte – und dabei freilich unerwähnt ließ, dass es sich bei ihr um eine Hübscherin handelte –, war der alte Herr geradezu entzückt. Stolz grummelte er, dass Martin nicht nur ein hoffnungsloser Bücherwurm gewesen sei, sondern auch einen exzellenten Blick für Frauen gehabt habe.

Auch die Familie von Maries ermordetem Bräutigam Georg aus Trier war vollzählig vertreten, um der Seelenmesse beizuwohnen. Sie übergaben Marie eine kunstvolle kleine Schmuckschatulle, die Georg für seine Braut als Morgengabe gefertigt hatte. Sie enthielt einen Perlenring, den Marie im Gedenken an Georg stets am Ringfinger trug.

Nach der Trauerfeier besprengte ein Priester den Schacht mit den Gebeinen der Ermordeten mit Weihwasser, ehe dieser auf Weisung des Bürgermeisters mit geweihter Erde zugeschüttet und von einer schweren Schieferplatte versiegelt wurde, in die ein Kreuz eingemeißelt war. Der Gang wurde mit massiven Basaltsteinen zugemauert. Auch der Eingang zu Gniperdoligas Wohnhöhle wurde

von einer Steinmauer verschlossen. Als eine Art Mahn-
mal ließ der Stadtvater an der Mauer eine Marmortafel
anbringen. Sie trug die Inschrift: *Homo homini lupus est –
Der Mensch ist des Menschen Wolf.*

Nachwort der Autorin

**Christman Gniperdoliga – der größte deutsche Serien-
mörder aller Zeiten. Gab es ihn tatsächlich, oder war
er nur eine Erfindung aus der Frühzeit der Sensations-
presse?**

Dank Gutenbergs Erfindung des Buchdrucks um 1450
und begünstigt von der Post- und Verkehrsentwicklung,
begann sich im 16. Jahrhundert das öffentliche Nach-
richtenwesen zu etablieren. Bei diesen häufig als »Neue
Zeitungen« betitelten Presseerzeugnissen handelte es sich
vor allem um Einblatt- und Mehrblattdrucke mit aus-
geprägtem Sensationscharakter. Angefacht vom wachsen-
den Interesse der Menschen, über Weltgeschehnisse und
regionale Ereignisse informiert zu werden, behandelten
die Flugblätter Themen wie Liebe, Tod und Verbrechen,
die von einem Moritatensänger lautstark und mit viel
Theatralik einem größtenteils leseunkundigen Publikum
vorgetragen wurden.

Im Nachdruck einer im Jahre 1614 in Paris und Mainz
publizierten Moritat, den ich bei einem Online-Anti-
quariat erworben hatte, wurde ich zum ersten Mal auf
Christman Gniperdoliga aufmerksam. Bei der weiteren
Recherche stieß ich auf eine Publikation über historische

Serienmörder, in der Gniperdoliga als »der tausendfache Raubmörder« und »größte deutsche Serienmörder aller Zeiten« aufgeführt wurde. Der Autor stützte sich in seinem Artikel auf ebenjene Moritat.

Da mein Interesse am Fall Gniperdoliga längst geweckt worden war, entschloss ich mich daraufhin zu einer ersten Ortsrecherche und fuhr nach Bernkastel-Kues an der Mosel, in dessen Umkreis der Massenmörder sein Unwesen getrieben haben sollte. Nach dem Besuch des Heimatmuseums und ersten Kontakten zu einheimischen Heimatforschern, die noch nie zuvor von dem Raubmörder gehört hatten, wurde mir schließlich Herr Theis empfohlen, mit der Bemerkung: »Wenn es einer weiß, dann der Herr Theis.« Der bejahrte Herr, welcher über ein umfangreiches Privatarchiv zur Landesgeschichte verfügt, war so freundlich, mir eine Kopie einer altfranzösischen Übersetzung zur Verfügung zu stellen, die weitestgehend mit meiner eigenen Quelle übereinstimmte, lediglich um einiges ausführlicher war und Christman Gniperdoliga als »Christmann Gempertinga« bezeichnete.

Erfreut über diese Bestätigung, wurde meine erste Euphorie durch das Landesarchiv Koblenz jedoch sogleich wieder gedämpft: Es fanden sich dort weder ein urkundlicher Beleg für die Existenz des Massenmörders noch ein Hochgerichtsprotokoll über Gniperdoligas Hinrichtung – was indessen für Prozessakten und Originalquellen aus dem späten Mittelalter nicht erstaunlich ist. Der mehrfach von Herrn Theis geäußerte Ausspruch zur fraglichen Existenz des Raubmörders rundete das Ganze noch ab: »Ich glaube nicht, dass es den gegeben hat!«

Aus dem berechtigten Zweifel hörte ich jedoch auch

ein gewisses Unbehagen des mit seiner idyllischen Mosel-
stadt verbundenen Geschichtsforschers heraus, dass ein
derartiges Scheusal im nahe gelegenen Hunsrück sein Unwesen getrieben haben soll. Wer möchte schon gerne einen Massenmörder gewissermaßen vor der eigenen Haus-
türe haben, auch wenn es Hunderte von Jahren her ist,
dass er dort gewütet hat? Anders als der berühmte Huns-
rückräuber Schinderhannes, mit dem sich die Regionen
gerne schmücken, hat ein Raubmörder vom Format eines
Christman Gniperdoliga, der fast tausend Menschen ermordet hat, fürwahr kein folkloristisches Potential.

Da die alten Bergstollen im Umfeld von Bernkastel-
Kues allesamt mit Gittern verschlossen sind und es mir
daher nicht möglich war, eine Begehung vorzunehmen,
besorgte ich entsprechende Pläne über den historischen
Bergbau im Hunsrück, die mir das weitverzweigte Stol-
lensystem veranschaulichten und von einer wissenschaft-
lichen Dokumentation zur Geschichte des spätmittel-
alterlichen Bergbaus ergänzt wurden. Obgleich es mir
anhand des Materials nicht möglich war, den berüchtig-
ten »Fraßberg« zu entdecken, vermittelten mir doch die
Erkundungsgänge auf dem Hunsrückhöhenweg, im vermeintlichen Umfeld des Raubmörders, überwältigende
Eindrücke.

Anzumerken wäre noch, dass der Name Christman
Gniperdoliga in sämtlichen Online-Datenbanken über
Serienmörder auftaucht. In unseliger Eintracht mit be-
rüchtigten Namen wie Jürgen Bartsch, David Berkowitz,
Theodore Robert Bundy, Ed Gein, Carl Großmann,
Friedrich Haarmann und Gilles de Rais wird Gniper-

doliga stets aufgeführt – wenn auch keine Angaben zur Anzahl seiner Opfer gemacht werden. Das Gleiche gilt für zahlreiche Publikationen über internationale und historische Serienmörder, deren Fälle als belegt gelten und die die folgende Definition des FBI über Serienmord erfüllen: »The unlawful killing of two or more victims by the same offender(s), in separate events.« (Die rechtswidrige Tötung von zwei oder mehr Opfern durch dieselbe(n) Person(en) in einzelnen, getrennten Ereignissen.)

So viel zur insgesamt eher diffusen Quellenlage. Die Frage, ob Gniperdoliga tatsächlich gelebt hat, bleibt somit offen und kann weder mit einem eindeutigen Ja noch mit einem eindeutigen Nein beantwortet werden. Da es jedoch nicht meine Absicht war, eine wissenschaftlich exakte historische Abhandlung zu schreiben, sondern mir in erster Linie daran gelegen ist, meine Leser mit einer spannenden Geschichte zu unterhalten, ließ ich mich von diesem Aspekt nicht abhalten und bin so weit in die Figuren und Geschehnisse eingetaucht, bis sie für mich real wurden. Was ja auch ein wichtiger Aspekt meines Gewerbes ist.

Obgleich ich mich im Wesentlichen an die Informationen aus der Flugschrift gehalten habe, die mir in groben Zügen als Handlungsgerüst dienten, sind bestimmte Personen und Handlungen frei erfunden. Ebenso habe ich gewisse Einzelheiten weggelassen oder nur gestreift, die mir als zu brutal erschienen. Besonders die qualvolle Gefangenschaft meiner Protagonistin Marie Schimmer, der Frau, durch die der Massenmörder überführt werden konnte, ging mir sehr nahe – und wird sicherlich auch meinen Leserinnen und Lesern einiges abverlangen.

Letztendlich hat aber, wenn auch nur in dieser schaurigen Geschichte, das Gute über das Böse obsiegt, indem das Sandkorn der Auflehnung gegen ihren Peiniger, das Marie nach aller Drangsal noch geblieben war, zum Stein in ihrer Hand wurde, der ihr das Tor zur Freiheit öffnete. Das mag uns, wenigstens ein Stück weit, mit ihrem grausamen Schicksal versöhnen.

Ursula Neeb im Mai 2015

Danksagung

Mein herzlicher Dank gilt den Menschen, die die Entwicklung des »Teufels vom Hunsrück« begleitet haben:

Allen voran meinem Agenten Dr. Uwe Heldt, der von Anfang an von dem Projekt überzeugt war und mir trotz seiner schweren Krankheit stets den Rücken stärkte. Er war mit ganzem Herzblut Literaturagent und bis kurz vor seinem Tod im August 2014 noch unermüdlich bei der Sache. Da uns die Leidenschaft für unsere Arbeit gemeinsam ist, wird mir Uwe Heldt immer ein großes Vorbild bleiben. Ich danke

dem Geschäftsführer der Literaturagentur Mohrbooks, Sebastian Ritscher, und meinem neuen Agenten Tilo Eckardt, die mich und mein Projekt nach dem tragischen Tod von Uwe Heldt wunderbar weiterbetreuten,

meinen Lektorinnen Wiebke Bolliger und Aylin Salzmann sowie der Programmleiterin Dr. Maria Dürig, für ihre Offenheit für mein Romanvorhaben und dafür, dass ich bei ihnen das Manuskript in besten Händen weiß,

Amrei Korda für den Feinschliff,

meinem Freund Markus Wild, der ganz maßgeblich an der Plotentwicklung beteiligt war und mir beim »Teufel vom Hunsrück« in jeder Hinsicht famos zur Seite stand – nicht zuletzt auch bei gemeinsamen Exkursionen durch den stürmischen, verregneten Hunsrück –,

Herrn Helmut Theis aus Bernkastel-Kues, für die hervorragende Unterstützung bezüglich der Ortsrecherche und das zur Verfügung gestellte Material aus seinem umfangreichen Privatarchiv,

der Abteilung für Presse und Öffentlichkeitsarbeit des Bundeskriminalamts Wiesbaden für die professionelle Bearbeitung meiner Anfragen,

Frau Doris Kock von der Hochschulbibliothek der Deutschen Hochschule der Polizei in Münster für ihr freundliches Entgegenkommen und wertvolle Literaturtipps,

Herrn Diplom-Psychologen Bernhard Wicke für die kompetente psychologische Beratung bezüglich der Psyche von Täter und Opfer,

meinem Freund Gerold Hens für Lektorat, Anregungen und kritische Denkanstöße, meinen Freunden Jürgen Blümel, Bianka Schuster, Marion und Anna Kowal und Silke Schimmelschmidt, für ihr reges Interesse an meinem Werk,

und allen Lesern, Buchhändlern und Bibliothekaren, die meine Bücher mögen.

Wollen Sie mehr von den Ullstein Buchverlagen lesen?

Erhalten Sie jetzt regelmäßig
den Ullstein-Newsletter
mit spannenden Leseempfehlungen,
aktuellen Infos zu Autoren und
exklusiven Gewinnspielen.

www.ullstein-buchverlage.de/newsletter